SIMU GUQUAN JIJIN FALÜ FENGXIAN
JIEXI YU FANGKONG

私募股权基金
法律风险解析与防控

王斌 著

知识产权出版社
全国百佳图书出版单位

图书在版编目（CIP）数据

私募股权基金法律风险解析与防控／王斌著．—北京：知识产权出版社，2018.1
ISBN 978-7-5130-5177-4
Ⅰ.①私… Ⅱ.①王… Ⅲ.①证券投资基金法—研究—中国 Ⅳ.①D922.287.4
中国版本图书馆 CIP 数据核字（2017）第 237325 号

责任编辑：唱学静　　　　　　　责任校对：王　岩
封面设计：张　悦　　　　　　　责任出版：刘译文

私募股权基金法律风险解析与防控
王　斌　著

出版发行	知识产权出版社有限责任公司	网　址	http：//www.ipph.cn
社　址	北京市海淀区气象路 50 号院	邮　编	100081
责编电话	010-82000860 转 8112	责编邮箱	ruixue604@163.com
发行电话	010-82000860 转 8101/8102	发行传真	010-82000893/82005070/82000270
印　刷	北京嘉恒彩色印刷有限责任公司	经　销	各大网上书店、新华书店及相关专业书店
开　本	787mm×1092mm　1/16	印　张	24.75
版　次	2018 年 1 月第 1 版	印　次	2018 年 1 月第 1 次印刷
字　数	400 千字	定　价	68.00 元
ISBN 978-7-5130-5177-4			

出版权专有　侵权必究
如有印装质量问题，本社负责调换。

序 言
PREFACE

私募股权投资，有时被称为创业投资，有时被称为风险投资，还有时被称为产业投资。由于此类投资方式在国际上也未能形成统一的概念，所以引入我国之后，在不同时期的政府有关部门发布的规范性文件中，对它的称谓也有所不同。目前对于私募股权投资，通常的说法是指基金管理人通过非公开方式向特定基金投资者募集资金，然后将所募集的资金按照募集承诺和基金合同的约定投资于非上市公司股权，以获取股权溢价为主要目的，通过股权转让、公司上市、并购等方式退出以获取回报。基金投资者按照投资份额和投资合同的约定分享收益并承担风险。与私募证券投资相比，私募股权投资更侧重于"私人"性，投资本身通常是不透明的、缺乏流动性的；私募股权投资主要是针对一级市场非上市公司的投资，私募证券投资主要针对二级市场投资和一级半市场的定向增发进行投资（见下表）。

私募股权投资基金与私募证券投资基金的主要区别

基金类别	投资对象	投资渠道	投资退出	优势	风险因素
私募证券投资基金	股票、债券、货币、金融衍生工具等	二级市场	二级市场转让	流动性较好，投资信息全面	除了企业自身经营因素外，受证券市场多种因素影响
私募股权投资基金	非上市公司股权	一级市场	股权出让、并购、上市或新三板挂牌等	被投资企业参与度更强	企业自身风险为主要因素

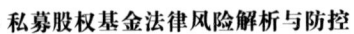

私募股权投资管理人在进行投资决策时，对信息的掌握和分析并不像证券投资那样全面和透彻，有时在管理人仅仅掌握目标公司的一般性信息的情况下，就有可能完成一轮投资。这首先是由非上市公司与上市公司的信息公开程度不同所决定的；其次是由基金管理人对未来更长的预期和资源整合能力所决定的。如果说私募证券投资更依赖于对企业未来的分析，那么私募股权投资则更依赖于管理人对目标公司的未来整合和引导。

从投资方向上来讲，有的私募股权投资更侧重于高科技领域，有的更侧重于房地产领域，有的更侧重于能源领域，有的更侧重于医疗领域等；除了投资领域的不同，有的私募股权投资会更侧重于企业的创业阶段，有的侧重于成长阶段，有的侧重于上市的前期阶段，还有的侧重于困境企业的重组和并购等；从投资资金的使用来讲，有的私募股权投资更依赖于自有资金，有的则使用杠杆资金。虽然投资实践当中基金管理人都具有自己独特的投资风格和投资方式，但他们也同样具有一些共性，比如都具有更强的冒险精神和对突发事务的应变能力，这是从事私募投资的前提性优势。然而，他们所存在的另一个共性则是缺乏对风险的科学管理，笔者认为之所以存在这些缺陷，主要是因为我国私募投资事业依然是一个相对年轻的事业，没有太多的经验可以借鉴，是"摸着石头过河"。所以笔者觉得有必要整理出私募股权投资的一些法规、规则、制度和案例，以帮助私募股权投资管理人和从业人员更好地管理法律风险，从而帮助每一笔投资实现其投资目标，实现投资价值。

王　斌
2017 年 7 月 7 日

目 录
CONTENTS

第一章　私募股权投资风险的基本概念

第一节　私募股权投资概述 ▶ 1
　　一、私募股权投资的起源 ▶ 1
　　二、私募股权投资基金在我国的发展 ▶ 2

第二节　风险概述 ▶ 3
　　一、市场风险 ▶ 5
　　二、信用风险 ▶ 6
　　三、流动性风险 ▶ 6
　　四、操作风险 ▶ 7
　　五、合规风险 ▶ 10
　　六、声誉风险 ▶ 12
　　七、子公司管控风险 ▶ 12
　　八、《有效银行监管的核心原则》的风险分类 ▶ 13

第三节　风险管理 ▶ 14
　　一、风险识别 ▶ 15
　　二、风险分析 ▶ 16
　　三、风险评估 ▶ 16
　　四、风险控制 ▶ 18

第四节　法律风险 ▶ 20

第二章 我国私募股权投资的法律体系

第一节 法律
一、《证券投资基金法》及内容摘要 ▶ 26
二、《中华人民共和国合伙企业法》及内容摘要 ▶ 28
三、《中华人民共和国公司法》及内容摘要 ▶ 30
四、《中华人民共和国合同法》及内容摘要 ▶ 32
五、《中华人民共和国信托法》与契约型基金 ▶ 34
六、《中华人民共和国刑法》及内容摘要 ▶ 35
七、其他 ▶ 41

第二节 规章 ▶ 41
一、《私募投资基金监督管理暂行办法》及内容摘要 ▶ 41
二、《证券期货投资者适当性管理办法》及内容摘要 ▶ 44

第三节 自律性规则 ▶ 45
一、自律性规则一览 ▶ 46
二、《私募投资基金管理人登记和基金备案办法（试行）》及内容摘要 ▶ 47
三、《私募投资基金信息披露管理办法》及内容摘要 ▶ 48
四、《私募投资基金募集行为管理办法》及内容摘要 ▶ 48
五、《关于进一步规范私募基金管理人登记若干事项的公告》及内容摘要 ▶ 49
六、13个解答及内容摘要 ▶ 51
七、《私募投资基金投资者风险问卷调查内容与格式指引（个人版）》及内容摘要 ▶ 52
八、《私募投资基金风险揭示书内容与格式指引》及内容摘要 ▶ 52
九、《私募基金管理人登记法律意见书指引》及内容摘要 ▶ 53
十、《基金管理公司风险管理指引（试行）》及内容摘要 ▶ 56
十一、《私募投资基金管理人内部控制指引》及内容摘要 ▶ 57
十二、《契约型私募基金合同内容与格式指引》及内容摘要 ▶ 58

十三、《公司章程必备条款指引》及内容摘要 ▶ 59

十四、《合伙协议必备条款指引》及内容摘要 ▶ 60

十五、《基金业务外包服务指引（试行）》及内容摘要 ▶ 61

十六、与私募股权投资有关的其他法律法规及摘要 ▶ 62

第三章 基金募集法律风险解析

第一节 合格投资者管理风险 ▶ 65

一、未进行募集对象特定化推介的风险解析 ▶ 65

二、投资者不合格的风险解析 ▶ 66

三、普通投资者与专业投资者的划分解析 ▶ 70

四、投资者适当性变化管理的风险解析 ▶ 71

五、投资者适当性档案保管的风险解析 ▶ 73

六、投资者知情权保护的风险解析 ▶ 73

七、投资者人数不符合规定的风险解析 ▶ 74

八、投资者投资额度风险解析 ▶ 74

九、投资者利用资金集合进行投资的风险解析 ▶ 75

十、募集机构未履行风险评级的风险解析 ▶ 76

十一、产品与风险不匹配的风险解析 ▶ 76

十二、合格投资者实质确认的风险解析 ▶ 78

第二节 基金推介风险 ▶ 79

一、基金产品推介渠道的风险解析 ▶ 79

二、私募基金推介材料内容的风险解析 ▶ 80

三、承诺回报的风险解析 ▶ 87

四、确定性误导的风险解析 ▶ 87

五、风险揭示书的风险解析 ▶ 88

六、互联网推介的风险解析 ▶ 92

第三节 基金合同特别风险 ▶ 93

一、制式基金合同的风险解析 ▶ 93

二、投资冷静期的风险解析 ▶ 93

三、未回访、不当回访确认的风险解析　　94

第四节　其他募集风险　　97

　　　一、首次基金募集时间的风险解析　　97

　　　二、募集失败的风险解析　　97

　　　三、委托募集的风险解析　　98

　　　四、基金托管的风险解析　　99

　　　五、不进行基金托管的风险解析　　99

　　　六、募集资金的安全性风险解析　　99

　　　七、募集结算资金专用账户监督协议未签署的风险解析　　101

　　　八、募集机构不具备募集资格的风险解析　　101

　　　九、泄露投资者商业秘密及个人信息的风险解析　　101

　　　十、募集监管处罚措施的主要形式　　102

　　　十一、非法集资犯罪的风险解析　　103

第四章　基金合同条款法律风险解析

第一节　基金合同条款解析　　107

　　　一、基金合同当事人信息不健全的风险解析　　107

　　　二、合同目的条款的风险解析　　108

　　　三、释义条款的重要性风险解析　　108

　　　四、基金运作方式条款的风险解析　　109

　　　五、基金存续期限条款的风险解析　　109

　　　六、聘请服务机构条款的风险解析　　110

　　　七、基金认购条款的风险解析　　111

　　　八、申购和赎回条款的风险解析　　111

　　　九、基金份额转让条款的风险解析　　112

　　　十、多基金管理人条款的风险解析　　112

　　　十一、基金份额持有人大会条款解析　　113

　　　十二、投资目标、投资范围条款的风险解析　　114

　　　十三、业绩比较基准条款的风险解析　　114

　　　　十四、基金交易条款的风险解析 ... 115

　第二节　基金合同范本 ... 116

　　　　一、契约型基金合同——基金合同（指引） ... 116

　　　　二、公司型基金合同——公司章程 ... 148

　　　　三、范本：合伙型基金合同——合伙协议 ... 169

第五章　信息披露风险解析

　第一节　信息披露义务 ... 189

　　　　一、信息披露义务人 ... 189

　　　　二、信息披露渠道和形式 ... 190

　　　　三、信息披露的内容 ... 190

　　　　四、披露信息的复核 ... 191

　　　　五、基金运营各阶段的披露义务及时间 ... 192

　　　　六、信息披露的相关文件资料保管 ... 193

　　　　七、信息披露与保密 ... 193

　第二节　不当信息披露的法律后果与责任 ... 193

　　　　一、违背信息披露要求的法律后果 ... 193

　　　　二、信息披露过错与民事赔偿责任承担 ... 194

第六章　基金管理人内部管理

　第一节　基金从业人员管理 ... 196

　　　　一、从业资格管理 ... 196

　　　　二、高级管理人员从业资格 ... 196

　　　　三、投资管理人员 ... 197

　　　　四、募集业务人员 ... 198

　第二节　基金备案管理 ... 198

　　　　一、备案时间 ... 198

　　　　二、备案信息 ... 198

　　　　三、备案登记与公示 ... 199

　　　　四、已登记的私募基金管理人首次申请备案私募基金的流程　　199
　　　　五、私募基金募集规模证明、实缴出资证明的备案要求　　199
　　　　六、无托管的私募基金的备案要求　　199
　　　　七、合伙企业、契约形式投资者的穿透审查　　199
　　　　八、基金管理机构员工跟投　　200
　第三节　基金财产管理　　200
　　　　一、募集结算专用账户　　200
　　　　二、财产托管　　200
　　　　三、基金专业化管理　　201
　　　　四、禁止侵害基金财产和利益　　201
　　　　五、基金财产的监督　　201
　　　　六、基金财产独立　　202
　　　　七、禁止不公平地对待其管理的不同基金财产　　202
　　　　八、禁止利用基金财产或职务之便牟取利益　　203
　第四节　基金信息报送与更新　　203
　　　　一、季度更新事项　　203
　　　　二、年度更新事项　　204
　　　　三、重大事项变更的报送与更新　　204
　　　　四、未即时报送、更新的法律风险　　204
　第五节　内部控制管理　　205
　　　　一、内部控制管理目标　　206
　　　　二、内部控制原则　　206
　　　　三、内部环境管理　　206
　　　　四、内部控制制度　　207
　第六节　内部控制不健全的法律风险　　210
　　　　一、监管风险　　210
　　　　二、责任风险　　210

第七章　基金管理人与服务机构

第一节　基金管理人　211
一、基金管理人登记的条件　212
二、基金管理人登记申请材料与程序　213
三、私募基金管理人登记对公司资本的要求　213
四、私募基金管理人登记时机构需要的基本制度　214
五、注册地和实际经营场所不一致　214

第二节　受托基金销售机构　215
一、基金销售机构的综合性条件　215
二、商业银行应具备的特别条件　216
三、证券公司应具备的特别条件　216
四、期货公司应具备的特别条件　217
五、保险公司应具备的特别条件　217
六、保险经纪公司和保险代理公司应具备的特别条件　218
七、证券投资咨询机构应具备的特别条件　219
八、独立基金销售机构应具备的特别条件　219

第三节　基金监督机构　221
一、基金监督机构的条件　221
二、基金监督机构可否与募集机构为同一机构　221
三、监督机构的连带责任　221

第四节　基金托管机构　222
一、托管人混业禁止　222
二、基金托管人条件　222
三、基金托管人职责　223
四、基金托管人权利义务　223
五、基金托管人职责终止　223
六、基金托管人法律风险　224

第五节　基金服务机构　224

一、基金服务机构的条件 225
二、申请登记材料 226
三、禁止服务转包 226
四、责任分担 226
五、定期报告 227
六、重大事项变更 227
七、档案管理 227

第八章 基金股权投资方式

第一节 基金投资的进门形态 228
一、普通股权受让 228
二、增资扩股 229
三、杠杆资金投资 231
四、承债式投资 233
五、战略性投资 237

第二节 基金投资形式的延伸 238
一、股权置换 238
二、管理层收购 239
三、政府和社会资本合作 240

第九章 尽职调查

第一节 尽职调查的原则 246
第二节 尽职调查的方式 246
第三节 尽职调查的内容和目的 247
第四节 尽职调查前的准备 248
第五节 尽职调查的开展 249
一、目标公司基本情况调查 249
二、目标公司财务状况调查 252
三、目标公司资产权属状态调查 252

	四、目标公司劳动管理调查	255
	五、目标公司业务状况调查	256
	六、目标公司重大合同调查	258
	七、目标公司环保方面调查	260
	八、目标公司的特许经营协议或委托经营协议	260
	九、目标公司在建设工程调查	261
	十、目标公司外汇管理调查	261
	十一、目标公司海关审批调查	261
	十二、目标公司无形资产调查	262
	十三、法律责任风险调查	262
第六节	独立性调查的网络平台	263
第七节	尽职调查报告	266

第十章 基金投资与风险

第一节	投资的法律问题与风险	267
	一、投资协议不能缔结的风险	267
	二、股权代持人与实际股东之间的关系	267
	三、"娃娃股东"的民事行为能力	268
	四、投资合同的成立和生效风险	269
	五、泄露商业秘密的风险	270
	六、投资合同无效、撤销的风险	270
	七、投资合同履行的抗辩权	271
	八、投资协议的解除	272
	九、投资协议的违约责任	273
	十、目标公司的经营范围	274
	十一、公司负债和对外担保	288
	十二、股东权利滥用	288
	十三、关联交易	289
	十四、股东会与股东大会比较	290

十五、公司董事会 ▶294

十六、股东会、董事会、经理权力划分 ▶297

十七、股东会、董事会决议无效 ▶298

十八、股东会、董事会决议可撤销 ▶299

十九、股东会、董事会未形成有效决议 ▶299

二十、董事、监事、高级管理人员资格禁止 ▶301

二十一、股东知情权 ▶302

二十二、股权转让 ▶303

二十三、公司控制权 ▶304

二十四、一票否决权 ▶306

二十五、公司货币出资比例与财产形式 ▶307

二十六、协助抽逃出资的连带责任 ▶308

二十七、股权受让人对出让人不实出资的连带责任 ▶309

二十八、股权转让后未办理变更登记原股东再转让股权 ▶311

二十九、股权投资与担保 ▶312

三十、投资履约担保注意担保人范围 ▶312

三十一、担保条款的关键性内容 ▶313

第二节 股权投资的特别事项 ▶313

一、投资标的界定 ▶313

二、交易股权的界定 ▶316

三、投资估值和价款的支付 ▶317

四、估值的调整——对赌 ▶317

五、投资的先决性条件 ▶326

六、承诺与保证 ▶326

七、目标公司治理 ▶327

八、股权反稀释 ▶327

九、出售权 ▶328

十、清算优先权 ▶329

第十一章　投资的退出

第一节　境内 IPO ... 330
- 一、目前我国多层次资本市场的结构 ... 330
- 二、境内 IPO 的基本条件 ... 331
- 三、境内 IPO 退出的优势 ... 332
- 四、境内 IPO 退出的劣势 ... 333
- 五、上市受限制的行业 ... 333
- 六、上市大致需要承担的费用 ... 337
- 七、上市过程中和目标公司合作的机构 ... 338
- 八、IPO 与重组上市区别 ... 339
- 九、上市前股权激励 ... 340
- 十、外商投资企业改制上市需注意的问题 ... 341
- 十一、改制过程中资产业务重组应注意的问题 ... 342
- 十二、上市前引进私募投资人注意事项 ... 343
- 十三、股改时公司净资产折股的纳税处理 ... 343
- 十四、发行审核中监管部门主要关注的问题 ... 344
- 十五、发行审核重点关注财务信息披露质量 ... 344
- 十六、避免同业竞争 ... 346
- 十七、关联交易 ... 346
- 十八、重大违法行为 ... 347
- 十九、企业上市流程 ... 348
- 二十、IPO 的风险 ... 348

第二节　境外 IPO ... 350
- 一、境外上市应综合考虑的因素 ... 350
- 二、境外 IPO 主要市场介绍（美国、新加坡、中国香港）... 352

第三节　新三板挂牌 ... 355
- 一、新三板挂牌条件 ... 355
- 二、新三板挂牌的优势 ... 357

11

　　　　三、新三板挂牌的劣势　　　　　　　　　　　　　　358
　　　　四、适合在新三板挂牌的企业　　　　　　　　　　　359
　　　　五、投资人通过新三板退出的方式　　　　　　　　　360
　　　　六、新三板挂牌企业IPO的主要流程和注意事项　　361
　第四节　并购退出　　　　　　　　　　　　　　　　　　362
　　　　一、并购　　　　　　　　　　　　　　　　　　　　363
　　　　二、并购退出方式的选择　　　　　　　　　　　　　365
　　　　三、当前私募股权投资并购退出的困难与策略建议　367
　　　　四、并购退出的程序　　　　　　　　　　　　　　　368
　第五节　原股东或管理层回购　　　　　　　　　　　　　372
　第六节　清算退出　　　　　　　　　　　　　　　　　　374
　　　　一、公司解散的事由　　　　　　　　　　　　　　　375
　　　　二、清算组组成　　　　　　　　　　　　　　　　　376
　　　　三、清算组的职权　　　　　　　　　　　　　　　　376
　　　　四、清算组成员的责任　　　　　　　　　　　　　　376
　　　　五、通知、公告债权人　　　　　　　　　　　　　　377
　　　　六、债权申报　　　　　　　　　　　　　　　　　　377
　　　　七、清算方案确认与执行　　　　　　　　　　　　　377
　　　　八、清偿顺序　　　　　　　　　　　　　　　　　　378
　　　　九、清算期间的公司地位　　　　　　　　　　　　　378
　　　　十、公司注销　　　　　　　　　　　　　　　　　　378
　　　　十一、清偿不足转入破产程序　　　　　　　　　　　378
　　　　十二、清算期间　　　　　　　　　　　　　　　　　378

> 风险就是不确定性对未来目标的影响。

第一章 私募股权投资风险的基本概念

第一节 私募股权投资概述

一、私募股权投资的起源

和很多金融产品一样,私募股权投资起源于美国。在 19 世纪末有不少富有的"私人银行家"通过律师、会计师的介绍和安排,将资金投资于风险较大的石油、钢铁、铁路等当时的"新兴产业"。这类投资完全由投资者个人进行决策,没有专门的机构进行组织,这就是私募股权投资的雏形阶段。直至第二次世界大战结束以前,类似的股权投资都是零星分散的,没有形成一个行业。第二次世界大战以后,私募股权投资在美国快速兴起,1946 年美国研究与发展公司(ARD)成立,其被公认为世界第一家以公司形式运作的私募股权创业投资基金。1953 年美国小企业管理局(SBA)成立,该机构直接向美国国会报告,专司促进小企业发展;1958 年美国小企业管理局设立"小企业投资公司计划"(SBIC),以低息贷款和融资担保的形式鼓励成立小企业投资公司,通过小企业投资公司增加对小企业的股权投资,从此美国创业投资市场迅速发展。

1973 年美国创业投资协会(NVCA)成立,标志着创业投资在美国成为专门行业。这时股权投资基金仍以"创业投资"为根本,股权投资基金实质上是"创业投资基金"。1976 年华尔街著名投资银行贝尔斯登的三名投资银行家杰罗姆·科尔伯格(Jerome Kohlberg)、亨利·克拉维斯(Henry Kravis)和乔治·罗伯茨(George Roberts)合伙成立了一家投资公司 KKR,成立一支与众不同的股权投资基金,专门从事并购业务,这是最早的私募股权投资公司。迄今,全球已有数万家私募股权投资公司。特别是20世纪80年代美国的第四次并购浪潮中催生出来的黑石集团（1985年）、凯雷投资集团（1987年）和德太投资（1992年），以企业并购为主要运作方式的投资基金成为股权投资基金的最核心力量。

二、私募股权投资基金在我国的发展

新中国最早的私募股权出现在1985年左右，当时政府为了促进科技成果的生产力转化，专门设立了"中国科招高技术有限公司"，成为中国最早的创业投资人。1995年，我国互联网投资机会涌现，当年9月中国人民银行发布实施了《设立境外中国产业投资基金管理办法》，鼓励中国境内非银行金融机构、非金融机构及中资控股的境外机构在境外设立基金投资于中国境外产业项目。

随着中国IT业和互联网的快速发展，20世纪90年代初期大批外资风险投资人进入中国投资。1992年美国国际数据集团在我国成立了第一家外资风险投资公司"IDG技术创业投资基金"，其领军人物熊晓鸽更是家喻户晓，成为我国私募股权投资领域的教父级人物。后来，如KKR、黑石、高盛、凯雷、红杉资本、摩根士丹利、华平基金等纷纷进入中国。1998年3月，全国"两会"上民建中央主席成思危提出的"关于尽快发展我国风险投资事业的提案"呼吁大力发展我国的风险投资事业，建立中国的创业板市场，该提案被列为当年全国"两会"的"一号提案"。2000年以后我国本土股权投资人，如中科招商（2000年）、复星资本（2001年）、鼎晖投资（2002年）、弘毅资本（2003年）、硅谷天堂（2006年）、九鼎投资（2007年）等，也如雨后春笋般纷纷设立，形成了中外资本激烈竞争的新局面。

2005年，国家发改委颁布实施了《创业投资企业管理暂行办法》，明确了私募股权投资行业的法律地位，标志着我国私募股权投资行业步入规范化发展阶段。2006年《中华人民共和国合伙企业法》修订通过，使得国际私募股权投资普遍采用的有限合伙形式在我国得以实现，大力推动了我国私募股权投资行业的发展。2008年年底，天津股权交易所成立；2009年，深圳证券交易所推出创业板，私募股权投资退出渠道建立，标志着我国私募股权投资市场格局的逐渐完善。自此，我国私募股权基金进入一个全新高速发展的阶段。

我国最早的国内股权投资把主要方向集中在即将上市的公司之中，在很长一段时间内这是股权投资的主流，股权投资人也获取了丰厚的利润回报。直到2011年下半年，全国通胀压力加剧及持续紧缩的货币政策使得资金募集出现困难，投资退出渠道受阻，私募股权投资基金行业进入调整期。自2012年11月3日，A股开始了长达14个月的IPO暂停，股权投资领域的上市退出渠道严重受阻，并购成为退出首要方式，股权投资行业洗牌，投资人开始重视专业化投资和投后管理工作，逐渐回归投资本质。

2013年年底，新三板扩大至全国，部分股权投资人将其作为重要项目源平台和退出通道。2014年1月，随着境内IPO重启，中国股权投资市场募资、投资、退出环节开始逐步复苏并呈现快速发展态势。中国私募股权投资市场进一步成熟。2014年8月21日，中国证监会颁布了《私募投资基金监督管理暂行办法》，该办法促进了各类私募投资基金健康规范发展，为建立健全促进各类私募基金发展的政策法律体系奠定了基础，股权投资行业监管体系逐步完善，市场步入健康、有序发展阶段。来自中国证券投资基金业协会的数据统计，截至2017年6月底，中国证券投资基金业协会已登记私募基金管理人19 708家，已备案私募基金56 576只，认缴规模13.59万亿元，实缴规模9.46万亿元，私募基金从业人员22.35万人。截至2017年6月底，按正在运行的私募基金产品实缴规模划分，管理规模在20亿~50亿元的私募基金管理人有510家，管理规模在50亿~100亿元的有196家，管理规模大于100亿元的有167家。

第二节　风险概述

风险就是不确定性对于未来目标的影响。从投资的角度来看，风险就是投资以后未来的不确定性对投资结果的影响。虽然风险是不确定的，然而它又是客观存在的，就像我们乘坐飞机有风险，可自己驾车也有风险一样，既然选择走在路上那就必须要承担风险，既然选择了投资或从事投资行业就要理性地面对风险。风险无处不在，只是大小不同、概率不同、表现形式不同而已。

从风险产生的来源来看，可以把风险分为系统性风险和非系统性风险。系统性风险就是那些宏观的、作为个体难以预料和控制的风险。它是由整个社会的经济因素、政治因素、经济周期性波动、利率和汇率的变化、通货膨胀甚至自然灾害等造成的。投资的初期，投资者就要清醒地认识到系统性风险的存在，对风险采取适当的预防性措施。例如，在投资的时候采取一定的对冲策略，或者根据经济周期的情况控制投资的规模、严格控制投资的比例和分配、留存风险备案金等。非系统性风险又称作个别风险，相对于系统性风险是个别的、单一的，它通常由某一简单的因素所引起。例如，行业风险、管理风险、信用风险、法律风险、财务风险等。

从风险发生的后果来看，风险发生后产生的损失可分为直接损失和间接损失。如一家私募股权基金管理机构因违背合格投资者审查义务被基金监管机构处罚，若这个处罚为罚款那么管理机构由此遭受损失，这个处罚就是直接损失；而处罚严重程度达到"撤销基金管理备案"，那么就会导致基金管理机构要承担对投资者的违约责任、商业信誉评价降低等，这种因"传导"而产生的损失。就是间接损失，往往这种间接损失的严重程度更难估量。

案例：香港百富勤破产案

香港百富勤投资集团（以下简称百富勤）诞生于1988年9月，它是在香港1987年股灾之后的废墟上组建的，筹建人是当时同在花旗银行任职的梁伯韬、杜威廉。他们自立门户不到10年，已使百富勤从一间小公司发展成为拥有240亿港元总资产、126亿港元市值，包括融资、投资、证券、商品期货及外汇经纪与资产管理等多种业务的香港最大的证券集团，成为除日本以外亚洲市场实力最雄厚、影响力最大的投资银行，并跻身于《财富》杂志全球500强之列。梁、杜二人也随之成为香港股坛叱咤风云的人物。在许多人看来，百富勤的成功是一个真正的奇迹。

1997年7月，正当百富勤的发展如日中天之时，东南亚金融危机爆发了。由于百富勤大量投资于东南亚债券市场，所以这次危机直接给百富勤带来了巨大的冲击。东南亚国家货币的大幅度贬值，在亚洲债券市场的过度扩张，使百富勤陷入了财务困境。在一整套"拯救计划"相继流产后，百富勤无可奈何地进入法律程序，进行清盘。真可谓"成也萧何，败也萧何"。1997年的亚洲金融风暴使它成为最为壮烈的殉葬品。

第一章 私募股权投资风险的基本概念

1998年百富勤被清盘后，为了吸取教训，避免此类事件再次发生，当时的财政司司长曾荫权即委任独立审查员法兰特（Richard Farrant）对倒闭原因进行调查。经过两年的调查，法兰特认为，虽然亚洲金融风暴是公司清盘的直接原因，但是报告及会计程序、风险管理和内部审计上的基础系统缺陷也是导致其倒闭的主要原因。

报告认为百富勤的高层人员对监管不当、风险失控负有不可推卸的责任，正是由于管理层没有高度警惕性，没有妥善部署金融危机的防范措施，导致公司在金融风暴中失去抵抗力，最终踏上清盘的不归路。因此报告建议，基于公众利益的考虑，应取消前主席杜威廉、财务及信贷风险管理董事总经理黄永昌、库务和市场风险管理董事总经理伍健文和定息债券董事总经理李事镇这四名前董事出任公司董事的资格。根据香港《公司条例》，公司在清盘时，只要高级人员违反了其应履行的责任或犯了欺诈罪，破产管理人可以向法院申请取消该人员出任董事的资格，时间最长可达15年。

2014年6月26日，中国证券投资基金业协会为配合新修订的《中华人民共和国证券投资基金法》的实施，促进基金管理公司强化风险意识，增强风险防范能力，建立全面的风险管理体系，促进基金行业持续、健康、稳定发展，保护基金份额持有人利益，制定了《基金管理公司风险管理指引（试行）》，该指引将股权投资风险分为市场风险、信用风险、流动性风险、操作风险、合规风险、声誉风险和子公司管控风险等各类主要风险。

一、市场风险

市场风险是指因受各种因素影响而引起的证券及其衍生品市场价格不利波动，使投资组合资产、公司资产面临损失的风险。市场风险管理的控制目标是严格遵循谨慎、分散风险的原则，充分考虑客户财产的安全性和流动性，实行专业化管理和控制，防范、化解市场风险。

市场风险管理的主要措施包括以下几方面。

（1）密切关注宏观经济指标和趋势、重大经济政策动向、重大市场行动，评估宏观因素变化可能给投资带来的系统性风险，定期监测投资组合的风险控制指标，提出投资调整应对策略。

（2）密切关注行业的周期性、市场竞争、价格、政策环境和个股的基本面变化，构造股票投资组合，分散非系统性风险。公司应特别加强禁止投资证券的管理，对于市场风险较大的股票建立内部监督、快速评估机制和定期跟踪机制。

（3）关注投资组合的收益质量风险，可以采用夏普（Sharpe）比率、特雷诺（Treynor）比率和詹森（Jensen）比率等指标衡量。

（4）加强对场外交易（包括价格、对手、品种、交易量、其他交易条件）的监控，确保所有交易在公司的管理范围之内。

（5）加强对重大投资的监测，对基金重仓股、单日个股交易量占该股票持仓显著比例、个股交易量占该股流通值显著比例等进行跟踪分析。

（6）可运用定量风险模型和优化技术，分析各投资组合市场风险的来源。可利用敏感性分析，找出影响投资组合收益的关键因素。可运用情景分析和压力测试技术，评估投资组合对于大幅和极端市场波动的承受能力。

二、信用风险

信用风险是指债券发行人出现拒绝支付利息或到期时拒绝支付本息的违约风险，或由于债券发行人信用质量降低导致债券价格下跌的风险，以及因交易对手违约而产生的交割风险。信用风险管理的控制目标是对交易对手、投资品种的信用风险进行有效的评估和防范，在将信用风险控制于可接受范围内的前提下，获得最高的风险调整收益。

信用风险管理的主要措施包括以下几方面。

（1）建立针对债券发行人的内部信用评级制度，结合外部信用评级，进行发行人信用风险管理。

（2）建立交易对手信用评级制度，根据交易对手的资质、交易记录、信用记录和交收违约记录等因素对交易对手进行信用评级，并定期更新。

（3）建立严格的信用风险监控体系，对信用风险及时发现、汇报和处理。公司可对其管理的所有投资组合与同一交易对手的交易集中度进行限制和监控。

三、流动性风险

流动性风险是指因市场交易量不足，导致不能以合理价格及时进行证券交易的风险，或投资组合无法应付客户赎回要求所引起的违约风险。流动性风险管理的控制目标是通过建立适时、合理、有效的风险管理机制，将流动性风险控制在可承受的范围之内。

流动性风险管理的主要措施包括以下几方面。

（1）制定流动性风险管理制度，平衡资产的流动性与盈利性，以适应投资组合日常运作需要。

（2）及时对投资组合资产进行流动性分析和跟踪，包括计算各类证券的历史平均交易量、换手率和相应的变现周期，关注投资组合内的资产流动性结构、投资组合持有人结构和投资组合品种类型等因素的流动性匹配情况。

（3）建立流动性预警机制。当流动性风险指标达到或超出预警阈值时，应启动流动性风险预警机制，按照既定投资策略调整投资组合资产结构或剔除个别流动性差的证券，以使组合的流动性维持在安全水平。

（4）进行流动性压力测试，分析投资者申赎行为，测算当面临外部市场环境的重大变化或巨额赎回压力时，冲击成本对投资组合资产流动性的影响，并相应调整资产配置和投资组合。

四、操作风险

操作风险是指由于内部程序、人员和系统的不完备或失效，或外部事件而导致的直接或间接损失的风险，主要包括制度和流程风险、信息技术风险、业务持续风险、人力资源风险、新业务风险和道德风险。操作风险管理的控制目标是建立有效的内部控制机制，尽量减少因人为错误、系统失灵和内部控制的缺陷所产生的操作风险，保障内部风险控制体系有序规范运行。

1. 制度和流程风险

制度和流程风险是指由于日常运作，尤其是关键业务操作缺乏制度、操作流程和授权，或制度流程设计不合理带来的风险，或由于上述制度、操作流程和授权没有得到有效执行带来的风险，以及业务操作的差错率超过可承受范围带来的风险。

制度和流程风险管理的主要措施包括以下几方面。

（1）建立合规、适用、清晰的日常运作制度体系，包括制度、日常操作流程，尤其是关键业务操作的制约机制。

（2）制定严格的投资工作流程、授权机制、制约机制，明确投资决策委员会、投资总监和基金经理的职责权限，建立健全绩效考核机制。

（3）加强公司印章使用、合同签署及印章和合同保管的管理，投资部门所有交易合同签署与印章使用都要经过后台部门并交由后台备案。

（4）加强对员工业务操作技巧的培训，加强程序的控制，以确保日常操作的差错率能在预先设定的、可以承受的范围内。

（5）建立前、后台或关键岗位间职责分工和制约机制。

2. 信息技术风险

信息技术风险是指信息技术系统不能提供正常服务，影响公司正常运行的风险；信息技术系统和关键数据的保护、备份措施不足，影响公司业务持续性的风险；重要信息技术系统不使用监管机构或市场通行的数据交互接口而影响公司业务正常运行的风险；重要信息技术系统提供商不能提供技术系统生命周期内持续支持和服务的风险。

信息技术风险管理的主要措施包括以下几方面。

（1）信息技术系统尤其是重要信息技术系统具有确保各种情况下业务持续运作的冗余能力，包括电力及通信系统的持续供应、系统和重要数据的本地备份、异地备份和关键设备的备份等。

（2）信息技术人员具有及时判断、处理各种信息技术事故、恢复系统运行的专业能力，信息技术部门应建立各种紧急情况下的信息技术应急预案，并定期演练。

（3）系统程序变更、新系统上线前应经过严格的业务测试和审批，确保系统的功能性、安全性符合公司风险管理要求。

（4）对网络、重要系统、核心数据库的安全保护、访问和登录进行严格的控制，关键业务需要双人操作或相互复核，应有确保数据安全的多种备份措施，以及对备份数据准确性的验证措施。

（5）以权限最小化和集中化为原则，严格公司投研、交易、客户等各类核心数据的管理，防止数据泄露。

（6）选择核心信息技术系统服务商，应将服务商在系统生命周期内的长期支持和服务能力、应急响应能力和与公司运行相关的其他系统兼容性列为重点考核内容。

3. 业务持续风险

业务持续风险是指由于公司危机处理机制、备份机制准备不足，导致危机发生时公司不能持续运作的风险。

业务持续风险管理的主要措施包括以下几方面。

（1）建立危机处理决策、执行及责任机构，制定各种可预期极端情况下的危机处理制度，包括危机认定、授权和责任、业务恢复顺序、事后检讨和完善等内容，并根据严重程度对危机进行分级归类和管理。

（2）建立危机预警机制，包括信息监测及反馈机制。

（3）危机处理与业务持续制度应重点保证危机情况下公司业务的持续。

（4）至少每年进行一次业务持续管理机制演习。

4. 人力资源风险

人力资源风险是指缺少符合岗位专业素质要求的员工、过高的关键人员流失率、关键岗位缺乏适用的储备人员和激励机制不当带来的风险。

人力资源风险管理的主要措施包括以下几方面。

（1）确保关键岗位的人员具有足够的专业资格和能力，并保持持续业务学习和培训。

（2）建立适当的人力资源政策，避免核心人员流失。

（3）建立关键岗位人员的储备机制。

（4）建立权责匹配、科学长效的考核和激励约束机制。

5. 新业务风险

新业务风险是指由于对新产品、新系统、新项目和新机构等论证不充分或资源配置不足导致的风险。

新业务风险管理的主要措施包括以下几方面。

（1）制定严密的新业务的论证和决策程序。

（2）新业务的风险评估应包括政策环境、市场环境、客户需求、后台支持能力、供应商和人员储备等方面。

（3）针对新业务的主要操作部门和对新业务开展的支持部门进行业务培训，

及时制定针对新业务的管理制度和业务流程。

6. 道德风险

道德风险是指员工违背法律法规、公司制度和职业道德，通过不法手段谋取利益所带来的风险。

道德风险管理的主要措施包括以下几方面。

（1）制定员工守则，使员工行为规范有所依据。

（2）防范员工利用内幕信息或其他非公开信息牟利，防范商业贿赂，通过制度流程、系统监控、核查检查等控制措施加强员工管理。

（3）倡导良好的职业道德文化，定期开展员工职业道德培训。

五、合规风险

合规风险是指因公司及员工违反法律法规、基金合同和公司内部规章制度等而导致公司可能遭受法律制裁、监管处罚、重大财务损失和声誉损失的风险。合规风险的控制目标是确保遵守法律、法规、监管规则和基金合同或独立账户投资方针的规定，审慎经营。《基金管理公司风险管理指引（试行）》所指合规风险主要包括投资合规性风险、销售合规性风险、信息披露合规性风险和反洗钱合规性风险。

1. 投资合规性风险

投资合规性风险是指基金管理机构因违反关于投资行为的法律法规、规章及自律性规则而产生的法律风险。

投资合规性风险管理的主要措施包括以下几方面。

（1）建立有效的投资流程和投资授权制度。

（2）通过在交易系统中设置风险参数，对投资的合规风险进行自动控制，对于无法在交易系统自动控制的投资合规限制，应通过加强手工监控、多人复核等措施予以控制。

（3）重点监控投资组合投资中是否存在内幕交易、利益输送和不公平对待不同投资者等行为。

（4）对交易异常行为进行定义，并通过事后评估对基金经理、交易员和其他人员的交易行为（包括交易价格、交易品种、交易对手、交易频度、交易时机等）进行监控，加强对异常交易的跟踪、监测和分析。

（5）每日跟踪评估投资比例、投资范围等合规性指标执行情况，确保投资组合投资的合规性指标符合法律法规和基金合同的规定。

（6）关注估值政策和估值方法隐含的风险，定期评估第三方估值服务机构的估值质量，对于以摊余成本法估值的资产，应特别关注影子价格及两者的偏差带来的风险，进行情景压力测试并及时制订风险管理情景应对方案。

2. 销售合规性风险

销售合规性风险是指基金管理机构因违反关于基金销售的相关法律、法规、规章以及自律性规则所产生的风险。

销售合规性风险管理的主要措施包括以下几方面。

（1）对宣传推介材料进行合规审核。

（2）对销售协议的签订进行合规审核，对销售机构签约前进行审慎调查，严格选择合作的基金销售机构。

（3）制定适当的销售政策和监督措施，防范销售人员违法违规和违反职业操守。

（4）加强销售行为的规范和监督，防止延时交易、商业贿赂、误导、欺诈和不公平对待投资者等违法违规行为的发生。

3. 信息披露合规性风险

信息披露合规性风险是指基金管理机构因违反关于信息披露相关法律、法规、规章及自律性规则而产生的法律风险。

信息披露合规性风险管理的主要措施包括以下几方面。

（1）建立信息披露风险责任制，将应披露的信息落实到各相关部门，并明确其对提供的信息的真实、准确、完整和及时性负全部责任。

（2）信息披露前应经过必要的合规性审查。

4. 反洗钱合规性风险

反洗钱合规性风险是指基金管理机构因违反关于反洗钱相关法律、法规、规章及自律性规则中规定的反洗钱义务所产生的法律风险。

反洗钱合规性风险管理的主要措施包括以下几方面。

（1）建立风险导向的反洗钱防控体系，合理配置资源。

（2）制定严格有效的开户流程，规范对客户的身份认证和授权资格的认定，对有关客户身份证明材料予以保存。

（3）从严监控客户核心资料信息修改、非交易过户和异户资金划转。

（4）严格遵守资金清算制度，对现金支付进行控制和监控。

（5）建立符合行业特征的客户风险识别和可疑交易分析机制。

六、声誉风险

声誉风险是指由于公司经营和管理、员工个人违法违规行为或外部事件导致利益相关方对公司负面评价的风险。声誉风险管理的控制目标是通过建立与自身业务性质、规模和复杂程度相适应的声誉风险管理体系，防范、化解声誉风险对公司利益的损害。

声誉风险管理的主要措施包括以下几方面。

（1）建立有效的公司治理架构，声誉风险管理政策、制度和流程，对声誉风险事件进行有效管理。

（2）建立声誉风险情景分析，评估重大声誉风险事件可能产生的影响和后果，并根据情景分析结果制订可行的应急预案，开展演练。

（3）对于已经识别的声誉风险，应尽可能评估由声誉风险所导致的流动性风险和信用风险等其他风险的影响，并视情况展开应对措施。

七、子公司管控风险

子公司管控风险是指由于子公司违法违规或重大经营风险，造成母公司财产、声誉等受到损失和影响的风险。子公司管控风险管理的控制目标是通过建立覆盖整体的风险管理体系和完善的风险隔离制度，防范可能出现的风险传递和利益冲突。

子公司管控风险管理的主要措施包括以下几方面。

（1）根据整体发展战略、公司风险管控能力和子公司经营需求，指导子公司建立健全治理结构。

（2）建立与子公司之间有效的风险隔离制度，严格禁止利益输送行为，防范可能出现的风险传递和利益冲突。

（3）建立关联交易管理制度，规范与子公司间的关联交易行为。

（4）定期评估子公司发展方向和经营计划的执行情况。

（5）公司管理的投资组合与子公司管理的投资组合之间，不得违反有关规定进行交易。

八、《有效银行监管的核心原则》的风险分类

《有效银行监管的核心原则》是巴塞尔银行监管委员会于1997年9月1日发布的成员国国际银行监管领域里的一份重要文献，1997年9月1日正式生效。后来在2006年和2012年做了修订。虽然这份文献并非针对私募股权投资领域，但作为金融行业分支的私募股权投资仍可以从中予以借鉴，如本书所谈到的风险。《有效银行监管的核心原则》将风险分为信用风险、国家风险、市场风险、利率风险、流动性风险、操作风险、法律风险、声誉风险八大类。

1. 信用风险

信用风险是指交易对象无力履约的风险。在银行业中，信用风险不但存在于贷款中，也存在于其他表内与表外业务中，信用风险不仅表现在对每一笔的贷款损失上，同时还体现在贷款过度集中可能造成的损失上。

2. 国家风险

国家风险是指借款人所在国的经济、社会和政治环境方面有关的风险。在银行业中，当向外国政府或政府机构贷款时，由于这种贷款一般没有担保，所以国家风险最为明显。国家风险的一种表现形式是"转移风险"，即借款人的债务不是以本国货币计值时，不管借款人的财务状况如何，有时借款人可能无法得到足够的外币。

3. 市场风险

市场风险是指由于市场价格的变动，资金遭受损失的风险。在银行业中，该类风险在银行的日常活动中最为明显，这类风险包括汇率风险和价格波动风险。

4. 利率风险

利率风险是指金融企业的财务状况在利率出现不利波动时面临的风险。利率风险的主要形式有：①重新定价风险；②利率变动风险；③基准风险；④期权性

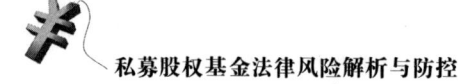

风险。

5. 流动性风险

流动性风险是指金融企业无力为减少或增加资产提供融资而造成损失或破产的风险。当流动性不足时，金融企业无法以合理的成本迅速增加负债或变现资产获得足够的资金，从而影响了其盈利水平。

6. 操作风险

操作风险是指由于不完善或有问题的内部操作程序、人员和系统或因外部事件导致直接或间接损失的风险。最重大的操作风险在于金融企业内部控制及公司治理机制的失效，从而可能因为失误、欺诈、未能及时做出反应而导致金融企业财务损失。

7. 法律风险

法律风险是指因不完善、不正确的法律意见、文件而造成金融企业同预计情况相比资产价值下降或债务增大的风险。

8. 声誉风险

声誉风险是指因操作上的失误、违反法律、经营管理水平差等因素导致资产质量和财务状况恶化，以及错误的舆论导向和市场谣言等其他事故而使金融企业在声誉上可能造成的不良影响，对金融企业各项业务的损害极大，因为金融企业的业务性质要求其能够维持存款人、贷款人和整个市场的信心。

第三节 风险管理

风险管理是要完全消除风险吗？显然不是。系统性风险并非某个企业、公司自身所导致，其出现的原因是整个社会甚至是国际层面的问题，这种风险无法消除，甚至难以预料它何时发生。即便是非系统性的风险，因为风险的客观存在性，做出一个行为，势必产生因此种行为带来的风险。私募股权投资更是这样，这就是其又被称为风险投资的原因。

企业的价值是由未来的收益决定的，而风险则会减少收益。风险管理的作用在于减少风险的发生或者减少风险发生后所带来的损害后果,所以风险管理的最终目标应该是减少风险的发生或降低风险带来的损害,以提升企业价值。同时我们也应该认识到,风险管理需要成本,而成本的支出会降低企业的收益,所以,风险管理也要考虑管理成本与损失之间的平衡,当管理成本等于或大于风险可能带来的损失的时候,风险管理的价值就会降低或没有意义。风险管理并非一个单纯的词汇,也并非一个单纯的行为,而是由一系列行为和步骤组成,而这种组成大体上包括风险识别、风险分析、风险评估、风险控制四个方面,由此构成整个风险管理。

一、风险识别

要进行风险管理的第一步就是要找出风险、认知风险,这就是风险识别。风险识别正确与否、全面与否,是整个风险管理的最基本前提。只有对风险进行了有效的识别和认知,才会产生后续的、有效的风险分析、风险评估和风险控制。

风险识别参与者需要具备广泛的知识和专业的能力。参与者要对拟识别风险的事务本身及相关事务充分地了解、熟悉,知晓事务的整个流程和细节。企业事务的风险识别一般由企业的经营者、管理者参与,他们更了解企业经营现状及与企业经营有关的行业背景、行业信息和企业经营的目标;同时,企业的财务负责人、法务负责人、技术负责人等专业人士的参与也必不可少,他们往往能从某一个专业角度提供专业的意见以帮助企业经营者、管理者全面地识别风险,股权投资基金也是如此。

风险识别的另一个重要因素则是风险识别的层次。企业要根据自身的经营特点制定风险识别的层次,层次的划分将直接决定风险识别的参与者。例如,对于股权投资基金管理机构来说,企业的经营者、管理者更应当注重基金管理机构的运营风险,注重基金管理机构和基金产品所受到的监管层监管的风险,这是一家基金管理机构长期稳步发展的基础;而部门负责人、项目负责人则更应当注重所具体操作的某只基金自身的募集、投资、投资后管理和退出风险,这属于具体业务操作层面。当然一家成熟的私募基金管理机构,在风险识别的过程中往往会交叉参与风险的识别,在责任到人、责任到岗的基础上相互进行监督和提示。

案例：高盛集团的全员风险管理

高盛集团创立于1869年，至今已经将近150年，其作为历史最为悠久且最为成功的国际投行之一，一直被业内人士研究和学习。分析其成功的原因，除了优秀的管理模式和管理团队之外，其良好的风险管理能力也是其长盛不衰的重要因素之一。在高盛集团内部，风险管理的观念已经是企业文化的核心组成部分，人人都是参与者，风险管理的意识和能力作为员工年度评估考核的重要内容，直接与薪酬及职业发展挂钩。尽管高盛集团自上而下设立了不少风险管理委员会，并在全球主要业务中心配备了首席风险管理官，但风险专职人员并不能关注到每一个业务细节，因而高盛集团推广风险管理全员参与模式，将各业务部门作为风险管理的第一道防线。

二、风险分析

如果说风险识别是对风险表现形式的认知，那么风险分析就是对风险可能出现的原因、出现的可能性和所带来的后果进行的进一步深化。风险分析能够使我们更深层次地认识风险，而为风险控制做出准备。

对于私募股权投资来讲，客观上，我们知道风险会产生于私募基金的募集、投资、投资后管理和退出整个过程，甚至包括投资退出后私募股权投资人向投资者的利润返还阶段，而每一个阶段所产生风险的原因并不相同，其所导致的风险后果也不同。同时每一家私募股权投资机构自身的情形不同，问题及突发事件的处理能力不同，地域的投资环境、法治环境、政府地方保护等诸多不同，这就需要私募股权投资人及从业人员结合诸多的因素对风险充分地进行分析，严谨地进行论证。

三、风险评估

风险评估其实质就是对风险的容忍度考量，私募股权投资人要在风险识别、风险分析的基础上，结合资金规模能力、投资分配比例、投资者风险偏好等背景，考虑自身及投资者对风险的容忍限度。

投资即伴随着风险，这一点并非私募股权基金管理机构所要担心的。私募股权基金管理机构更应当关注风险产生的后果和所带来的损失程度，这个后果和损失的程度是否能够为利润所覆盖，能否为私募股权投资基金所承受。对于一组大多由保守投资者组建的保守型基金，去冒险投资一项高收益、高风险的投资产品则与风险评估的原则相违背。

案例：徐翔案

2017年1月23日，山东省青岛市中级人民法院对徐翔、王巍、竺勇操纵证券市场案进行一审宣判，被告人徐翔、王巍、竺勇犯操纵证券市场罪，分别被判处有期徒刑五年零六个月、有期徒刑三年、有期徒刑二年缓刑三年，同时并处罚金，罚金金额累计超过100亿元。

徐翔，中国证券市场的传奇人物，私募证券投资基金领域的标志性人物，在民间有"宁波敢死队队长"之称，其投资能力、资本号召能力、基金盈利能力由此可见一斑。1993年，还是个高中生的徐翔带着父母给的几万元本钱进入股票市场。在得到家人同意后，徐翔放弃高考，专心投资。

到20世纪90年代后期，徐翔和几个擅长短线交易的朋友被市场冠名"宁波涨停板敢死队"，投资风格彪悍，徐翔的一举一动开始为外界所注意，特别其在营业部的仓位、持股，很容易被泄露，有人专门分析其持股以跟风投资。徐翔对此颇为苦恼，称很希望阳光私募能争取到机构席位，摆脱跟风者。

2005年，徐翔从宁波迁到上海，经历了A股的一波大牛市，2009年成立泽熙投资，2010年3月，泽熙一期成立，规模10亿元，三年后管理资金规模达到70亿元。在2015年9月左右，融智评级对国内私募基金年内业绩排行显示，业绩满8个月的1452只股票策略产品，平均业绩上涨幅度为24.47%，其中，112只产品跌幅超过10%，46只跌幅超20%，27只跌幅超过30%，更有6只产品跌幅超过50%。而同一时期徐翔管理的泽熙投资产品，泽熙三期业绩涨幅为369.33%，泽熙一期业绩涨幅为300.48%，泽熙四期业绩涨幅为197.43%，泽熙五期业绩涨幅为181.67%，即便是做得最差的泽熙二期，业绩涨幅也有148.40%。在融智评级最新的年内业绩排行榜中，这5只产品，分别囊括了冠亚军及第七名、第九名、第十三名。而这一时期，了解中国证券市场的人都知道当时在经历什么，业内人士将其称为"股灾"，而徐翔管理的基金产品的收益率却

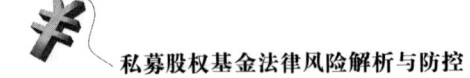

与其背道而驰,成为私募证券投资基金领域的一个传奇。

在徐翔整个职业生涯中,就像所有成功者一样,他的成功围绕着无尽的传言和猜测:内幕交易、精明交易时机和富有的不为人知的政府关系客户。最持久的传言认为,徐翔为某些二代和权贵管理资金,回报是内幕消息并保护他免受起诉。针对这些需求和隐藏的投资金额和投资者的身份,传言介于完全可信和无法验证之间。而从流传于网络由自称是原泽熙投资总经理助理叶展先生撰写的文章来看,徐翔是一个极其专注、敬业、精确了解并掌握市场心理、具有敏锐市场嗅觉、将投资作为自己长期事业追求的人,让读者认识了另一个徐翔。然而,2015年11月1日,徐翔在从宁波回上海途中被警方控制;2017年1月23日,山东省青岛市中级人民法院判决徐翔犯操纵证券市场罪成立,徐翔未上诉。此案就此尘埃落定。

徐翔案并非资本市场上的孤案,仰融、周正毅、牟其中等这些曾经在资本市场叱咤风云的人物均因法律风险的发生而折戟沉沙。俏江南、小马奔腾、现代牧业等企业对赌失败的背后可能掺杂了市场、财务、政策、管理等诸多因素,但其存在的法律风险问题也不得不引起我们更多的思考。企业经营面临风险,有些是企业自身或经营者可以承受的,而有些则是不能承受的。违背自身对风险的承受限度,将会带来难以挽回的损失。

四、风险控制

风险控制就是在正确地进行风险评估后针对风险评估结果所采取的必要手段和措施,对风险进行预防或干预,以减少风险发生的概率,或者降低风险所带来的损害的可能性。风险控制可以从两个方面进行,一是进行风险的预防,尽量避免风险发生的可能性;二是做出风险发生后的应对预案,以减少和控制风险发生所带来的损失。

案例:巴西足球队空难的启示

2016年11月29日,一架载有巴西足球运动员的飞机在哥伦比亚坠毁。飞机上乘坐的是巴西沙佩科恩斯球队,坠毁事故几乎导致整个沙佩科恩斯球队的覆灭。沙佩科恩斯俱乐部成立于1973年,曾长期征战低级别联赛,经过20年的努

第一章 私募股权投资风险的基本概念

力在2012—2014年这3年刚刚完成三级跳升上巴甲,却由于这次空难几乎精英尽失,可以断定这支球队在短时间内再难有作为。当人们在为殉难的足球运动员悲哀的同时,也不免为这样一支昙花一现的球队感到悲哀和惋惜。而回顾体坛历史,因空难事故造成的团队覆灭的惨剧屡见不鲜。

1949年5月4日,在客场打完与葡萄牙本菲卡队的比赛之后,意大利都灵队起程回国。然而在飞机马上要降落时,由于天气原因,飞机撞上了机场附近的苏佩加山,机上人员全部罹难。伴随着意大利实力劲旅都灵队的遇难,意大利足坛损失惨重,直接导致了意大利队在接下来的三届世界杯中毫无作为。

1958年2月6日,在客场击败贝尔格莱德红星队、晋级欧洲冠军杯半决赛之后,带着胜利喜悦的曼联球员乘飞机返回。途中在慕尼黑机场加油,飞机在重新起飞时在覆满冰雪的跑道上失事。机上23人死亡,其中包括8名曼联球员和3名俱乐部职员,主教练巴斯比也重伤入院。

1961年2月15日,一架飞机在比利时布鲁塞尔机场附近坠毁,造成73人遇难,其中包括正前往布拉格参加花样滑冰世界锦标赛的美国国家队的18名队员和16名随行人员,合计34人,在参赛途中不幸全军覆没,这是花样滑冰运动有史以来最惨的悲剧。此后,美国改变了运动员出行的策略,要求参赛人员分批抵达,不乘坐同一航班。这一出行策略实际是一项有效的风险管理措施,若巴西足协或沙佩科恩斯俱乐部及早采取"分批抵达"的风险管理措施,则会有效地避免球队全军覆灭。

飞机作为交通工具,对现代人出行是必不可少的,尤其是对于那些国际交流来说,几乎没有选择其他交通工具的可能。而按照国际航空运输协会的统计,一名普通乘客乘坐飞机,所可能遭遇航空事故的概率低于1/5 300 000,即便是一个人天天坐飞机,也要14 000年才有可能遇上一次航空事故。但即便是这样,我们仍会不时地从媒体中看到一些类似的航空事故,给当事人、家属及国家和社会造成难以弥补的损失。我们除了更加严格地对飞机质量和运行进行预防之外,也要求一些特殊的机构和主体对此类风险进行适当的控制,美国所采取的策略正是这样,这是一个可圈可点的风险控制方案。另外,据全球商务旅行协会(GBTA)对亚太、北美、欧洲和中东的100余家大公司的调查显示,超过90%的公司限制了执行经理以上级别的高管乘坐同一航班,其中超过30%的公司甚至要求所有

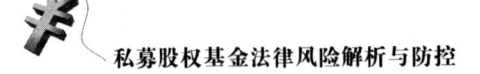

中高级员工均不得"结伴"乘坐航班,这些均值得国内企业在进行风险控制时予以借鉴。

第四节 法律风险

　　法律是指由国家立法机关制定的,并由国家强制力保证实施的行为规则,以规定当事人权利和义务为内容,对全体社会成员具有普遍约束力的一种特殊行为规范。法律是以法律条文的形式明确告知人们,什么可以做,什么不可以做,哪些行为是合法的,哪些行为是非法的,违法者违法将要受到怎样的惩罚和制裁。一方面,与系统性风险和非系统性风险中的道德风险、管理风险、信用风险相比较,法律风险具有易识别、易分析、易控制的特点,这也给对法律风险进行有效的管理提供了条件。另一方面,法律风险有时候又与道德风险、管理风险、信用风险等混在一起,一种风险的发生会导致另一种风险的发生。例如,当交易对手发生了信用风险的时候,就是考验守约方管理能力和法律处置等风险管理能力的时候了,处置不当则暴露出风险识别、风险分析、风险评估、风险控制的问题。对于私募股权投资基金来讲,法律风险是一种操作风险,它包括因监管层施行监管措施给企业带来的监管法律风险,又包括企业自身、交易对手未按照法律规定或合同约定行使权利、履行义务而给企业造成负面法律后果的可能性,有时还包括企业故意或过失行为给第三方造成侵权性法律风险,比如企业行为侵犯第三方的知识产权而由此引发的诉讼和赔偿等。当然还有触犯刑法而发生的刑事法律风险,这一风险的产生直接导致责任人的人身自由被限制或被剥夺。

　　私募股权投资基金的法律风险来源于基金监管机构对私募基金的监管、基金管理人的设立、私募基金的募集、私募基金的投资、私募基金运作、私募基金投资后管理、私募基金退出整个流程环节,而在这个庞杂的过程中会涉及或交叉出现有关合同法、公司法、合伙企业法、基金法、证券法、知识产权法、刑法、行政法等诸多方面的法律问题,这些法律问题的任何一个点都可能造成私募股权投资基金重大法律风险,轻则导致私募基金纠纷缠身,重则导致投资失败而血本无归,这就需要私募基金投资人、管理者对上述法律有所了解和掌握,聘请专业的、经验丰富的律师协助其实现法律风险的管理与控制。

中国裁判文书网登载的一则由福建省三明市中级人民法院做出判决公开的案例就突出地反映了股权投资可能面临的复杂法律风险。

案例：越秀创投与健盛食品投资纠纷案

2012年6月广州越秀新兴产业创业投资合伙企业（以下简称越秀创投或投资者）与健盛食品股份有限公司（以下简称健盛食品或公司）签订《增资协议书》。根据《增资协议书》，越秀创投向健盛食品投资人民币1500万元，认购187.5万股。增资协议签订后，越秀创投履行了增资义务向健盛食品投入增资款人民币1500万元，成为健盛食品的股东。

投资一年后越秀创投偶然发现，健盛食品控股股东及实际控制人颜××涉及高额民间借贷，公司运行已经极其不正常，而且已经有几个月没有给工人发工资。为此，越秀创投临时召集股东会，在该会议中，颜××透露健盛食品从2012年下半年起生产就陷入不稳定的局面，公司的生产流水线因缺乏资金尚未投产，公司一线工人的工资发到2013年4月，管理人员从2013年1月开始发不起工资。公司2013年6月底有多笔贷款到期且无力偿还，金额高达7500万元，另外颜××个人已涉及2起个人诉讼。原因有两点：首先，颜××个人于2010年下半年开始投入房地产开发，在福建永安购买一块土地准备进行开发，其投入的8000万元资金完全来自民间借贷，但是其利用公司的名义对这些民间借贷进行了无限连带责任担保，每月的借贷利率基本上在3%~4%，但房地产开发的地块迟迟未能得到开发，高利贷的本金和利息还在不断地累加，本息合计债务已近3亿元。其次，公司的财务指标并没有像财务报表和审计报告中显示的那样有所盈利，存在着虚增收入和虚增资产的严重财务造假。以2011年为例，财务报表显示营业收入为2.6亿元，净利润为3000万元左右，而实际2011年营业收入不足1亿元，净利润不足1000万元。而更让越秀创投气愤的是，在越秀创投履行了增资义务向健盛食品投入增资款人民币1500万元后，该资金并未用于健盛食品的经营，而是被健盛食品、颜××用于归还个人所欠的高利贷。因此，越秀创投以健盛食品的、颜××存在重大欺诈，其投资行为已经违背真实意愿为由，向法院提起诉讼，请求撤销《增资协议书》，返还投资款项及利息。

该案经法院审理查明：2012年6月越秀创投与被告健盛食品、颜××签订《增资协议书》，健盛食品同意引进越秀创投作为健盛食品的投资者，健盛食品以每股8元人民币的价格定向增发股份1000万股，越秀创投作为投资者出资1500万元向健盛认购187.5万股。

《增资协议书》第2.1条规定：各方确认，投资者在协议项下的投资义务以下列条件为前提：第2.1.1条，颜××已经以书面形式向投资者充分、完整披露公司的资产、负债、权益、对外担保以及与本协议有关的信息等；第2.1.2条，过渡期内，公司的经营或财务状况没有发生重大的不利变化；第2.1.3条，过渡期内，公司作为连续经营的实体，不存在亦不得有任何违法、违规的行为，公司没有处置其主要资产或在其上设置担保，也没有发生或承担任何重大债务，除了通常业务经营中的处置或负债以外。《增资协议书》第2.2条规定：若协议第2.1条的任何条件原因未实现，则投资者有权单方解除本协议，并要求颜××与健盛食品连带承担违约责任，投资者因此遭受经济损失的，有权要求健盛食品及颜××连带赔偿。《增资协议书》第6.3条规定：公司保证就《增资协议书》提供的一切文件资料均是真实、有效和完整的。《增资协议书》第6.6条规定：对投资事项相关的信息和资料，向投资者进行了充分、详尽及时的披露，没有重大遗漏、误导和虚构。《增资协议书》第6.7条规定：在《增资协议书》中所做的声明、保证及承诺在《增资协议书》签订之日均为真实、正确、完整的，并在本协议生效时及生效后仍为真实、正确、完整的。《增资协议书》第7.1条规定：颜××在《增资协议书》中承诺，在投资者登记为公司股东之前，除已经向投资者披露的情形之外，健盛食品及原股东并未签署任何担保性文件，不存在任何未披露的债务和责任。

《增资协议书》签订后，越秀创投于2012年6月25日向健盛食品缴纳新增出资额1500万元，2012年6月29日，健盛食品完成工商变更登记，越秀创投成为健盛食品的股东，占健盛食品2.5%的股权。

另查明，原告越秀创投等与健盛食品签订《增资协议书》前，健盛食品、颜××涉及多笔民间借贷或担保等债务，但在审计报告中未予披露。在本案审理过程中被告健盛食品、颜××涉及其他多案诉讼及执行。

法院经审理后认定：被告健盛食品在与原告越秀创投签订《增资协议书》

时，故意隐瞒了健盛食品、颜××涉及多笔民间借贷或担保的债务问题。依据《中华人民共和国合同法》第五十四条第二款的规定，被告健盛食品、颜××以故意隐瞒债务的欺诈手段，使原告越秀创投在不明真相的情况下违背真实意思，与被告健盛食品、颜××签订了《增资协议书》并支付投资款1500万元。原告越秀创投作为受损害方有权请求人民法院撤销与被告健盛食品、颜××签订的《增资协议书》。依据《中华人民共和国合同法》第五十五条第一项的规定，原告有权在知道其权益受到侵害之日起一年内请求撤销合同。原告在2013年6月19日知道健盛食品、颜××涉及多笔民间借贷或担保等债务，健盛食品的经营或财务状况发生重大的不利变化等撤销事由，其诉讼时效应从2013年6月20日起算至2014年6月20日止。原告于2014年1月提起诉讼，未超过诉讼时效，其请求撤销《增资协议书》的诉讼请求符合法律规定，法院予以支持。合同被撤销后，被告健盛食品、颜××因《增资协议书》取得的财产，应当予以返还并赔偿原告因此所受的损失。被告健盛食品、颜××依增资协议而收取原告的1500万元投资款应当返还，并赔偿因此给原告造成的投资款利息损失，原告越秀创投诉请被告健盛食品、颜××按银行同期贷款利率计付利息，法院予以支持。

法院判决：

（1）撤销原告广州越秀新兴产业创业投资合伙企业（有限合伙）与被告健盛食品股份有限公司、颜××签订的《增资协议书》。

（2）被告健盛食品股份有限公司、颜××应于判决生效后十日内返还原告广州越秀新兴产业创业投资合伙企业（有限合伙）投资款1500万元并赔偿相应的利息损失（该利息损失从2012年6月26日起至判决确定的履行期限内偿还借款之日止按银行同期同类贷款利率计算）。

这个案例的判决所认定事实清楚，法官的判决思路清晰，适用法律准确，可以算得上投资领域的一个典型性判例，为以后出现的类似问题指明了方向。然而从这个案例的整个过程来看，其问题主要出现在投资者尽职调查阶段，既有尽职调查本身可能存在的问题，也有被告的道德问题，这些导致了尽职调查中的"债权债务及担保"和"财务信息"中出现错误，最终导致了投资风险的发生。案件的审理结果虽然是胜诉，但基于被告健盛食品、颜××所实际存在的巨额债务，判决的最终执行并不乐观，越秀创投的损失似乎在所难免。

虽然如此，但这个案例的风险管理仍有许多可圈可点之处，在越秀创投发现问题和风险后，及时做出风险分析和评估，采取了风险控制措施，第一时间召集公司股东会，在健盛食品、颜××尚未进行逃避准备的情况下确认了公司及颜××的实际状况，并以录音录像的方式及时固定了证据，为日后可能出现的诉讼奠定有利的基础。可以说越秀创投团队抢占先机，反应迅速，措施果断，不拖泥带水，而且越秀创投管理团队谈判技巧和能力都很强大，具有丰富的诉讼经验，能及时"套出"实话，为诉讼奠定基础。另外，从法院判决所依据的《增资协议书》条款来看，越秀创投的法律团队在增资协议的设计上也是可圈可点的，增资协议内容完善、指向清楚、兜底充分，也是其能够最终胜诉的保障之一。这些都是值得任何一个股权投资从业人员学习参考的。当然越秀创投在尽职调查阶段所存在的问题也应当注意。并未能有效地调查出健盛食品的真实负债情况，且未能做出合理的风险预估。例如，这个案例中越秀创投的尽职调查团队可通过对公司实际控制人颜××的个人银行流水状况查询了解到他的个人负债可能性，可以在财务尽职调查时辅助对健盛食品的业务合同、库存进行对比性审查以综合考量经营数据的真实性，必要时甚至可以采取对企业上下游客户进行询问、征询函的方式了解企业的经营数据。

> 在当下的投资界,也许可能通过规避法律而获得一时的成功,但这样的思维惯式终将导致覆灭,只要想想身边的例子就明白了。

第二章 我国私募股权投资的法律体系

要研究私募股权投资的法律风险,首先要研究私募股权投资的法律规范体系。法律体系,对于一个国家来讲,是指由现行的全部法律规范按照不同的法律部门分类组合而形成的一个有机联系的统一整体,由宪法、民商法、刑法、行政法、经济法、社会保障法、环境资源保护法、程序法等部门法构成。

第一,私募股权投资从基金管理人的设立,到基金的募集、基金的运营、基金的投资、基金的投资后管理,再到基金的退出等整个流程均与我国现行的法律规范息息相关。我国私募股权投资的法律体系由专门调整私募股权投资的专门法和既调整其他法律关系又调整私募股权投资的普通法构成,专门法如《中华人民共和国证券投资基金法》《私募投资基金监督管理暂行办法》等,普通法如《中华人民共和国合同法》《中华人民共和国合伙企业法》《中华人民共和国公司法》《中华人民共和国知识产权法》《中华人民共和国刑法》《中华人民共和国行政处罚法》《中华人民共和国劳动法》等。

第二,从法律规范的层级上看,法律体系又被划分为法律、行政法规、地方性法规、部门规章等多个层次。不同层次的法律效力不同,层次越高,效力越强。首先是宪法,作为我国的根本大法,具有最高的法律效力;其次是法律,由全国人大立法;再次是国务院立法的行政法规和地方人大立法的地方性法规;最后是国务院行政主管部门和地方政府立法的规章。

第三,法院是各类社会矛盾和纠纷的审理、裁判机关,最高人民法院常常根据审判实践,依据法律法规出台与审判实务有关的司法解释,作为法院对审判工作中具体应用法律、法令问题的解读。司法解释虽不具有法律法规的效力，但是作为司法审判时的重要适用性文件具有很强的司法审判适用效力。所以对于这部分内容，私募基金管理人及从业人员也应当予以高度重视。

第四，和其他金融性行业一样，为便于监管，《中华人民共和国证券投资基金法》要求私募股权投资基金行业应实行自律性监管，并设立了自律性组织中国证券投资基金业协会，赋予中国证券投资基金业协会监管职能，所以中国证券投资基金业协会的自律规则也是基金行业法律体系中不可忽视的重要组成部分。

所以笔者认为，不应仅在狭义的层面上考虑私募股权投资基金的法律体系，应当更广阔一些，这样在研究私募股权基金的法律风险时才会更全面。笔者根据私募股权投资基金所适用法律法规的重要性不同，对以下认为较为重要的法律规范予以梳理，以供基金管理机构、风险控制人员和基金从业人员在实务中参考和借鉴。

第一节　法律

一、《证券投资基金法》及内容摘要

《中华人民共和国证券投资基金法》（以下简称《证券投资基金法》）于2003年10月28日经第十届全国人大常委会第五次会议通过并颁布，于2004年6月1日起正式实施。在《证券投资基金法》制定时已出现了一些私募基金管理机构并从事着私募股权投资基金的管理业务，如中科招商（2000年）、复星资本（2001年）、鼎晖投资（2002年）、弘毅资本（2003年），但由于当时整体的私募基金规模较小，各方面对基金公司、证券公司、投资公司、信托公司等机构向特定对象募集资金进行投资等问题认识不太一致，当时立法过程中虽就私募基金进行了专门研究，但多数认为对私募基金制定法律规范尚缺乏实践经验，时机还不够成熟，所以当时的《证券投资基金法》便未对私募基金做具体规定。

随着资本市场的快速发展和居民财富管理需求的爆发式增长，市场上大量机构和个人投资者的资金寻求以私募基金的形式进行资产管理。但由于私募基金的

设立和运作缺乏法律依据，基金管理公司、证券公司等金融机构主要依据有关监管部门制定的规章文件，以特定客户资产管理业务、集合资产管理业务等名义开展相关的类基金业务，而市场上其他非金融机构开展基金管理业务只能借助公司或者合伙企业的形式来募集和管理资金。这一时期，私募股权基金管理处于法律的空白状态。

基金运作明显不同于实体企业的经营，以"壳公司""壳合伙"来从事基金业务，既难以完全依照公司法和合伙企业法进行运作，又承担较高的工商登记、税收等管理成本。而且，由于缺乏针对性的制度规范和必要监管，所以不少类基金业务的资金募集和投资行为不规范，投资者权益缺乏保障，也出现了不少以合法注册的公司或合伙企业为依托，借私募之名进行非法集资等的违法案件，以公开或者变相公开的方式向缺乏风险承受能力的投资者募集资金，有的甚至承诺高额固定月息，蒙蔽欺骗投资者。这一时期，集资诈骗、非法集资案件频发，形成较大的社会风险。

为适应市场和投资者对私募基金的发展需要，2012年12月28日全国人大常委会审议通过了新的《证券投资基金法》修正案，于2013年6月1日起正式实施。新的《证券投资基金法》将私募基金纳入基金法的调整范围，并借鉴公募基金的发展经验和私募基金的特殊要求，专设一章10条对私募基金进行了规定，明确了私募基金的法律地位，规范了私募基金的主要制度。《证券投资基金法》关于私募股权基金的内容摘要见表2-1。

表2-1 《证券投资基金法》关于私募股权基金的内容摘要

制　　度	内容摘要
合格投资者制度	私募基金应当向合格投资者募集，合格投资者累计不得超过200人； 合格投资者应达到规定的收入水平或者资产规模，具备一定的风险识别能力和承担能力； 基金份额认购金额不低于规定限额100万元

续表

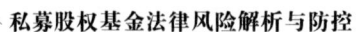

制　度	内容摘要
基金管理人的登记制度	基金管理人应向基金业协会申请登记。基金管理人是基金行业监管和自律管理的主要目标，与公开募集基金管理人实行较严格的核准制不同，法律要求私募基金管理人按照规定的条件向基金行业协会登记，并报送基本情况，由此确立基金管理人成为基金业协会自律组织的一员，实施自律性管理
私募基金的备案制度	私募基金实行事后备案制度，私募基金募集完毕后基金管理人应向基金行业协会备案。对一些规模较大的私募基金及其基金管理人，基金行业协会应当向监管部门报告
非公开的募集制度	禁止进行公开性的宣传和推介，不得通过报刊、电台、电视台、互联网等公众传播媒体，也不得使用其他方式向不特定对象进行宣传。这一规定同样适用于基金份额转让的情况，基金份额持有人也不得利用公开性宣传方式转让，不得向合格投资者以外的主体转让
基金合同制度	私募基金的具体事务主要由当事人通过基金合同自主约定，基金的出资方式、投资范围、收益分配、信息披露等内容都由基金合同约定
基金的托管制度	私募基金应由基金托管人托管。考虑到私募基金投资人基于对管理人的信任有些存在自愿选择不进行托管的情形，法律在此对私募基金不强制规定托管，但基金合同需要做出明确约定
私募基金管理人达到规定条件可以开展公募业务	私募基金管理人达到规定条件的，经监管机构核准，可以从事公募基金管理业务。这为管理业绩较好的私募基金管理人从事公开募集基金管理提供了通道，这样做更有利于增强基金行业的管理能力和激励机制，与境外成熟市场基金管理公司先做私募、再做公募的做法接轨

二、《中华人民共和国合伙企业法》及内容摘要

有限合伙是目前私募基金数量最多的种类，出现这种局面的原因跟有限合伙企业本身的特质是分不开的。首先，有限合伙制形式的私募股权基金可以有效地避免双重征税的问题，与公司不同，有限合伙作为一个非法人机构，其在实现投资回报的时候无须缴纳企业所得税。《中华人民共和国合伙企业法》（以下简称

《合伙企业法》)第六条规定:"合伙企业的生产经营所得和其他所得,按照国家有关税收规定,由合伙人分别缴纳所得税。"《财政部、国家税务总局关于合伙企业合伙人所得税问题的通知》(财税〔2008〕159号)第二条规定:"合伙企业以每一个合伙人为纳税义务人。合伙企业合伙人是自然人的,缴纳个人所得税;合伙人是法人和其他组织的,缴纳企业所得税。"通过上述规定可见,合伙企业因不具备法人地位,不是独立的纳税单位,有限合伙制私募股权基金实行的是"先分后税"的原则,即在基金层面(有限合伙企业)不需要缴纳企业所得税,而是由基金的合伙人在取得分成收益时分别纳税,合伙企业的所得或损失全部传递到合伙人层面,避免了公司制私募股权基金存在的"双重征税"问题。其次,有限合伙制的私募股权基金具有设立门槛低、设立程序简便、内部治理结构精简灵活、决策程序高效、利益分配机制灵活等特点。

《合伙企业法》于1997年2月23日颁布实施,在2006年8月27日进行了修订,自2007年6月1日起施行至今,这次修订对于私募股权投资基金来说最大的亮点就是设置了有限合伙制度。《合伙企业法》关于有限合伙的内容摘要见表2-2。

表2-2 《合伙企业法》关于有限合伙的内容摘要

制度	内容摘要
组成	由至少一名普通合伙人组成,合伙人为2~50人
责任	普通合伙人对合伙企业债务承担无限连带责任;有限合伙人以其认缴的出资额为限对合伙企业债务承担责任
合伙事务执行	由普通合伙人担任执行合伙人,有限合伙人不参与合伙企业的经营
主要依据	合伙人协议
合伙人协议主要内容	包括出资、执行合伙事务的报酬、执行合伙事务范围、利润分配、合伙人的竞业限制、合伙人与合伙企业的关联交易、债务清偿顺序、合伙企业解散、转为普通合伙、退伙、合伙份额的继承等内容
财产独立性	合伙财产独立于合伙人财产,存续期内各合伙人不得要求分割合伙企业财产
债务承担	对于合伙企业债务,首先以合伙企业自身的财产对外清偿,不足部分再按照各合伙人所处的地位的不同予以承担

三、《中华人民共和国公司法》及内容摘要

《中华人民共和国公司法》（以下简称《公司法》）是我国公司制企业设立、管理、运营的基本法，对公司制的私募股权投资基金、公司制的基金管理机构、基金托管机构及非私募股权投资领域的普通公司（如目标公司）均适用，《公司法》规定了公司运作的一般性的规定，而这些一般性的规定如公司设立的条件、公司法人治理结构、公司股东权益的保护等均是公司制企业中最为核心也是最为重要的内容，是公司赖以经营发展的生命线。

《公司法》最早于1993年颁布实施，后来在1999年、2004年、2005年、2013年分别做了四次修订和调整。其中2005年修订最为重要、涉及内容最多，这次修订相对于原法只有20余条内容未变，修改后的《公司法》体现了鼓励投资、简化程序、提高效率的精神，取消了诸多不必要的国家干预条款，废除了股份公司设立的审批制，减少了强制性规范，强化股东意思自治，突出了公司章程的制度构建作用，为进一步完善公司治理结构、加强对股东权益的保护提供了制度保障。《公司法》内容摘要见表2-3。

表2-3 《公司法》内容摘要

章 节	内容摘要
第一章 总则	规定了《公司法》立法目的、公司的独立法人地位、独立财产权制度和公司制法人企业的一些基础性规定，如公司的社会责任、公司股东权益、分公司子公司的法律地位等
第二章 有限责任公司的设立和组织机构	规定了有限责任公司设立的条件、程序，股东会、董事会、监事会等公司组织机构的构成和权利义务，确立了一人有限责任公司制度，对国有独资公司进行了特别规定
第三章 有限责任公司的股权转让	规定了有限责任公司股东所持公司股权的转让、优先购买权的行使与放弃、股权回购、股权继承等问题
第四章 股份有限公司的设立和组织机构	规定了股份有限公司的发起设立制度和募集设立制度，对股份有限公司设立的条件、程序做出规定，对股东大会、董事会、监事会等公司组织机构的构成和权利义务进行规定，相对于有限责任公司来讲，股份有限公司更严格约束了发起人的行为，明确了发起人的发起责任，对上市公司组织机构进行了特别规定

续表

章　节	内容摘要
第五章　股份有限公司的股份发行和转让	规定了股份发行的形式（股票）、原则、价格等内容，对股票发行后的发起人、董事、监事、高级管理人员转让股票的时间、数量等做出限制性规定以保护投资者利益
第六章　公司董事、监事、高级管理人员的资格和义务	列明了不得担任公司的董事、监事、高级管理人员的范围和董事、高级管理人员不得侵害公司利益的行为，规定了董事、监事、高级管理人员对公司应当享有的权利和担负的义务
第七章　公司债券	规定公司债发行的条件、形式等内容
第八章　公司财务、会计	对公司的财务会计制度做出基本的要求，规定了公司的财务报告制度、法定公积金制度等
第九章　公司合并、分立、增资、减资	规定了公司合并、分立、增资、减资的程序和债务承担的方式
第十章　公司解散和清算	规定了公司解散的原因、公司强制解散制度、公司解散的程序及公司解散清算和清算组制度
第十一章　外国公司的分支机构	规定了外国公司及外国公司分支机构的设立、运营、解散基本制度
第十二章　法律责任	规定了违反《公司法》的行政、民事及刑事法律责任
第十三章　附则	明确了《公司法》中"高级管理人员""控股股东""实际控制人""关联关系"等法律专业术语的含义

《公司法》不仅在私募股权基金的设立中具有重要意义，是公司制私募股权投资基金设立、经营期间必须遵守的基本行为准则，同时也是私募股权投资基金投资目标公司股权、投资后对目标公司管理、投资退出等各个阶段的重要法律准则，作为专业的私募股权投资人及从业人员，只有准确地掌握、熟练地运用《公司法》及公司法制度，才能够防范私募股权投资的主要法律风险。我国最高人民法院根据《公司法》自2005年修订实施以来的长期审判实践和经验陆续做出了

四个重要的司法解释,其中在 2016 年 12 月 5 日最高人民法院原则上通过的《最高人民法院关于适用〈中华人民共和国公司法〉若干问题的规定(四)》,对公司股东会或者股东大会、董事会决议效力和股东知情权、利润分配请求权、股东代表诉讼等相关内容进行了解释,尚有待进一步正式通过。《公司法》司法解释(一)至(四)的主要内容摘要见表 2-4。

表 2-4 《公司法》司法解释(一)至(四)的主要内容摘要

司法解释	内容摘要
司法解释(一)	主要对 2005 年修订的《公司法》溯及力问题进行了规定
司法解释(二)	对公司股东提起公司解散诉讼、清算、解散程序等相关事宜进行了规定
司法解释(三)	对公司发起人及发起人责任、出资人的出资义务和责任、股东资格确认、股权代持等问题进行了规定
司法解释(四)	对公司股东会或者股东大会、董事会决议效力,股东知情权、利润分配请求权、优先购买权和直接诉讼与股东代表诉讼等相关问题进行了规定

四、《中华人民共和国合同法》及内容摘要

现行的《证券投资基金法》明确了私募股权投资基金的三种组织形式,即契约型、公司型和合伙型,为契约型私募基金奠定了法律基础。契约是合同的另一个称谓,指合同双方或多方共同协议订立的有关买卖、抵押、租赁、投资等法律关系的法律文书。契约型基金就是基金当事人通过签订基金合同的形式约定而设立的一种基金。契约型基金的当事人一般包括三方,即基金投资者、基金管理人、基金托管人。基金合同对三方的权利义务进行约定,其效力相当于公司型基金的公司章程或合伙型基金的合伙人协议。基金管理人与投资人之间以契约关系设立资金的委托/受托管理法律关系,可见基金合同是契约型基金的核心。

我国于 1999 年 3 月 15 日第九届全国人民代表大会第二次会议通过颁布《中华人民共和国合同法》(以下简称《合同法》),《合同法》是调整平等民事主体之间交易关系的法律,它主要规定合同的订立、合同的效力及合同的履行、变

更、解除、保全、违约责任等问题。《合同法》分总则、分则、附则三大部分，共23章、428个条款。总则部分8章包括合同的一般规定、合同的订立、合同的效力、合同的履行、合同的变更和转让、合同的权利义务终止、违约责任以及其他规定等，是《合同法》的核心部分，也是对契约型基金最为重要的部分（见表2-5）；分则部分是赠与合同、买卖合同、借款合同、租赁合同等15类有名合同的特别规定，在一般情况下分则部分的法律规定对契约型基金设立和内部管理没有太多的意义，然而在基金投资后管理的阶段，被投资的目标公司的经营中会有所涉及，如租赁合同、买卖合同等。基金从业人员可以通过其他方式学习了解，以更好地对被投资企业进行监督和管理。

表2-5 《合同法》总则部分摘要

章 节	主要内容
第一章 一般规定	规定了合同当事人各方平等、自愿、公平、诚实信用的合同基本原则
第二章 合同的订立	规定了订立合同的当事人行为能力、合同的形式、一般条款、合同订立的要约和承诺、合同的成立、格式合同和违反合同的基本责任等内容
第三章 合同的效力	规定了合同的生效、附条件合同、附期限合同、表见代理、表见代表、无权处分的追认、合同的无效、合同的变更与撤销等内容
第四章 合同的履行	规定了合同当事人全面履行合同的义务、合同约定不明时的救济方法、合同履行的抗辩权、中止履行、提前履行等内容
第五章 合同的变更和转让	规定了合同的变更和转让的条件、债权转让、债务转移、合同概括转移、债权转让通知等内容
第六章 合同的权利义务终止	规定了合同终止的条件、合同解除、标的物提存、债权债务的相互抵销等内容
第七章 违约责任	规定了违约责任的承担、违约责任的方式、违约金的限额、防止损失扩大义务等内容
第八章 其他规定	规定了合同条款理解有争议的处理方式、涉外合同的法律适用、争议管辖等内容

五、《中华人民共和国信托法》与契约型基金

信托是一项源自国外的古老制度安排,创设了一种独立的法律关系(即信托关系),其核心是被法律认可破产隔离制度。信托的破产隔离功能是指无论委托人还是受托人因为出现破产原因而依法被宣告破产后,信托财产将不作为其清算财产进行分配,债权人也不能追索。《中华人民共和国信托法》(以下简称《信托法》)第十五条规定,"信托财产与委托人未设立信托的其他财产相区别。设立信托后,委托人死亡或者依法解散、被依法撤销、被宣告破产时,委托人是唯一受益人的,信托终止,信托财产作为其遗产或者清算财产;委托人不是唯一受益人的,信托存续,信托财产不作为其遗产或者清算财产;但作为共同受益人的委托人死亡或者依法解散、被依法撤销、被宣告破产时,其信托受益权作为其遗产或者清算财产。"这种功能是基于信托财产的三个当事人,即委托人、受托人和受益人,没有一方对于信托财产有完整的所有权的前提下。

目前,社会各界常常对契约型基金与信托予以混淆,认为契约型基金就是信托,但笔者认为虽然信托和契约型基金的表现形式很像,两者也有些共同点,但在我国现行制度框架下,两者在法律依据、监管机构、资格认证、管理人数量、法律关系、破产隔离等方面有显著区别(见表2-6)。

表2-6 契约型基金与信托的区别

	契约型基金	信托
法律依据	《合同法》《证券投资基金法》、证监会相关规章规范	《信托法》《信托公司集合资金信托计划管理办法》及银监会的各类规范性文件等
监管机构	证监会	银监会
管理人资格认证	中国证券投资基金业协会备案	信托牌照
管理人资质取得制度	备案	核准
管理人数量	广泛	全国仅68家
与管理人的关系	委托	信托
破产隔离作用	无	有

笔者注意到《私募投资基金合同指引》起草说明中出现了"契约型基金本身不具备法律实体地位，其与基金管理人的关系为信托关系"的表述，但这个"指引"还算不上法律法规，不具有普遍适用的法律效力，因此契约型基金的法律关系仍应该是基于委托合同的委托关系而非信托关系。

六、《中华人民共和国刑法》及内容摘要

刑法所对应的是私募股权投资刑事法律风险问题，而刑事责任的特殊性又不得不引起基金经理、股东、高管和从业人员重视，一旦触犯刑法是以付出最宝贵的人身自由权和生命权为代价的。目前国际刑法的趋势是慎用死刑，尤其是在经济犯罪领域。即便我国是一个保留死刑的国度，但在经济犯罪领域对死刑的适用也是极为谨慎的。2011年5月1日施行的《中华人民共和国刑法修正案（八）》将原有的68个死刑罪名减少至55个，而所减少的13个死刑罪名中主要是以经济犯罪为主，不得不说这是一种重大的进步。

笔者也是一个废除死刑制度的倡导者。调查显示，死刑并不能使得犯罪率降低，反而会造成无法挽回的错误。自由权也是可贵的，尤其是对于金融领域的精英人才来讲更是这样，失去自由不但要承受身心的痛苦，还会丧失掉大好年华。所以作为私募基金的经理、股东、高管和从业人员，对此风险更应当予以重视并做出适当的风险控制措施。然而私募基金的本质是金融，而金融的本质是创新，在金融创新的过程中难免会出现游离于法律边缘的状态，这样就会给从业者带来刑事责任风险，而私募基金的刑事责任风险大体集中在以下领域。

从基金管理人机构内部来讲，主要以职务侵占罪、挪用资金罪这类职务性犯罪为代表；外部风险则主要以非法吸收公众存款罪、集资诈骗罪、税收征管罪、非法经营罪、洗钱罪、侵犯商业秘密罪等犯罪为代表。值得注意的一点是，刑法领域有专门针对商业银行、证券交易所、期货交易所、证券公司、期货经纪公司、保险公司等金融机构的工作人员这一特殊主体所适用的犯罪罪名，如背信运用受托财产罪、违法运用资金罪，根据中国人民银行、证监会、保监会、银监会2007年6月21日联合发布的《金融机构客户身份识别和客户身份资料及交易记录保存管理办法》第二条第二款的规定，"基金管理公司"属于金融机构，私募基金管理人受托管理他人财产且往往管理规模巨大，作为私募股权投资人的从业

人员应当格外注意这个问题，以免为刑事法律风险所困扰。笔者在表2-7中对股权投资基金领域的犯罪问题仅就《中华人民共和国刑法》（以下简称《刑法》）相关条文予以摘要。

表2-7 《刑法》相关罪名摘要

序号	罪名	规定	来源
1	虚报注册资本罪	申请公司登记使用虚假证明文件或者采取其他欺诈手段虚报注册资本，欺骗公司登记主管部门，取得公司登记，虚报注册资本数额巨大、后果严重或者有其他严重情节的，处三年以下有期徒刑或者拘役，并处或者单处虚报注册资本金额百分之一以上百分之五以下罚金。 单位犯前款罪的，对单位判处罚金，并对其直接负责的主管人员和其他直接责任人员，处三年以下有期徒刑或者拘役	《刑法》第一百五十八条
2	虚假出资、抽逃出资罪	公司发起人、股东违反公司法的规定未交付货币、实物或者未转移财产权，虚假出资，或者在公司成立后又抽逃其出资，数额巨大、后果严重或者有其他严重情节的，处五年以下有期徒刑或者拘役，并处或者单处虚假出资金额或者抽逃出资金额百分之二以上百分之十以下罚金。 单位犯前款罪的，对单位判处罚金，并对其直接负责的主管人员和其他直接责任人员，处五年以下有期徒刑或者拘役	《刑法》第一百五十九条
3	违规披露、不披露重要信息罪	依法负有信息披露义务的公司、企业向股东和社会公众提供虚假的或者隐瞒重要事实的财务会计报告，或者对依法应当披露的其他重要信息不按照规定披露，严重损害股东或者其他人利益，或者有其他严重情节的，对其直接负责的主管人员和其他直接责任人员，处三年以下有期徒刑或者拘役，并处或者单处二万元以上二十万元以下罚金	《刑法》第一百六十一条 《刑法修正案（六）》

第二章 我国私募股权投资的法律体系

续表

序号	罪名	规定	来源
4	妨害清算罪、隐匿、故意销毁会计凭证、会计账簿、财务会计报告罪；虚假破产罪	公司、企业进行清算时，隐匿财产，对资产负债表或者财产清单做虚伪记载或者在未清偿债务前分配公司、企业财产，严重损害债权人或者其他人利益的，对其直接负责的主管人员和其他直接责任人员，处五年以下有期徒刑或者拘役，并处或者单处二万元以上二十万元以下罚金	《刑法》第一百六十二条 《刑法修正案（六）》
5	非国家工作人员受贿罪	公司、企业或者其他单位的工作人员利用职务上的便利，索取他人财物或者非法收受他人财物，为他人谋取利益，数额较大的，处五年以下有期徒刑或者拘役；数额巨大的，处五年以上有期徒刑，可以并处没收财产。公司、企业或者其他单位的工作人员在经济往来中，利用职务上的便利，违反国家规定，收受各种名义的回扣、手续费，归个人所有的，依照前款的规定处罚	《刑法》第一百六十三条 《刑法修正案（六）》
6	对非国家工作人员行贿罪	为谋取不正当利益，给予公司、企业或者其他单位的工作人员以财物，数额较大的，处三年以下有期徒刑或者拘役，并处罚金；数额巨大的，处三年以上十年以下有期徒刑，并处罚金	《刑法》第一百六十四条 《刑法修正案（六）》
7	高利转贷罪	以转贷牟利为目的，套取金融机构信贷资金高利转贷他人，违法所得数额较大的，处三年以下有期徒刑或者拘役，并处违法所得一倍以上五倍以下罚金；数额巨大的，处三年以上七年以下有期徒刑，并处违法所得一倍以上五倍以下罚金。单位犯前款罪的，对单位判处罚金，并对其直接负责的主管人员和其他直接责任人员，处三年以下有期徒刑或者拘役	《刑法》第一百七十五条

续表

序号	罪名	规定	来源
8	非法吸收公众存款罪	非法吸收公众存款或者变相吸收公众存款，扰乱金融秩序的，处三年以下有期徒刑或者拘役，并处或者单处二万元以上二十万元以下罚金；数额巨大或者有其他严重情节的，处三年以上十年以下有期徒刑，并处五万元以上五十万元以下罚金。 单位犯前款罪的，对单位判处罚金，并对其直接负责的主管人员和其他直接责任人员，依照前款的规定处罚	《刑法》第一百七十六条
9	职务侵占罪	公司、企业或者其他单位的人员，利用职务上的便利，将本单位财物非法占为己有，数额较大的，处五年以下有期徒刑或者拘役；数额巨大的，处五年以上有期徒刑，可以并处没收财产	《刑法》第二百七十一条
10	挪用资金罪	商业银行、证券交易所、期货交易所、证券公司、期货经纪公司、保险公司或者其他金融机构的工作人员利用职务上的便利，挪用本单位或者客户资金的，依照本法第二百七十二条（挪用资金罪）的规定定罪处罚	《刑法》第一百八十五条
		公司、企业或者其他单位的工作人员，利用职务上的便利，挪用本单位资金归个人使用或者借贷给他人，数额较大、超过三个月未还的，或者虽未超过三个月，但数额较大、进行营利活动的，或者进行非法活动的，处三年以下有期徒刑或者拘役；挪用本单位资金数额巨大的，或者数额较大不退还的，处三年以上十年以下有期徒刑	《刑法》第二百七十二条
11	公司、企业人员受贿罪	银行或者其他金融机构的工作人员在金融业务活动中索取他人财物或者非法收受他人财物，为他人谋取利益的，或者违反国家规定，收受各种名义的回扣、手续费，归个人所有的，依照本法第一百六十三条的规定定罪处罚	《刑法》第一百八十四条

续表

序号	罪名	规定	来源
12	背信运用受托财产罪	商业银行、证券交易所、期货交易所、证券公司、期货经纪公司、保险公司或者其他金融机构，违背受托义务，擅自运用客户资金或者其他委托、信托的财产，情节严重的，对单位判处罚金，并对其直接负责的主管人员和其他直接责任人员，处三年以下有期徒刑或者拘役，并处三万元以上三十万元以下罚金；情节特别严重的，处三年以上十年以下有期徒刑，并处五万元以上五十万元以下罚金	《刑法》第一百八十五条之一《刑法修正案（六）》
13	违法发放贷款罪	银行或者其他金融机构的工作人员违反国家规定发放贷款，数额巨大或者造成重大损失的，处五年以下有期徒刑或者拘役，并处一万元以上十万元以下罚金；数额特别巨大或者造成特别重大损失的，处五年以上有期徒刑，并处二万元以上二十万元以下罚金	《刑法》第一百八十六条
14	吸收客户资金不入账罪	银行或者其他金融机构的工作人员吸收客户资金不入账，数额巨大或者造成重大损失的，处五年以下有期徒刑或者拘役，并处二万元以上二十万元以下罚金；数额特别巨大或者造成特别重大损失的，处五年以上有期徒刑，并处五万元以上五十万元以下罚金。 单位犯前款罪的，对单位判处罚金，并对其直接负责的主管人员和其他直接责任人员，依照前款的规定处罚	《刑法》第一百八十七条
15	洗钱罪	明知是毒品犯罪、黑社会性质的组织犯罪、恐怖活动犯罪、走私犯罪、贪污贿赂犯罪、破坏金融管理秩序犯罪、金融诈骗犯罪的所得及其产生的收益，为掩饰、隐瞒其来源和性质，有下列行为之一的，没收实施以上犯罪的所得及其产生的收益，处五年以下有期徒刑或者拘役，并处或者单处洗钱数额百分之五以上百分之二十以下罚金；情节严重的，处五年以上十年以下有期徒刑，并处洗钱数额百分之五以上百分之二十以下罚金：	《刑法》第一百九十一条

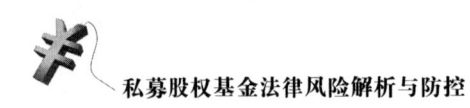

续表

序号	罪名	规定	来源
15	洗钱罪	（一）提供资金账户的； （二）协助将财产转换为现金、金融票据、有价证券的； （三）通过转账或者其他结算方式协助资金转移的； （四）协助将资金汇往境外的； （五）以其他方法掩饰、隐瞒犯罪所得及其收益的来源和性质的。 单位犯前款罪的，对单位判处罚金，并对其直接负责的主管人员和其他直接责任人员，处五年以下有期徒刑或者拘役；情节严重的，处五年以上十年以下有期徒刑	
16	集资诈骗罪	以非法占有为目的，使用诈骗方法非法集资，数额较大的，处五年以下有期徒刑或者拘役，并处二万元以上二十万元以下罚金；数额巨大或者有其他严重情节的，处五年以上十年以下有期徒刑，并处五万元以上五十万元以下罚金；数额特别巨大或者有其他特别严重情节的，处十年以上有期徒刑或者无期徒刑，并处五万元以上五十万元以下罚金或者没收财产	《刑法》第一百九十二条
17	逃税罪	纳税人采取欺骗、隐瞒手段进行虚假纳税申报或者不申报，逃避缴纳税款数额较大并且占应纳税额百分之十以上的，处三年以下有期徒刑或者拘役，并处罚金；数额巨大并且占应纳税额百分之三十以上的，处三年以上七年以下有期徒刑，并处罚金。 扣缴义务人采取前款所列手段，不缴或者少缴已扣、已收税款，数额较大的，依照前款的规定处罚	《刑法》第二百零一条
18	侵犯商业秘密罪	有下列侵犯商业秘密行为之一，给商业秘密的权利人造成重大损失的，处三年以下有期徒刑或者拘役，并处或者单处罚金；造成特别严重后果的，处三年以上七年以下有期徒刑，并处罚金： …… （三）违反约定或者违反权利人有关保守商业秘密的要求，披露、使用或者允许他人使用其所掌握的商业秘密的。 明知或者应知前款所列行为，获取、使用或者披露他人的商业秘密的，以侵犯商业秘密论	《刑法》第二百一十九条

续表

序号	罪名	规　定	来　源
19	非法经营罪	违反国家规定，有下列非法经营行为之一，扰乱市场秩序，情节严重的，处五年以下有期徒刑或者拘役，并处或者单处违法所得一倍以上五倍以下罚金；情节特别严重的，处五年以上有期徒刑，并处违法所得一倍以上五倍以下罚金或者没收财产： …… （三）未经国家有关主管部门批准非法经营证券、期货、保险业务的，或者非法从事资金支付结算业务的； （四）其他严重扰乱市场秩序的非法经营行为	《刑法》第二百二十五条

七、其他

除了上述法律规定以外，在私募股权投资基金的管理运作当中仍然存在着诸多的法律问题和法律风险。例如，私募股权投资基金进行投资会涉及税收问题，由此导致税收方面的法律风险；私募股权投资基金投资时涉及被投资企业的核心技术和知识产权问题，由此导致知识产权法律风险；私募股权投资基金投资涉及被投资企业特许经营问题，由此导致特许经营许可和特许经营合同法律风险；等等。这些都需要私募股权投资基金的管理者和从业人员在投资运作过程当中认真了解、仔细甄别、善于运用以防范和控制法律风险，必要的时候可以聘请专业的律师把控风险。

第二节　规章

一、《私募投资基金监督管理暂行办法》及内容摘要

2013年6月27日，证监会以中央编制办公室印发的《关于私募股权基金管理职责分工的通知》为法律依据正式获得私募股权基金的监管权，并于2014年4月8日成立私募基金部。作为私募股权投资基金的监管机构，2014年8月21

日,证监会公布了对私募股权投资基金的法律依据《私募投资基金监督管理暂行办法》(证监会令第 105 号)(见表 2-8),确立了私募监管的登记备案、合格投资者认定、资金募集、投资运作、行业自律的监管规范。

表 2-8 《私募投资基金监督管理暂行办法》内容摘要

序号	制度	摘要
1	设立私募基金管理机构和发行私募基金不设行政审批,强化事中事后监管	中国证监会及其派出机构依照《证券投资基金法》《私募投资基金监督管理暂行办法》和中国证监会的其他有关规定,对私募基金业务活动实施监督管理。设立私募基金管理机构和发行私募基金不设行政审批,允许各类发行主体在依法合规的基础上,向累计不超过法律规定数量的投资者发行私募基金。建立健全私募基金发行监管制度,切实强化事中事后监管,依法严厉打击以私募基金为名的各类非法集资活动
2	中国证券投资基金业协会开展自律监管	中国证券投资基金业协会(以下简称基金业协会)依照《证券投资基金法》《私募投资基金监督管理暂行办法》、中国证监会其他有关规定和基金业协会自律规则,对私募基金业开展行业自律,协调行业关系,提供行业服务,促进行业发展。基金业协会应当制定和实施私募基金行业自律规则,监督、检查会员及其从业人员的执业行为。会员及其从业人员违反法律、行政法规、《私募投资基金监督管理暂行办法》规定和基金业协会自律规则的,基金业协会可以视情节轻重,采取自律管理措施,并通过网站公开相关违法违规信息。会员及其从业人员涉嫌违法违规的,基金业协会应当及时报告中国证监会
3	私募基金管理人应当向基金业协会申请登记	各类私募基金管理人应当根据基金业协会的规定,向基金业协会申请登记,报送以下基本信息: (一)工商登记和营业执照正副本复印件; (二)公司章程或者合伙协议; (三)主要股东或者合伙人名单; (四)高级管理人员的基本信息; (五)基金业协会规定的其他信息

续表

序号	制度	摘要
4	基金募集完毕，应当办理基金备案手续	各类私募基金募集完毕，私募基金管理人应当根据基金业协会的规定，办理基金备案手续，报送以下基本信息： （一）主要投资方向及根据主要投资方向注明的基金类别； （二）基金合同、公司章程或者合伙协议。资金募集过程中向投资者提供基金招募说明书的，应当报送基金招募说明书。以公司、合伙等企业形式设立的私募基金，还应当报送工商登记和营业执照正副本复印件； （三）采取委托管理方式的，应当报送委托管理协议。委托托管机构托管基金财产的，还应当报送托管协议； （四）基金业协会规定的其他信息。 基金业协会应当在私募基金备案材料齐备后的 20 个工作日内，通过网站公告私募基金名单及其基本情况的方式，为私募基金办结备案手续
5	资金募集向合格投资者募集	私募基金应当向合格投资者募集，单只私募基金的投资者人数累计不得超过《证券投资基金法》《公司法》《合伙企业法》等法律规定的特定数量。投资者转让基金份额的，受让人应当为合格投资者且基金份额受让后投资者人数应当符合前款规定。私募基金的合格投资者是指具备相应风险识别能力和风险承担能力，投资于单只私募基金的金额不低于 100 万元且符合下列相关标准的单位和个人： （一）净资产不低于 1000 万元的单位； （二）金融资产不低于 300 万元或者最近三年个人年均收入不低于 50 万元的个人。 前款所称金融资产包括银行存款、股票、债券、基金份额、资产管理计划、银行理财产品、信托计划、保险产品、期货权益等。 下列投资者视为合格投资者： （一）社会保障基金、企业年金等养老基金，慈善基金等社会公益基金； （二）依法设立并在基金业协会备案的投资计划； （三）投资于所管理私募基金的私募基金管理人及其从业人员； （四）中国证监会规定的其他投资者

续表

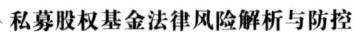

序号	制度	摘要
6	资金募集渠道限制	私募基金管理人、私募基金销售机构不得向合格投资者之外的单位和个人募集资金，不得通过报刊、电台、电视、互联网等公众传播媒体或者讲座、报告会、分析会和布告、传单、手机短信、微信、博客和电子邮件等方式，向不特定对象宣传推介
7	不得承诺保底收益	私募基金管理人、私募基金销售机构不得向投资者承诺投资本金不受损失或者承诺最低收益
8	合格投资者适当性管理	私募基金管理人自行销售私募基金的，应当采取问卷调查等方式，对投资者的风险识别能力和风险承担能力进行评估，由投资者书面承诺符合合格投资者条件；应当制作风险揭示书，由投资者签字确认。 私募基金管理人委托销售机构销售私募基金的，私募基金销售机构应当采取前款规定的评估、确认等措施。 投资者风险识别能力和承担能力问卷及风险揭示书的内容与格式指引，由基金业协会按照不同类别私募基金的特点制定

二、《证券期货投资者适当性管理办法》及内容摘要

2016年5月26日，中国证监会2016年第7次主席办公会议审议通过《证券期货投资者适当性管理办法》，自2017年7月1日起施行。《证券期货投资者适当性管理办法》构建了一整套适当性管理的制度框架，从投资者分类、产品分级、强化经营机构适当性义务及突出违规行为惩戒方面明确了投资者适当性管理的各项工作，同时赋予证监会及其派出机构对经营机构履行适当性义务的监督管理权及证券期货交易场所、证券登记结算公司、行业协会等自律组织的自律管理权。根据《证券期货投资者适当性管理办法》第二条规定，向投资者公开或者非公开募集股权投资基金（包括创业投资基金）适用这一办法。《证券期货投资者适当性管理办法》的内容摘要见表2-9。

表 2 – 9 《证券期货投资者适当性管理办法》内容摘要

制　度	摘　要
投资者分类制度	1. 投资者分为普通投资者和专业投资者，对专业投资者有着明确的范围划分，如经金融监管部门批准设立的金融机构及其发行的理财产品等。 2. 经营机构应制定投资者分类的内部管理制度及流程，普通投资者的分类应综合考虑投资者的收入来源、资产状况、债务、投资知识和经验、风险偏好、诚信状况等因素。 3. 特定条件下普通投资者和专业投资者可以互相转化
产品分级制度	1. 经营机构应当按照规定的十项风险因素划分投资产品或服务的风险等级。 2. 列明了应审慎评估风险等级的若干情形，包括杠杆交易、变现能力、产品结构是否复杂不易理解、募集方式涉及面或影响力、跨境发行等。 3. 经营机构应制定适当性匹配的内部管理制度，明确匹配依据、方法、流程，严格按照内部管理制度对每名投资者提出匹配意见。 4. 投资者主动要求购买不适当级别的产品或服务，经营机构应确认其不属于风险承受能力最低类别的投资者，并进行特别的书面风险警示后才可向其销售或提供服务
经营机构适当性管理义务	1. 强化经营机构对普通投资者的适当性管理义务，例如经营机构向普通投资者销售高风险产品或者提供相关服务时应履行特别的注意义务。 2. 经营机构的禁止性行为，禁止经营者向普通投资者主动推介风险等级高于其风险承受能力的产品或者提供相关服务，禁止向普通投资者主动推介不符合其投资目标的产品或服务等。 3. 经营机构向普通投资者进行告知、警示时应全程录音录像或采取电子确认的方式进行留痕，经营机构应每半年开展一次适当性自查并形成自查报告，经营机构应妥善保存适当性资料

第三节　自律性规则

行业自律是一个行业自我规范、自我协调的行为机制，同时也是维护市场秩序、保持公平竞争、促进行业健康发展、维护行业利益的重要措施。行业自律包括两个方面，一方面是行业内对国家法律、法规政策的遵守和贯彻，另一方面是以行业内的行规行约制约行为。每一方面都包含对行业内成员的监督和保护的机能，这一切都离不开一个合法、有效的行业自律组织。2012 年 6 月，中国证券投资基金业协会

(以下简称基金业协会)正式成立,原中国证券业协会基金公司会员部的行业自律职责转入基金业协会,2013年修订的《证券投资基金法》专门增设"基金行业协会"一章10条,详细规定了基金行业协会的性质、组成及主要职责等内容。

基金业协会是行业自律性组织,社团法人,基金管理人、基金托管人应当加入基金业协会,基金服务机构可以加入基金业协会,基金业协会作为自律组织而颁布的自律规则对基金管理机构、基金托管人均具有法律约束力,由此确立基金业协会制定的自律性规则是基金行业监管法律体系中不可分割的一部分。就私募股权投资基金行业来说,自律性规则主要集中在基金管理人和基金的备案登记、基金募集、信息披露监管等方面,目前来看由3个办法、1个公告和13个解答组成:3个办法是基金自律管理的最基础的自律性规则,1个公告和13个解答是对3个办法中相关问题的更为细化的解读。

一、自律性规则一览

基金业协会自律性规则目录见表2-10。

表2-10 基金业协会自律性规则目录

	规则名称
3个办法	1.《私募投资基金管理人登记和基金备案办法(试行)》 2.《私募投资基金信息披露管理办法》 3.《私募投资基金募集行为管理办法》
1个公告	《关于进一步规范私募基金管理人登记若干事项的公告》
13个解答	《私募基金登记备案相关问题解答》(一至十三)
9个工作指引	1.《私募投资基金投资者风险问卷调查内容与格式指引(个人版)》 2.《私募投资基金风险揭示书内容与格式指引》 3.《私募基金管理人登记法律意见书指引》 4.《基金管理公司风险管理指引(试行)》 5.《私募投资基金管理人内部控制指引》 6.《私募投资基金合同指引1号(契约型私募基金合同内容与格式指引)》 7.《私募投资基金合同指引2号(公司章程必备条款指引)》 8.《私募投资基金合同指引3号(合伙协议必备条款指引)》 9.《基金业务外包服务指引(试行)》

二、《私募投资基金管理人登记和基金备案办法(试行)》及内容摘要

2014年1月17日,基金业协会颁布实施了《私募投资基金管理人登记和基金备案办法(试行)》(以下简称《登记备案办法》),共7章32条(见表2-11)。

表2-11 《登记备案办法》内容摘要

章 节	内容摘要
第一章 总则	立法目的、私募投资基金的定义,明确基金业协会作为私募投资基金自律管理组织的法定地位
第二章 基金管理人登记	分别就私募基金管理人登记的必要性、登记方式、登记的信息内容,登记材料的补正、登记信息的变更、基金业协会对登记信息的核查、登记的周期、信息公示、登记的注销等做出规定,这一部分基金管理人被强制要求应当成为基金业协会的会员,以使各私募投资基金管理人被纳入基金业协会组织里来,为自律管理提供基础
第三章 基金备案	分别就私募基金的备案时间、备案的内容、备案的补正、备案办理周期、公示信息、证券账户开立做出规定
第四章 人员管理	分别对私募基金管理人报送高管及从业人员信息、从业人员资格、取得从业资格的条件、担任高管的条件、高管范围、执业培训做出规定
第五章 信息报送	分别对私募证券投资基金和私募股权投资基金的信息更新时间、信息更新的范围做出规定,对私募基金管理人信息更新的时间、更新的范围做出规定,对私募基金管理人重大事项变更和私募基金重大事项变更做出规定
第六章 自律管理	规定了基金业协会的差别化管理制度、基金业协会对基金管理人及从业人员的非现场和现场检查制度、诚信档案制度、基金业协会接受投诉并处理的权利、基金业协会调解的权利义务、自律处罚方式和措施
第七章 附则	确定了《登记备案办法》的生效时间

三、《私募投资基金信息披露管理办法》及内容摘要

2016年2月4日,基金业协会颁布实施了《私募投资基金信息披露管理办法》(以下简称《信息披露办法》),共7章31条(见表2-12)。

表2-12　《信息披露办法》内容摘要

章节	内容摘要
第一章　总则	规定了保护私募基金投资者合法权益,规范私募投资基金的立法目的、信息披露义务人、委托披露、信息披露的要求、信息披露平台、非披露信息的保密、自律管理等内容
第二章　一般规定	规定了信息披露的内容、基金托管人的复核义务、信息披露义务人的禁止行为、披露文件的表述等内容
第三章　基金募集期间的信息披露	规定了私募基金募集期间应当在宣传推介材料、招募说明书中如实披露信息及需要披露的信息内容
第四章　基金运作期间的信息披露	规定了基金合同应当披露的内容,基金净值、主要财务指标及投资组合情况等信息的披露时间,达到5000万元以上的单只私募证券基金的持续披露义务,私募基金运行期间年度披露的时间要求和内容,重大事项发生后的信息披露要求
第五章　信息披露的事务管理	规定了信息披露义务人的管理制度要求和信息披露资料的10年档案保管要求
第六章　自律管理	规定了基金业协会作为自律性组织对信息披露的指导义务,对信息披露的检查权力,自律处罚的权力

四、《私募投资基金募集行为管理办法》及内容摘要

2016年4月15日,基金业协会发布了《私募投资基金募集行为管理办法》(以下简称《募集办法》),自2016年7月15日起施行,《募集办法》共7章44条(见表2-13)。

第二章 我国私募股权投资的法律体系

表2-13 《募集办法》内容摘要

章　节	内容摘要
第一章　总则	规定了促进私募基金行业健康发展，保护投资者及相关当事人的合法权益立法目的和适用范围，规定了私募基金管理人自行募集和基金销售机构受托募集的募集形式和对募集机构主体的要求，规定了募集行为所包含的内容，规定了基金业务外包服务机构的范围，从事募集业务的人员应当具有基金从业资格等内容
第二章　一般规定	规定了募集机构应承担的恪尽职守、诚实信用、谨慎勤勉、防范利益冲突、履行说明义务、反洗钱义务、特定对象确定、投资者适当性审查、私募基金推介及合格投资者确认等相关义务和责任；规定了私募基金管理人应当履行的受托人义务，承担基金合同约定的受托责任；规定了委托募集应当以书面形式签订基金销售协议及协议附件要求，做出了规避合格投资者标准的禁止性规定，募集机构的保密义务；规定了投资者适当性管理及资料的10年保管期限要求；规定了私募基金募集结算资金专用账户的开立、开立的主体要求、禁止挪用及募集机构应当与监督机构签署账户监督协议以保护投资者的资金安全；规定了私募基金募集应当履行的程序要求等内容
第三章　特定对象的确定	规定了募集机构进行公开宣传的内容限定、特定对象确认、特定对象评估、投资者问卷调查制度、通过互联网媒介向投资者推介私募基金之前的特定对象确定程序等特定对象推介基金产品的要求
第四章　私募基金推介	规定了私募基金的风险评级制度、投资者风险能力匹配制度、私募基金推介材料要求、私募基金信息披露要求；规定了募集机构及其从业人员推介私募基金时不得公开推介、虚假推介、承诺保本或保收益、强调集中营销时间、贬损同行等12类的禁止性行为；规定了募集机构不得通过公开出版资料、宣传单、海报、户外广告、电视电影、门户网站等9大类媒体渠道推介基金
第五章　合格投资者确认及基金合同签署	规定了募集机构募集前的说明义务、风险揭示义务、风险揭示书的基本内容；规定了募集机构要求投资者提供资产证明和收入证明的义务，合格投资者的条件、投资冷静期和回访确认制度及要求
第六章　自律管理	规定了基金业协会的检查权力、基金业协会对违法基金管理人的处罚权力和方式、诚信档案制度

五、《关于进一步规范私募基金管理人登记若干事项的公告》及内容摘要

2016年2月5日，基金业协会发布《关于进一步规范私募基金管理人登记若干事项的公告》（以下简称《进一步规范登记公告》）（见表2-14），随后基

金业协会负责人针对此公告的相关内容发布了两个答记者问，分别是《中国基金业协会负责人就发布〈关于进一步规范私募基金管理人登记若干事项的公告〉答记者问》（以下简称《发布公告答记者问》）和《中国基金业协会负责人就落实〈关于进一步规范私募基金管理人登记若干事项的公告〉相关问题答记者问》（以下简称《落实公告答记者问》）。

表 2-14 《进一步规范登记公告》内容摘要

	内容摘要
制度一	取消了原有的出具书面私募基金管理人登记证明制度而改为通过基金业协会网站公示登记方式
制度二	私募基金管理人应及时备案私募基金信息，对未按时备案私募基金信息的私募基金管理人予以注销
制度三	私募基金管理人应及时履行信息报送义务，按时提交经审计的年度财务报告
制度四	新申请私募基金管理人登记和私募基金管理人重大事项变更需提交律师事务所出具的法律意见书
制度五	私募基金管理人高管人员应具备基金从业资格的基本要求

《发布公告答记者问》就基金业协会正式开展私募基金登记备案工作两年来我国私募基金行业的整体情况、涉及私募基金的各种问题和风险事件、基金业协会出台《进一步规范登记公告》的主要考虑、取消私募基金管理人登记证明是否影响管理人依法开展业务、加强私募基金管理人依法及时备案私募基金的主要考虑、重申私募基金管理人应当及时履行信息报送义务的主要考虑、要求私募基金管理人提交法律意见书的主要考虑、私募基金管理人高管从业资格要求做出解答；随后发布的《落实公告答记者问》对于《进一步规范登记公告》发布后社会各界观点和中介机构的做法与该公告的内容和精神存在的偏差做出回答，强调私募基金管理人登记和私募基金备案是私募基金自律管理的第一步，而绝不是"一备了之"，针对一些券商、律师事务所等中介服务机构纷纷推出所谓"保壳""卖壳"等一条龙服务，基金业协会强调为私募基金管理人提供法律、会计、行政服务和外包业务等专业化服务的私募基金服务机构提供服务应有利于提升私募基金行业的专业服务能力和合规运作水平，各方相互依存、互为制衡、协同发

展,形成市场化的道德约束和优胜劣汰机制。对私募基金管理人提交《法律意见书》事宜做出了进一步的说明,确定了基金业协会对《法律意见书》的核查制度和对出具《法律意见书》的律师事务所、律师的鼓励性选择条件,针对私募基金管理人作为基金管理顾问的顾问管理型基金暂不作为登记备案对象,以及基金从业资格的报考、考试等内容。

六、13 个解答及内容摘要

《私募基金登记备案相关问题解答》(一至十三)内容摘要见表 2–15。

表 2–15　《私募基金登记备案相关问题解答》(一至十三)内容摘要

名　称	内容摘要
解答一	对外资私募机构备案、自然人不得成为基金管理人、私募基金管理机构的资本要求、不得承诺保底保收益、未登记不得从事私募管理业务等做出解答
解答二	对合格投资者认定标准、无管理经验的机构登记问题做出解答
解答三	对私募基金合格投资人的穿透问题做出解答
解答四	对原任公募基金经理变更就职至私募基金管理机构的3个月"静默期"进行解答
解答五	对私募基金管理机构变更股东、实际控制人、法定代表人(执行事务合伙人)等重大事项变更问题进行解答
解答六	对私募证券基金从业资格的取得方式进行解答,确立了考试取得和认定取得两种方式
解答七	对开展民间借贷、小额理财、众筹等业务的机构如何开展私募基金管理业务,如何进行私募基金管理人登记进行解答
解答八	对《私募基金管理人登记法律意见书》和《私募基金管理人重大事项变更专项法律意见书》的基本要求进行解答
解答九	对以认定方式取得基金从业资格的条件和需要提交的材料进行解答
解答十	对外商独资和合资私募证券基金管理机构申请登记成为私募证券基金管理人的要求进行解答
解答十一	对认定取得从业资格人员的申请人和推荐人应符合的条件做出解答
解答十二	对私募基金管理人的高级管理人员及一般从业人员如何取得基金从业资格,怎样进行基金从业资格注册,从业人员的培训,出现的从业人员挂靠基金管理机构的问题做出了解答

续表

名　称	内容摘要
解答十三	私募基金管理人在申请登记、备案私募基金时，应当体现专业化管理原则，在申请登记时，应当在"私募证券投资基金管理人""私募股权、创业投资基金管理人"等机构类型，以及与机构类型关联对应的业务类型中，仅选择一类机构类型及业务类型进行登记。 私募基金管理人只可备案与本机构已登记业务类型相符的私募基金，不可管理与本机构已登记业务类型不符的私募基金；同一私募基金管理人不可兼营多种类型的私募基金管理业务

七、《私募投资基金投资者风险问卷调查内容与格式指引（个人版）》及内容摘要

2016年4月15日基金业协会发布《私募投资基金投资者风险问卷调查内容与格式指引（个人版）》（以下简称《问卷调查指引》）（见表2-16），该指引于2016年7月15日正式实施。

表2-16　《问卷调查指引》内容摘要

序号	内容摘要
1	问卷应对投资者进行风险提示，告知私募基金投资需承担市场风险、信用风险、流动性风险、操作风险等各类投资风险，本金可能遭受损失
2	问卷应明确投资者注意核对自己的风险识别和风险承受能力
3	问卷应告知投资者应选择与自己风险识别能力和风险承受能力相匹配的私募基金
4	问卷内容应当包括合格投资者确认、投资者基本信息、投资者财务状况、投资者对投资知识的掌握、投资者投资目标、风险偏好等内容
5	要求募集机构应根据投资者问卷调查的结果填写《投资者风险评估结果确认书》，对投资者风险承受能力进行评估评分

八、《私募投资基金风险揭示书内容与格式指引》及内容摘要

2016年4月15日，基金业协会同时发布《私募投资基金风险揭示书内容与格式指引》（以下简称《风险揭示书指引》）（见表2-17），并在2016年7月15日正式实施。

表 2-17 《风险揭示书指引》内容摘要

章　节	内容摘要
第一部分 基金管理人承诺	1. 基金管理人保证其在募集资金前已在基金业协会登记为私募基金管理人。 2. 基金业协会为私募基金管理人和私募基金办理登记备案不构成对私募基金管理人投资能力、持续合规情况的认可；不作为对基金财产安全的保证。 3. 私募基金管理人保证在投资者签署基金合同前已（或已委托基金销售机构）向投资者揭示了相关风险；已经了解私募基金投资者的风险偏好、风险认知能力和承受能力；已向私募基金投资者说明有关法律法规，说明投资冷静期、回访确认的制度安排以及投资者的权利。 4. 私募基金管理人承诺按照恪尽职守、诚实信用、谨慎勤勉的原则管理、运用基金财产，不保证基金财产一定盈利，也不保证最低收益
第二部分 风险揭示（主文）	1. 特殊风险揭示包括基金合同与基金业协会合同指引不一致所涉风险、私募基金未托管所涉风险、私募基金委托募集所涉风险、私募基金外包事项所涉风险、私募基金聘请投资顾问所涉风险、私募基金未在基金业协会履行登记备案手续所涉风险。 2. 一般风险揭示包括资金损失风险、基金运营风险、流动性风险、募集失败风险、投资标的风险、税收风险，以及法律与政策风险、发生不可抗力事件的风险、技术风险和操作风险等其他风险
第三部分 投资者声明	1. 投资者已阅读、理解私募基金法律文件、基金合同和其他文件。 2. 知晓基金管理人、基金销售机构、基金托管人及相关机构不应当对基金财产的收益状况做出任何承诺或担保。 3. 已自行查询私募基金管理人的基本信息。 4. 本人对符合《私募投资基金监督管理暂行办法》合格投资者的要求、不得突破合格投资者限制等做出声明

九、《私募基金管理人登记法律意见书指引》及内容摘要

2016年2月5日，基金业协会发布并实施《私募基金管理人登记法律意见书指引》（以下简称《法律意见书指引》）（见表 2-18）。

表 2-18　《法律意见书指引》内容摘要

制　度	内容摘要
出具法律意见书的事项	1. 申请私募基金管理人登记； 2. 私募基金管理人重大事项的变更（变更控股股东、变更实际控制人、变更法定代表人/执行事务合伙人等重大事项或基金业协会审慎认定的其他重大事项）
法律意见书的依据	《律师事务所从事证券法律业务管理办法》《律师事务所证券法律业务执业规则（试行）》、相关法律法规、基金业协会的相关规定
法律意见书的基础	律师尽职调查
法律意见书的形式	1. 两名执业律师签名，加盖律师事务所印章； 2. 签署日期应在私募基金管理人提交私募基金管理人登记申请之日前的一个月内
补充与修改	《法律意见书》报送后不得修改已提交的私募登记申请材料，若确需补充或更正需经基金业协会同意，由原经办执业律师及律师事务所另行出具《补充法律意见书》
法律意见书内容	1. 是否设立并有效存续； 2. 经营范围； 3. 专业化经营、主营业务、业务冲突情况； 4. 股权结构； 5. 是否存在实际控制人及情况； 6. 子公司、分支机构及其他关联方情况； 7. 具有开展私募基金管理业务所需的从业人员、营业场所、资本金等企业运营基本设施和条件； 8. 是否已制定风险管理和内部控制制度； 9. 是否签署基金外包服务协议及情况，是否存在潜在风险； 10. 高管人员是否具备基金从业资格，高管岗位设置是否符合基金业协会的要求； 11. 申请机构及高管人员是否存在违法、违纪、违规、失信记录； 12. 最近三年涉诉或仲裁的情况； 13. 材料是否真实、准确、完整； 14. 执业律师及律师事务所认为需要说明的其他事项
法律意见书结论	结论应当明晰，不得使用"基本符合条件"等含糊措辞

案例：两家律师事务所被暂定接受法律意见书

2016年11月4日，基金业协会在其官方网站发布了《关于暂停接受部分律师事务所私募基金管理人登记法律意见书的公告》，自2016年11月7日起，暂停接受北京市某两家律师事务所出具的私募基金管理人登记法律意见书。根据公告内容显示，上述两家律师事务所分别为中闻律师事务所（天和融旺）与盈科律师事务所（天和融汇）。而天和融旺、天和融汇在备案登记后出现了多批次投资者向基金业协会进行投诉情况，反映北京天和融汇投资基金管理有限公司和北京天和融旺投资基金管理有限公司存在严重违法违规情况，由此对两家律师事务所展开调查并暂停接受其出具的法律意见书。

经调查，2017年1月25日基金业协会做出《关于注销北京天和融汇投资基金管理有限公司和北京天和融旺投资基金管理有限公司私募基金管理人登记等有关情况的公告》，公告显示北京天和融汇投资基金管理有限公司和北京天和融旺投资基金管理有限公司提交的私募基金管理人登记信息及法律意见书，不符合《证券投资基金法》《私募投资基金监督管理暂行办法》《私募投资基金管理人登记和基金备案办法（试行）》《关于进一步规范私募基金管理人登记若干事项的公告》等法律法规和自律规则的规定，故基金业协会决定依法注销天和融汇和天和融旺的私募基金管理人登记，将出具法律意见书的律师事务所涉嫌未能勤勉尽责的有关情况移送中国证券监督管理委员会进一步查处，并在调查期间停止接受上述两家律师事务所的法律意见书。

基金业协会在私募基金管理人登记环节，引入法律意见书制度，目的是要充分发挥律师行业的法律服务专业力量，提高私募基金管理人登记备案信息的真实性，推动私募基金管理人依法合规开展业务。然而上述两家律师事务所并未履行勤勉尽责的义务，其出具的法律意见书也未能起到应有的作用，违背私募基金行业健康发展的基本要求。笔者作为一名律师，非常了解律师事务所的内部管理制度和律师事务所与大部分律师之间的非雇佣合作关系，也非常了解中闻律师事务所和盈科律师事务所长期以来在业内、业外所形成的良好形象。在这个案例中只是因为律师事务所某位律师的不负责任的行为就导致这两家大型律师事务所的基金业务被取消,造成非常不好的社会影响,让人甚感惋惜。目前在律师从事的法律意见书业务领域,竞争格局异常激烈,很多律师以价格作为竞争砝码,在北京律师出具法律意见书仅仅收取2万~3万元的服务费用的大有人在,而一份法律意见书的出具绝对不只是填写几页格式文本那么简单,需要律师做出大量的、审慎的、严谨的法律尽职调查作为法律意见书的事实支撑,而这大量的工作又绝非2万~3万元的服务费标准可以作为公平对价的,所以北京各律师事务所甚至律师协会对于类似出具私募基金备案法律意见书的法律服务应当制定出具体的工作要求,统一最低收费标准,完善律师业务的审核制度,以免律师事务所在帮助自己客户解决风险管理问题的同时自身亦遭受风险困扰。

十、《基金管理公司风险管理指引（试行）》及内容摘要

2014年6月26日,基金业协会发布了《基金管理公司风险管理指引（试行）》（以下简称《风险管理指引》）（见表2-19）。根据《风险管理指引》规定,风险管理是指公司围绕总体经营战略,董事会、管理层到全体员工全员参与,在日常运营中,识别潜在风险,评估风险的影响程度,并根据公司风险偏好制定风险应对策略,有效管理公司各环节风险的持续过程。在进行全面风险管理时,公司应根据公司经营情况重点监测、防范和化解对公司经营有重要影响的风险。基金管理公司应当强化风险意识,增强风险防范能力,建立全面的风险管理体系,促进公司和行业持续、健康、稳定发展,保护投资者利益。

表2-19 《风险管理指引》内容摘要

制　　度	内容摘要
管理目标	通过建立健全风险管理体系,确保基金管理人经营管理合法合规、受托资产安全、财务报告和相关信息真实、准确、完整,不断提高经营效率,促进公司实现发展战略
基本原则	1. 全面性原则；2. 独立性原则；3. 权责匹配原则；4. 一致性原则；5. 适时有效原则

续表

制　度	内容摘要
风险管理体系	1. 包括组织架构，全面覆盖公司投资、研究、销售和运营等主要业务流程、环节的风险管理制度； 2. 完备的风险识别、评估、报告、监控和评价体系
风险管理的组织架构与责任	1. 董事会应对有效的风险管理承担最终责任； 2. 管理层应对有效的风险管理承担直接责任，公司管理层可以设立履行风险管理职能的委员会； 3. 公司应设立独立于业务体系汇报路径的风险管理职能部门或岗位，并配备有效的风险管理系统和足够的专业的人员； 4. 业务部门应当执行风险管理的基本制度流程，定期对本部门的风险进行评估，对其风险管理的有效性负责； 5. 各部门负责人是其部门风险管理的第一责任人，基金经理（投资经理）是相应投资组合风险管理的第一责任人
风险管理主要环节	1. 风险识别应当覆盖公司各个业务环节，涵盖所有风险类型； 2. 风险评估可采取定量和定性相结合的方法进行； 3. 公司应当建立清晰的风险事件登记制度和风险应对考评管理制度； 4. 公司应当建立清晰的报告监测体系； 5. 公司应当对风险管理体系进行定期评价
主要风险及管理措施	1. 市场风险及管理措施； 2. 信用风险及管理措施； 3. 流动性风险及管理措施； 4. 操作风险及管理措施； 5. 合规风险及管理措施； 6. 声誉风险及管理措施； 7. 子公司管控风险及管理措施

十一、《私募投资基金管理人内部控制指引》及内容摘要

私募基金管理人内部控制是指私募基金管理人为防范和化解风险，保证各项业务的合法合规运作，实现经营目标，在充分考虑内外部环境的基础上，对经营过程中的风险进行识别、评价和管理的制度安排、组织体系和控制措施。私募基

金管理人应当加强内部控制，合法合规、诚信经营，提高风险防范能力。2016年2月1日，基金业协会发布实施了《私募投资基金管理人内部控制指引》（以下简称《内部控制指引》）（见表2-20）。

表2-20 《内部控制指引》内容摘要

章节	制度
第一章 总则	内部控制的目的、定义，要求私募基金管理人应当按照《内部控制指引》的要求，结合自身的具体情况，建立健全内部控制机制
第二章 目标和原则	明确提出了私募基金管理人内部控制总体目标和应当遵循的全面性原则、相互制约原则、执行有效原则、独立性原则、成本效益原则、适时性原则等六项基本原则
第三章 基本要求	规定了私募基金管理人内控制度应具备的要素、风险意识的养成、遵循专业经营的原则、防范不正当关联交易、建立防火墙和业务隔离制度、建立有效的人力资源管理制度、高级风控管理人员的设置、建立科学的风险评估体系、建立严谨的业务操作流程、保障资金安全、合格投资者制度、委托募集机构的遴选、完善的财产分离制度、防范利益输送、健全业务外包制度、信息安全、信息披露、信息保管、内部风控检查做出指导性规定等内容
第四章 检查和监督	规定了基金业协会对私募基金管理人监督检查的权利义务及处罚权限、方式

十二、《契约型私募基金合同内容与格式指引》及内容摘要

2016年4月18日，基金业协会发布《私募投资基金合同指引1号（契约型私募投资基金合同内容与格式指引）》（以下简称《契约基金合同指引》）（见表2-21）、《私募投资基金合同指引2号（公司章程必备条款指引）》（以下简称《公司章程必备条款指引》）（见表2-22）、《私募投资基金合同指引3号（合伙协议必备条款指引）》（以下简称《合伙协议必备条款指引》）（见表2-23）三个基金合同指引，并于2016年7月15日起施行。

表 2-21 《契约基金合同指引》内容摘要

制　度	内容摘要
适用范围	契约型私募基金（业务范围包括：私募证券投资基金、私募股权投资基金、创业投资基金和其他类型投资基金）
声明与承诺	私募基金管理人及私募基金投资者应在基金合同首页做出声明与承诺
基金合同主要内容	对私募基金的基本情况，私募基金的募集，私募基金的成立与备案，私募基金的申购、赎回与转让，当事人及权利义务，私募基金份额持有人大会及日常机构，私募基金份额登记，私募基金的投资，私募基金的财产，交易及清算交收安排，私募基金财产的估值和会计核算，私募基金的费用与税收，私募基金的收益分配，信息披露与报告，风险揭示，基金合同的效力、变更、解除与终止，私募基金的清算，违约责任，争议的处理等做了引导性规定
约定事项增加	在不违反《证券投资基金法》《私募投资基金监督管理暂行办法》、相关法律法规的前提下，基金合同可以约定其他事项
约定事项减少	指引某些具体要求对当事人确不适用的，当事人可对相应内容做出合理调整和变动。事项减少的基金管理人应在《风险揭示书》中向投资者进行特别揭示，并在基金合同报送基金业协会备案时出具书面说明

十三、《公司章程必备条款指引》及内容摘要

公司型基金是指投资者依据《公司法》通过出资形成一个独立的公司法人实体，由公司自行或者委托专门的基金管理人进行管理的私募投资基金。公司型基金的投资者既是基金份额持有者又是公司股东，按照公司章程行使相应权利、承担相应义务和责任。

表 2-22 《公司章程必备条款指引》内容摘要

制　度	内容摘要
适用范围	私募基金管理人通过有限责任公司或股份有限公司形式非公开募集设立的基金
声明与承诺	私募基金管理人及私募基金投资者应在公司章程首页做出相应声明与承诺

续表

制　度	内容摘要
公司章程主要内容	公司型基金的章程应当具备基本情况，股东出资，股东的权利义务，入股、退股及转让，股东（大）会，高级管理人员，投资事项，管理方式，托管事项，利润分配及亏损分担，税务承担，费用和支出，财务会计制度，信息披露制度，终止、解散及清算，章程的修订，一致性规定，份额信息备份，报送披露信息等内容
公司章程内容的补充	当指引必备条款不能完全覆盖基金的约定时，基金管理人和投资者可以参考《私募投资基金合同指引1号（契约型私募基金合同内容与格式指引）》相关内容

十四、《合伙协议必备条款指引》及内容摘要

合伙型基金是指投资者依据《合伙企业法》成立有限合伙企业，由普通合伙人对合伙债务承担无限连带责任，由基金管理人具体负责投资运作的私募投资基金。

表2-23　《合伙协议必备条款指引》内容摘要

制　度	内容摘要
适用范围	私募基金管理人通过有限合伙形式募集设立私募投资基金的，应当按照本指引制定有限合伙协议
声明与承诺	私募基金管理人及私募基金投资者应在合伙协议首页进行相应的声明与承诺
合伙协议主要内容	合伙协议应当列明合伙企业的名称、主要经营场所地址、合伙目的和合伙经营范围、合伙期限等基本情况；列明合伙人及其出资，合伙人的权利义务，执行事务合伙人，有限合伙人，合伙人会议，管理方式，托管事项，入伙、退伙、合伙权益转让和身份转变，投资事项，利润分配及亏损分担，税务承担，费用和支出，财务会计制度，信息披露制度，终止、解散与清算，合伙协议的修订，争议解决，份额信息备份，报送披露信息等基本内容
补　充	当《合伙协议指引》所规定的合伙协议内容不足以完全覆盖实际内容时，合伙协议参照《私募投资基金合同指引1号（契约型私募基金合同内容与格式指引）》要求补充相关约定

十五、《基金业务外包服务指引（试行）》及内容摘要

随着私募基金管理人数量不断增多，登记在册的私募基金管理人的规模、经营范围、公司治理等千差万别，基金管理人将部分管理人职责外包给第三方专业的基金业务外包服务机构，能够使基金管理人从一些琐碎的工作中解脱出来，更有利于基金管理人在合法经营、规范运作的基础上专注自身核心投研业务能力，发展壮大其管理规模。基金业务外包服务是指基金业务外包机构为基金管理人提供销售、销售支付、份额登记、估值核算、信息技术系统等业务的服务。2014年11月24日，基金业协会发布《基金业务外包服务指引（试行）》（以下简称《外包指引》）（见表2-24），于2015年2月1日开始实施，确立了基金业务外包备案管理制度。

表2-24 《外包指引》内容摘要

制　度	内容摘要
立法目的	支持基金管理人特色化、差异化发展，降低运营成本，提高核心竞争力，促进基金管理人业务外包服务规范开展
外包范围	基金销售、份额登记、核算、估值、信息技术系统等
机构备案	基金业务外包机构应在业务开展前到基金业协会备案并加入基金业协会成为会员
备案材料	1. 开展外包业务相关的内控管理制度、业务隔离措施、人员专业能力、信息系统配备情况、与管理人签订的约定双方权利义务的外包合同清单（如已开展）； 2. 涉及销售结算资金的，还应包括相关账户信息、销售结算资金安全保障机制的说明材料，以及与中国证券登记结算有限责任公司的基金中央数据交换平台的测试报告等
委托外包	对开展外包业务的基金管理人尽职调查
基金管理人责任	基金管理人应依法承担的责任不因外包而免除
材料更新与补充	基金业务外包服务机构应在每季度、年度向基金业协会报送外包业务情况表、运营情况报告
信息交换	基金销售机构、份额登记机构应通过基金中央数据交换平台交换基金份额（权益）、合同等基金销售信息及相关变更信息
基金份额登记	办理私募基金份额（权益）登记机构应将私募基金份额（权益）集中登记至中国证券登记结算有限责任公司

十六、与私募股权投资有关的其他法律法规及摘要

随着我国私募股权投资事业的不断发展和创新，有关私募股权投资的法律、法规、自律规则也会不断完善和进步，及时、不断地更新自己所掌握的法律知识是做到识别法律风险的前提，只有这样才会更好地管理、运作私募股权投资基金，防范自身法律风险，保护投资者的利益，壮大发展私募股权投资实业，为我国的经济发展做出贡献。对于私募股权投资从业人员来说，私募事业是长期的，且值得用一生去追求，莫要贪图一时利益的得失而忽略法律风险的存在，莫要触碰法律的底线，以免造成无法挽回的伤害和损失。

同时，我国私募股权投资基金行业起步较晚，实际操作及管理经验也并不丰富，无论是立法还是法律监管都是靠"摸着石头过河"发展过来的。监管机构也从原来的国家发改委过渡至证监会，所以有关私募股权投资的法律法规相对于其他专业行业，如证券、信托、保险来说有比较散乱的特质，要做好私募股权行业的法律风险识别工作，就需要私募股权从业人员丰富自己的知识，广泛涉猎有关私募股权点点滴滴的法规、规章、地方法规的知识储备（见表2-25）。

表2-25　与私募股权投资有关的法律法规及摘要

法律法规	与私募股权投资有关的内容摘要
《中华人民共和国物权法》	《中华人民共和国物权法》是关于财产归属和利用的法律，在私募股权投资基金的独立性、投资尽职调查、被投资企业财产归属等方面有重要作用
《中华人民共和国担保法》	《中华人民共和国担保法》在股权投资尽职调查、基金或被投资企业融资等方面具有重要价值
《中华人民共和国破产法》	《中华人民共和国破产法》在私募股权投资基金的投资、退出方面具有重要价值
《中华人民共和国劳动法》	《中华人民共和国劳动法》贯穿于基金管理人内部、基金投资、被投资企业的重组改制及管理的全程领域，具有重要价值
《中华人民共和国证券法》	《中华人民共和国证券法》主要在私募股权投资退出阶段具有重要价值

续表

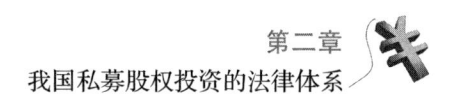

法律法规	与私募股权投资有关的内容摘要
《中华人民共和国税法》	《中华人民共和国税法》虽一般仅仅在投资退出阶段体现,但需要基金挂你机构在基金设立的初期就要妥善考虑税收规划的问题
《中华人民共和国诉讼法》	《中华人民共和国诉讼法》虽与私募股权投资没有直接的关系,但投资全程可能因任何问题导致诉讼的发生,需要基金管理机构的从业人员对诉讼时效、证据规则、诉讼程序有所了解
《中华人民共和国知识产权法》	商标、专利、著作权和非专利技术是《中华人民共和国知识产权法》的核心,也是某些被投资企业的价值核心,需要私募投资从业人员有所掌握
地方性行政法规、规章	针对私募股权投资基金,我国很多地区都出台了具有本地区特点的地方法规或规章,基金管理机构在对项目进行评估时要兼顾地方法规对投资的影响
其他	除上述外仍有很多法律法规对私募股权投资的募集、设立、投资、管理、退出具有意义或作用,需要相关人士的积累或借助第三方机构予以补充

> 拿着别人的钱去投资，就像抱养了别人的孩子，却要像养自己的孩子一样养着。

第三章　基金募集法律风险解析

非公开募集（私募）是私募基金行业的核心，要进行基金募集风险控制，首先就要搞清楚谁可以"募"、向谁"募"、如何"募"的问题。只有搞清楚了这些问题才能够做到识别募集风险、评估募集风险和控制募集风险。而搞清楚这些问题就要从私募基金操作的实践和法律制度入手。在目前私募股权投资基金的实践当中，部分募集机构合规意识淡漠，存在公开宣传、虚假宣传、误导性诱导性推介、向非合格投资者募集资金、承诺保本保收益、挪用募集资金、募集主体与管理主体权责不清、缺乏有效的投资者风险揭示和确认机制等诸多问题。而导致以上问题发生的原因可以归纳为两类：一类是由于基金管理人或募集机构无视相关法律法规恶意为之而导致，对于这类违法主体，法律应当对其予以制裁；而另一类是由于对募集制度不了解、不熟悉或不谨慎而导致，对于此类违法主体，就要加强对募集制度的学习和研究，防范法律风险的发生。

目前，我国对募集制度的规定主要体现在两部法律法规（《证券投资基金法》和《私募投资基金监督管理暂行办法》）和两部自律规则（《私募投资基金募集行为管理办法》和《证券期货投资者适当性管理办法》）上（见表3-1）。《证券投资基金法》和《私募投资基金监督管理暂行办法》作为上位法对私募基金募集制度做了原则性规定和底线性要求，《私募投资基金募集行为管理办法》作为基金业协会发布的自律规则对基金募集制度做出具体的规定，从私募基金募集环节的募集主体、募集程序、账户监督、信息披露、合格投资者确认、风险揭示、冷静期、回访确认、募集机构和人员法律责任等方面系统地构建了一整套专业、具有操作性、适应我国私募基金行业发展阶段和各类型基金差异化特点的行业标准和业务规范。《证券期货投资者适当性管理办法》则主要针对适当投资者的条件、分类、转化、风险揭示等内容进行规定。

表3-1 基金募集主要法律规则体系

	法规、规则	募集内容
法律法规	《证券投资基金法》	原则性、指导性
	《私募投资基金监督管理暂行办法》	
自律规则	《私募投资基金募集行为管理办法》	具体化、细节化
	《证券期货投资者适当性管理办法》	

第一节 合格投资者管理风险

一、未进行募集对象特定化推介的风险解析

私募基金和公募基金最大的区别就是私募基金向特定对象推介基金产品，公募基金向不特定对象推介。而对象的"特定"与否并非简单的受众人群多或少的划分，也不是推介渠道公开或非公开的划分，而主要是推介时选择受众者时是否具有明确的指向，即投资对象特定化。向不特定对象推介基金产品将给基金销售机构带来监管风险，同时也存在非法吸收公众存款的刑事风险。

基金销售机构可以采取将不特定对象特定化的措施处理上述风险，而操作方式可以采取《私募基金产品推介调查问卷》的方式。基金管理人或销售机构可以先向不特定人群发放《私募基金产品推介调查问卷》，根据调查问卷保留推介对象的信息资料，对推介对象风险识别能力和风险承担能力进行评估，以此为基础向经特定化确认后的对象推介基金产品。

范本3-1 《私募基金产品推介同意书》（用于募集对象特定化）

私募基金产品推介同意书

尊敬的先生/女士：

如您有意进行私募投资基金投资且满足《私募投资基金监督管理暂行办法》和《证券期货投资者适当性管理办法》关于"合规投资者"标准之规定，即具备一定的风险识别能

力和风险承担能力，投资于单只私募基金的金额不低于100万元，且个人金融类资产不低于300万元或者最近三年个人年均收入不低于50万元人民币。

请您在详细阅读以上内容的基础上填写以下信息，明确是否愿意接受我方的基金产品推介服务，接受后可获得我方的私募投资基金产品宣传推介服务。

一、基本信息

姓名：（　　）性别：（　　）年龄：（　　）职业：（　　）居住城市：（　　）

电话：（　　）电子邮箱：（　　）微信号：（　　）

二、投资意愿

本人（　　）＿＿××募集机构＿＿自＿＿年＿＿月＿＿日至＿＿年＿＿月＿＿日期间向本人推介私募投资基金产品。

A. 同意　　　B. 不同意

投资者书写：本人已经仔细阅读了以上内容并理解内容的含义，上述内容的填写系本人亲自填写且未受到诱导。

投资者：

年　　月　　日

二、投资者不合格的风险解析

投资者通过向私募基金的投资，间接地由私募基金进行对外投资以期待获取投资回报。鉴于私募基金的高风险因素，我国及其他国家法律均对私募基金的募集对象做出了限定性的规定，也就是说并不是所有人都可以成为私募基金的投资者，只有符合法律规定条件的人才被纳入私募基金合格投资者的范畴，而法律条件的规定主要以投资人的风险承受能力作为考量因素。

投资者具备合格条件是建立私募股权基金法律关系的基础，若发生投资者不合格情形，基金管理人不但可能会遭受监管机构的处罚，而且可能会因违反法律强制性规定导致基金合同无效，而合同无效的后果是由基金管理人承担返还、赔偿责任，这是与股权投资应由投资人承担最终投资风险的初始意愿相违背的。

严格履行基金投资者问卷调查制度，管理人履行形式审查义务，即便投资者存在虚假陈述的情形，应当由投资者自行承担相关法律后果。根据《私募投资基金募集行为管理办法》第十九条规定，募集机构向投资者销售产品或者提供服务时应当在投资者自愿的基础上以调查问卷的形式了解投资者的下列信息，此信息的范围要比在投资者特定化时更为详尽和全面。

（1）投资者基本信息，其中个人投资者基本信息包括身份信息、年龄、学历、职业、联系方式等信息；机构投资者基本信息包括工商登记中的必备信息、联系方式等信息。

（2）财务状况，其中个人投资者财务状况包括金融资产状况、最近三年个人年均收入、收入中可用于金融投资的比例等信息；机构投资者财务状况包括净资产状况等信息。

（3）投资知识，包括金融法律法规、投资市场和产品情况、对私募基金风险的了解程度、参加专业培训情况等信息。

（4）投资经验，包括投资期限、实际投资产品类型、投资金融产品的数量、参与投资的金融市场情况等。

（5）风险偏好，包括投资目的、风险厌恶程度、计划投资期限、投资出现波动时的焦虑状态等。

另外，《证券期货投资者适当性管理办法》将投资者分为普通投资者和专业投资者两类，并确立了不同的投资者合格标准，基金管理人或募集机构仅仅一味简单地进行投资者问卷调查可能导致对投资者性质区分的错误而造成风险。所以基金管理人或募集机构应当设立不同的投资者问卷调查版本或在调查问卷中设置区分性内容，这不但可以在源头上规避风险，更有利于投资者的分类管理工作。

范本 3-2《私募股权投资基金合格投资者风险调查问卷》
（含专业与普通投资者识别）

私募股权投资基金合格投资者风险调查问卷
（个人版）

投资者姓名：_____　　　填写日期：_____

一、风险提示

投资者投资私募基金需承担各类风险，本金可能遭受损失。私募基金投资要考虑市场风险、信用风险、流动性风险、操作风险等各类投资风险。

您在基金认购过程中应当注意核对自己的风险识别和风险承受能力，选择与自己风险识别能力和风险承受能力相匹配的私募基金。

二、投资者承诺

以下一系列问题可在您选择合适的私募基金前协助评估您的风险承受能力、理财方式及投资目标。

1. 本人是为自己购买私募基金产品，购买私募基金产品的款项系个人所有。

2. 本人金融资产累计不低于（　　）（金融资产包括银行存款、股票、债券、基金份额、资产管理计划、银行理财产品、信托计划、保险产品、期货权益等）。

A. 300万元（普通级）　　　　B. 500万元（专业级）

3. 投资者承诺：本人最近三年个人年均收入不低于50万元。

4. 投资者承诺：本人具备下列条件中的（　　）（任意一项或多项）。

A. 具有2年以上证券、基金、期货、黄金、外汇等投资经历

B. 具有2年以上金融产品设计、投资、风险管理及相关工作经历

C. 属于金融机构的高级管理人员

D. 获得职业资格认证的从事金融相关业务的注册会计师和律师

E. 都不具备

本人的上述承诺信息真实、准确、完整、有效，并愿意承担因虚假信息、重大遗漏、无效信息、信息错误等造成的全部法律责任，自行承担全部法律后果。

注： 私募基金管理人将根据投资者上述承诺内容确定合格投资者并将投资者划分为专业投资者或普通投资者。

投资者签字：

三、投资者基本信息

1. 姓　名：（　　　　）　　联系方式：（　　　　　　　）

证件类型：（　　　　）　　证件号码：（　　　　　　　）

2. 您的年龄介于（　　）之间。

A. 18~30岁　　B. 31~50岁　　C. 51~65岁　　D. 高于65岁

3. 您的学历为（　　）。

A. 高中及以下　　B. 中专或大专　　C. 本科　　D. 硕士及以上

4. 您的职业为（　　）。

A. 无固定职业　　B. 专业技术人员　　C. 一般企事业单位员工

D. 金融行业一般从业人员　　　　E. 金融机构的高级管理人员

F. 获得职业资格认证的从事金融相关业务的注册会计师和律师

四、投资者财务状况

1. 您的家庭可支配年收入为（　　）（折合人民币）。

A. 50万元以下　　B. 50万~100万元　　C. 100万~500万元

D. 500万~1000万元　　　　　　E. 1000万元以上

2. 在您每年的家庭可支配收入中，可用于金融投资（储蓄存款除外）的比例为（　　）。

A. 小于10%　　B. 10%~25%　　C. 25%~50%　　D. 大于50%

五、投资知识

1. 您的投资知识可描述为（　　）。

A. 有限：基本没有金融产品方面的知识

B. 一般：对金融产品及其相关风险具有基本的知识和理解

C. 丰富：对金融产品及其相关风险具有丰富的知识和理解

2. 您的投资经验可描述为（   ）。

A. 除银行储蓄外，基本没有其他投资经验

B. 购买过债券、保险等理财产品

C. 参与过股票、基金等产品的交易

D. 参与过权证、期货、期权等产品的交易

3. 您有（   ）投资基金、股票、信托、私募证券或金融衍生产品等风险投资品的经验。

A. 没有经验　　　　B. 少于 2 年　　　C. 2～5 年　　　D. 5～10 年

E. 10 年以上

六、投资目标

1. 您计划的投资期限是（   ）。

A. 1 年以下　　　　B. 1～3 年　　　C. 3～5 年　　　D. 5 年以上

2. 您的投资目的是（   ）。

A. 资产保值　　　　B. 资产稳健增长　　C. 资产迅速增长

七、风险偏好

1. 以下（   ）项描述最符合您的投资态度。

A. 厌恶风险，不希望本金损失，希望获得稳定回报

B. 保守投资，不希望本金损失，愿意承担一定幅度的收益波动

C. 寻求资金的较高收益和成长性，愿意为此承担有限本金损失

D. 希望赚取高回报，愿意为此承担较大本金损失

2. 假设有两种投资：投资 A 预期获得 10% 的收益，可能承担的损失非常小；投资 B 预期获得 30% 的收益，但可能承担较大亏损。您会（   ）。

A. 全部投资于收益较小且风险较小的 A

B. 同时投资于 A 和 B，但大部分资金投资于收益较小且风险较小的 A

C. 同时投资于 A 和 B，但大部分资金投资于收益较大且风险较大的 B

D. 全部投资于收益较大且风险较大的 B

3. 您认为自己能承受的最大投资损失是（   ）。

A. 10% 以内　　　B. 10%～30%　　　C. 30%～50%　　　D. 超过 50%

本人的上述填写信息真实、准确、完整、有效，并愿意承担因虚假信息、重大遗漏、无效信息、信息错误等造成的全部法律责任，自行承担全部法律后果。

投资者签字：

注：募集机构将根据投资者风险识别能力和承担能力将投资者分为 C1、C2、C3、C4、C5 五大类，对应分值表由机构自行制定。

范本3-3《投资者风险评估结果确认书》

投资者风险评估结果确认书

（募集机构填写）

尊敬的先生/女士：

我们根据您所填写的《私募股权股资基金合格投资者风险调查问卷（个人版）》结果，对您的投资风险的整体承受程度及您的风险偏好进行了评估，总分为100分，总得分为_____分。

根据您的风险承受能力评估评分表的评价，您的风险承受能力为：（C1、C2、C3、C4、C5），适合您的基金产品评级为_____。

声明：本人已如实填写《私募股权投资基金合格投资者风险调查问卷》，并了解了自己的风险承受类型和适合购买的产品类型。

投资者签字：

日期：

经办员签字：

日期：

募集机构（盖章）：

日期：

三、普通投资者与专业投资者的划分解析

普通投资者与专业投资者的划分见表3-2。

表3-2　普通投资者与专业投资者的划分

条件	普通投资者		专业投资者	
	自然人	单位	自然人	单位
单只基金最低投资额	100万元	100万元	100万元	100万元

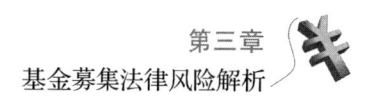

续表

条件	普通投资者 自然人	普通投资者 单位	专业投资者 自然人	专业投资者 单位
净资产	无	不低于1000万元	无	最近1年末净资产不低于2000万元
金融资产或收入	金融资产不低于300万元或者最近3年个人年均收入不低于50万元	无	金融资产不低于500万元或最近3年个人年均收入不低于50万元	最近1年末金融资产不低于1000万元
投资经历	无	无	具有2年以上证券、基金、期货、黄金、外汇等投资经历，或者具有2年以上金融产品设计、投资、风险管理及相关工作经历，或者属于金融机构的高级管理人员，获得职业资格认证的从事金融相关业务的注册会计师和律师	具有2年以上证券、基金、期货、黄金、外汇等投资经历
其他合格投资者			1. 经有关金融监管部门批准设立的金融机构，包括证券公司、期货公司、基金管理公司及其子公司、商业银行、保险公司、信托公司、财务公司等，经基金业协会备案或者登记的证券公司子公司、期货公司子公司、私募基金管理人； 2. 上述机构面向投资者发行的理财产品，包括但不限于证券公司资产管理产品、基金管理公司及其子公司产品、期货公司资产管理产品、银行理财产品、保险产品、信托产品、经基金业协会备案的私募基金； 3. 社会保障基金、企业年金等养老基金，慈善基金等社会公益基金，合格境外机构投资者（QFII）、人民币合格境外机构投资者（RQFII）	

四、投资者适当性变化管理的风险解析

任何人和事物都不可能是一成不变的，对于合格投资者来讲也是一样。普通

合格投资者发生能力变化可能达到专业合格投资者的条件，专业合格投资者也可能降低为普通合格投资者。不同的投资者其风险承受能力不同，应该及时调整其投资能力评价和投资产品的风险级别，否则就会给基金管理人的管理带来风险，违背监管要求和投资者合格标准。

基金管理人应建立合格投资者定期回访制度，定期采取书面、短信、邮件、微信等方式告知投资者当其投资能力及投资者适当性条件发生变化时应当及时通知基金管理人，定期对投资者的合格性进行调查和问询，及时了解合格投资者能力的变化。投资者的评估结果有效期最长不得超过3年，基金管理人或募集机构逾期再次向投资者推介私募基金时需重新进行投资者风险调查和评估，同一私募基金产品的投资者持有期间超过3年的则无须再次进行投资者风险评估。

范本3-4《投资者适当性变化问询函》

投资者适当性变化问询函

尊敬的投资者：

感谢您一直以来对我们的支持和信任，为及时掌握您的投资相关信息，便于我们更好地为您提供私募投资基金推介、风险评估等服务，若您的以下信息在您投资于我方向您推介或募集的基金产品3年以内发生变化，请及时向我们告知。

一、您的金融资产低于300万元或达到500万元；

二、您的近三年年均收入低于50万元；

三、您在证券、基金、期货、黄金、外汇等投资经历达到2年；

四、您从事金融产品设计、投资、风险管理及相关工作经历达到2年；

五、您成为金融机构的高级管理人员；

六、您是已经获得职业资格认证的从事金融相关业务的注册会计师和律师。

另外我们将在您首次投资我们向您推介或销售的基金产品后每满3年重新要求您填写《基金投资者风险测评问卷》，以便及时准确地了解您的相关信息，向您提供更符合您风险识别和风险承担能力的基金产品。

此致

××基金管理有限公司

年　　月　　日

五、投资者适当性档案保管的风险解析

法律要求募集机构应当妥善保存投资者适当性管理和其他与私募基金募集业务相关的记录及其他相关资料，保存期限自基金清算终止之日起不得少于20年。相关档案资料的损坏或遗失将导致基金管理人无法证明自己已经履行了投资者适当性调查、管理义务，使得基金管理人在监管机构的监管审查时无法证明自己的合规性，也无法对抗投资者的质疑。

目前我国的数据存储能力已经非常强大，基金管理人、募集机构在建立档案保管制度的同时可以自行对电子数据进行存储，也可以租赁专业的存储服务器予以存储，在租赁服务器存储时应当注意经营者的实力、信誉、经营年限等相关资格，以免因经营者企业注销、解散、破产等原因丢失存储数据。

六、投资者知情权保护的风险解析

投资者对于投资的产品和服务享有知情权是投资者的基础权利，除了在基金合同中约定相关条款外，在签订基金合同前的告知履行也非常重要，不规范的基金管理人未告知、未充分告知基金产品及服务情况很可能触发《合同法》重大误解条款的规定，产生基金合同被撤销的风险。而基金通过口头方式向投资者介绍产品及服务情况是不严谨的，容易在投资风险发生的时候给基金管理人造成无法证明已经履行告知义务的风险。

制定清晰的投资产品说明及服务告知书，由投资者阅读并签署，在重要事项、条款，尤其是涉及产品风险的内容中予以重要性提示和解释，以保证基金管理人履行告知义务并拥有充分的证据支持。

投资者知情权的另一个体现是基金产品与投资者风险匹配的知情，这也是基金管理人的告知义务之一，未能履行此项义务将可能触发《合同法》的合同欺诈、重大误解条款而导致基金合同被撤销，同样这种告知不能单纯地理解为口头告知，以免发生无法证明基金管理人已经履行告知义务的风险。

基金管理人首先应当根据法律法规的要求制定投资者风险能力分级制度和投资产品风险分级制度，在此基础上匹配投资者与投资产品，履行书面告知义务，

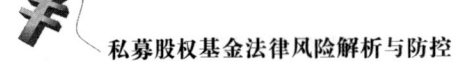

并保留相关证据资料。

七、投资者人数不符合规定的风险解析

私募基金对投资人的人数做出限定以与公募基金进行区别，公募基金作为公众型基金产品，法律对其监管和要求更加严格，以防范群体风险的发生。私募基金应当向合格投资者募集，单只私募基金的投资者人数累计不得超过《证券投资基金法》《公司法》《合伙企业法》等法律规定的特定数量。投资者转让基金份额的受让人应当为合格投资者且基金份额受让后投资者人数应当符合人数限定的规定。有限责任公司股东不得超过50人，股份有限公司（非上市）人数不得超过200人，合伙企业人数不得超过50人，契约型基金人数不得超过200人，这是私募股权投资基金领域最基本的要求。违反此项规定会导致监管风险，同时超过规定人数，私募基金就转化为公募性质，而私募基金管理人因不具有公募资格导致其经营资格丧失，很容易触发非法吸收公众存款罪的刑事责任风险。

私募基金管理机构募集私募基金产品应当严格按照《公司法》《合伙企业法》《证券投资基金法》的要求履行投资人数量的要求。目前我国已经允许私募基金管理人在具备一定条件的情况下向公募基金转化或申请开展公募基金业务，基金管理人可以根据自身情况适时选择。符合条件的股权投资、创业投资管理机构可以通过三种途径参与公募基金管理业务：一是申请设立公募类基金管理公司；二是根据《资产管理机构开展公募证券投资基金管理业务暂行规定》向证监会申请公募基金管理业务资格；三是依法受让现有公募基金管理公司股权开展公募基金业务。

八、投资者投资额度风险解析

私募股权投资基金的投资者无论是自然人还是单位，其单一投资产品的投资额度不低于100万元，否则即违背法律规定，导致监管机构对基金办理机构进行处罚。

严格依照法律规定执行，单一投资者单一产品投资不低于100万元。投资者投资可在100万元的基础上累计增加，增加额度不受限制，募集机构可根据实际基金销售预期制定相关标准。

九、投资者利用资金集合进行投资的风险解析

有些投资者无法满足单一产品投资 100 万元的要求，常常自行进行资金集合（两人以上共同出资达到 100 万元的标准并以某一人的名义进行投资）进行投资，这与法律规定单一投资者单一产品投资不得低于 100 万元是相违背的，有可能被监管机构审查穿透导致风险的发生。

同时，除了投资者自行利用财产集合的方式进行投资之外，私募基金管理人、基金销售机构为实现募集目标有可能采取出让私募基金份额或其收益权方式募集基金，或者将私募基金份额或其收益权进行非法拆分转让，变相突破合格投资者标准。2016 年 3 月 18 日，证监会召开新闻发布会发布的《证监会关于禁止违规开展私募产品拆分转让业务问题的答复》中列举了利用资金集合投资的三种违法模式：一是通过拆分转让收益权，突破私募产品 100 万元的投资门槛要求，并向非合格投资者开展私募业务；二是通过拆分转让收益权，将私募产品转让给数量不定的个人投资者，导致单只私募产品投资者数量超过 200 个；三是违反证监会关于通过证券交易所等证监会认可的交易平台，转让证券公司及基金子公司资管计划份额的规定。存在上述问题的机构已被证监会责令停止开展业务进行整改。

根据《私募投资基金募集行为管理办法》第九条的规定，任何机构和个人不得为规避合格投资者标准，募集以私募基金份额或其收益权为投资标的的金融产品，或者将私募基金份额或其收益权进行非法拆分转让，变相突破合格投资者标准。募集机构应当确保投资者已知悉私募基金转让的条件。投资者应当以书面方式承诺其为自己购买私募基金，任何机构和个人不得以非法拆分转让为目的购买私募基金。

基金管理人应当遵守法律法规的要求，不得从事利用资金集合的方式开展募集，应要求投资者以书面方式承诺其为自己购买私募基金事务，并要求投资者做出书面承诺并保留证据备查，以防范自身法律风险。

十、募集机构未履行风险评级的风险解析

募集机构应当自行或者委托第三方机构对私募基金进行风险评级,建立科学有效的私募基金风险评级标准和方法。募集机构应当根据私募基金的风险类型和评级结果,向投资者推介与其风险识别能力和风险承担能力相匹配的基金产品。可见募集机构对基金产品进行评级和对投资者进行匹配是基金推介、销售的制度性前提。募集机构未履行基金产品风险评级和投资者匹配义务,除可能受到监管处罚外,还可能因违反法律法规强制性规定导致合同的无效或因投资人的重大误解而撤销,基金管理人、募集机构承担投资返还的责任,而这种责任在投资失败时对于基金管理人和募集机构来讲可能是连锁性的、大规模性的,这与基金管理人并不直接承担投资失败风险的管理原则相违背。

十一、产品与风险不匹配的风险解析

募集机构和基金管理人不得向不符合准入要求的投资者销售产品或者提供服务,不得向风险承受能力低类别的投资者销售或者提供风险等级高于其风险承受能力的产品或者服务;不得向普通投资者主动推介风险等级高于其风险承受能力的产品或者服务。违法推介、销售基金产品会产生被监管机构处罚的风险和《基金合同》无效、被撤销的风险。

募集机构可参照表3-3针对不同的推介/销售对象,根据基金产品的等级不同,采取不同的推介/销售方式,履行不同的义务。

表3-3 投资者与基金产品匹配对照表

序号	对象	方式	匹配	募集机构义务
1	不合格投资者	禁止推介/销售	均不可	禁止
2	最低承受能力的投资者	禁止推介/销售高于其风险承受能力的产品	风险等级最低产品	一般义务

续表

序号	对象	方式	匹配	募集机构义务	
3	承受能力低于产品风险的投资者	可以被动推介/销售	全部产品	1. 告知投资者不适合购买相关产品或者接受相关服务	
				2. 确认投资者不属于风险承受能力最低类别的	
				3. 特别书面风险警示（就产品或者服务风险高于其承受能力）	
				4. 履行特别的注意义务	制定专门的工作程序
					追加了解相关信息
					告知特别的风险点
					给予普通投资者更多的考虑时间
					增加回访频次
4	承受能力与产品风险匹配的投资者	主动推介/销售	全部产品	一般义务	

范本 3-5《产品与风险不匹配告知书》

产品与风险不匹配告知书

尊敬的先生/女士：

您好！鉴于您主动向我们提出拟购买 __A基金__ 产品，我们发现 __A基金__ 产品的风险等级与您的风险承受能力不匹配，特告知如下：

1. __A基金__ 产品不向风险承受能力最低类别的投资者进行销售，若您系风险承受能力最低类别的投资者，无权投资该产品。

2. 根据我们对您的综合风险评级，您的风险承受能力为（ ）级，适合投资产品风险等级为（ ）级的基金产品，而 __A基金__ 产品风险等级为（ ）级，仅适合风险承受能力（ ）级及以上级别投资者进行投资，您并不适合购买 __A基金__ 产品或者接受相关服务。

3. 基于上述原因若您在收到并阅读本告知书后仍坚持投资该产品，将会面临较大的投资风险，且所面临的投资风险超出您的风险承受能力。

4. 若您在阅读上述内容后仍坚持进行投资，请补充提交以下信息：（　　　　）（需要了解的相关信息）。

5. 若您在阅读上述内容后仍坚持进行投资，根据相关法律规定在您与我们签订《基金合同》时我们将特别给予您（36小时）的投资冷静期，这一冷静期超出了风险承受等级与基金产品风险等级匹配的其他投资者的24小时冷静期，在（36小时）的冷静期内您有权随时解除《基金合同》并要求我们退还投资款，请您特别注意此权利的行使，谨慎考虑投资的风险。

6. 若您在阅读上述内容后仍坚持进行投资且与我们签订了《基金合同》、支付基金认购款项，在投资冷静期结束后我们将对您进行（3次）回访，这一回访次数超出了风险承受等级与基金产品风险等级匹配的其他投资者仅一次的规定，在（第3次）回访结束前您有权随时解除《基金合同》并要求我们退还投资款。

<u>我已仔细阅读了告知书的全部内容，并理解告知书内容的意思</u>(投资者书写)。

投资者：

年　　月　　日

募集机构：

年　　月　　日

十二、合格投资者实质确认的风险解析

基金募集机构通过向投资者进行问卷调查的方式确认了合格投资者，但这仅仅是投资者合格性的形式性审查，投资者的不真实填写和陈述可能导致投资者实质并不合格的风险，从而给基金管理机构或募集机构带来监管风险。法律要求基金募集机构在基金合同签署前要对投资者合格性进行一定范围的实质性审查，要求投资者提供相关的证明文件，对于这一义务，基金募集机构应当严格履行。

募集机构应当要求投资者提供必要的资产证明文件或收入证明，合理审慎地审查投资者是否符合私募基金合格投资者标准，依法履行反洗钱义务，并确保单只私募基金的投资者人数累计不得超过《证券投资基金法》《公司法》《合伙企

业法》等法律规定的特定数量。

第二节　基金推介风险

一、基金产品推介渠道的风险解析

私募基金的核心是向特定投资者私下募集，通过媒体、推介会、传单、手机短信、微信朋友圈等方式的推介将被视为公开募集，除了产生监管风险之外，很容易触发《刑法》非法吸收公众存款罪名，给基金管理人及从业人员带来刑事法律风险。根据《私募投资基金募集行为管理办法》第二十五条的规定，募集机构不得通过下列媒介渠道推介私募基金：

（1）公开出版资料；

（2）面向社会公众的宣传单、布告、手册、信函、传真；

（3）海报、户外广告；

（4）电视、电影、电台及其他音像等公共传播媒体；

（5）公共、门户网站链接广告、博客等；

（6）未设置特定对象确定程序的募集机构官方网站、微信朋友圈等互联网媒介；

（7）未设置特定对象确定程序的讲座、报告会、分析会；

（8）未设置特定对象确定程序的电话、短信和电子邮件等通信媒介；

（9）法律、行政法规、中国证监会规定和基金业协会自律规则禁止的其他行为。

私募基金产品的公开推介是被禁止的，但私募基金管理人的宣传则不被禁止，基金管理人可以通过自我的宣传推介促进其所管理产品的推介，推介时应当注意基金管理人仅可以公开宣传私募基金管理人的品牌、发展战略、投资策略、管理团队、高管信息及由基金业协会公示的已备案私募基金的基本信息。通过募集机构官方网站、微信朋友圈等互联网媒介、讲座、报告会、分析会、电话、短信和电子邮件等推介渠道，在经推介对象特定化处理后是可以采用的推介方式。

二、私募基金推介材料内容的风险解析

私募基金推介材料是基金管理人或销售机构向投资者进行基金产品和服务介绍的书面说明。目前法律界对一份详细而完善的推介材料是属于《合同法》中的"要约邀请"还是属于"要约"尚没有明确的界定。笔者认为因推介材料被《私募投资基金募集行为管理办法》要求应进行详尽的规定,甚至包括了"投资者承担的主要费用及费率,投资者的重要权利"等合同实质性条款,所推介的对象又是特定对象,所以推介材料无论从形式还是内容上已经符合了"要约"的基本条件,属于要约,要约经受要约人即投资者"承诺"后合同成立,合同双方均受合同条款(推介材料内容)约束。即便推介材料不被认定为要约,其要约邀请的属性也是肯定的,投资者若基于推介材料产生信赖利益损失,基金管理人应当承担赔偿责任。根据《私募投资基金募集行为管理办法》第二十二条的规定,私募基金管理人应当对私募基金推介材料内容的真实性、完整性、准确性负责。

基金管理人在制定推介材料时,需要仔细考量推介材料的内容,以免发生无法变更或变更无效的情形,同时对于特定投资者的范围应做出明确的计划,以免发生目标投资者选择错误的情形。在必要的情况下,募集机构所制定基金推介材料应做出特别说明,如"基金推介材料不具备要约或要约邀请的法律效力",防止经承诺即产生合同效力的情形发生。根据《私募投资基金募集行为管理办法》第二十四条的相关规定,推介私募基金不应包括以下内容:

(1)推介材料虚假记载、误导性陈述或者重大遗漏;

(2)以任何方式承诺投资者资金不受损失,或者以任何方式承诺投资者最低收益,包括宣传"预期收益""预计收益""预测投资业绩"等相关内容;

(3)夸大或者片面推介基金,违规使用"安全""保证""承诺""保险""避险""有保障""高收益""无风险"等可能误导投资人进行风险判断的措辞;

(4)使用"欲购从速""申购良机"等片面强调集中营销时间限制的措辞;

(5)推介或片面节选少于6个月的过往整体业绩或过往基金产品业绩;

(6)登载个人、法人或者其他组织的祝贺性、恭维性或推荐性的文字;

（7）采用不具有可比性、公平性、准确性、权威性的数据来源和方法进行业绩比较，任意使用"业绩最佳""规模最大"等相关措辞；

（8）恶意贬低同行。

范本3-6《××基金产品推介（招募）说明书》

基金投资有风险，投资者投资需谨慎

××基金产品推介（招募）说明书

致：尊敬的先生/女士

　　××基金管理有限公司（以下简称募集机构）拟向您推介、私下募集基金产品，现就基金产品及服务的相关情况向您做出书面说明，募集机构承诺本说明书内容无虚假记载、误导性陈述或者重大遗漏，请您在充分了解基金产品和/或服务情况并且听取募集机构适当性意见的基础上，根据自身能力审慎决策投资与否，并独立承担投资风险。募集机构对基金产品与投资的适当性匹配意见不表明募集机构对产品或者服务的风险和收益做出实质性判断或者保证。

第一章　私募基金的名称和基金类型

一、拟募集的私募基金的名称为（　　）（暂定，以工商管理机关或基金业协会最终登记确认的名称为准）。

二、基金的类型：（　　）（如公司型/合伙型/契约型）

三、基金的基本情况

1. 拟募集基金规模：（　　）人民币（如50 000万元）

2. 基金性质：（　　）（如封闭型基金）

3. 基金分配周期：（　　）（如每年分配一次/基金退出后一次性分配）

4. 基金募集对象：（　　）（如合格投资者）

5. 基金目的对象数量限制：（　　）（如不超过50/200名）

6. 最低投资额度：（　　）（如100万元，以100万元整数递增）

四、基金拟投资的项目可行性分析

特别提示：本分析仅为基金管理人或募集机构对投资项目的可行性分析，不表明基金管理人或募集机构对投资项目风险和利润的保证，不表明投资本项目不存在风险。

1. 投资前项目简介：（　　）

2. 投资后项目分析：（　　）

3. 投资退出分析：（   ）

第二章 私募基金管理人名称、私募基金管理人登记编码、基金管理团队

五、私募基金管理人名称：（   ）（如××股权投资基金管理有限公司）

私募基金管理人登记编码：（   ）

六、基金管理团队

1. 基金管理人股东及简介：（   ）

2. 基金管理人董事、监事及简介：（   ）

3. 法定代表人简介：（   ）

4. 风控负责人简介：（   ）

5. 主要投研人员简介：（   ）

6. 投资决策委员会成员及简介：（   ）

7. 风险控制委员会委员及简介：（   ）

第三章 基金业协会私募基金管理人及私募基金公示信息

七、基金管理人公示信息（以基金业协会公示信息为准）：（   ）

八、基金管理人诚信信息（建议补充使用最高法院强制执行系统信息）：（   ）

九、基金管理人已募集的其他基金产品信息：（   ）

第四章 私募基金托管情况及其他服务提供商

十、基金产品委托机构进行基金托管，托管机构具有健全的风险管理措施和财产隔离措施，托管机构基本信息如下：

机构名称：（   ）

法定代表人：（   ）

风控负责人：（   ）

基金托管收费标准和方式为：（   ）

十之一、基金产品不委托托管机构进行托管，由基金管理人自行管理（无托管机构的应以显著字体特别标注）。

十一、为本基金产品提供法律服务的律师事务所为（   ）律师事务所。

律师事务所的基本情况如下：（   ）

律师事务所的收费标准和方式为：（   ）

十二、为本基金产品提供会计服务的会计师事务所为（   ）事务所。

会计师事务所的基本情况如下：（   ）

会计师事务所的收费标准和方式为：（　　）

十三、为本基金产品提供基金保管业务的保管机构为（　　）。

该保管机构的基本情况如下：（　　）

保管机构的收费标准和方式为：（　　）

十四、本基金聘请（　　）担任投资顾问。

该投资顾问机构的基本情况如下：（　　）

投资顾问机构的收费标准和方式为：（　　）

第五章　私募基金的外包情况

十五、本基金产品委托（　　）机构担任基金产品的销售工作，该机构具备基金业协会的基金销售资格，具有基金销售的能力。

基本情况如下：（　　）

基金销售机构的收费标准和方式为：（　　）

第六章　私募基金的投资范围、投资策略和投资限制概况

十六、本基金产品的投资范围为（　　）。

闲置资金的利用：（　　）

十七、本基金产品的投资策略为（　　）。

十八、本基金产品的投资是受（　　）限制。

第七章　私募基金收益与风险的匹配情况

十九、本基金产品的收益与风险评级结果为（　　）级，适合（保守型、稳健型、平衡型、成长型、进取型）的投资者进行投资。

收益与风险评级的机构为：（　　）

收益与风险评级的标准为：（　　）

第八章　私募基金的风险揭示

二十、基金的特殊风险（基金若存在以下事项，应特别揭示风险）

1. 私募基金未托管所涉风险

2. 私募基金委托募集所涉风险

3. 私募基金外包事项所涉风险

4. 私募基金聘请投资顾问所涉风险

二十一、基金的一般风险

1. 资金损失风险

基金管理人依照恪尽职守、诚实信用、谨慎勤勉的原则管理和运用基金财产，但不保证基金财产中的认购资金本金不受损失，也不保证一定赢利及最低收益。

2. 基金运营风险

基金管理人依据基金合同约定管理和运用基金财产所产生的风险由基金财产及投资者承担。投资者应充分知晓投资运营的相关风险，其风险应由投资者自担。

3. 流动性风险

本基金预计存续期限为（　）年，自基金成立之日（约　　年　　月）起至结束并清算完毕为止（约　　年　　月），其中（包括/不包括）延长期（　）年。在本基金存续期内资金不能退出（投资提前退出除外），投资者本人可能面临流动性风险。

根据实际投资运作情况基金有可能提前结束或延期结束，若延期结束，投资者可能因此面临委托资金不能按期退出等风险。

4. 募集失败风险

本基金的成立需符合相关法律法规的规定，本基金可能存在不能满足成立条件从而无法成立的风险。

募集失败基金管理人的责任承担方式：

（1）以其固有财产承担因募集行为而产生的债务和费用；

（2）在基金募集期限届满（确认基金无法成立）后三十日内返还投资人已交纳的款项，并加计同期银行活期存款利息。

5. 投资标的风险

本基金投资标的的价值取决于投资对象的经营状况。原股东对所投资企业的管理和运营，相关市场宏观调控政策、财政税收政策、产业政策、法律法规、经济周期的变化及区域性市场竞争格局的变化等都可能影响基金所投资企业的经营状况，进而影响本基金投资标的的价值。

6. 税收风险

本基金所适用的税收征管法律法规可能会由于国家相关税收政策调整而发生变化，投资者收益也可能因相关税收政策调整而受到影响。

7. 其他风险

包括但不限于法律与政策风险、发生不可抗力事件的风险、技术风险和操作风险等。

第九章　私募基金募集结算资金专用账户及其监督机构信息

二十二、本基金的募集机构依法开立私募基金"募集结算资金专用账户"，用于统一归集私募基金募集结算资金、向投资者分配收益、给付赎回款项及分配基金清算后的剩余基金财产等,确保资金原路返还。

募集结算资金专用账户为:(　　)

开户人:(　　)

开户行:(　　)

账号:(　　)

(募集结算资金是指由募集机构归集的,在投资者资金账户与私募基金财产账户或托管资金账户之间划转的往来资金。募集结算资金从投资者资金账户划出,到达私募基金财产账户或托管资金账户之前,属于投资者的合法财产)

二十三、本基金管理人拟委托(　　)担任资金监督机构,已经/拟与该机构签署《账户监督协议》。

资金监督机构基本信息:(　　)

(资金监督机构是指中国证券登记结算有限责任公司、取得基金销售业务资格的商业银行、证券公司及基金业协会规定的其他机构。)

第十章　投资者承担的主要费用及费率、投资者的重要权利

二十四、投资者承担的主要费用及费率

1. 基金管理费

基金管理人按照投资者投资额年化(　　)(一般为2%)的标准收取基金管理费。

收取的时间为:(　　)

收取的方式为:(　　)

2. 基金管理人的投资绩效分成

当投资实现获利退出时,基金管理人按照投资者投资税后利润的(　　)(一般为20%)收取投资绩效分成,但投资者利润低于投资额(　　)(一般为30%)的除外。

3. 除上述需要投资者承担的费用外,基金管理人不再向投资者收取其他任何费用

二十五、基金认购及限制:(　　)

二十六、基金赎回及限制:(　　)(如基金认购后至基金退出前不得赎回)

二十七、基金转让及限制

基金认购后(　　)日内不得转让,基金应向合格投资者转让,且转让后基金投资者人数不超过(　　)人,投资者转让基金份额的同基金的其他投资者享有优先购买权。

第十一章　投资冷静期及回访确认

二十八、投资冷静期

本基金产品依法设置保护投资者利益的投资冷静期，投资冷静期为（　　）。

投资冷静期自基金合同签署完毕且投资者交纳认购基金的款项后起算。

投资者在投资冷静期内享有随时解除基金合同的权利。

投资者在投资冷静期内解除基金合同的，募集机构应在（　　）时间内通过原收款渠道和账户退还投资者的全部投资款项。投资者缴纳的认购费/申购费不予退还。

二十九、回访确认

本基金产品依法设置保护投资者利益的回访确认制度，募集机构在投资冷静期满后应指令本机构从事基金销售推介业务以外的人员以录音电话、电邮、信函等适当方式进行投资回访，回访过程不得出现诱导性陈述。

投资者在回访确认结束前享有随时解除基金合同的权利，募集机构在投资冷静期内进行的回访确认、指令本机构从事基金销售推介业务的人员进行回访确认、在投资冷静期内进行的回访确认无效。

第十二章　私募基金承担的主要费用及费率

三十、基金募集、管理、投资、退出所产生的律师服务费、会计师服务费、项目尽职调查费用、基金托管费用、资产监督费用等费用由（基金财产/基金管理人费用）承担。

第十三章　私募基金信息披露的内容、方式及频率

三十一、本基金信息披露的内容、方式及频率严格按照法律法规及基金业协会的要求进行。

第十四章　其他

三十二、本《××基金产品推介（招募）说明书》仅限于募集机构直接送达的收件人阅读，任何人不得转载或向第三方传阅，擅自转载或向第三方传阅的，一经核实投资者丧失投资者资格。但投资者向自己聘请的律师、会计师及其他专业人士征询专业投资意见的除外，投资者应与自己聘请的律师、会计师及其他专业人士签署《保密协议》后进行。

三十三、私募基金采取合伙企业、有限责任公司组织形式的，投资者与募集机构或基金管理人签署的《入伙（股）协议》《投资协议》不能替代《合伙人协议》或《公司章程》。《入伙（股）协议》《投资协议》及其他法律文书与《合伙人协议》或《公司章程》冲突的以《合伙人协议》或《公司章程》为准。

根据《合伙企业法》或《公司法》规定，《合伙人协议》《公司章程》依法应当由全体合伙人、股东协商一致，以书面形式订立。申请设立合伙企业、公司或变更合伙人、股东的，应当向企业登记机关履行申请设立及变更登记手续。

> 三十四、基金采取《基金合同》方式设立的，《基金合同》与其他法律文件冲突的以基金合同内容为准。
>
> 基金募集机构：
基金管理人：
年　月　日

三、承诺回报的风险解析

私募股权投资基金因投资目标公司股权成为公司股东，公司股东享受公司经营收益的权利，但也承担公司经营风险，投资基金的回报承诺与股权投资利益共享、风险共担核心原则相违背会导致监管风险，同时因承诺违反法律法规的规定极易被认定为基金合同无效，合同无效所导致的后果要么是基金合同关系被认定为借贷关系，基金管理人承担返还本息的责任，要么触发非法吸收公众存款刑事犯罪罪名。

基金管理人可以根据对投资目标的全面分析结果，向投资者介绍投资目标的实际情况，让投资者自行判断投资风险和投资收益并做出合理的投资选择。例如，单独出具《基金产品投资项目可行性研究报告》或在基金推介材料中对投资项目进行可行性研究分析，以使投资者客观地了解基金投资的风险和利润预期。另外，法律法规允许推介文件及基金合同制定"业绩比较基准条款"，而该条款往往为基金管理人或募集机构所忽视，但这是目前"不得对投资基金业绩进行承诺和预期"的最适宜处理方式，基金管理人或募集机构可以通过业绩比较让投资者对基金未来收益、损失情况有更加客观的了解。

四、确定性误导的风险解析

人们从事一种行为无非基于确定性判断和不确定性判断两种判断方式，结果的确定性能明显地降低行为的风险，如我们知道天安门广场在北京的长安街，这个结果是确定性的，无论我们身处何处，只要我们将目的地设定在北京长安街就能够到达，我们实现目的没有任何风险。在这种情况下我们能很快地做出决定并无须过多地思考。然而投资并非这样，就像我们要寻找一个刚刚路经天安门广场的私家车，私家车是运动的，任何条件的变化都可能导致它的位置变化，即便我们了解了车辆牌照这样的基本信息，对于我们来说寻找私家车的结果仍然是不确定的，需要我们搜集更多的信息并做出正确的分析才有找到的可能。投资也是一样，对于简单的储蓄投资我们可以确定投资的结果，而对于股权投资来说就像寻找私家车，结果不确定，风险较大，需要分析和谨慎地抉择。而基金管理人若对此做出确定性的判断就已经违背了投资的规律本身，是不负责任的，也会使投资者弱化自己的分析和判断而增加投资风险。《证券期货投资者适当性管理办法》第二十二条规定，禁止经营机构向投资者就不确定事项提供确定性的判断，或者告知投资者有可能使其误认为具有确定性的意见。确定性误导会给基金管理人带来监管风险，其本质上应当属于"欺诈"，原因在于对投资的确定性分析没有任何客观依据支持，且无法提供任何有价值的证据证明判断的确定性，而欺诈则会导致合同的撤销，基金管理人最终需要承担返还投资款项和利息的民事法律责任。

五、风险揭示书的风险解析

在投资者正式签署《基金合同》之前，募集机构应当向投资者说明股权投资基金的有关法律法规，说明投资冷静期、回访确认等程序性安排及投资者的相关权利义务，重点揭示私募基金风险，并与投资者签署《风险揭示书》。未向投资者说明投资冷静期、回访确认制度、投资者的相关权利及揭示风险很可能导致基金合同的可撤销，并受到监管处罚。

募集机构在《基金合同》签署前按照法律法规的要求履行说明程序和风险揭示程序，制定书面的说明文件向投资者说明投资冷静期、回访确认等程序性安排以及投资者的相关权利，揭示私募基金风险，并要求投资者在相关文件中签字确认以保存证据。根据《私募投资基金风险揭示书内容与格式指引》规定，风险揭示书所需要揭示的风险内容包括：

（1）私募基金的特殊风险，包括基金合同与基金业协会合同指引不一致所涉风险、私募基金未托管所涉风险、私募基金委托募集所涉风险、私募基金外包事项所涉风险、私募基金聘请投资顾问所涉风险、私募基金未在基金业协会登记备案的风险等。

（2）私募基金的一般风险，包括资金损失风险、基金运营风险、流动性风险、募集失败风险、投资标的风险、税收风险等。

（3）投资者对基金合同中投资者权益相关重要条款的逐项确认，包括当事人权利义务、费用及税收、纠纷解决方式等。

范本 3-7 《风险揭示书》

风险揭示书

尊敬的投资者：

投资有风险，当您/贵机构认购或申购私募基金时，可能获得投资收益，但同时也面临着投资风险。您/贵机构在做出投资决策之前，请仔细阅读本风险揭示书和基金合同、公司章程或者合伙协议（以下简称基金合同），充分认识本基金的风险收益特征和产品特性，认真考虑基金存在的各项风险因素，并充分考虑自身的风险承受能力，理性判断并谨慎做出投资决策。

根据有关法律法规，基金管理人及投资者分别做出如下承诺、风险揭示及声明。

一、基金管理人承诺

（一）私募基金管理人保证在募集资金前已在中国证券投资基金业协会（以下简称基金业协会）登记为私募基金管理人，并取得管理人登记编码。

（二）基金业协会为私募基金管理人和私募基金办理登记备案不构成对私募基金管理人投资能力、持续合规情况的认可，不作为对基金财产安全的保证。

（三）私募基金管理人保证在投资者签署基金合同前已（或已委托基金销售机构）向投资者揭示了相关风险；已经了解私募基金投资者的风险偏好、风险认知能力和承受能力；已向私募基金投资者说明有关法律法规，说明投资冷静期、回访确认的制度安排及投资者的权利。

（四）私募基金管理人承诺按照恪尽职守、诚实信用、谨慎勤勉的原则管理运用基金财产，不保证基金财产一定赢利，也不保证最低收益。

二、风险揭示

（一）特殊风险揭示

1. 基金合同与基金业协会合同指引不一致所涉风险（若有）。

2. 私募基金未托管所涉风险（若有）。

3. 私募基金委托募集所涉风险（若有）。

4. 私募基金外包事项所涉风险（若有）。

5. 私募基金聘请投资顾问所涉风险（若有）。

6. 私募基金未在基金业协会履行登记备案手续所涉风险（若有）。

（二）一般风险揭示

1. 资金损失风险

基金管理人依照恪尽职守、诚实信用、谨慎勤勉的原则管理和运用基金财产，但不保证基金财产中的认购资金本金不受损失，也不保证一定赢利及最低收益。

2. 基金运营风险

基金管理人依据基金合同约定管理和运用基金财产所产生的风险，由基金财产及投资者承担。投资者应充分知晓投资运营的相关风险，其风险应由投资者自担。

3. 流动性风险

本基金预计存续期限为基金成立之日（　　）起至（　　）[包括延长期（若有）]结束并清算完毕为止。在本基金存续期内，投资者可能面临资金不能退出带来的流动性风险。

根据实际投资运作情况，本基金有可能提前结束或延期结束，投资者可能因此面临委托资金不能按期退出等风险。

4. 募集失败风险

本基金的成立需符合相关法律法规的规定，本基金可能存在不能满足成立条件从而无法成立的风险。

基金管理人的责任承担方式：

（1）以其固有财产承担因募集行为而产生的债务和费用。

（2）在基金募集期限届满（确认基金无法成立）后三十日内返还投资人已交纳的款项，并加计银行同期存款利息。

5. 投资标的风险（适用于股权类）

本基金投资标的的价值取决于投资对象的经营状况，原股东对所投资企业的管理和运营，相关市场宏观调控政策、财政税收政策、产业政策、法律法规、经济周期的变化及区域市场竞争格局的变化等都可能影响所投资企业经营状况，进而影响本基金投资标的的价值。

6. 税收风险

契约型基金所适用的税收征管法律法规可能会由于国家相关税收政策调整而发生变化，投资者收益也可能因相关税收政策调整而受到影响。

7. 其他风险

包括但不限于法律与政策风险、发生不可抗力事件的风险、技术风险和操作风险等。

8. 可能直接导致本金亏损的事项。

9. 可能直接导致超过原始本金损失的事项。

10. 因经营机构的业务或者财产状况变化，可能导致本金或者原始本金亏损的事项。

11. 因经营机构的业务或者财产状况变化，影响客户判断的重要事由。

12. 限制销售对象权利行使期限或者可解除合同期限等全部限制内容。

三、适当性匹配意见

本基金属于（　　　　　　　　）风险投资品种，适合风险识别、评估、承受能力（　　　　）的普通合格投资者。

四、投资者声明

作为该私募基金的投资者，本人/机构已充分了解并谨慎评估自身风险承受能力，自愿自行承担投资该私募基金所面临的风险。本人/机构做出以下陈述和声明，并确认[自然人投资者在每段段尾"（　　）"内签名，机构投资者在本页、尾页盖章，加盖骑缝章]其内容的真实和正确。

1. 本人/机构已仔细阅读私募基金法律文件和其他文件，充分理解相关权利、义务、本私募基金运作方式及风险收益特征，愿意承担由上述风险引致的全部后果。（　　）

2. 本人/机构知晓，基金管理人、基金销售机构、基金托管人及相关机构不应当对基金财产的收益状况做出任何承诺或担保。（　　）

3. 本人/机构已通过基金业协会的官方网站（www.amac.org.cn）查询了私募基金管理人的基本信息，并将于本私募基金完成备案后查实其募集结算资金专用账户的相关信息与打款账户信息的一致性。（　　）

4. 在购买本私募基金前，本人/机构已符合《私募投资基金监督管理暂行办法》有关合格投资者的要求并已按照募集机构的要求提供相关证明文件。（　　）

5. 本人/机构已认真阅读并完全理解基金合同的所有内容，并愿意自行承担购买私募基金的法律责任。（　　）

6. 本人/机构已认真阅读并完全理解基金合同第××章第××节"当事人的权利与义务"的所有内容，并愿意自行承担购买私募基金的法律责任。（　　）

7. 本人/机构知晓，投资冷静期及回访确认的制度安排以及在此期间的权利。（　　）

8. 本人/机构已认真阅读并完全理解基金合同第××章第××节"私募基金的投资"的所有内容，并愿意自行承担购买私募基金的法律责任。（　　）

9. 本人/机构已认真阅读并完全理解基金合同第××章第××节"私募基金的费用与税收"中的所有内容。（　　）

10. 本人/机构已认真阅读并完全理解基金合同第××章第××节"争议的处理"中的所有内容。（　　）

11. 本人/机构知晓，基金业协会为私募基金管理人和私募基金办理登记备案不构成对私募基金管理人投资能力、持续合规情况的认可；不作为对基金财产安全的保证。（　　）

12. 本人/机构承诺本次投资行为是为本人/机构购买私募投资基金。（　　）

13. 本人/机构承诺不以非法拆分转让为目的购买私募基金，不会突破合格投资者标准，将私募基金份额或其收益权进行非法拆分转让。（　　）

基金投资者（自然人签字或机构盖章）：

日期：

经办员（签字）：

日期：

募集机构（盖章）：

日期：

六、互联网推介的风险解析

互联网作为现代化的信息传播手段已被各界熟悉和运用，私募基金的募集允许募集机构以互联网方式推介基金产品，但是不当的互联网推介不但会给募集机构带来监管风险，还会因向"不特定人"进行募集而使私募转化为公开募集，甚至触及非法集资的刑事犯罪红线。

根据《私募投资基金募集行为管理办法》第二十条的规定，募集机构通过互联网媒介在线向投资者推介私募基金之前应当设置在线特定对象确定程序，投资者应承诺其符合合格投资者标准。在线特定对象确定程序包括但不限于：

（1）投资者如实填报真实身份信息及联系方式；

（2）募集机构应通过验证码等有效方式核实用户的注册信息；

（3）投资者阅读并同意募集机构的网络服务协议；

（4）投资者阅读并主动确认其自身符合《私募投资基金募集行为管理办法》关于合格投资者的规定；

（5）投资者在线填报风险识别能力和风险承担能力的问卷调查；

（6）募集机构根据问卷调查及评估方法在线确认投资者的风险识别能力和风险承担能力。

第三节 基金合同特别风险

一、制式基金合同的风险解析

制式合同又被称为格式合同（或格式条款），是募集机构或基金管理人为了重复使用而预先拟定，并在订立合同时未与投资者协商的基金合同（条款）。格式条款和非格式条款不一致的，应当采用非格式条款。对格式条款的内容理解发生争议的，应当按照通常理解予以解释，对格式条款有两种以上解释的，应当做出不利于提供格式条款一方（基金管理人）的解释。格式条款一方免除自己的责任、加重对方的责任、排除对方主要权利的，该条款无效。

绝大部分基金合同是采用格式条款订立合同的，提供格式条款的一方应当遵循公平原则确定当事人之间的权利和义务，并采取合理的方式提请对方注意免除或者限制其权利义务的特别条款，例如对相关条款采用下划线、字体加粗加黑、字体明显区别其他条款字体等，并应当按照对方的要求对该条款予以说明。对于合同内容中定义不清晰的术语应当做出解释性说明，以免发生歧义。

二、投资冷静期的风险解析

基金募集机构完成投资者确认程序后，应当与投资者签订《基金合同》。《基金合同》应当约定给投资者设置不少于 24 小时的投资冷静期，在《基金合同》签署后至投资冷静期结束前《基金合同》虽然成立生效，投资者此时可能已经缴纳了投资款项，但投资者享有随时退出（解除合同）的权利。募集机构及基金管理人在此阶段不能使用投资者缴纳的款项对外投资，否则可能导致刚性返还投资款项的法律风险。若投资冷静期低于 24 小时则违背法律法规强制性规定，该约定无效。

投资冷静期内投资者资金不得划转至托管账户，不得进行投资。在投资冷静期内禁止基金管理人和募集机构与投资者任何方式的主动联络，即便是非基金事宜的联络也应当禁止，以免触发回访无效的条件。投资冷静期及回访制度的范围主要是普通投资者，对于专业投资者来说这个程序则并非必备程序。

三、未回访、不当回访确认的风险解析

未回访确认、投资冷静期内进行回访确认、回访确认时对投资者进行诱导、由基金销售推介人员进行回访，这四种情形都会导致回访的无效，从而导致《基金合同》的无效。这会给基金管理人在日后投资管理工作带来巨大的风险隐患，在基金已经完成投资的情况下被强制退还投资者资金，将直接导致基金管理人和基金的流动性风险。

投资冷静期结束后，募集机构从事基金销售推介的工作人员应当予以回避，由其他部门（如客户服务部、风险控制部）人员与投资者联系进行回访，整个回访过程不得出现诱导性陈述，回访人员若在回访过程中遇到投资者对回访内容不了解、不知道、不清楚的情况，可以告知投资者查阅《基金合同》、推介文件或向基金销售人员了解，避免直接回答相关问题或做出解释、说明，防止回访者身份与销售人员身份混淆带来法律风险而导致回访无效。对于需要再次了解回访信息的投资者，回访者应当重新给出投资冷静期（不低于原冷静期），在投资冷静期结束后再次回访。再次回访的时间间隔不符合冷静期的规定有可能导致回访无效的法律风险。

回访制度不但是对投资者的保护，也是基金管理人或募集机构防范法律风险的保障措施。制定完善的《投资者回访调查表》能够有效地防范风险。回访应当以录音电话、电邮、信函等适当方式进行。

范本 3-8《投资者回访调查表》

投资者回访调查表

（以下由募集机构回访者自行填写并在回访时予以核实基本信息，确保符合法律规定）

基金产品名称：（　　）　　基金管理人：（　　）

基金募集机构：（　　）　　基金产品风险等级：（　　）

投资者姓名：（　　）　　投资者风险能力等级：（　　）

投资者身份证号码：（　　）　　投资者的投资额度：（　　）

基金合同签订时间：（　　）　　投资冷静期：（　　）

冷静期结束时间：（　　）　　回访调查时间：（　　）

投资者是否属于低风险承受客户购买高风险产品：（　　）

投资者是否属于最低风险承受能力客户：（　　）

回访者姓名：（　　）　　回访者单位：（　　）

回访者职务：（　　）（非销售人员）

（以下由回访者询问，要求投资者明确回答）

回访内容：

1. 您是否为投资者（姓名/单位名称）本人或机构？

投资者答复：（是/否）。

2. 您所购买（基金名称）基金产品是否为自己购买？

投资者答复：（是/否）。

3. 您购买的基金额度是否为（　　）（根据基金合同确定）？

投资者答复：（是/否），投资额度应为（　　）。

4. 您与（募集机构）签署的基金合同是否由您亲笔签名或盖章？

投资者答复：（是/否）。

5. 您是否已经阅读并理解基金合同和风险揭示的内容？

投资者答复：（是/否）。

6. 您是否知道自己的风险识别能力及风险承担能力为（　　）级？

投资者答复：（是/否）。

7. 您是否知道所投资的私募基金产品的风险级别为（　　）级？

投资者答复：（是/否）。

8. 您是否知道您所投资的基金产品与您的风险识别能力及风险承担能力（匹配/不匹配）？

投资者答复：（是/否）。

9. 您是否知晓您的风险承受能力较低，并不适合投资（基金名称）基金产品，你的投资行为会给您带来较大风险？

投资者答复：（是/否）

10. 您是否知晓（基金名称）基金产品投资者主要承担的费用为（ ），费率分别为（ ）？

投资者答复：（是/否）

11. 您是否知晓投资者的以下重要权利（ ）？

投资者答复：（是/否）

12. 您是否知道私募基金信息披露的内容为（ ）？

投资者答复：（是/否）

13. 您是否知道私募基金信息披露方式为（ ）？

投资者答复：（是/否）

14. 您是否知道私募基金信息披露频率为（ ）？

投资者答复：（是/否）

15. 您是否知道基金投资未来可能承担投资损失？

投资者答复：（是/否）

16. 您是否知道投资冷静期的起算时间为（ ）？

投资者答复：（是/否）

17. 您是否知道投资冷静期的期间为（ ）？

投资者答复：（是/否）

18. 您是否知道在投资冷静期及回访确认之前您享有解除基金合同的权力？

投资者答复：（是/否）

19. 您是否知道您的投资若产生纠纷可直接向（法院/仲裁机构）申请（诉讼或仲裁）？

投资者答复：（是/否）

20. 您是否确定投资（基金名称）基金产品？

投资者答复：（是/否）

> [回访人员若在回访过程中遇到投资者对回访内容不了解、不知道、不清楚的情况,可以告知投资者查阅《基金合同》、推介文件或向基金销售人员了解,约定在一定时间内(冷静期重新计算)再次回访,不得直接回答相关问题或做出解释、说明。]

第四节 其他募集风险

一、首次基金募集时间的风险解析

对于新登记的私募基金管理人在办结登记手续之日起 6 个月应备案首只基金产品,未在要求的期限内备案首只私募基金产品的,其私募基金管理人登记将被注销。

新私募基金管理机构在设立的初期就应当考虑这一规定所涉及的风险,若有明确的募集计划和募集渠道,可以在做好前期准备工作的基础上再进行基金管理机构的设立和登记。若是不具备募集的基础,要么将基金管理机构的设立工作顺延,要么在基金管理机构设立后向基金业协会进行备案的时间顺延,以免发生登记被注销。当然基金业协会也考虑到了实践当中有些基金管理机构的实际募集情况,若被注销登记可以在条件具备的情况下再重新申请备案登记。

二、募集失败的风险解析

虽然募集失败的案例在我国基金行业里并不多见,但基于基金募集的原理来说募集失败是有可能发生的,嘉合基金在 2017 年 5 月发布公告说嘉合睿金定开基金产品因没能达到基金合同生效条件,基金合同暂不生效,投资款全部退回。这也成为我国公募基金领域 17 年来的首只募集失败的案例。募集失败基金管理人的责任承担方式有两个:一是以其固有财产承担因募集行为而产生的债务和费用;二是在基金募集期限届满(确认基金无法成立)后三十日内返还投资人已交纳的款项,并加计银行同期存款利息。返还投资者投资款对基金管理人并无实

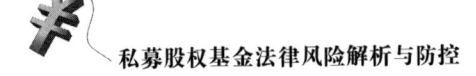

质损失，而承担募集费用和支付银行利息就是基金管理人的直接损失了。

基金管理人在发起基金募集工作前一定要根据自身的实际情况合理地设计基金产品，基金的成功募集与潜在投资者规模、投资者调研、每一基金份额的额度、专业投资者与普通投资者的比例、机构投资者的数量等事宜是密不可分的。在必要的时候，基金管理人在正式发起募集前可根据情况的需求与潜在投资者签署《基金募集投资意向书》来大致预估募集情况并做出合理的判断，而在签署基金托管、基金账户监督及委托募集等第三方服务协议的时候，考虑到募集风险的可能性，并做出例如费用支付时间、支付比例、在一定条件下无须支付等条款的设计，规避募集失败风险和损失风险的发生。

三、委托募集的风险解析

在实践当中，一些私募基金管理人因为各种条件的限制并不是自己直接募集基金产品，而是委托专业性更强、潜在合格投资者群体更广、募集成功率更高的具有资格的募集机构募集基金产品，优秀的募集机构保证了募集的成功率，但同时因为此时的募集机构并非基金产品权利和义务的最终承担者，委托募集的不正当性、违法性将给基金管理人带来风险。委托基金销售机构募集私募基金的，不因委托募集免除私募基金管理人依法承担的责任。

首先，基金管理人在委托其他机构销售本机构发行的产品或者提供服务的，应当审慎选择募集机构，确认募集机构具备销售基金产品或者提供服务的资格，具有落实相应适当性义务要求的能力和基金募集的能力，明确告知募集机构所委托的基金产品或者提供服务的适当性管理标准和要求；其次，基金管理人应该注重在《基金销售协议》内容制定上体现自己权利，例如对于违约责任、损害赔偿、争议管辖规定的更具体、全面的约定，以《基金销售协议》的具体条款保护自身的合法权益；最后，在与募集机构签订《基金销售协议》后对募集机构行为合法性、合理性、合约性及时有效的监督必不可少。另外，私募基金推介材料应由私募基金管理人制作并使用，私募基金管理人应当对私募基金推介材料内容的真实性、完整性、准确性负责，除私募基金管理人委托募集的基金销售机构可以使用推介材料向特定对象宣传推介外，其他任何机构或个人不得使用、更改、变相使用私募基金推介材料。

四、基金托管的风险解析

托管和募集不是一个概念。募集,通俗来说是基金销售者向各合格投资者"卖产品"的过程。托管,是在"产品买卖"结束后将募集来的资金整体存放于基金托管人处,保证基金财产与基金管理人自有资金、其他基金资金的隔离。托管是资金归集完毕后的管理,而募集是资金的归集。托管的主要风险在于托管机构是否完成自有资金与托管资金隔离、托管资金是否被非法占用、使用的情形,上述情形将直接导致基金管理人对投资者的违约。募集阶段完成后会转向托管阶段,投资者资金要按照规定和托管协议要求从募集机构的专门募集结算资金账户流向托管账户。

五、不进行基金托管的风险解析

《私募投资基金监督管理暂行办法》允许基金管理人自行管理投资资金而不必须进行托管,在无托管的情况下,私募基金在托管协议和托管账户上可以省下一笔开户费用和管理费用,但前提必须是要在《基金合同》中做出明确的约定基金不进行托管,否则将导致监管风险和因违反法律法规强制性规定造成的合同效力风险。

《基金合同》明确约定私募基金不进行托管,并明确保障私募基金财产安全的制度措施和纠纷解决机制,基金管理人应当自行建立防火墙制度和资金安全保障措施,并依法予以披露。

六、募集资金的安全性风险解析

我们都知道,无论是基金管理人自行管理的资金还是由托管人托管的资金,其资金的归属权并非上述机构,而是源于投资人的财产,但是当庞大的基金财产离开投资人自己的控制,除面对正常的投资风险之外,最大的风险来源是资金的实际控制方,这就要求对资金保管人的行为进行必要的限制以保障资金的安全。根据《私募投资基金监督管理暂行办法》第二十三条的规定,私募基金管理人、私募基金托管人、私募基金销售机构及其他私募服务机构及其从业人员从事私募

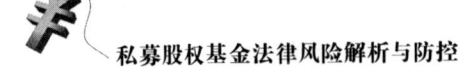

基金业务，不得有以下行为：

（1）将其固有财产或者他人财产混同于基金财产从事投资活动；

（2）不公平地对待其管理的不同基金财产；

（3）利用基金财产或者职务之便，为本人或者投资者以外的人牟取利益，进行利益输送；

（4）侵占、挪用基金财产；

（5）泄露因职务便利获取的未公开信息，利用该信息从事或者明示、暗示他人从事相关的交易活动；

（6）从事损害基金财产和投资者利益的投资活动；

（7）玩忽职守，不按照规定履行职责；

（8）从事内幕交易、操纵交易价格及其他不正当交易活动；

（9）法律、行政法规和中国证监会规定禁止的其他行为。

对资金管理者进行内部约束和限制是必要的，但这并不代表资金的绝对安全，持有庞大的资金者和拥有庞大权力者都可能因没有监督而滥用权力，对资金控制者仅仅进行内部的约束是不全面的，应当辅以外部监督机制。外部监督机制对公司适用、对政府适用，对基金也适用，这是现代基金风险控制的基本理念。首先，募集机构或相关合同约定的责任主体应当开立私募基金募集结算资金专用账户，用于统一归集私募基金募集结算资金、向投资者分配收益、给付赎回款项及分配基金清算后的剩余基金财产等，确保资金投资和退出的原路返还。另外，引入对资金账户监督的第三方机构介入，募集机构、托管机构应当与监督机构签署账户监督协议，明确监督机构应当对所募集的资金进行监督，保证资金不被募集机构、托管机构挪用；在相关协议中明确对资金专用账户的控制权、责任划分及保障资金划转安全的条款。监督机构应当按照法律法规和账户监督协议的约定，对募集结算资金专用账户实施有效监督，承担保障私募基金募集结算资金划转安全的连带责任。第三方监督机构则需要更具有信誉能力，法律要求中国证券登记结算有限责任公司、取得基金销售业务资格的商业银行、证券公司及基金业协会规定的其他机构担任监督机构。而具有基金销售业务资格的商业银行、证券公司等金融机构可以在同一私募基金的募集过程中同时作为募集机构与监督机构，但应当建立完备的防火墙制度，防范利益冲突。

七、募集结算资金专用账户监督协议未签署的风险解析

根据《关于"资产管理业务综合报送平台"第二阶段上线运行与私募基金信息报送相关事项的通知》，自 2017 年 4 月后私募基金的备案申请应当在"资产管理业务综合报送平台"上报送募集结算资金账户监督协议或相关证明文件。如果没有，将无法完成备案申请的提交。若 2017 年 4 月前私募基金并未上报募集结算资金账户监督协议或相关证明文件，私募基金管理人可顺延至 2017 年 6 月 30 日前完成所管理私募基金 2017 年第一季度运行信息的更新，但须在开始信息更新前先完成信息补录。

八、募集机构不具备募集资格的风险解析

近年来我国私募基金行业的迅速发展催生了一大批私募基金管理机构，各类私募基金管理公司纷纷在基金业协会备案登记，有很多私募基金管理机构在成立以后并不能成功募集基金产品，或有些私募基金管理机构设立的目的并非在监管的框架下募集基金产品，而是为了以私募基金管理机构之"羊头"进行非法融资之行为。不具备基金募集的资格而进行基金募集除导致监管风险外，因募集主体不具备基金合同签订的资格，基金合同将可能被认定为无效，基金管理人承担返还投资款的责任，同样容易触发《刑法》非法吸收公众存款罪名的刑事犯罪。

法律仅仅规定了两类机构主体可以进行私募股权投资基金的募集工作，基金管理人或受托募集机构应取得备案或资格（见表 3-4）。

表 3-4　两类可以进行私募股权投资基金募集工作的机构主体

募集方式	募集资格
自行募集	在基金业协会完成备案登记的基金私募股权投资基金管理公司
受托募集	在中国证监会取得基金销售业务资格并成为基金业协会会员的基金销售机构受托募集私募基金

九、泄露投资者商业秘密及个人信息的风险解析

在基金管理人对投资者进行的一系列问卷、调查的过程中往往掌握了投资者

的商业秘密或个人信息，商业秘密或个人信息保护不当很可能导致投资者遭受侵害和损失。这种保护不当一般源于基金管理人或基金销售机构从业人员或其他合作者，然而任何渠道的泄露其最终的责任人均为基金管理机构，这会导致监管风险、民事赔偿风险，并损害基金管理人的声誉。违法销售、传播投资者个人信息情节严重的可构成犯罪。《刑法》第二百五十三条规定，违反国家有关规定，向他人出售或者提供公民个人信息，情节严重的，处三年以下有期徒刑或者拘役，并处或者单处罚金；情节特别严重的，处三年以上七年以下有期徒刑，并处罚金。违反国家有关规定，将在履行职责或者提供服务过程中获得的公民个人信息，出售或者提供给他人的，依照前款的规定从重处罚。单位犯罪的，对单位判处罚金，并对其直接负责的主管人员和其他直接责任人员，依照各款的规定处罚。

基金管理人、销售机构应当履行保密义务，基金管理人在与其从业人员签订的劳动合同中应列明从业人员的保密义务，建立保密管理制度，尽量将相关商业秘密及个人信息控制在最小的范围之内。基金管理人与销售机构或其他合作机构建立合作关系时，在相关合同中应当注意保密条款的设置或签订保密协议。

十、募集监管处罚措施的主要形式

证监会是私募股权投资基金的监督管理机构，而基金业协会是私募股权投资基金的自律性组织，"一官一民"的机构构成了私募股权投资基金的交叉监管体系，不当募集将直接导致基金管理人或募集机构的监管法律风险。基金业协会通过对基金管理人和募集机构的定期或不定期的现场、非现场检查及接受投资者和社会各界的投诉对基金管理人和募集机构实施监管。根据监管所认定的结果不同，基金业协会可对违法的基金管理人或募集机构做出谈话提醒、书面警示、限期改正、行业内谴责、加入黑名单、公开谴责、暂停受理或办理相关业务、撤销管理人登记等纪律处分；对相关违法工作人员则可以采取要求其参加强制培训、行业内谴责、加入黑名单、公开谴责、认定为不适当人选、暂停基金从业资格、取消基金从业资格、记入诚信档案等方式进行纪律处分。

基金业协会监管处罚拥有较大的自主权，其处罚是协会对内部会员的处罚而非行政处罚、刑事处罚，这一特殊的法律定性使得被处罚者除了改正后重新申请之外几乎没有其他救济的渠道,至今我们尚未看到一起驳回基金业协会处罚决定的案例发生。这一机制的设立虽然有利于监督,但却使得被监管主体丧失了申辩的机会,这与现代法治允许被处罚者拥有至少二次的申诉机会(二审制度)的原理不符,例如在诉讼案件当中是允许案件当事人以上诉的方式争取自己权益的,在行政处罚的案件当中是允许被处罚者申请复议和诉讼的,而在基金业协会的监管体制当中,因其自治性、自律性管理的机制使得被处罚者申辩权丧失,这一点希望在日后的司法实践中予以突破。

十一、非法集资犯罪的风险解析

近来私募股权投资行业日趋活跃,参与人数和资金量不断增多,募资和投资规模也屡创新高。但由于私募股权投资行业不设行政审批,对于纯民事性的行为也不进行过多干涉和监管,一方面为合法的私募股权投资基金的发展创造自由生长的有利环境,但另一方面又给那些以私募股权投资基金之名行非法集资之实的违法者留下了可乘之机。

"非法集资"并非一个具体的罪名,根据最高人民法院2010年11月22日颁布的《关于审理非法集资刑事案件具体应用法律若干问题的解释》的规定,非法集资对应6个具体罪名:非法吸收公众存款罪;集资诈骗罪;擅自发行股票、公司、企业债券罪;欺诈发行股票、债券罪;非法经营罪;虚假广告罪。而私募基金管理人和募集机构在募集阶段可能触及的罪名以非法吸收公众存款罪和集资诈骗罪为主。

1. 非法吸收公众存款罪

违反国家金融管理法律规定,向社会公众(包括单位和个人)吸收资金的行为,同时具备下列四个条件的,除《刑法》另有规定的以外,应当认定为《刑法》第一百七十六条规定的"非法吸收公众存款或者变相吸收公众存款":

(1)未经有关部门依法批准或者借用合法经营的形式吸收资金。

(2)通过媒体、推介会、传单、手机短信等途径向社会公开宣传。

(3)承诺在一定期限内以货币、实物、股权等方式还本付息或者给付回报。

(4)向社会公众即社会不特定对象吸收资金。

2. 集资诈骗罪

集资诈骗罪更强调行为人行为的目的和方法,以非法占有为目的,使用诈骗方法实施以下行为的,以集资诈骗罪定罪处罚。

（1）不具有发行股票、债券的真实内容,以虚假转让股权、发售虚构债券等方式非法吸收资金的；

（2）不具有募集基金的真实内容,以假借境外基金、发售虚构基金等方式非法吸收资金的；

（3）以投资入股的方式非法吸收资金的；

（4）以委托理财的方式非法吸收资金的；

（5）利用民间"会""社"等组织非法吸收资金的；

（6）其他非法吸收资金的行为。

使用诈骗方法非法集资,具有下列情形之一的,可以认定为"以非法占有为目的"：

（1）集资后不用于生产经营活动或者用于生产经营活动与筹集资金规模明显不成比例,致使集资款不能返还的；

（2）肆意挥霍集资款,致使集资款不能返还的；

（3）携带集资款逃匿的；

（4）将集资款用于违法犯罪活动的；

（5）抽逃、转移资金、隐匿财产,逃避返还资金的；

（6）隐匿、销毁账目,或者搞假破产、假倒闭,逃避返还资金的；

（7）拒不交代资金去向,逃避返还资金的；

（8）其他可以认定非法占有目的的情形。

3. 非法经营罪

根据《关于审理非法集资刑事案件具体应用法律若干问题的解释》第七条的规定,违反国家规定,未经依法核准擅自发行基金份额募集基金,情节严重的,以非法经营罪定罪处罚。私募股权投资基金采用的是先募集后备案的制度,只有公募基金采用的是先核准后募集的制度,在一般情况下私募股权投资基金的管理人和募集机构不会成为"非法经营罪"的主体,但当私募基金募集过程中出现向非特定人群的"公募"情形、基金投资者人数超过法定人数（50人或

200人）时，这一罪名将成为悬在基金管理人和募集机构头上的利剑，这一点应当保持警惕。

从私募股权投资基金和非法集资的特点上来看，要注意：第一，严格按照法律要求进行非公开募集，做好投资者特定化的处理，严格限定投资者数量人数；第二，在资金募集时不得承诺本金不受损失或者承诺最低收益；第三，杜绝以股权形式进行募集而后却以借贷形式投资的行为，或以股权名义投资实质为借贷投资的情形；第四，禁止基金管理人、募集机构、托管人及其从业人员挪用、占用、抽逃、侵占基金资金的情形发生。

> 合同并不是什么高深的东西,在不违法和不损害公共利益的情况下,说好了的就要写进去,写进去的内容就得遵守,不遵守就承担违约责任。所以,写进去很重要。

第四章　基金合同条款法律风险解析

在进行民事、商事行为的时候,经常遇到当事人在最初承诺的时候天花乱坠,而到实际履行的时候却变了个样子。如果在当初有书面的约定则有据可循,而没有书面记载则互相推诿甚至予以否认,合同当事人常常成为这种民事行为的受害者。基金合同就是投资者将个人资产委托给基金管理机构进行投资并获取收益的书面约定,基金合同是委托合同,投资人是委托人,基金管理机构是被委托人,投资者享有投资收益并承担投资风险,基金管理人、托管人依照合同履行委托义务并获取报酬。

私募基金应当签订基金合同,根据《证券投资基金法》第九十三条的规定,基金合同应当包括以下关键性内容:

(1) 基金份额持有人、基金管理人、基金托管人的权利、义务;

(2) 基金的运作方式;

(3) 基金的出资方式、数额和认缴期限;

(4) 基金的投资范围、投资策略和投资限制;

(5) 基金收益分配原则、执行方式;

(6) 基金承担的有关费用;

(7) 基金信息提供的内容、方式;

(8) 基金份额的认购、赎回或者转让的程序和方式;

(9) 基金合同变更、解除和终止的事由、程序;

(10) 基金财产清算方式;

（11）当事人约定的其他事项。

《证券投资基金法》第九十四条规定，按照基金合同约定，非公开募集基金可以由部分基金份额持有人作为基金管理人负责基金的投资管理活动，并在基金财产不足以清偿其债务时对基金财产的债务承担无限连带责任，基金合同还应载明：

（1）承担无限连带责任的基金份额持有人和其他基金份额持有人的姓名或者名称、住所；

（2）承担无限连带责任的基金份额持有人的除名条件和更换程序；

（3）基金份额持有人增加、退出的条件、程序以及相关责任；

（4）承担无限连带责任的基金份额持有人和其他基金份额持有人的转换程序。

上述对合同内容的规定是《证券投资基金法》的基本要求，为了更好地保护投资者，基金业协会还做出了基金合同内容的指引性范本，范本根据基金形式的不同分为三个类别，分别使用于公司型基金、合伙型基金和契约型基金，私募基金的备案以此为范本。

第一节 基金合同条款解析

一、基金合同当事人信息不健全的风险解析

很多人在签订合同时并不重视合同当事人信息的全面性、真实性问题，认为只要有了当事人的真实盖章和签字就可以了，没有必要全面填写信息。然而对于专业律师来讲这是不正确的。首先，假若合同发生纠纷需要诉讼的话，那么当事人信息的完整性和真实性就显得格外重要，不能确定被告主体、无法联系被告、联系错误会给诉讼带来障碍，诉讼文书的送达可能会将本需要 2~3 个月就可以解决的诉讼案件拖上一年甚至更长的时间，这对原告方的权益保护是极其不利的。其次，在基金合同履行过程中有很多事项需要向对方当事人送达文件资料，而送达不能会给送达人带来风险，例如基金份额持有人大会在召开前需要提前

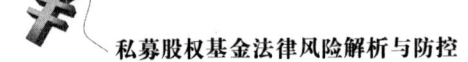

15日通知基金份额持有人，通知不能送达或送达错误会直接导致基金份额持有人大会不能召开或最终的决议无效。最后，当事人填写正确且完整的信息有利于交易对方更好地查询、了解当事人的情况以促进交易的完成。例如，基金管理人可查询投资者的诉讼执行情况以判断其风险承受能力和信誉水平，而投资者对管理人的工商信息和基金业协会备案信息的查询能够使投资者更好地判断基金管理人的投资能力和信誉水平。

基金管理人和投资者要尽量完整地填写企业信息或个人信息，并监督对方信息填写的完整性、真实性，确保当纠纷发生时不存在当事人主体不清晰或不能送达的情形。另外，可以在基金合同中约定：依照基金合同中载明的当事人的地址送达的相关文书，自相关文书到达记载地址时生效。

二、合同目的条款的风险解析

虽然基金合同格式指引中要求基金合同要对合同目的条款进行约定，但作为一项并不能直接体现合同当事人双方权利和义务的条款往往被忽视，即便是一份长达百页的合同也不可能对合同当事人双方的权利和义务、履行可能面临的问题和争议做出100%的约定，再有经验的律师也无法预见合同执行过程中出现的所有可能，在这时合同目的条款就会显得尤为重要。

合同目的条款并不要求文字过多，也不要求一定的形式，合同目的条款的核心是表述清晰、准确，当出现合同纠纷而合同内容本身无法找到可直接适用的条款，或者合同条款出现冲突、分歧的时候便可以依照合同目的判定当事人的权利和义务，司法机关往往也是这么做的。从形式来看，目的条款一般有三种：一是以合同导语的方式叙述当事人双方订立合同的原因，这种方式一般由没有受过法律专业训练的普通人所采用；二是专设"合同目的条款"；三是以"鉴于"条款陈述合同订立的背景和目的。第二种和第三种方式常常被法律界专业人士所采用。

三、释义条款的重要性风险解析

基金合同作为一份具有较强专业性的合同，在合同行文过程中往往存在很多专业性术语，而这些术语并不为大众所知晓。另外，例如基金资产、基金净资产、合同生效、保密范围等这类的合同术语较容易产生分歧，若无特别说明，合同当事人较难判断，所以对这类专业性术语、较容易发生分歧的术语在合同中作进一步解释更有利于合同当事人理解合同。基金合同往往都是由基金管理人所制定的格式合同，格式合同的特殊性在于当合同双方当事人对合同条款发生分歧时应当做出不利于合同制定方的解释，这给基金管理人带来风险。

作为合同制定方的基金管理人，在制定合同时要站在投资者的角度审查合同的全文，对专业性、含义模糊、含义分歧的合同词汇、条款、内容做出特别的解释，这可以安排专章的释义条款——列明，也可以在特别的词汇、条款、内容的下方予以说明，方式可以灵活。明确的释义不但是对投资者的保护，也是对基金管理人的保护。

四、基金运作方式条款的风险解析

私募基金运作的方式大体分为两类：一类是采取封闭式方式运作的基金，基金成功募集完毕至基金到期前不可赎回；另一类是采用开放式方式运作的基金，基金募集完毕至基金到期前可以赎回。在这两种方式中，投资人在退出时机的选择上截然不同，当基金投资过程中出现风险事件或基金投资者在投资期限内急需资金的时候，不清晰的运作方式会直接给基金和基金管理人带来流动性风险。

在基金合同中明确基金的运作方式是属于"封闭式"还是属于"开放式"，明确表述自基金成立后至终止前是否接受投资者的赎回退出，以防范流动性风险。

五、基金存续期限条款的风险解析

从对目标公司行业案例的研究中、从资本市场的趋势中、从基金管理人对目标公司的初步判断中、从基金的投资目的中，基金管理人可能能够判断出募集基金的投资周期，这个周期即是在基金合同中所体现的"基金存续时间"。然而基金的退出并非基金管理人单方主观性的决定，要考虑目标公司、行业政策、金融政策、市场政策等诸多的因素，这个存续期间仅仅是一个预估性判断而已，基金投资到期不能退出将直接导致基金管理人的违约，并产生返还投资款、赔偿损失的民事责任及商业信誉等损失。

基金管理人在确定基金合同中的"基金存续期间"的时候，要尽量多评判各种因素，做出更合理的判断，同时要给自己的基金管理行为预留一定的灵活性，如约定在基金存续期间发生何种情形可以提前退出、延长退出时间，且并不视为基金管理人的违约而应当免责。实践当中基金管理常常以"基金存续期间＋可延长期限"的方式进行约定，这个方式很好，但也要考虑到延长时间结束的时候仍不能退出的可能性问题。在基金合同履行过程中，基金管理人应关注投资标的的变化在时机相对成熟时可以提前退出，以保证投资的成功性。

六、聘请服务机构条款的风险解析

一般情况下基金管理人是私募基金的发起机构，但这并不代表基金管理人的募集能力、管理能力、投资能力等能力比其他机构更优秀，或者说基金管理人并不能做到面面俱到。基金管理人为了防范基金管理的风险、增加投资的成功率，常常会聘请、委托专业的第三方机构帮助基金管理人完成一些专业性的工作，包括基金募集、投资顾问、份额登记、估值核算、信息技术系统等，这种聘请得到了《私募投资基金服务业务管理办法（试行）》及相关法律法规的认可，然而我们要知道聘请的主体并非私募基金而是基金管理人，服务机构应对基金管理人负责，基金管理人应对基金负责，服务机构的不当行为直接给基金管理人带来风险。《私募投资基金服务业务管理办法（试行）》中明确规定，"服务机构在开展业务的过程中，因违法违规、违反服务协议、技术故障、操作错误等原因给基金财产造成的损失，应当由私募基金管理人先行承担赔偿责任。私募基金管理人再按照服务协议约定与服务机构进行责任分配与损失追偿。"虽然可以追偿，但是事后追偿，追偿的结果除了依赖责任的划分之外还依赖服务机构的偿付能力等因素，这些都是基金管理人要面临的风险。

所以，基金管理人应当重视与第三方服务机构签订的相关《服务协议》，在协议中明确责任划分与承担，必要时可以加重其违约责任以促使服务机构的谨慎服务。在服务机构的选择上做好尽职调查的工作，对服务机构的服务能力进行全方位的考察以避免因不当选择服务机构给基金管理人带来风险。

第四章 基金合同条款法律风险解析

七、基金认购条款的风险解析

从一份基金合同成立的原理来说，基金管理人所发布的"募集公告"是一份要约邀请，而投资者根据募集公告做出的"基金认购"就是一份要约，所以基金投资人的认购并非基金合同的成立，这需要基金管理人的确认承诺方可。但是这仅仅是一般性原理推断，并不具有实践性的意义，尤其当基金投资者在认购时已经向基金管理人缴纳了投资款项，认购的法律效力就更容易混淆。缴纳投资款项已经构成一般合同成立的条件，然而基金合同与一般合同不同，为了保证基金的募集成功，基金管理人往往向更多的投资者发出募集邀请，很有可能收到募集公告的投资者数量超过基金的人数限制，或者投资者缴纳的投资款项金额超过了基金募集金额的上限，如果发生这样的情形而基金合同又没有明确"认购行为"的法律效力，基金管理人就会面临两难的选择，退回多余款项或拒绝投资者投资项，将面临基金管理人单方违约的合同风险。

在基金合同中明确投资者认购基金和缴纳投资款项的效力，明确写明基金合同成立的时间是在基金管理人对认购的确认之时，基金合同中写明基金管理人在处理人数超出上限或者投资金额超出上限时基金管理人予以处理的方式和原则，在公平保护投资者利益、每单一合格投资者单一投资不低于 100 万元的基础上做出适当性安排。

八、申购和赎回条款的风险解析

对于开放式私募股权投资基金来说，申购和赎回都发生在基金成立以后至期限届满以前的工作日当中。从开放式原理上讲，在这个阶段虽然允许任意合格投资者申购和赎回基金产品，但是超出合理的范围和限度会给基金、基金管理人带来流动性风险。"开放日"内的低申购和高赎回会使得基金失去支付能力而造成违约，高申购和低赎回又会使得基金产生过多的闲置资金而降低基金的整体收益水平。

基金管理人在基金合同中应当考虑约定申购和赎回的暂停条件，当暂停情形发生时，暂停基金的申购和赎回。例如，"当基金的闲置资金达到已投资资金的 30% 时暂停基金的申购，当基金的闲置资金低于已投资款项 5% 的时候暂停基金的赎回,当单日赎回超过已投资基金的10%的时候暂停赎回"等,条件设置的比例可以根据基金自身的实际情况予以调整。另外,基金管理人还应当考虑到基金成立后的一段时间内基金的流动性较差,在基金合同中约定投资者在一定时期内不得赎回,考虑到基金到期之前主动性投资减少,可以在基金合同中约定到期前一定时间内不再进行申购,这种约定是非常实用的。

九、基金份额转让条款的风险解析

一般情况下,公司股东出让自己的股权是股东的必要权利之一,在考虑有限责任公司股东优先权的基础上股权转让并不受过多的限制,然而私募基金不同,无论私募基金是公司型、合伙型还是契约型,基金份额持有人转让基金份额,基金管理人都要衡量受让人是否为合格投资者、转让后基金份额持有人的数量是否超过必要的限制、转让后出让方和受让方的出资是否仍然达到单一投资者不低于100万元的要求等问题,基金份额的不当转让可能会不经意地突破合格投资者限制和投资者人数限制,从而给基金、基金管理人带来监管风险及其他法律风险。

解决这一风险就需要基金管理人对基金份额的转让严格予以限制,并在基金合同中载明,对于转让后可能出现合格投资者不适格、超出人数限制的情形应当禁止基金份额持有人的转让,公司型基金的基金份额转让仍应当履行基金份额持有人享有购买优先权的规定以适应公司法的要求。在此基础上可以允许基金份额持有人任意转让其基金份额,也可以根据基金的实际情况在基金合同中赋予其他基金份额持有人享有优先购买权,以保持基金的人合性。在基金转让过程中,基金管理人注意履行审查义务,防止转让后基金不再具备法律规定的条件。

十、多基金管理人条款的风险解析

很多时候一个基金的发起和设立是多个专业的基金管理人合作的结果,拥有募集优势的基金管理人能够在募集阶段发挥作用,拥有管理优势的基金管理人可以在基金的日常管理当中发挥优势,具有投资优势的基金管理人可以在投资过程中发挥优势,等等。强强联合会使一个基金更具有投资运营的能力,但联合得不当也会增加基金的风险从而导致基金管理人风险。基金管理人既要防范"三个和尚没水喝"的风险,也要防范责任混淆的风险,毕竟对于投资者来说,当风险发生的时候并不仅仅有权向过错的基金管理人追责，而是可以向任一或全部基金管理人追责。

商业上的合作并没有平白无故的，既然产生了合作必然有一定的理由。在多基金管理人模式的情况下，基金合同应当根据基金管理人的优势和目的、作用、职责的不同在基金合同中做出明确的约定，例如由 A 基金管理人负责基金的募集并承担募集失败的风险，由 B 基金管理人负责基金的投资并承担投资失败的风险，由 C 基金管理人负责基金的日常信息披露并承担信息披露过错风险等。这不但能够明确权利和义务，防止基金管理人之间相互推诿，也可以在风险发生时启动内部责任追究机制，避免无过错基金管理人一起跟着"吃瓜落儿"。

十一、基金份额持有人大会条款解析

从商业的角度来看，基金是投资者冒险的工具，投资者购买基金产品是希望通过基金投资获得利润，同时投资者作为基金份额持有人和出资人要承担基金投资的最终风险，其拥有基金的剩余财产索取权和剩余控制权。基于此，基金份额持有人大会（以下简称持有人大会）是基金的最高权力机构，尽管其日常的经营管理权授予给基金管理人来行使，但持有人大会拥有基金重大事项的最终决定权。根据《证券投资基金法》第四十八条的规定，持有人大会由全体基金份额持有人组成，行使下列职权：

（1）决定基金扩募或者延长基金合同期限；

（2）决定修改基金合同的重要内容或者提前终止基金合同；

（3）决定更换基金管理人、基金托管人；

（4）决定调整基金管理人、基金托管人的报酬标准；

（5）基金合同约定的其他职权。

以上职权（1）至（4）是持有人大会的法定职权，不可通过基金合同予以剥夺，职权（5）则是基金合同的约定职权，基金合同可以自行约定。《证券投资基金法》赋予基金合同自由约定表决程序的权力，除了公司型基金应当兼顾《公司法》的相关规定外，契约型、合伙型基金表决程序均拥有较大的自由约定空间，基金管理人在持有人大会召集、表决程序的设置上应该充分利用这一规定。

在实践中，很多基金管理人忽视持有人大会的作用，要么在制定基金合同时仅仅套用《证券投资基金法》的相关规定或一些并不成熟的基金合同范本，要么根本"不喜欢"这个持有人大会，觉得它总是对基金管理人的管理权指手画脚，持有人大会成立后将其束之高阁，这些认识和做法都是不正确的。持有人大会是基金的必要机构设置，在契约型基金中是基金份额持有人大会，在公司型基金当中是公司股东会（或股东大会），在合伙型基金中是合伙人会议，这是基金的最高权力机构。但是在大会的表决程序上《证券投资基金法》赋予了基金合同的自由约定权，除了公司型基金应当兼顾《公司法》的相关规定外，契约型、合伙型基金均拥有更大的自由约定空间，基金管理人可以在基金持有人大会召集、表决程序的设置、表决内容的选择等方面充分利用这一规定。例如，当基金的重大事项发生时，通过持有人大会表决不但是对投资者的保护，更是对基金管理人的保护；基金合同可以约定在基金对目标公司的投资达到一定条件的情况下（如回报率），可以由持有人大会表决是否提前退出投资，这就避免了基金管理人在选择退出时机上的矛盾。

十二、投资目标、投资范围条款的风险解析

投资目标、投资范围是基金管理人行使投资决策权、管理权、投资权最原始的依据，基金管理人在行使上述权利时对于投资目标、投资范围理解和运用错误将直接导致基金管理人的过错风险。若投资顺利还好，但若是投资出现风险，不免会受到投资者的追责而承担违约、赔偿的风险。

若私募基金在成立之时仅仅为单一目标的投资而募集，可以在约定投资目标和投资范围时更加明确一些，但是若基金设立时并无明确单一的投资目标而仅仅是某一领域、某一行业、某一相对特定范围的投资，那么在约定投资目标和投资范围时需要更宽泛些，以保持基金管理人的自由投资管理权。基金投资不得违反法律，私募股权投资基金不得向二级市场投资、不得以债权的方式（借款、委托贷款）对外投资。

十三、业绩比较基准条款的风险解析

基金的业绩比较基准是给基金定义一个适当的基准组合，通过基金收益率和

业绩比较对基金的表现加以衡量。基金是追求相对收益的金融产品,所谓"相对",就是指基金的业绩与其业绩比较基准进行比较。在某个时期内,如果一只基金的收益高于业绩比较基准的表现,那么无论这只基金绝对收益是多少或是否超越了其他基金管理人的同类基金产品,那都应该说基金管理人对该基金的管理运作是合格的,反之则不合格。业绩比较基准被业内视为基金的"及格线"。在国外业绩比较基准是对基金分析时最为看重的,而在国内尚没有引起足够的重视,国内大部分投资者在挑选基金时以业绩排名作为他们优先考虑的指标,有时甚至可能是唯一的指标。不过就像挂在墙上的奖状终归是会发黄变旧一样,那些骁勇一时的基金大多各领风骚一两年(或更短),最终还是逃不过英雄气短的大结局。所以,如果仅仅根据业绩排名来按图索骥,投资者最后可能会陷入手握一把"过气英雄"的尴尬境地。

《证券投资基金法》及相关法律法规严格禁止基金管理人向投资者承诺收益或预期收益,这给基金管理人造成基金评价的不便,基金管理人很难找到恰当的方式向投资者告知一个可参考的投资数值,降低了基金的募集能力。但是在基金合同中约定业绩比较基准是被允许的,业绩比较基准条款是让投资者了解基金投资收益可能性的最好方式,投资者可通过对业绩比较基准数据分析,自行衡量基金产品未来的业绩和风险。

十四、基金交易条款的风险解析

在基金托管的情况下,基金的交易是通过托管机构进行的,而具体的交易又是通过基金管理人与基金托管人之间的"人"来衔接和完成的,这就会涉及基金的交易、交易的授权、交易的清算等诸多的环节,也就会涉及交易的指令、交易的代理或代表、交易过错的责任等诸多的法律问题,所以有必要对基金交易清算及相关条款予以分析并设置合理的程序,约定清晰的内容。

首先,基金管理人应以《资金划拨授权书》(以下简称《授权书》)的方式向基金托管人明确被授权人及信息、授权的事项与范围、授权期限、授权解除和终止的条件等内容。其次,基金管理人应当与基金托管人就具体的交易指令、指令生效的条件、指令的执行时间、金额、收款账户信息、指令的无效和拒绝等内容进行约定,以保证指令的真实传递和指令的被监督。

第二节　基金合同范本

一、契约型基金合同——基金合同（指引）

××基金合同（契约型）基金投资者

基金投资者

1. 姓名（个人投资者）：

证件类型：

证件号码：

通信地址：　　　　　　　　　　　　　　邮政编码：

联系电话：　　　　　　　　　　　　　　移动电话：

电子信箱：　　　　　　　　　　　　　　其他：

个人投资者资金账户：

账户名称：

开户行：

账号：

2. 机构名称（机构投资者）：

法定代表人：

联系人：

通信地址：　　　　　　　　　　　　　　邮政编码：

联系电话：　　　　　　　　　　　　　　传真：

机构投资者资金账户：

账户名称：

开户行：

账号：

基金管理人：

法定代表人：

联系人：

住所：

第四章 基金合同条款法律风险解析

邮政编码：

实际办公地址：

联系电话：

传真：

基金托管人：

法定代表人：

联系人：

住所：

邮政编码：

联系电话：

传真：

订立本合同的目的、依据和原则

1. 订立本合同的目的是明确本合同当事人的权利和义务、规范本基金的运作、保护基金份额持有人的合法权益。

2. 订立本合同的依据是《中华人民共和国民法通则》《中华人民共和国合同法》《中华人民共和国证券投资基金法》（以下简称《基金法》）和《私募投资基金管理人登记和基金备案办法（试行）》《私募投资基金监督管理暂行办法》及其他法律法规的有关规定。

3. 订立本合同的原则是平等自愿、诚实信用、充分保护合同当事人各方的合法权益。

本合同是约定本合同当事人之间基本权利义务的法律文件，其他与本基金相关的涉及本合同当事人之间权利义务关系的任何文件或表述，均以本合同为准。本合同的当事人包括基金管理人、基金托管人和基金份额持有人（投资者）。基金合同的当事人按照《基金法》、本合同及其他有关法律法规规定享有权利、承担义务。

释 义

在本合同中，除上下文另有规定外，下列用语应当具有如下含义：

1. 本合同：《××基金合同》及对本合同的任何有效修改补充。

2. 本基金：××投资基金。

3. 私募基金：以非公开方式向合格投资者募集资金设立的投资基金。

4. 合格投资者：是指净资产不低于1000万元的单位，金融资产不低于300万元或者最近三年个人年均收入不低于50万元的自然人。

5. 基金投资者：依法向本基金投资的合格个人投资者或机构投资者。

6. 基金管理人：YY 管理有限公司。

7. 基金托管人：AA 有限责任公司。

8. 基金份额持有人：签署本合同，履行出资义务取得基金份额的基金投资者。

9. 注册登记机构：基金管理人或其委托办理私募基金份额注册登记业务的机构。若基金管理人有此项需要则本基金的注册登记机构为 abs 有限责任公司。

10. 中国证券投资基金业协会（以下简称基金业协会）：基金行业相关机构自愿结成的全国性、行业性、非营利性社会组织。

11. 工作日：上海证券交易所和深圳证券交易所的正常交易日。

12. 终止日：指本基金终止（具体以基金管理人确认为准），并完成清算分配之日。

13. 基金财产：基金份额持有人拥有合法处分权、委托基金管理人管理并由基金托管人托管的作为本合同标的的财产。

14. 托管资金专门账户（以下简称托管资金账户）：基金托管人为基金财产在具有基金托管资格的商业银行开立的银行结算账户，用于基金财产中现金资产的归集、存放与支付，该账户不得存放其他性质资金。

15. 募集账户：指 AA 有限责任公司托管业务募集专户，用于本基金募集期间汇集所有销售渠道的认购资金，募集期结束后基金募集账户的有效认购资金全额划入基金托管账户。

16. 募集期：指本基金的认购期限。

17. 存续期：指本基金成立至清算之间的期限。

18. 认购：指在募集期间，基金投资者按照本合同的约定购买本基金份额的行为，本基金认购期为一个月，但基金管理人可根据基金份额的认购情况决定延长或缩短认购期。

19. 申购：指在基金开放日，基金投资者按照本合同的规定购买本基金份额的行为。

20. 不可抗力：指本合同当事人不能预见、不能避免、不能克服的客观情况。

21. 认购期间：指基金合同及投资说明书中载明的基金认购期间。

22. 标的公司：××××××。

23. 收益分配日：管理人进行收益分配的日期。

声明与承诺

1. 基金管理人

私募基金管理人保证在募集资金前已在基金业协会登记为私募基金管理人，并列明管理人登记编码。基金业协会为私募基金管理人和私募基金办理登记备案不构成对私募基金管理人投资能力、持续合规情况的认可；不作为对基金财产安全的保证。私募基金管理人保证已在签订本合同前揭示了相关风险；已经了解私募基金投资者的风险偏好、风险认知能力和承受能力。私募基金管理人承诺按照恪尽职守、诚实信用、谨慎勤勉的原则管理运用基金财产，不对基金活动的盈利性和最低收益做出承诺。

2. 投资者

私募基金投资者声明其为符合《私募投资基金监督管理暂行办法》规定的合格投资者，保证财产的来源及用途符合国家有关规定，并已充分理解本合同条款，了解相关权利义务，了解有关法律法规及所投资基金的风险收益特征，愿意承担相应的投资风险；私募基金投资者承诺其向私募基金管理人提供的有关投资目的、投资偏好、投资限制、财产收入情况和风险承受能力等基本情况真实、完整、准确、合法，不存在任何重大遗漏或误导。前述信息资料如发生任何实质性变更，应当及时告知私募基金管理人或募集机构。私募基金投资者知晓，私募基金管理人、私募基金托管人及相关机构不应对基金财产的收益状况做出任何承诺或担保。

3. 基金托管人

私募基金托管人承诺按照恪尽职守、诚实信用、谨慎勤勉的原则安全保管基金财产，并履行合同约定的其他义务。

正文部分

第一章 私募基金的基本情况

一、私募基金的名称：××投资基金

二、运作方式：契约型，封闭式，自基金成立后至终止前始终为封闭状态，除导致本基金终止的情况发生外，不接受份额持有人的退出。

三、计划募集总额：本基金的最低募集份额总额为（　　）万份，基金募集金额不少于（　　）万元。本基金的最高募集份额总额为（　　）万份，基金募集金额不超过（　　）万元。

四、私募基金份额的初始募集面值1元。

五、私募基金的投资目标和投资范围：以股权投资的方式向（目标公司或投资方向）进行投资，投资后持有目标公司（　　）%股权，投资总金额为（　　）元。

六、私募基金的存续期限为（　　）年，自基金成立之日起算，若基金成立存续届满之日为节假日的基金存续期顺延至下一个工作日。基金投资后满（　　）年，基金管理人可根据所投资的投资标的退出情况的变化提前退出，基金管理人在做出提前退出决定后30日在基金管理人网站公告或通过邮件、短信、书面通知等形式向份额持有人送达。

七、私募基金的结构化安排：向个人合格投资者募集不超过基金总额度的（　）%，剩余部分向机构投资者募集（如有）。

八、私募基金的托管事项（　）（如有）。

九、私募基金的外包事项。

外包机构的名称：（　）。

外包机构基金业协会登记的外包业务登记编码：（　）（如有）。

十、投资顾问（如有）

私募基金聘请（　）担任投资顾问机构，投资顾问的费用标准为（　），投资顾问费用由（基金财产支付/管理人收取的管理费用）支付，按（时间）进行结算。

私募基金管理人聘请投资顾问对基金合同各方当事人权利义务产生影响的情况（　）。

十一、其他需要订明的内容：（　）。

第二章　私募基金的募集

十二、募集方式

本基金份额由基金管理人以非公开募集的方式自行销售。私募基金的募集机构：（　）。

十三、募集对象

本基金份额的募集对象为符合法律、法规及监管机构规定的具备相应风险识别能力和风险承受能力的合格（普通和/或专业）投资者。

合格投资者的风险承受能力等级不低于（　）级，但风险承受能力等级低于（　）级高于最低级的合格投资者主动要求投资本基金产品经风险特别示明后仍愿意投资的除外。

十四、募集期间

本基金的募集期间为（　）天，自（　）年（　）月（　）日起至（　）年（　）月（　）日止（含投资冷静期）。

十五、基金投资者的认购金额不得低于（　）（不得低于100万元，根据实际情况可提高，不含认购费用），基金投资者的认购款项应以现金形式交付。

十六、基金合格投资者总人数为：（　）（不超过200人，可根据实际情况降低）。

十七、认购程序

基金投资者需到基金管理人的经营场所办理认购。办理认购时，基金投资者应出示身份证明文件、资产证明文件或收入证明文件等相关资料，配合基金管理人完成风险承受能力测试、风险揭示及反洗钱教育等事项。

十八、认购费用

基金管理人对认购投资者按其认购份额资金总额的（　）%收取认购费用。认购费用不从基金财产或投资者投资款项中列支，由投资者以现金方式在签订本基金合同时一次性缴纳。

十九、认购费用的用途

认购费用主要用于支付本基金募集期间发生的各项费用。

二十、募集期间的利息

基金投资者的有效认购款项在募集期间形成的银行存款利息在本基金成立后由基金管理人向基金投资者一次性发还。利率适用中国人民银行公布的活期存款利率。

二十一、认购申请的确认

基金管理人接收基金投资者的认购申请和投资款项并不表示该认购已经最终确认，而仅为基金管理人收到了投资者认购申请和投资款项的证明，基金投资者的认购申请是否有效及有效认购的份额应以基金管理人在本基金募集期间结束前向投资者出具的确认函为准。

未被确认认购申请有效的投资者已经缴纳的（认购资金和认购费用）予以退还并按照同期银行活期存款利率支付利息。

二十二、超额认购申请的分配

在本基金募集期间结束时若募集金额超出募集计划的额度或超出最高人数限制，在符合合格投资者条件及每一名投资者投资不低于100万元的基础上，按比例分配基金份额。按比例难以分配的按照投资款项到账时间优先的原则进行分配。

二十三、认购资金的支付

投资者在签订认购后（签订本基金合同后）2日内将认购款项支付至募集结算专门账户。

账户开户行：（　）

账户名称：（　）

账户号码：（　）

二十四、募集期间资金的管理

本基金募集期间投资者的投资款项应存入"募集结算专门账户"，在募集期间结束前，任何机构和个人不得动用。

二十五、募集结算专门账户的监督

由（　）担任监督机构负责募集结算专门账户的监督工作，监督机构发现在募集期间基金管理人、募集机构、基金托管人及从业人员有挪用、使用、占用、使用账户资金进行投资及其他危害投资者资金安全的行为，应当立即要求相关单位或停止上述行为并向基金

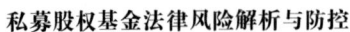

业协会进行举报。

二十六、认购份额的计算方式

1. 本基金每1元为1份认购份额。

2. 投资者最低认购份额为100万份，每50万份为一次递增，单一个人投资者认购份额不超过（　）份，单一机构投资者不超过（　）份。

二十七、投资冷静期

1. 本基金投资冷静期为（　）小时（不少于24小时，投资者风险承受能力低于基金风险级别的应适当提高），投资冷静期自投资者缴纳投资款项的到账时间起计算。

2. 投资冷静期内投资者可随时解除本基金合同，投资者选择解除本基金合同的募集机构应在（　）日内退还投资者已缴纳的投资款项及利息，但不退还已缴纳的认购费用。

3. 投资冷静期内基金管理人主动与投资者联系或回访确认的回访确认无效。

二十八、回访确认

1. 投资冷静期结束，基金管理人应通过（电话、邮件等）方式向投资者进行回访确认，回访确认时基金管理人将采取辅助证据保存方式（录音录像）的方式进行。

2. 回访确认结束前投资者可随时解除本基金合同，投资者选择解除本基金合同的募集机构应在（　）日内退还投资者已缴纳的投资款项及利息，但不退还已缴纳的认购费用。

3. 基金管理人回访确认不得对投资者进行诱导，不得委托第三方进行。

4. 投资者在基金管理人回访确认时未明确表示解除本基金合同的，确认回访成功。

第三章　私募基金的成立与备案

二十九、私募基金合同签署的方式

本基金合同采用书面纸质方式签署，由基金管理人、基金托管人、投资者签字或盖章。

三十、私募基金的成立

本基金合同自当事人签字盖章且合格投资者将认购款项支付至（募集结算专门账户）时成立。

三十一、募集失败

募集期限届满募集金额低于募集计划金额的80%的本基金募集失败。

三十二、私募基金募集失败的处理方式

基金募集失败，基金管理人自募集期间结束之日（　）日内退还投资者投资款项和认购费用并按照同期银行活期存款利率支付利息，募集费用由基金管理人自行承担。

三十三、私募基金成功，募集期限结束后（　）日内基金管理人应当按照规定向基金业协会履行基金备案手续，私募基金在基金业协会完成备案后方可进行投资运作。

第四章　私募基金的申购、赎回与转让

（注：本基金因合同以定向股权投资为基础，采用封闭式操作的模式，存续期内不开放参与，不得申购、不得赎回，不存在其他申购或赎回事项。下文为开放式基金合同的内容范本供基金管理人和从业人员参考。）

三十四、申购和赎回

1. 开放日及时间

基金开放日就是可以为投资者办理开放式基金的开户、申购、赎回、销户、挂失、过户等一系列业务的工作日。

本基金的开放日为自基金成立后至（　　）之日期间内的法定工作日。

2. 基金申购和赎回的暂停

当基金余额（基金未投资部分）达到基金已投资额的（　　）%时，基金暂停申购，相应情形消失后基金管理人应当及时启动申购。

当基金余额低于基金已投资额（　　）%时或因不可抗力导致基金管理人不能支付赎回款项时，基金暂停赎回。相应情形消失后基金管理人应当及时启动赎回。

基金暂停申购、赎回及重新启动申购、赎回应依法向基金业协会或证券监督机构备案。

3. 申购赎回的成立与生效

投资者交付申购款项，申购成立；基金份额登记机构确认基金份额时，申购生效。

基金份额持有人递交赎回申请，赎回成立；基金份额登记机构确认赎回时，赎回生效。

4. 申购和赎回的金额限制

投资者在私募基金存续期开放日购买私募基金份额的，首次购买金额应不低于100万元人民币（不含认/申购费）且符合合格投资者标准，已持有私募基金份额的投资者在资产存续期开放日追加购买基金份额的除外。

投资者持有的基金资产净值高于100万元时，可以选择部分赎回基金份额，投资者在赎回后持有的基金资产净值不得低于100万元，投资者申请赎回基金份额时，其持有的基金资产净值低于100万元的，必须选择一次性赎回全部基金份额，投资者没有一次性全部赎回持有份额的，管理人应当将该基金份额持有人所持份额做全部赎回处理。《私募投资基金募集行为管理办法》第十三条列明的专业投资者除外。

5. 申购份额的计算方式、赎回金额的计算方式

基金份额的申购、赎回价格，依据申购、赎回日基金份额净值加、减有关费用计算。

6. 申购和赎回的费用

基金申购费用为申购金额的（1.5%），投资者在申购时以现金方式支付，基金申购未生效申购费用予以退回。

基金赎回费用为赎回金额的（0.5%），在投资者赎回时从赎回资产予以扣除，基金赎回未生效不支付赎回费用。

7. 巨额赎回的认定及处理方式

巨额赎回是指基金的当日净赎回量（赎回申请总数扣除申购申请总数后的余额）超过基金规模的10%的情形。

发生巨额赎回，基金管理人可以在接受赎回比例不低于基金总规模10%的情况下，对投资者的其余赎回申请予以延期办理，在基金余额（基金未投资部分）达到基金已投资额的（　　）%且可以支付投资者赎回款项时重新办理。

三十五、基金份额的转让

1. 基金份额持有人可以向其他基金份额持有人转让基金份额，基金份额持有人可以向其他合格投资者转让基金份额。基金份额持有人转让基金份额后持有的基金份额不低于100万元，基金份额持有人转让基金份额后基金份额持有人数量不低于、不超过本基金和相关法律法规规定的人数限制。

2. 基金份额持有人转让基金份额应向基金管理人申请，拟受让基金份额的受让人应接受基金管理人的相应调查，提交身份证明、财产证明或收入情况证明，经基金管理人确认后方可办理相关手续。未经基金管理人确认的基金份额转让无效。

3. 基金份额转让完成后基金管理人依法按照基金业协会要求进行份额登记。

4. 基金份额转让基金份额出让方应向基金管理人支付转让金额（　　）%转让手续费。

5. 基金份额转让，出让人应依法缴纳相关税费，由基金管理人代扣代缴。

6. 基金份额转让出让人和受让人可自行约定转让价格，但不得低于基金净值的（　　）%。

7. 基金份额转让其他基金份额持有人（享有/不享有）有限购买权，行驶优先购买后基金份额持有人低于法定人数或本基金合同约定最低人数的除外。多名基金份额持有人均行使优先购买权的可由出让人确定购买人，不能确定的按照买受人原持有的基金份额比例确定。

第五章　当事人及权利义务

三十六、本私募基金份额均等，每份份额具有同等的权益。

三十七、私募基金管理人的权利

1. 按照基金合同约定，独立管理和运用基金财产。

2. 按照基金合同约定，及时、足额获得私募基金管理人管理费用及业绩报酬。

3. 按照有关规定和基金合同约定行使因基金财产投资所产生的权利。

4. 根据基金合同及其他有关规定，监督私募基金托管人，对于私募基金托管人违反基金合同或有关法律法规规定、对基金财产及其他当事人的利益造成重大损失的，应当及时采取措施制止。

5. 私募基金管理人为保护投资者权益，可以在法律法规规定范围内，根据市场情况对本基金的认购、申购业务规则（包括但不限于基金总规模、单个基金投资者首次认购、申购金额、每次申购金额及持有的本基金总金额限制等）进行调整。

6. 以私募基金管理人的名义，代表私募基金与其他第三方签署基金投资相关协议文件、行使诉讼权利或者实施其他法律行为。

三十八、私募基金管理人的义务

1. 履行私募基金管理人登记和私募基金备案手续。

2. 按照诚实信用、勤勉尽责的原则履行受托人义务，管理和运用基金财产。

3. 制作调查问卷，对投资者的风险识别能力和风险承担能力进行评估，向符合法律法规规定的合格投资者非公开募集资金。

4. 制作风险揭示书，向投资者充分揭示相关风险。

5. 配备足够的具有专业能力的人员进行投资分析、决策，以专业化的经营方式管理和运作基金财产。

6. 建立健全内部制度，保证所管理的私募基金财产与其管理的其他基金财产和私募基金管理人的固有财产相互独立，对所管理的不同财产分别管理、分别记账、分别投资。

7. 不得利用基金财产或者职务之便，为本人或者投资者以外的人牟取利益，进行利益输送。

8. 自行担任或者委托其他机构担任基金的基金份额登记机构，委托其他基金份额登记机构办理注册登记业务时，对基金份额登记机构的行为进行必要的监督。

9. 按照基金合同约定接受投资者和私募基金托管人的监督。

10. 按照基金合同约定及时向托管人提供非证券类资产凭证或股权证明（包括股东名册和工商部门出具并加盖公章的权利证明文件）等重要文件（如有）。

11. 按照基金合同约定负责私募基金会计核算并编制基金财务会计报告。

12. 按照基金合同约定计算并向投资者报告基金份额净值。

13. 根据法律法规与基金合同的规定，对投资者进行必要的信息披露，揭示私募基金资产运作情况，包括编制和向投资者提供基金定期报告。

14. 确定私募基金份额申购、赎回价格，采取适当、合理的措施确定基金份额交易价格的计算方法符合法律法规的规定和基金合同的约定。

15. 保守商业秘密，不得泄露私募基金的投资计划或意向等，法律法规另有规定的除外。

16. 保存私募基金投资业务活动的全部会计资料，并妥善保存有关的合同、交易记录及其他相关资料，保存期限自私募基金清算终止之日起不得少于10年。

17. 公平对待所管理的不同基金财产，不得从事任何有损基金财产及其他基金合同当事人利益的活动。

18. 按照基金合同的约定确定私募基金收益分配方案，及时向投资者分配收益。

19. 组织并参加基金财产清算小组，参与基金财产的保管、清理、估价、变现和分配。

20. 建立并保存投资者名册。

21. 面临解散、依法被撤销或者被依法宣告破产时，及时报告基金业协会并通知私募基金托管人和基金投资者。

三十九、多管理人（若有）

存在两个以上（含两个）管理人共同管理私募基金的，所有管理人对投资者承担连带责任。管理人之间的责任划分由基金合同进行约定，合同未约定或约定不清的，各管理人平均承担责任。

四十、投资顾问（若有）

1. 私募基金管理人聘用其他私募基金管理人担任投资顾问的，应当通过投资顾问协议明确约定双方权利义务和责任。私募基金管理人不得因委托而免去其作为基金管理人的各项职责。

2. 投资顾问的条件和遴选程序，应符合法律法规和行业自律规则的规定和要求。基金合同中已订明投资顾问的，应列明因私募基金管理人聘请投资顾问对基金合同各方当事人权利义务产生影响的情况。

3. 私募基金运作期间，私募基金管理人提请聘用、更换投资顾问或调整投资顾问报酬的，应取得基金份额持有人大会的同意。

四十一、私募基金托管人的权利

1. 按照基金合同的约定，及时、足额获得私募基金托管费用。

第四章 基金合同条款法律风险解析

2. 依据法律法规规定和基金合同约定，监督私募基金管理人对基金财产的投资运作，对于私募基金管理人违反法律法规规定和基金合同约定、对基金财产及其他当事人的利益造成重大损失的情形，有权报告基金业协会并采取必要措施。

3. 按照基金合同约定，依法保管私募基金财产。

四十二、私募基金托管人的义务

1. 安全保管基金财产。

2. 具有符合要求的营业场所，配备足够的、合格专职人员，负责基金财产托管事宜。

3. 对所托管的不同基金财产分别设置账户，确保基金财产的完整与独立。

4. 除依据法律法规规定和基金合同的约定外，不得为私募基金托管人及任何第三人谋取利益，不得委托第三人托管基金财产。

5. 按规定开立和注销私募基金财产的托管资金账户、证券账户、期货账户等投资所需账户（私募基金管理人和私募基金托管人另有约定的，可以按照约定履行本项义务；如果基金合同约定不托管的，由私募基金管理人履行本项义务）。

6. 复核私募基金份额净值。

7. 办理与基金托管业务有关的信息披露事项。

8. 根据相关法律法规和基金合同约定复核私募基金管理人编制的私募基金定期报告，并定期出具书面意见。

9. 按照基金合同约定，根据私募基金管理人或其授权人的资金划拨指令，及时办理清算、交割事宜。

基金管理人授权人为（　　）。

10. 根据法律法规规定，妥善保存私募基金管理业务活动有关合同、协议、凭证等文件资料。

11. 公平对待所托管的不同基金财产，不得从事任何有损基金财产及其他当事人利益的活动。

12. 保守商业秘密，除法律法规规定和基金合同约定外，不得向他人泄露本基金的有关信息。

13. 根据相关法律法规要求的保存期限，保存私募基金投资业务活动的全部会计资料，并妥善保存有关的合同、交易记录及其他相关资料。

14. 监督私募基金管理人的投资运作，发现私募基金管理人或授权人的投资指令违反法律法规的规定及基金合同约定的，应当拒绝执行，立即通知私募基金管理人；发现私募基金管理人或授权人依据交易程序已经生效的投资指令违反法律法规的规定及基金合同约定的，应当立即通知私募基金管理人。

15. 按照私募基金合同约定制作相关账册并与基金管理人核对。

四十三、投资者的权利

1. 取得基金财产收益。

2. 取得清算后的剩余基金财产。

3. 按照基金合同的约定申购、赎回和转让基金份额。

4. 根据基金合同的约定，参加或申请召集基金份额持有人大会，行使相关职权。

5. 监督私募基金管理人、私募基金托管人履行投资管理及托管义务的情况。

6. 按照基金合同约定的时间和方式获得基金信息披露资料。

7. 因私募基金管理人、私募基金托管人违反法律法规或基金合同的约定导致合法权益受到损害的，有权得到赔偿。

四十四、投资者的义务

1. 认真阅读基金合同，保证投资资金的来源及用途合法。

2. 接受合格投资者确认程序，如实填写风险识别能力和承担能力调查问卷，如实承诺资产或者收入情况，并对其真实性、准确性和完整性负责，承诺为合格投资者。

3. 以合伙企业、契约等非法人形式汇集多数投资者资金直接或者间接投资于私募基金的，应向私募基金管理人充分披露上述情况及最终投资者的信息，但符合《私募投资基金募集行为管理办法》第十三条规定的除外。

4. 认真阅读并签署风险揭示书。

5. 按照基金合同约定缴纳基金份额的认购、申购款项，承担基金合同约定的管理费、托管费及其他相关费用。

6. 按照基金合同约定承担基金的投资损失。

7. 向私募基金管理人或私募基金募集机构提供法律法规规定的信息资料及身份证明文件，配合私募基金管理人或其募集机构的尽职调查与反洗钱工作。

8. 保守商业秘密，不得泄露私募基金的投资计划或意向等。

9. 不得违反基金合同的约定干涉基金管理人的投资行为。

10. 不得从事任何有损基金及其他投资者、基金管理人管理的其他基金及基金托管人托管的其他基金合法权益的活动。

第六章　私募基金份额持有人大会及日常机构

四十五、基金份额持有人大会

1. 基金份额持有人大会由全体基金份额持有人组成。

2. 基金份额持有人大会由常委委员会主席主持，主席不能主持的由副主席主持。

3. 召开基金份额持有人大会需由代表基金份额（50%）以上的基金份额持有人参加。

4. 经代表三分之二以上基金份额的持有人表决通过决议事项。

5. 基金份额持有人大会可以采取现场方式召开，也可以采取网络会议、电视会议等方式召开。

6. 基金份额持有人以书面形式一致表示同意的，可以不召开基金份额持有人大会直接做出决议，并由全体基金份额持有人在决议文件上签名、盖章。

四十六、基金份额持有人大会对如下事项决议：

1. 决定延长基金合同期限。

2. 决定修改基金合同的重要内容或者提前终止基金合同。

3. 决定更换基金管理人、基金托管人。

4. 决定聘请、更换投资顾问机构。

5. 决定调整基金管理人、基金托管人的报酬标准。

6. 基金合同约定的其他情形。

四十七、基金份额持有人大会设常务委员会，常委委员会是基金份额持有人大会的日常事务执行机构。

四十八、常委委员会行使下列职权：

1. 召集基金份额持有人大会。

2. 提请更换基金管理人、基金托管人、投资顾问机构。

3. 监督基金管理人的投资运作、基金托管人的托管活动。

4. 提请调整基金管理人、基金托管人的报酬标准。

5. 基金合同约定的其他职权。

四十九、经基金管理人或代表基金份额（30%）的持有人提请以下事项，常委委员会应当召开基金份额持有人大会：

1. 延长基金合同期限。

2. 修改基金合同的重要内容或者提前终止基金合同所涉金额达到基金总额的（　　）%。

3. 更换基金管理人、基金托管人。

4. 聘请、更换投资顾问机构。

5. 调整基金管理人、基金托管人的报酬标准。

6. 基金合同约定的其他情形。

五十、常务委员会设常务委员（9）人，其中应至少包括2名持有基金份额低于300万份的基金持有人。

1. 常务委员会设主席1人，副主席1人，常务委员7人。主席主持委员会的日常工作，主席不能主持时由副主席主持。

2. 常务委员会可根据具体情况对外聘请秘书长或秘书，秘书长或秘书协助主席、副主席工作。

3. 委员会召集基金份额持有人大会应在会议召开前15日内通知全体基金份额持有人，并应告知基金持有人大会拟决议的事项。

4. 常委员会的日常办公费用由（基金财产）承担，每年的费用总额都不得超过（基金财产）的（　）%。

五十一、代表基金份额（30%）的基金份额持有人在常委员会不履行职责的情况下可自行召集基金份额持有人大会。

五十二、基金份额持有人大会及其日常机构不直接参与或者干涉基金的投资管理活动。

第七章　私募基金份额的登记

五十三、私募基金应当建立健全份额登记制度，为基金份额持有人办理份额登记，建立基金份额持有人名册。

[注：基金管理人委托（可办理私募基金份额登记业务的其他机构）代为办理私募基金份额登记业务的，应当与有关机构签订委托代理协议。并列明份额登记机构的名称、外包业务登记编码、代为办理私募基金份额登记机构的权限和职责等。]

五十四、基金管理人、份额登记机构或其他份额登记义务人应当按照基金业协会的规定办理基金份额登记数据的备份。

五十五、私募基金管理人应向基金份额持有人出具基金份额持有的书面证明文件。

第八章　私募基金的投资

五十六、投资目标

本基金通过将基金投资者投入的资金加以集合，对资产进行专业化的管理和运用，谋求资产的增值。

五十七、投资范围

本基金目标投资范围为向（目标公司/某领域/某类别企业）进行投资，闲置资金用于购买（　）金融工具进行投资，闲置资金的投资风险应低于目标投资范围，且闲置资金的投资不超过基金总额的（　）%。

闲置资金是指基金完成目标投资后剩余的资金，闲置资金不超过基金总额的（　）%。

五十八、投资策略

原则上本基金利用自有资金投资，经基金份额持有人大会表决通过，可利用不超过（2）倍的杠杆资金进行投资，杠杆资金采用借款的方式进行，杠杆资金的利息不超过同期银行贷款利率，杠杆资金的担保使用拟投资的标的股权进行。

五十九、投资限制

本基金的投资将遵循本合同及法律法规或监管部门对于投资比例限制的规定。

六十、投资政策的变更

经基金份额持有人大会表决通过可对投资政策进行变更，变更投资政策应以书面形式做出。投资政策变更应为调整投资组合留出必要的时间。

六十一、投资禁止行为

本基金财产禁止从事下列行为：

1. 二级市场证券投资。

2. 借款或委托贷款。

3. 从事承担无限责任的投资。

4. 从事内幕交易、操纵证券价格及其他不正当的证券交易活动。

5. 法律法规、中国证监会以及本合同规定禁止从事的其他行为。

六十二、风险收益特征

本基金具有（中等）风险。

六十三、业绩比较基准

投资者可通过基金收益率与基金业绩比较基准收益率的差异来衡量基金业绩。但业绩比较基准并非基金业绩保证或收益预测，敬请投资者关注并谨慎投资。

业绩比较基准表

比较基础	基金名称	基金管理人	投资期间	退出方式	基准1：年均收益率	基准2：整体收益率
基金管理人同类基金投资	A基金					
基金管理人其他类基金						
其他基金管理人同类目标公司投资	B基金					

（注：业绩比较基准条款往往被基金管理机构所忽视，然而这是在目前不得对投资基金业绩进行承诺和预期的最适宜的处理方式，业绩比较可以让投资者对基金未来收益、损失情况有更加客观的了解。）

六十四、私募基金管理人负责指定私募基金投资经理，投资经理基本情况如下：

姓名、性别、年龄、学历、工作简历、教育背景、投资经历（含投资产品的退出、业绩等重要情况）等。

六十五、投资经理变更条件和程序

1. 符合以下条件可变更投资经理：

(1) 投资经理主动提出辞职。

(2) 投资经理的行为侵犯基金的利益或投资者利益。

(3) 投资经理负有到期债务未偿还。

(4) 投资经理负责投资的其他投资产品出现严重亏损。

(5) 投资经理被司法机关追究刑事责任。

(6) 投资经理的投资能力不符合投资要求。

(7) 其他不再适宜担任投资经理的情形发生。

2. 变更投资经理应经基金持有人大会表决通过。

六十六、私募基金采用（结构化安排），投资人对投资利益共享，风险共担，基金管理人不对结构化私募基金的持有人提供保本、保收益安排。

第九章　私募基金的财产

六十七、私募基金财产应独立于私募基金管理人、私募基金托管人的固有财产，并由私募基金托管人保管。私募基金管理人、私募基金托管人不得将私募基金财产归入其固有财产。

六十八、说明私募基金管理人、私募基金托管人因私募基金财产的管理、运用或者其他情形而取得的财产和收益归入私募基金财产。

六十九、说明私募基金管理人、私募基金托管人可以按照合同的约定收取管理费用、托管费用以及基金合同约定的其他费用。私募基金管理人、私募基金托管人以其固有财产承担法律责任，其债权人不得对私募基金财产行使请求冻结、扣押和其他权利。私募基金管理人、私募基金托管人因依法解散、被依法撤销或者被依法宣告破产等原因进行清算的，私募基金财产不属于其清算财产。

七十、私募基金管理人、私募基金托管人不得违反法律法规的规定和基金合同约定擅自将基金资产用于抵押、质押、担保或设定任何形式的优先权或其他第三方权利。

七十一、私募基金财产产生的债权不得与不属于私募基金财产本身的债务相互抵销。非因私募基金财产本身承担的债务，私募基金管理人、私募基金托管人不得主张其债权人对私募基金财产强制执行。上述债权人对私募基金财产主张权利时，私募基金管理人、私募基金托管人应明确告知私募基金财产的独立性。

第十章 私募基金财产相关账户的开立

七十二、私募基金管理人或私募基金托管人按照规定开立私募基金财产的托管资金账户。

七十三、私募基金管理人或私募基金托管人按照规定开立证券账户和期货账户等投资所需账户。证券账户和期货账户的持有人名称应当符合证券、期货登记结算机构的有关规定（若需要）。

七十四、根据本基金合同第七十二条、第七十三条开立的上述基金财产账户与私募基金管理人、私募基金托管人、私募基金募集机构和私募基金份额登记机构自有的财产账户以及其他基金财产账户相独立。

第十一章 交易及清算交收安排

七十五、本基金的投资、申购、赎回由基金管理人负责结算，基金托管人负责资金、账目的复核。

七十六、交易清算授权指令的授权，基金管理人通过向基金托管人发出指令使用基金财产。

1. 本基金合同生效后（　）日内，基金管理人应向基金托管人提供《资金划拨授权书》（以下简称授权书），授权书中应包括被授权人的姓名、身份证号码、电话、传真、预留印鉴和签字样本，规定基金管理人向基金托管人发送指令时基金托管人确认有权发送指令人员身份的方法。

2. 授权书由基金管理人加盖公章并由法定代表人签字后生效，基金托管人在收到授权书当日向基金管理人确认。

3. 授权书须载明授权生效日期和截止日期，授权书自载明的生效日期开始生效，自截止日期达到失效。基金托管人收到授权书的日期晚于载明生效日期的，则自基金托管人收到授权书时生效。

4. 在授权书内基金管理人可解除对被授权人的授权，解除授权自到达基金管理人时立即生效。

5. 基金管理人和基金托管人对授权书负有保密义务，其内容不得向相关人员以外的任

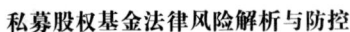

何人泄露。

七十七、指令的内容

指令是在管理基金财产时，基金管理人向基金托管人发出的资金划拨及其他款项支付的指令。基金管理人发给基金托管人的指令应写明款项事由、指令的执行时间、金额、收款账户信息等，加盖预留印鉴并由被授权人签字或签章。

七十八、指令的发送、确认和执行的时间及程序

1. 指令由授权书确定的被授权人代表基金管理人用（传真或发送电子扫描件）方式向基金托管人发送。

2. 基金托管人应指定不少于（3）个联系人，以上联系人中任何一人确认该指令已成功接收之时视为送达。联系人若有变动，托管人必须及时更新。基金托管人依照授权书规定的方法确认指令有效后，方可执行指令。

3. 对于被授权人依照授权书发出的指令，基金管理人不得否认其效力。基金管理人应按照相关法律法规以及本合同的规定，在其合法的经营权限和交易权限内发送划款指令，发送人应按照其授权权限发送划款指令。

4. 基金管理人在发送指令时应为基金托管人留出执行指令所必需的合理时间。由于基金管理人原因造成的指令传输不及时、未能留出足够划款所需时间，致使资金未能及时到账所造成的损失由基金管理人承担。除需考虑资金在途时间外，基金管理人还需为基金托管人留有2小时的复核和审批时间。

5. 基金托管人收到基金管理人发送的指令后，应对传真划款指令进行形式审查，验证指令的书面要素是否齐全、审核印鉴和签名是否和预留印鉴和签名样本相符，复核无误后依据本合同约定在规定期限内及时执行，不得延误。若存在异议或不符，基金托管人立即与基金管理人指定人员进行电话联系和沟通，并要求基金管理人重新发送经修改的指令。基金托管人可以要求基金管理人传真提供相关交易凭证、合同或其他有效会计资料，以确保基金托管人有足够的资料来判断指令的有效性。

6. 基金管理人向基金托管人下达指令时，应确保托管资金账户及其他账户有足够的资金余额，对基金管理人在没有充足资金的情况下向基金托管人发出的指令，基金托管人有权拒绝执行，并立即通知基金管理人，基金托管人不承担因不执行该指令而造成的损失。

七十九、基金托管人依照法律法规暂缓、拒绝执行指令的情形和处理程序基金托管人发现基金管理人发送的指令违反《基金法》、本合同或其他有关法律法规的规定时，不予执行，并应及时以书面形式通知基金管理人纠正，基金管理人收到通知后应及时核对，并以

书面形式对基金托管人发出回函确认，由此造成的损失由基金管理人承担，所发生的收益归本基金财产所有。

八十、基金管理人发送错误指令的情形和处理程序

基金管理人发送错误指令的情形包括指令发送人员无权或超越权限发送指令、指令中重要信息模糊不清或不全等。基金托管人在履行监督职能时，发现基金管理人的指令错误时应拒绝执行，并及时通知基金管理人改正。

八十一、更换被授权人的程序

基金管理人撤换被授权人员或改变被授权人员的权限，必须提前至少一个工作日，使用传真方式或其他基金管理人和基金托管人认可的书面方式向基金托管人发出由基金管理人加盖公章并由法定代表人签署的《被授权人变更授权书》，并提供新的被授权人签字、印鉴样本。《被授权人变更授权书》须载明新授权的生效日期，自载明的生效时间开始生效。

基金托管人收到《被授权人变更授权书》的日期晚于载明的生效日期的，则自基金托管人收到时生效。

八十二、指令的保管

指令若以传真、电子文档形式发出，则正本由基金管理人保管，基金托管人保管指令传真件、电子文档。当两者不一致时，以基金托管人收到的投资指令传真件为准。

八十三、基金托管人正确执行基金管理人符合本合同约定、合法合规的划款指令，基金财产发生损失的，基金托管人不承担任何形式的责任。在正常业务受理渠道和指令规定的时间内，因基金托管人过错未能及时或正确执行符合本合同约定、合法合规的划款指令而导致基金财产受损的，基金托管人应承担相应的责任，但托管资金账户及其他账户余额不足或基金托管人如遇到不可抗力的情况除外。

八十四、基金托管人发现基金管理人的投资运作违反法律、行政法规和其他有关规定，或者违反本合同时，应当及时通知基金投资者并通知基金管理人限期纠正，基金管理人收到通知后应及时核对，并以书面形式向基金托管人进行解释或举证。在限期内，基金托管人有权随时对通知事项进行复查，督促基金管理人改正。基金管理人对基金托管人通知的违规事项未能在限期内纠正的，基金托管人应通知基金投资者和基金业协会。

八十五、基金托管人对基金财产的投资监督和检查自本合同生效之日起开始。

第十二章　私募基金财产的估值和会计核算

八十六、估值目的

基金财产估值目的是客观、准确地反映基金财产的价值。

八十七、估值时间

基金管理人将在每个会计期末对基金财产进行估值。

八十八、估值方法

估值应符合本合同、《企业会计准则》及其他法律、法规及监管机构的规定，如法律、法规及监管机构未做明确规定的，参照行业内通行做法处理。

八十九、估值对象

基金所拥有的全部资产和负债。

九十、估值程序

由基金管理人独立完成基金的估值并对外公告单位基金资产净值，基金管理人承担全部估值差错的责任。

基金管理人完成估值后，交由基金托管人复核，基金管理人按照法律法规的要求公示公告基金资产净值，双方各自承担相应责任。

由基金管理人委托托管人或专业机构进行估值，托管人或专业机构将估值结果通知管理人，由管理人对外公告单位基金资产净值。托管人或专业机构承担全部估值差错的责任。

九十一、估值错误的处理

基金管理人和基金托管人将采取必要、适当、合理的措施确保基金资产估值的准确性、及时性。当基金份额净值小数点后4位以内（含第4位）发生计算错误时，视为估值错误。

1. 估值错误类型

估值错误的主要类型包括但不限于：资料申报差错、数据传输差错、数据计算差错、系统故障差错、下达指令差错等。

自然灾害、突发事件及因技术原因引起的差错，若系同行业现有技术水平不能预见、不能避免、不能克服，则属不可抗力。由于不可抗力造成基金份额持有人的交易资料灭失或被错误处理或造成其他差错，因不可抗力原因出现差错的当事人不对其他当事人承担赔偿责任，但因该差错取得不当得利的当事人仍应负有返还不当得利的义务。

2. 估值错误处理原则

本基金运作过程中，如果由于基金管理人、基金托管人、证券交易所、注册登记机构、销售机构或基金投资者自身的过错造成估值错误，导致其他当事人遭受损失的，按如下估值错误处理原则处理。

（1）如基金管理人或基金托管人发现基金资产估值违反本合同订明的估值方法、程序及相关法律法规的规定，导致基金份额净值小数点后4位以内（含第4位）发生计算错误时，应立即通知对方，共同查明原因，协商解决。

（2）估值错误的责任方应当对由于该估值错误遭受损失的直接当事人的直接损失承担赔偿责任：估值错误的责任方对有关当事人的直接损失负责，不对间接损失负责，并且仅对估值错误的直接当事人负责，不对第三方负责。

（3）因估值错误而获得不当得利的当事人负有及时返还不当得利的义务。

（4）估值错误调整采用尽量恢复至假设不发生估值错误的正确情形的方式。

（5）基金管理人和基金托管人由于各自技术系统设置而产生的净值计算尾差，以基金管理人计算结果为准。

（6）基金管理人按本合同约定的估值办法进行估值时，所造成的误差不作为基金资产估值错误处理。

（7）按法律法规规定的其他原则处理估值错误。

3. 估值错误处理程序

估值错误被发现后，有关的当事人应当及时进行处理，处理的程序如下：

（1）基金份额净值计算出现错误时，基金管理人应当立即予以纠正，通报基金托管人，并采取合理的措施防止损失进一步扩大。

（2）当基金份额净值小数点后4位以内（含第4位）发生计算错误时，查明估值错误发生的原因，根据当事人协商的方法对因估值错误造成的损失进行评估。

（3）根据估值错误处理原则或当事人协商的方法，对估值错误进行处理。

（4）前述内容如法律法规或监管机关另有规定的，从其规定处理。

九十二、暂停估值的情形

发生以下情形，暂停对基金的估值：

1. 法定节假日或因其他原因暂停营业时。

2. 因不可抗力或其他情形致使基金管理人、基金托管人无法准确评估基金财产价值时。

3. 占基金总额（　）比例的投资品种的估值出现重大转变，而基金管理人为保障基金投资者的利益，决定延迟估值的情形。

4. 中国证监会或基金业协会认定的其他情形。

九十三、基金份额净值的确认

基金份额净值，指以计算日基金资产净值除以计算日基金份额余额所得的基金份额的价值。

基金资产净值是指计算日基金资产总值减去计算日负债后的净额。

九十四、特殊情况的处理

九十五、私募基金的会计政策

1. 基金管理人为本基金的基金会计责任方。

2. 基金的会计年度为公历年度的 1 月 1 日至 12 月 31 日；基金首次募集的会计年度按如下原则：如果本合同生效少于 2 个月，可以并入下一个会计年度。

3. 基金核算以人民币为记账本位币，以人民币元为记账单位。

4. 会计制度执行国家有关会计制度。

5. 本基金独立建账、独立核算。

6. 基金管理人及基金托管人各自保留完整的会计账目、凭证并进行日常的会计审核，按照有关规定编制基金会计报表。

第十三章　私募基金的费用与税收

九十六、基金费用的种类包括：

1. 支付基金管理人管理费。

2. 支付基金托管人托管费。

3. 基金的证券交易费用及开户费用。

4. 基金备案后与之相关的会计师费、律师费等中介服务机构费用。

5. 银行账户的账户开户费、网银开户费、资金结算汇划费、账户维护费等。

6. 按照国家有关规定和本合同约定，可以在基金资产中列支的其他费用。

九十七、管理费

1. 基金的年管理费率为（1.5）%。计算方法如下：

$$G = E \times (1.5)\% \div N$$

式中：G 代表每日应计提的基金管理费；

E 代表前一日的基金实收资本；

N 代表当年天数。

2. 本基金的托管费自基金成立日起，（每月）计提，每月最后一个工作日由基金管理人向基金托管人发送划款指令，基金托管人复核无误后，从托管资金账户中一次性支付给基金管理人。

3. 管理费收款账户：（　）

户　名：（　）

账　户：（　）

开户行：（　）

九十八、基金管理人的业绩报酬

1. 当本基金年化收益率达到（收益率）时，基金管理人收取业绩报酬；年化收益率超过（　）的部分至（10%）的部分，基金管理人业绩报酬按照超过部分（　）计提；年化收益率超过（　）的部分至（20%）的部分，基金管理人业绩报酬按照超过部分（　）计提；年化收益率超过（　）的部分，基金管理人业绩报酬按照超过部分（30%）计提。

2. 基金管理人的业绩报酬自基金（清算时）支付。由基金管理人向基金托管人发送划款指令，基金托管人复核无误后，从托管资金账户中一次性支付给基金管理人。

九十九、基金托管费

1. 基金的年托管费率为（0.10）%。计算方法如下：

$$T = E \times (0.10)\% \div N$$

式中：T 代表每日应计提的托管费；

E 代表前一日的基金实收资本；

N 代表当年天数。

2. 本基金的托管费自基金成立日起，（每月）计提，每月最后一个工作日由基金管理人向基金托管人发送划款指令，基金托管人复核无误后，从托管资金账户中一次性支付给基金托管人。

3. 托管费收款账户：（　）

户　名：（　）

账　户：（　）

开户行：（　）

一零零、为基金募集、运营、审计、法律顾问、投资顾问等提供服务的基金服务机构从基金中列支相应服务费。

一零一、其他费用的计提原则和计算方法（若有）。

一零二、不列入基金业务费用的项目

1. 基金管理人和基金托管人因未履行或未完全履行义务导致的费用支出或基金财产的损失。

2. 基金管理人和基金托管人处理与基金运作无关的事项发生的费用。

3. 其他根据相关法律法规及中国证监会的有关规定不得列入基金费用的项目。

一零三、费用调整

基金管理人、基金托管人与基金份额持有人（协商一致），可根据市场发展情况调整管理费率、托管费率。

一零四、基金的税收

本基金运作过程中涉及的各纳税主体，其纳税义务按国家税收法律、法规执行。基金份额持有人必须自行缴纳的税收，基金管理人（不承担）代扣代缴或纳税的义务。

第十四章 私募基金的收益分配

一零五、特别说明

1. 本基金为封闭式股权投资基金，本基金系向特定目标公司股权投资为目的，在基金所持有的公司股权出让前基金净值的增加并不表示可以向基金份额持有人（投资者）分配收益。

2. 本章关于"投资收益""投资退出""分配收益""向投资者分配"及相类似的表述，并不意味着基金管理人保证各类基金投资者取得相应数额的投资收益，亦不意味着基金管理人保证基金财产不受损失。基金管理人以实际可分配资产为限安排本基金进行分配。基金投资者依照法律法规的规定和本合同约定享有收益，承担损失。

一零六、基金实现退出时向投资者分配。分配包括退还投资者本金和向投资者分配收益。分配收益以基金可分配收益为限。但是在基金退出前基金所投资的目标公司股权产生分红收益，自股权分红到达基金管理人或托管人时30日内予以分配，股权分红计入基金的平均年化收益率，并在基金退出时一并计算。

可分配收益是指基金的收入减去全部应由基金财产承担的税赋和费用之后，可向基金份额持有人分配的收益。

一零七、收益分配应当由基金管理人依照法律法规、本合同约定制定分配方案，并交基金托管人予以复核后从托管资金账户中一次性支付给基金份额持有人（投资者）。

第十五章 信息披露与报告

一零八、信息披露义务人

本基金的基金管理人、基金托管人是本基金的信息披露义务人。信息披露义务人应当按照基金业协会的规定以及本基金合同的约定向投资者进行信息披露。

信息披露义务人应当保证所披露信息的真实性、准确性和完整性。

一零九、信息披露的方式

私募基金管理人应当按照规定通过基金业协会指定的私募基金信息披露备份平台报送信息。投资者可以登录基金业协会指定的私募基金信息披露备份平台进行信息查询。

一一零、信息披露的内容

信息披露义务人应当向投资者披露的信息包括：

1. 基金合同。

2. 招募说明书等宣传推介文件。

3. 基金销售协议中的主要权利义务条款（如有）。

4. 基金的投资情况。

5. 基金的资产负债情况。

6. 基金的投资收益分配情况。

7. 基金承担的费用和业绩报酬安排。

8. 可能存在的利益冲突。

9. 涉及私募基金管理业务、基金财产、基金托管业务的重大诉讼、仲裁。

10. 中国证监会以及基金业协会规定的影响投资者合法权益的其他重大信息。

一一一、私募基金托管人的信息披露义务

私募基金托管人应当按照相关法律法规、中国证监会以及基金业协会的规定和基金合同的约定，对私募基金管理人编制的基金资产净值、基金份额净值、基金份额申购赎回价格、基金定期报告和定期更新的招募说明书等向投资者披露的基金相关信息进行复核确认。

一一二、定期信息披露

1. 私募基金运行期间，信息披露义务人应当在每季度结束之日起10个工作日以内向投资者披露基金净值、主要财务指标以及投资组合情况等信息。

2. 私募基金管理人应每月向投资者报告经私募基金托管人复核的基金份额净值。

3. 私募基金运行期间，信息披露义务人应当在每年结束之日起4个月以内向投资者披露以下信息：

（1）报告期末基金净值和基金份额总额。

（2）基金的财务情况。

（3）基金投资运作情况和运用杠杆情况。

（4）投资者账户信息，包括实缴出资额、未缴出资额以及报告期末所持有基金份额总额等。

（5）投资收益分配和损失承担情况。

（6）基金管理人取得的管理费和业绩报酬，包括计提基准、计提方式和支付方式。

（7）基金合同约定的其他信息。

一一三、临时重大事项信息披露

发生以下重大事项的，信息披露义务人应当在该事项发生后（15日内）向投资者披露：

1. 基金名称、注册地址、组织形式发生变更的。

2. 投资范围和投资策略发生重大变化的。

3. 变更基金管理人或托管人的。

4. 管理人的法定代表人、执行事务合伙人（委派代表）、实际控制人发生变更的。

5. 触及基金止损线或预警线的。

6. 管理费率、托管费率发生变化的。

7. 基金收益分配事项发生变更的。

8. 基金触发巨额赎回的。

9. 基金存续期变更或展期的。

10. 基金发生清盘或清算的。

11. 发生重大关联交易事项的。

12. 基金管理人、实际控制人、高管人员涉嫌重大违法违规行为或正在接受监管部门或自律管理部门调查的。

13. 涉及私募基金管理业务、基金财产、基金托管业务的重大诉讼、仲裁。

14. 基金合同约定的影响投资者利益的其他重大事项。

一一四、经全体份额持有人同意信息披露义务人应当按照基金业协会的规定对基金信息披露信息进行备份。

第十六章 风险揭示

一一五、私募基金可能面临的风险，包括但不限于：

（一）私募基金的特殊风险，包括：

1. 基金合同与基金业协会合同指引不一致所涉风险。

2. 基金未托管所涉风险。

3. 基金委托募集所涉风险。

4. 外包事项所涉风险。

5. 聘请投资顾问所涉风险。

6. 未在基金业协会登记备案的风险。

（二）私募基金的一般风险，包括：

1. 法律和政策风险

（1）国家法律法规的变化，货币政策、财政政策、产业政策的调整，都可能影响目标公司的经营业绩，从而影响基金财产安全及收益。

（2）经济运行具有周期性的特点，宏观经济运行状况和金融市场利率的波动等，均可能影响项目公司的资金成本和经营业绩，从而增加基金投资的风险。

2. 管理风险

在基金财产管理运作过程中，基金管理人的研究水平、投资管理水平直接影响基金财产的收益水平，如果基金管理人对经济形势和投资范围判断不准确、获取的信息不全、投资操作出现失误，都会影响基金财产的收益水平。

3. 利率风险

在本基金存续期间，国家可能调整存贷款利率。利率的变化直接影响项目资金成本，对项目公司的经营造成一定影响，从而影响本基金的投资收益。

4. 经营风险

目标公司可能因经营管理不善、利润减少、资产价值降低等原因无法保证充足的营业收入和现金流，从而影响本基金的投资利益。

5. 流动性风险

流动性风险可视为一种综合性风险，它是其他风险在较紧急财产管理和公司整体经营方面的综合体现。

在某些情况下某些投资品种的流动性不佳，由此可能影响到基金财产投资收益的实现。本基金不接受任何形式的赎回（包括违约赎回），对于投资者来说，具有一定的流动性风险。

6. 操作或技术风险

在本基金的各种交易行为或者后台运作中，可能因为技术系统的故障或者差错而影响交易的正常进行或者导致基金投资者的利益受到影响。例如，越权违规交易、会计部门欺诈、交易错误、IT系统故障等风险。这种技术风险可能来自基金管理公司、托管机构。

7. 基金本身面临的风险

（1）法律及违约风险。

在本基金的运作过程中，因基金管理人、基金托管人等合作方违反国家法律规定或者相关合同约定而可能对基金财产带来风险。

（2）购买力风险。

本基金的目的是基金财产的增值，如果发生通货膨胀，则投资所获得的收益可能会被通货膨胀抵消，从而影响到基金财产的增值。

（3）基金管理人不能承诺基金保本及收益的风险。

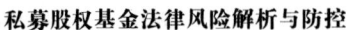

基金利益受多项因素影响，包括市场价格波动、投资操作水平、国家政策变化等，基金既有盈利的可能，亦存在亏损的可能。根据相关法律法规规定，基金管理人不对基金的投资者做出保证本金及其收益的承诺。

（4）基金终止的风险。

如果发生本合同所规定的基金终止的情形，管理人将卖出基金财产所投资之全部品种，并终止基金，由此可能导致基金财产遭受损失。

8. 相关机构的经营风险

（1）基金管理人经营风险。

按照我国私募投资基金监管法律规定，虽然基金管理人相信其本身将按照相关法律法规规定进行营运及管理，但无法保证其本身可以永久维持符合监管法律和监管部门的要求。如在基金存续期间基金管理人无法继续经营基金业务，则可能会对基金产生不利影响。

（2）基金托管人经营风险。

按照我国金融监管法律规定，基金托管人须获得中国证监会核准的证券投资基金托管资格方可从事托管业务。虽基金托管人相信其本身将按照相关法律的规定进行营运及管理，但无法保证其本身可以永久维持符合监管部门的金融监管法律。如在基金存续期间基金托管人无法继续从事托管业务，则可能会对基金产生不利影响。

9. 其他风险

战争、自然灾害等不可抗力因素的出现，将会严重影响金融市场的运行，可能导致资产的损失。金融市场危机、行业竞争、代理机构违约等超出基金管理人自身直接控制之外的风险，可能导致基金份额持有人利益受损。

第十七章 基金合同的效力、变更、解除与终止

一一六、基金合同的生效

本基金合同（自签署之日起）生效，合同另有约定的除外。基金合同自生效之日起对私募基金管理人、私募基金托管人、投资者具有同等的法律约束力。

一一七、基金合同的有效期限

基金合同的有效期限可为不定期或合同当事人约定的其他期限。

一一八、基金合同变更的条件、程序

1. 发生如下情形，经基金份额持有人大会决议通过对基金合同重要内容予以变更。

（1）基金名称、注册地址、组织形式发生变更的。

（2）投资范围和投资策略发生重大变化的。

(3) 变更基金管理人或托管人的。

(4) 管理人的法定代表人、执行事务合伙人（委派代表）、实际控制人发生变更的。

(5) 管理费率、托管费率发生变化的。

(6) 基金收益分配事项发生变更的。

(7) 基金存续期变更或展期的。

(8) 基金合同约定的影响投资者利益的其他重大事项。

2. 对基金合同进行重大的变更、补充，基金管理人应当在变更或补充发生之日起（　）工作日内向基金业协会报告。

3. 法律法规或中国证监会的相关规定发生变化需要对本合同进行变更的，基金管理人可与基金托管人协商后修改基金合同，并由基金管理人按照本合同的约定向基金份额持有人披露变更的具体内容。

一一九、基金合同的解除

发生以下情形基金合同解除：

1. 基金份额持有人大会决定解除的。

2. 投资者根据《私募投资基金募集行为管理办法》的规定行使单方解除权的。

3. 发生法律法规规定的其他解除情形。

一二零、基金合同的终止

订明基金合同终止的情形，包括但不限于下列事项：

1. 基金合同期限届满而未延期。

2. 基金合同期限届满前基金份额持有人大会决定终止基金合同。

3. 基金管理人、基金托管人职责终止，在六个月内没有新基金管理人、新基金托管人承接。

第十八章　私募基金的清算

一二一、清算小组

1. 自基金合同终止或实现（基金目标）之日起 30 个工作日内成立清算小组。

2. 清算小组成员由基金管理人、基金托管人、（常委委员会代表）等相关人员组成。清算小组可以聘用必要的工作人员。

3. 清算小组负责基金清算资产的保管、清理、估价、变现和分配。清算小组可以依法以基金的名义进行必要的民事活动。

一二二、清算程序

1. 基金合同终止后，由清算小组统一接管基金财产。

2. 对基金财产和债权债务进行清理和确认。

3. 对基金财产进行估值和变现。

4. 制作清算报告。

5. 对基金财产进行分配。

一二三、清算费用

清算费用是指清算小组在进行基金财产清算过程中发生的所有合理费用，清算费用由清算小组优先从基金资产中支付。

一二四、基金财产清算过程中剩余资产的分配

依据基金财产清算的分配方案，将基金财产清算后的全部剩余资产扣除基金财产清算费用后，分配给基金份额持有人。

一二五、清算完毕后基金管理人或清算小组对基金财产相关账户的注销。

一二六、账册保管

私募基金财产清算账册及文件由私募基金管理人保存10年以上。基金管理人不能履行保管义务的由基金托管人保管，基金托管人不能履行保管义务的由基金份额持有人大会常委委员会主席保管。保管费用从基金财产中预支。

一二七、清算未尽事宜

本合同中关于基金清算的未尽事宜以（基金份额持有人大会或常务委员会的决议）为准。

第十九章　违约责任

一二八、当事人违反本合同，应当承担违约责任，给合同其他当事人造成损失的，应当承担赔偿责任；如属本合同当事人双方或多方当事人的违约，根据实际情况由违约方分别承担各自应负的违约责任；因共同行为或无法划分违约责任分担的，违约方应当承担连带赔偿责任。

但是发生下列情况，当事人应当免责：

1. 基金管理人和/或基金托管人按照中国证监会的规定或当时有效的法律法规的作为或不作为而造成的损失等。

2. 在没有故意或重大过失的情况下，基金管理人由于按照本合同规定的投资原则而行使或不行使其投资权而造成的损失等。

3. 因不可抗力导致。

一二九、在发生一方或多方违约的情况下，在最大限度地保护基金份额持有人利益的前提下，本合同具备继续履行的条件应当继续履行。

一三零、非违约方当事人对于违约方的违约有义务及时采取必要的合理补救措施，防止损失的扩大。没有采取适当措施致使损失进一步扩大的，不得就扩大的损失主张赔偿。非违约方因防止损失扩大而支出的合理费用由违约方承担。

第二十章 争议的处理

一三一、有关本合同的签署和履行而产生的任何争议及对本合同项下条款的解释，均适用中华人民共和国法律法规（为本合同之目的，在此不包括香港、澳门特别行政区及台湾地区法律法规）。

一三二、各方当事人同意，因本合同而产生的或与本合同有关的一切争议，合同当事人应尽量通过协商、调解途径解决。经友好协商未能解决的，应提交（北京仲裁委员会）仲裁，按提交申请当时有效的仲裁规则予以仲裁解决，仲裁裁决是终局的，对各方当事人均有约束力。

一三三、争议处理期间，合同当事人应恪守各自的职责，继续忠实、勤勉、尽责地履行基金合同规定的义务，维护基金份额持有人的合法权益。

第二十一章 其他事项

一三四、本合同如有未尽事宜，由合同当事人各方按有关法律法规和规定协商解决。

一三五、本合同一式三份，基金管理人、基金投资者、基金托管人各执一份，每份具有同等的法律效力。

私募基金管理人：

代表人：

私募基金托管人：

代表人：

私募基金投资者：

代表人：

签署日期：

二、公司型基金合同——公司章程

×× 投资有限/股份公司
章　程

基金管理人声明与承诺：

我方作为私募基金管理人，保证在募集资金前已在中国基金业协会登记为私募基金管理人，并列明管理人登记编码。

现我方作为私募基金管理人向投资者声明，中国基金业协会为私募基金管理人和私募基金办理登记备案不构成对私募基金管理人投资能力、持续合规情况的认可；不作为对基金财产安全的保证。

我方作为私募基金管理人保证，已在签订本合同前揭示了相关风险；已经了解私募基金投资者的风险偏好、风险认知能力和承受能力。

我方作为私募基金管理人承诺，按照恪尽职守、诚实守信、谨慎勤勉的原则管理运用基金财产，不对基金活动的营利性和最低收益做出承诺。

我方作为私募基金托管人承诺，按照恪尽职守、诚实守信、谨慎勤勉的原则安全保管基金财产，并履行合同约定的其他义务。

投资者声明与承诺：

我方作为私募基金投资者，符合《私募投资基金募集行为管理办法》规定的合格投资者标准，保证财产的来源及用途符合国家有关规定，并已充分理解本合同条款，了解相关权利义务，了解有关法律法规及所投资基金的风险收益特征，愿意承担相应的投资风险。

我方作为私募基金投资者，承诺向私募基金管理人提供的有关投资目的、投资偏好、投资限制、财产收入情况和风险承受能力等基本情况真实、完整、准确、合法，不存在任何重大遗漏或误导。

若前述信息资料发生任何实质性变更，我方将及时告知私募基金管理人或募集机构。

我方知晓，私募基金管理人、私募基金托管人及相关机构不应对基金财产的收益状况做出任何承诺或担保。

第一章　总　则

第一条　本章程依照《中华人民共和国公司法》《中华人民共和国证券投资基金法》《私募投资基金监督管理暂行办法》等相关法律法规规定，参照《私募投资基金合同指引2号（公司章程必备条款指引）》制定。

第二条 公司章程对公司、股东、董事、监事、高级管理人员具有约束力。

第二章 基本情况

第三条 公司的名称为：北京市××投资有限/股份公司

公司住所：（ ）

注册资本：（ ）

存续期限：（ ），上述期限自公司营业执照签发之日起计算。

【著作者注：实践当中基金投资周期为7年，基金的经营周期应当考虑到这一期限的特殊性并在存续期限的制定上予以涵盖。当然也有很多基金是连续性投资，这样就可以将这个周期制定的更长一些】

第四条 经营范围

投资管理及咨询服务。

【著作者注：经营应含有"基金管理""投资管理""资产管理""股权投资""创业投资"等能体现私募投资基金性质的字样】

第三章 出 资

第五条 公司由股东××、××、××、××……共同出资设立，公司由××担任法定代表人，上述信息由股东会依照本章程作出决议后变更。

第六条 公司注册资本实行认缴制，公司认缴注册资本××××万元，股东按期足额缴纳本章程中规定的各自所认缴的出资额。公司成立后，向股东签发出资证明书。出资证明书载明公司名称、公司成立时间、公司注册资本、股东姓名或者名称、认缴出资额和出资日期、出资证明书编号及核发日期并由公司盖章。

出资证明书遗失的，应立即向公司申报注销，经公司法定代表人审核后予以补发。

第七条 公司应设置股东名册，记载股东的姓名、住所、出资额及出资证明书编号等内容。

第八条 股东的出资方式、数额、比例和缴付期限。

股东名称	出资方式	出资数额	股权比例	缴付期限

第四章　股东的权利义务

第九条　股东的权利义务

第十条　公司股东以其认缴的出资额为限承担有限责任。

第十一条　股东应当按期足额缴纳各自所认缴的出资额，股东不按照规定缴纳出资的，除应当向公司足额缴纳外，还应当向已按期足额缴纳出资的股东承担违约责任。

股东未按期足额缴纳出资的违约责任方式为（　　）。

【著作者注：作为范本此处为提示性内容，使用者根据自身条件自行决定】

第十二条　公司股东应当遵守法律、行政法规和公司章程，依法行使股东权利。

第十三条　股东滥用股东权利给公司或者其他股东造成损失的，应当依法承担赔偿责任。股东滥用公司法人独立地位和股东有限责任，逃避债务，严重损害公司债权人利益的，应当对公司债务承担连带责任。

第十四条　股东依法享有资产收益、参与重大决策和选择管理者等权利。

第十五条　股东依法享有知情权，股东有权通过参加股东会、查阅公司账目等方式行使知情权。

第十六条　公司的控股股东、实际控制人、董事、监事、高级管理人员不得利用其关联关系损害公司利益。违反本规定给公司造成损失的，应当承担赔偿责任。

第五章　入股、退股及转让

第十七条　入股

公司新增股东应当符合法律法规对私募股权投资基金合格投资者条件要求。经公司董事会三分之二以上表决同意公司可吸纳新股东入股。

第十八条　退股

退股的条件

退股的程序

【著作者注：作为范本此部分为提示性内容，使用者根据需要自行填写】

第十九条　股权转让

公司发起人股东、董事、总经理及高级管理人员在公司存续期间不得转让公司股权。但经其他无利害关系股东三分之二表决通过同意公司发起人股东、董事、总经理及高级管理人员进行股权转让的除外。

【著作者注：在这一点上存在法理性冲突，股东转让股权是股东的基本权利，按照公司

第四章 基金合同条款法律风险解析

法的原理可以限制但是不可以剥夺,但是公司型股权基金的投资者在进行投资而成为股东的时候更多的是对公司发起人、董事、总经理及其他高级管理人员的信任而做出的投资决策,若在公司成立以后公司主要核心股东和核心管理人员出让公司股权将会导致投资者投资决策的主要依据丧失,直接导致投资者的投资风险。所以基于《公司法》允许公司章程对公司股东股权转让做出适应性的规定,笔者认为做出对关键股东股权转让的禁止更符合私募股权投资基金对投资者保护的核心原理,是合法的也是有必要的,而核心股东对股权转让权的放弃则成为对其他普通投资者的承诺,保证投资的正常。为了防止法律的冲突导致章程规定被认定无效的风险以及考虑到公司发起人股东、董事、总经理及高级管理人员可能出现的实际出让股权的需求,笔者认为设定一个严格的转让条件是必需的,如由无利害股东三分之二同意可转让股权,当然公司可根据自身情况的特点另行设定此规则】

公司股东可以向其他股东或股东以外的人转让股权。

【著作者注:就此条款的设置时可以考虑对其他股东转让股权的行为做出一定的限制,例如出资后1年或3年内不得转让以保持公司股东的稳定性,但笔者接下来又认为作为公司的非关键股东出让股权并不能造成公司管理的问题也不能造成公司资本减少的问题,所以便没有做出这样的限制性规定。但是基于公司自己的特点公司可以考虑做出这样的规定以保证公司股东的稳定性】

股东向股东以外的人转让股权,应当经其他股东过半数同意。股东应就其股权转让事项书面通知其他股东征求同意,其他股东自接到书面通知之日起满三十日未答复的,视为同意转让。其他股东半数以上不同意转让的,不同意的股东应当购买该转让的股权;不购买的,视为同意转让。

经股东同意转让的股权,在同等条件下,其他股东有优先购买权。两个以上股东主张行使优先购买权的,协商确定各自的购买比例;协商不成的,按照转让时各自的出资比例行使优先购买权。

股东向股东以外的其他人转让股权,股权的受让方应当符合法律法规和基金业协会对合格投资者条件的要求。公司董事会对受让方主体条件进行审查并决议通过,受让方应当履行合格投资者确认程序。

【著作者注:在普通公司中对非公司股东受让方的条件并没有特别的要求,只要转让方和受让方达成合意就可以完成股权转让,但公司型基金中则不可以,需要受让方满足合格投资者的条件并履行合格投资者确认程序。董事会对非公司股东的审查应当按照法律法规的规定和基金业协会对投资者的要求、程序进行】

第二十条　股权继承

自然人股东死亡后，其合法继承人可以继承股东资格。

【著作者注：允许继承人继承股东的资格是对股东权益的保护，但是因公司除了资合性质以外还具有人合的性质，增加陌生股东或对公司经营不了解的股东会减损公司的稳定性对其他股东的利益造成侵害，所以公司法也允许公司章程对股东资格的继承做出相反的规定或者特殊的规定，如自然人股东死亡后其合法继承人在股东会三分之二表决通过后可以继承，或者自然人死亡后其在公司服务满5年合法继承人可以继承股东资格。当然即便不允许继承人继承股东资格但并非否定继承人的财产继承权，继承可以通过出让公司股权取得继承财产】

第六章　增资减资

第二十一条　增资

公司净资产高于注册资金资产20%的，公司可以进行公积金转增股本。

公司以公积金转增股本，应经股东会三分之二表决通过，公司股东按照原出资比例对增资股份享有权利。

公司非公积金转增股本而增加注册资本的，应经股东会三分之二表决通过，公司股东按照原出资比例对增资股份享有优先购买权。

【著作者注：公司增资有多种方式，第一是公司现有股东对公司进行增资；第二是公司吸纳新股东，由新股东向公司增资；第三是公司以公积金转增股本方式对公司增资。在第一、第二种情况中增资都可能导致公司原有股东股份被稀释，所以需要股东会三分之二表决通过方可进行，同时公司股东按照原出资比例对增资部分享有优先购买权以维持股权比例，公司吸纳新股东增资是公司的战略规划事宜需要经三分之二股东同意，同时这种同意也是对其优先购买权的放弃。公司以公积金转增股本的方式增资，实质上不改变股权权益，仅仅是将资产转化为股本的一种形式改变，但维护股东的股权比例】

第二十二条　减资

公司净资产低于注册资金资产20%的，公司可以减资。

公司减资应当由董事会编制公司减资方案报董事会审议，经公司股东会三分之二表决通过决议，公司可以进行减资。

公司减资必须编制资产负债表及财产清单。

公司应当自做出减少注册资本决议之日起十日内通知债权人，并于三十日内在报纸上公告。债权人自接到通知书之日起三十日内，未接到通知书的自公告之日起四十五日内，有权要求公司清偿债务或者提供相应的担保。

【著作者注：要求清偿债务的债权人既包括债权已届清偿期的债权人，也包括债权尚未到期的债权人，未到期债权人有权要求清偿债务或担保的权利依据是：公司资本具有公信力，

债权人是基于原有资本的信用与债务人进行交易的，如果公司有权对该类债务不予清偿，则公司可轻松地利用减资来逃避债务，这违背了债权保护的基本原则】

第七章 股东会

第二十三条 公司设股东会，由全体股东组成，股东会是公司的最高权力决策机构。股东依其持有的股份数额在股东大会上行使表决权。

第二十四条 股东会行使下列职权：

（1）决定公司的经营方针和投资计划；

（2）选举和更换由非职工代表担任的董事、监事，决定有关董事、监事的报酬事项；

（3）审议批准董事会的报告；

（4）审议批准监事会或者监事的报告；

（5）审议批准公司的年度财务预算方案、决算方案；

（6）审议批准公司的利润分配方案和弥补亏损方案；

（7）对公司增加或者减少注册资本作出决议；

（8）对发行公司债券作出决议；

（9）对公司合并、分立、解散、清算或者变更公司形式作出决议；

（10）修改公司章程；

（11）公司章程规定的其他职权。

对前款所列事项股东以书面形式一致表示同意的，可以不召开股东会会议，直接做出决定，并由全体股东在决定文件上签名、盖章。

第二十五条 首次股东会会议由出资最多的股东召集和主持，依照本法规定行使职权。

第二十六条 股东会会议分为定期会议和临时会议。

公司每年召开一次股东会定期会议。召开时间分别为：（　　）。

【著作者注：《公司法》要求公司必须对定期股东会会议进行规定，定期股东会会议的召开时间、每年度召开的次数由公司章程自行规定】

代表十分之一以上表决权的股东，三分之一以上的董事，监事会提议召开临时会议的，应当召开临时会议。

第二十七条 股东会会议由董事会召集，董事长主持；董事长不能履行职务或者不履行职务的，由副董事长主持；副董事长不能履行职务或者不履行职务的，由半数以上董事共同推举一名董事主持。

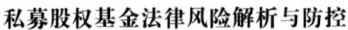

董事会不能履行或者不履行召集股东会会议职责的，由监事会召集和主持；监事会不召集和主持的，代表十分之一以上表决权的股东可以自行召集和主持。

第二十八条 召开股东会会议，应当于会议召开十五日前通知全体股东。

【著作者注：《公司法》允许就股东会的召集时间由公司章程做出不一致的规定，但不可低于十五日的限制，公司章程与公司法规定不一致的以公司章程为准】

第二十九条 股东会应当对所议事项的决定做成会议记录，出席会议的股东应当在会议记录上签名。

【著作者注：股东对股东会所议事项持有不同意见时可在股东会记录中列明】

股东会会议由股东按照出资比例行使表决权。

【著作者注：《公司法》允许公司章程对股东会与表决权的分配做出与公司法不一致的规定，即公司股东可以在章程中规定按照与出资比例不同的方式行使表决权，例如甲股东按照出资比例的双倍行使表决权，乙股东按照出资比例的50%行使表决权】

第三十条 股东会会议做出修改公司章程、增加或者减少注册资本的决议，以及公司合并、分立、解散或者变更公司形式等特别事项的决议，必须经代表三分之二以上表决权的股东通过。

【著作者注：《公司法》对法定公司重大事项的决议事项做出了三分之二多数表决通过的硬性规定，公司可以在这个基础上结合公司自身特点增加"重大事项"的范围，例如公司的投资、担保等要求公司股东会三分之二多数表决通过】

第三十一条 股东会会议做出一般事项的决议，必须经代表过半数以上表决权的股东通过。

【著作者注：《公司法》对有限责任公司的一般事项的表决通过标准未做出明确的规定，需要公司章程中自行规定，常见的为代表50%以上表决权通过，即我们常说的51%标准，当然公司可以根据实际经营要求降低或调高这一标准】

第八章 董事会

第三十二条 有限责任公司设董事会，其成员为五人。董事任期三年，连选可以连任。

【著作者注：公司章程可对董事的任期进行规定，但不得超过三年】

董事会设董事长一人，设副董事长一人。董事长、副董事长由董事会选举产生。

【著作者注：董事长、副董事长的产生办法可以由公司章程规定，本章程中笔者将这一权利赋予董事会，在实践中也可以根据公司实际情况由某一股东指定或者股东会选举产生】

董事任期届满未及时改选，或者董事在任期内辞职导致董事会成员低于法定人数的，在改选出的董事就任前，原董事仍应当履行董事职务。

第三十三条　董事会对股东会负责，行使下列职权：

（1）召集股东会会议，并向股东会报告工作；

（2）执行股东会的决议；

（3）决定公司的经营计划和投资方案；

（4）制订公司的年度财务预算方案、决算方案；

（5）制订公司的利润分配方案和弥补亏损方案；

（6）制订公司增加或者减少注册资本以及发行公司债券的方案；

（7）制订公司合并、分立、解散或者变更公司形式的方案；

（8）决定公司内部管理机构的设置；

（9）决定聘任或者解聘公司经理及其报酬事项，并根据经理的提名决定聘任或者解聘公司副经理、财务负责人及其报酬事项；

（10）制定公司的基本管理制度；

（11）公司章程规定的其他职权。

【著作者注：董事会决议事项也可以理解为董事会的职权，该职权可根据公司的实际情况上移至股东会决议事项，但股东会决议事项是不能下移至董事会的，公司经理职权道理相同】

第三十四条　董事会会议由董事长召集和主持；董事长不能履行职务或者不履行职务的，由副董事长召集和主持；副董事长不能履行职务或者不履行职务的，由半数以上董事共同推举一名董事召集和主持。

【著作者注：在实践当中常常发生由公司经理召集董事会的事情，而经理往往基于董事长的授权向董事发出召集，这一点法律并未做出明确的规定是否可以，笔者认为基于董事会的特殊性由经理召集并不符合法律的立法本意，毕竟董事会是董事的权利义务，该权利义务不能通过授权或其他方式而向下移位。当然若经理仅仅是对会议召开予以协调，而董事并未提出异议并按时参加会议的，则再不能就召集程序不符合法律规定提出对决议的无效要求】

第三十五条　董事长、副董事长或被推举的董事召集董事会应当提前10天通知董事。通知应当包括会议召开的时间、地点、议题等事项。

【著作者注：和股东会不一样的是《公司法》没有对董事会的召集时间做出规定而留给公司行使自制权，公司可以根据实际情况在章程中对此予以规定，可以是10日也可以是5日。在实践当中公司章程常常忽略这个问题没有规定，那么从理论上来讲召集人可在召集时规定任意的会议召开时间而被召集的董事不能提出抗辩,但这个时间一定应当具备合理性,若召集人为达到特别的目的在召集董事会的时候限定非常短的时间以至于董事没有充分的时间参加,则可能被认定召集无效而导致决议无效。另外,和股东会一样董事会的召集并非通知地点、时间即可,还应当向董事告知董事会所议事项,若没有通知董事可就此向董事会提出异议以给自己留出充分的时间对所议事项进行准备,充分行使权力】

第三十六条 董事会应当对所议事项的决定做成会议记录,出席会议的董事应当在会议记录上签名。

董事会决议的表决,实行一人一票。

【著作者注:这一表决方式与股东会表决不同,股东会议表决权作为表决的基础标准,而表决权来源与股权。董事会则以董事的人头为标准,董事均为自然人】

经半数以上的董事表决同意通过董事会决议。

【著作者注:《公司法》未对有限责任公司董事会的表决程序做出规定,此部分由公司章程自行规定】

第九章 监事会

第三十七条 公司设监事会,成员三人。

【著作者注:《公司法》规定监事会人数不少于三人】

监事会设主席一人,由全体监事过半数选举产生。监事会主席召集和主持监事会会议;监事会主席不能履行职务或者不履行职务的,由半数以上监事共同推举一名监事召集和主持监事会会议。

第三十八条 监事的任期每届为三年。监事任期届满,连选可以连任。

监事任期届满未及时改选,或者监事在任期内辞职导致监事会成员低于法定人数的,在改选出的监事就任前,原监事仍应当依照法律、行政法规和公司章程的规定,履行监事职务。

第三十九条 监事会行使下列职权:

(1) 检查公司财务;

(2) 对董事、高级管理人员执行公司职务的行为进行监督,对违反法律、行政法规、公司章程或者股东会决议的董事、高级管理人员提出罢免的建议;

(3) 当董事、高级管理人员的行为损害公司的利益时,要求董事、高级管理人员予以纠正;

(4) 提议召开临时股东会会议,在董事会不履行本法规定的召集和主持股东会会议职责时召集和主持股东会会议;

(5) 向股东会会议提出提案；

(6) 依照本法第一百五十一条的规定，对董事、高级管理人员提起诉讼；

(7) 公司章程规定的其他职权。

【著作者注：监事的法定职权不可替代，不可免除】

第四十条　监事会主席列席董事会会议，并对董事会决议事项提出质询或者建议。

监事会发现公司经营情况异常，可以进行调查；必要时，可以聘请会计师事务所等协助其工作，费用由公司承担。

第四十一条　监事会每年度至少召开一次会议，监事可以提议召开临时监事会会议。

监事会决议应当经半数以上监事通过。

监事会应当对所议事项的决定做成会议记录，出席会议的监事应当在会议记录上签名。

第四十二条　监事会行使职权所必需的费用，由公司承担。

第十章　经理及高级管理人员

【著作者注：经理及高级管理人员在非基金类的一般公司中并非章程的必备条款，基金合同指引将其他高级管理人员的产生办法、职权、召集程序、任期及议事规则作为公司型基金的必备条款加以规定】

第四十三条　有限责任公司设经理，由董事会决定聘任或者解聘。经理对董事会负责，行使下列职权：

(1) 主持公司的生产经营管理工作，组织实施董事会决议；

(2) 组织实施公司年度经营计划和投资方案；

(3) 拟订公司内部管理机构设置方案；

(4) 拟订公司的基本管理制度；

(5) 制定公司的具体规章；

(6) 提请聘任或者解聘公司副经理、财务负责人；

(7) 决定聘任或者解聘除应由董事会决定聘任或者解聘以外的负责管理人员；

(8) 董事会授予的其他职权。

【著作者注：《公司法》允许公司章程对经理职权另行规定的，公司章程有规定的按照公司章程规定的内容执行】

第四十四条　经理列席董事会会议。

第四十五条　高级管理人员

【著作者注：公司可以根据具体情况在公司章程中规定公司高级管理人员的产生办法、

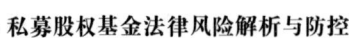

职权及其他权利义务。在实践当中公司股东为平衡对公司控制权往往会在公司经理、财务负责人及其他重要部门负责人的选择中增加股东指定的权利,公司型私募基金也可以适当借鉴。然而公司型股权投资基金更注重高级管理人员管理、运营、投资的能力,在一般情况下募集之处公司的主要管理层已经显现】

第十一章 投资

【著作者注:投资是公司型私募基金的重中之重,其直接决定了投资者向基金进行投资的成与败,当然投资有风险毋庸置疑,但因公司董事会、股东会、高级管理人员滥用权力而导致投资风险自不应该,所以在监管机构将这一部分作为基金合同的必备条款予以规定,以防范基金内部的管理风险,保护投资者的权益】

第四十六条 投资范围

公司的投资范围应当为(　　　)(如医疗类非上市公司股权)。

第四十七条 投资策略

对投资资产根据不同需求和风险承受能力进行的安排、配制。包括选择股票、债券、商品期货及不动产品种、配制投资资产比例、安排投资周期等内容。

第四十八条 投资运作方式

公司以非公开形式依法向特定合格投资者募集设立本公司,募集设立后已以收购目标公司的股权向目标公司进行股权投资的方式进行投资,获取投资回报并依照法律和本章程的规定向本公司股东分配投资利润。

第四十九条 投资限制

公司对单一企业股权的投资不得超过公司实缴资本的10%;公司对具有相互关联关系的企业股权投资不得超过公司实缴资本的30%。

公司对单一企业股权投资最终所持被投资企业股权不得低于10%,不得高于40%。

公司对与股东、董事具有关联关系的企业股权投资应当召开董事会会议并经三分之二董事表决同意后进行。

第五十条 投资决策程序

公司业务部门负责投资项目的发现工作,报公司业务办公会议预审。

公司设业务办公会议,公司业务办公会议由业务部门代表一人、风险控制部门代表一人组成,经全部代表同意通过项目预审并编制项目投资计划书报公司风险控制委员会预审。项目投资计划书应当包括项目风险控制预案。

公司设风险控制委员会,由总经理、财务负责人、风控负责人、业务负责人、投资负责人共计五人组成，设风险控制委员会主席，由总经理担任。主席负责召集和主持风险控制委员会会议。风险控制委员会对拟投资项目进行初审并做出初审决议，经三分之二多数同意通过初审决议。

初审通过后公司安排业务部门代表、风控部门代表、财务部门代表、投资部门代表对拟投资企业展开业务、法律、财务尽职调查工作，必要时可委托会计师事务所、律师事务所等第三方机构对拟投资企业进行尽职调查。尽职调查应制作尽职调查报告。

尽职调查结束，由公司风险控制委员会根据尽职调查报告及其他信息对拟投资事宜进行最终审核，经风险控制委员会三分之二以上表决通过最终审核后予以投资。单次投资额度超过人民币（5000万元）的风控委员会最终审核通过后应再报公司董事会进行决议，经三分之二董事表决通过后予以投资。

第五十一条 关联交易管理

公司向关联方进行投资，与关联方相关联的业务办公会议成员、风险控制委员会成员、董事会成员、尽职调查人员应当予以回避，不得参加投资项目的预审、初审及最终审核的表决，不得代表公司开展尽职调查工作。

关联方是指与公司业务办公会议成员、风险控制委员会成员、董事会成员、尽职调查人员有关的以下企业或公司：

1. 一方控制、共同控制另一方或对另一方施加重大影响，以及两方或两方以上同受一方控制、共同控制或重大影响的，构成关联方。

控制，是指有权决定一个企业的财务和经营政策，并能据以从该企业的经营活动中获取利益。

共同控制，是指按照合同约定对某项经济活动所共有的控制，仅在与该项经济活动相关的重要财务和经营决策需要分享控制权的投资方一致同意时存在。

重大影响，是指对一个企业的财务和经营政策有参与决策的权力，但并不能够控制或者与其他方一起共同控制这些政策的制定。

2. 下列各方构成企业的关联方。

（1）该企业的母公司；

（2）该企业的子公司；

（3）与该企业受同一母公司控制的其他企业；

（4）对该企业实施共同控制的投资方；

（5）对该企业施加重大影响的投资方；

（6）该企业的合营企业；

（7）该企业的联营企业；

（8）该企业的主要投资者个人及与其关系密切的家庭成员；

主要投资者个人，是指能够控制、共同控制一个企业或者对一个企业施加重大影响的个人投资者。

（9）该企业或其母公司的关键管理人员及与其关系密切的家庭成员；

关键管理人员，是指有权力并负责计划、指挥和控制企业活动的人员。与主要投资者个人或关键管理人员关系密切的家庭成员，是指在处理与企业的交易时可能影响该个人或受该个人影响的家庭成员；

（10）该企业主要投资者个人、关键管理人员或与其关系密切的家庭成员控制、共同控制或施加重大影响的其他企业。

第五十二条　投资后对被投资企业的持续监控

公司应当建立投资后对被投资企业的持续监控制度，对被投资企业的业务、资产、财务进行持续性监控。公司投资部门负责建立和实施持续监控制度。

第五十三条　投资风险防范

公司应当建立投资风险防范制度，对投资及投资行为进行风险防范。风险防范制度应当包括风险识别、风险评估、风险应对、风险处置等内容。

风险控制部门负责风险防范制度的制定与实施，风险控制部门应独立于公司的业务部门、投资部门。

第五十四条　投资退出

公司应建立和完善投资退出制度，由公司投资部门负责建立并实施。

公司投资后应当根据被投资企业的情况积极、及时地开展投资退出工作。经公司董事会三分之二表决同意通过退出方案后实施，投资退出应保护公司利益。

投资退出应在公司经营期限内完成，因实际情况不能及时完成的经公司董事会三分之二决议通过可延长一年。

第十二章　投资管理

第五十五条　管理方式

公司型采取自我管理方式对投资进行管理。

【著作者注：公司可以委托其他基金管理机构管理，公司委托其他私募基金管理机构管理的应当与该机构签订《委托管理协议》，相应的权利义务在协议中进行约定，章程中应当

明确管理人的名称，并列名管理人的权限及管理费的计算和支付方式】

第五十六条　投资管理架构和投资决策程序

公司应明确公司管理架构，按照管理架构的层级和权限进行投资决策，公司风险控制委员会和董事会在其权限范围内享有投资的最终决策权。

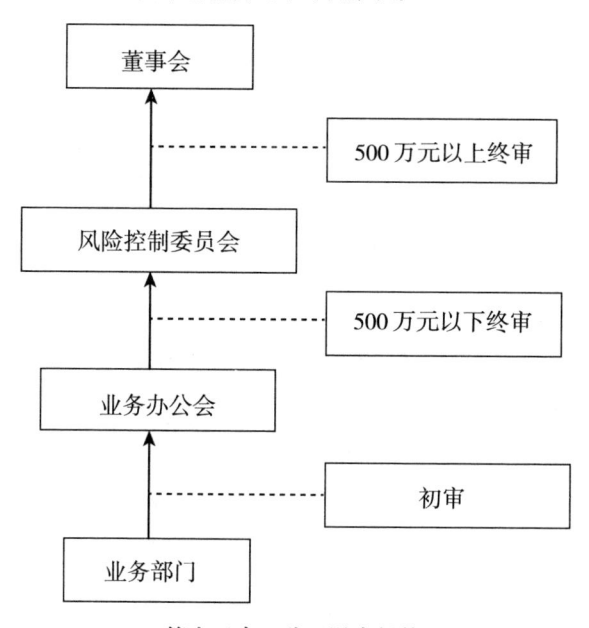

```
        董事会
          ↑
          ┆---------- 500万元以上终审
          │
    风险控制委员会
          ↑
          ┆---------- 500万元以下终审
          │
      业务办公会
          ↑
          ┆----------   初审
          │
      业务部门
```

第十三章　公司财产托管

【著作者注：公司章程应对公司财产是否托管进行规定，公司在是否托管上享有选择权而非法律强制规定该怎么样】

第五十七条　托管事项

公司财产进行托管，财产托管机构为（　　　　）。

公司解聘、聘用新的财产托管机构，由董事会三分之二表决同意通过。

公司董事会就解聘财产托管机构进行表决时，应当允许财产托管机构陈述意见并在董事决议中予以记录。

【著作者注：解聘财产托管机构的原因有很多种，可能是因为财产托管机构不能尽职导致，也可能是因为财产托管机构的尽职工作不符合管理层的意愿，也可能是存在利益输送问题，所以应当允许财产托管机构在董事会表决中申辩并记录，即为董事会的表决留存依据以免产生不必要的猜忌和追责，也为股东权益保护留存相关的证据】

代表公司10%以上股权的公司股东、监事，（　）%以上表决权的董事认为托管机构

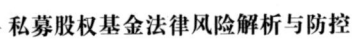

不能保护公司利益,有权向董事会提出解聘财产托管机构的请求,该请求向董事长递交。董事长收到请求后应当在收到之日起10日内召集董事会并就更换财产托管机构事宜作出决议。

财产托管机构应当具备以下条件:

(1) 托管机构具备国家法律法规的规定条件;

(2) 托管机构经营年限不低于5年;

(3) 托管机构注册资金不低于10 000元人民币;

(4) 托管机构资产负债率不高于70%;

(5) 托管机构具备完善的财产隔离制度;

(6) 托管机构及其主要人员未受到处罚;

公司应当与托管机构签订资产托管协议。

第十四章 利润分配及亏损分担

第五十八条 利润分配及亏损分担

1. 公司投资所获得的利润在扣除税费、管理费用、管理分红等费用后应当向股东分配。

公司投资所获得被投资企业分红应当按年度进行利润分配。

公司投资退出后所获得的利润应在利润获得后30日内向股东分配。

章程应列明公司的利润分配和亏损分担原则及执行方式。

2. 公司投资产生亏损的各股东以投资为限承担有限责任。

3. 公司获得利润后应首先弥补公司亏损,公司亏损弥补后进行利润分配。

第十五章 税务承担

第五十九条 税务承担

公司应当依法履行纳税义务。

公司进行利润分配时,股东应纳税部分公司应当代扣代缴。

【著作者注:对于公司型基金来讲,其投资产生回报最终需要向股东进行分配,无论是基于投资的分红所得分配还是退出所得分配,股东都有义务纳税。为便于股东的纳税清晰及便利,可以由公司型基金统一代扣代缴的义务。但公司作为股东的公司型基金除外】

第十六章 费用和支出

第六十条 费用和支出

公司运营按照应缴(实缴)资本的1%向管理管理团队支付日常管理费用,具体支付标准及方式由公司董事会决议。

第四章 基金合同条款法律风险解析

公司投资所获得的净利润的20%向管理团队支付利润分红，具体支付标准及方式由公司董事会决议。

【著作者注：基于公司型基金的基本原理，公司股东（投资者）应当向公司的投资管理团队支付日常管理费用和利润分红。而一般情况下管理费用是保证公司基本运营的费用，以投资者缴纳的资本按比例计提，而这时可能又分为实缴资本和应缴资本，对此章程中应予以明确；另外管理层利润分配一般保持在20%上下的幅度，公司也应当约定是按照利润还是净利润的标准计提分红，以免产生纠纷】

第十七章 财务和会计制度

第六十一条 财务会计制度

公司应当建立健全财务制度。

第六十二条 公司应当每半个会计年度向股东送交财务会计报告，财务会计报告内容应当包括公司年度投资运作基本情况及损益情况。财务报告应在每半个会计年度结束后30日内向股东披露。

公司应当按照法律法规的规定和基金业协会的要求及时、准确履行财务信息的更新、披露义务。

【著作者注：公司法规定有限责任公司应当依照公司章程规定的期限将财务会计报告送交各股东，这一规定包含两个意思：一是公司应当向股东送交财务会计报告，二是公司章程应当对送交的期限做出规定】

第六十三条 公司分配当年税后利润时，应当提取利润的百分之十列入公司法定公积金。公司法定公积金累计额为公司注册资本的百分之五十以上的，不再提取。

公司的法定公积金不足以弥补以前年度亏损的，在依照前款规定提取法定公积金之前，应当先用当年利润弥补亏损。

公司从税后利润中提取法定公积金后，经股东会过半数表决通过决议，还可以从税后利润中提取任意公积金。

公司弥补亏损和提取公积金后所余税后利润，公司依照本章程（　）分配。

股东会或者董事会违反前款规定，在公司弥补亏损和提取法定公积金之前向股东、高级管理人员分配利润或分红的，股东、高级管理人员必须将违反规定分配的利润、分红退还公司。

公司新增资本，以超过股本金额的新增股本的所得的溢价款以及国务院财政部门规定列入资本公积金的其他收入，应当列为公司资本公积金。

第六十四条　公司的公积金用于弥补公司的亏损、扩大公司生产经营或者转为增加公司资本。但是，资本公积金不得用于弥补公司的亏损。

法定公积金转为资本时，所留存的该项公积金不得少于转增前公司注册资本的百分之二十五。

【著作者注：资本公积是一种非营利活动而产生的资本积累，是一种非经营性权益，因此资本公积不能用于弥补亏损。比如股本溢价被虽然计入资本公积金，但实质上是投资者的一种投资行为；而资本公积中的资产评估增值部分只是一种账面增值，公司的生产能力并没有因此实际增加，并且由于资产本身的价值通常随着有关项目的市场价值变动而上下波动，本来就具有不稳定性。在这种情况下，动用资本公积弥补亏损并不适宜。资本公积属于公司股东的原始出资，资本公积不能用于弥补亏损，与股本不能用于弥补亏损或任意返还给股东道理是一样的】

第六十五条　公司聘用、解聘承办公司审计业务的会计师事务所，由董事会三分之二表决同意通过。

公司董事会就解聘会计师事务所进行表决时，应当允许会计师事务所陈述意见并在董事决议中予以记录。

【著作者注：解聘会计事务所的原因有很多种，可能是因为会计师事务所不能尽职导致，也可能是因为会计师事务所的尽职工作不符合管理层的意愿，也可能是存在利益输送问题，所以应当允许会计师事务所在董事会表决中申辩并记录，即为董事会的表决留存尽职依据以免产生不必要的猜忌和追责，也为股东权益保护留存相关的证据】

第六十六条　公司应当向聘用的会计师事务所提供真实、完整的会计凭证、会计账簿、财务会计报告及其他会计资料，不得拒绝、隐匿、谎报。

第六十七条　公司除法定的会计账簿外，不得另立会计账簿。

对公司资产，不得以任何个人名义开立账户存储。

第十八章　信息披露

第六十八条　信息披露制度

公司应当依照法律法规的和基金业协会的规定向股东履行信息披露义务，建立和完善信息披露制度。

公司应当通过中国基金业协会指定的信息披露备份平台报送信息。

信息披露的内容包括：

(1) 基金合同；

（2）招募说明书等宣传推介文件；

（3）基金销售协议中的主要权利义务条款（如有）；

（4）基金的投资情况；

（5）基金的资产负债情况；

（6）基金的投资收益分配情况；

（7）基金承担的费用和业绩报酬安排；

（8）可能存在的利益冲突；

（9）涉及私募基金管理业务、基金财产、基金托管业务的重大诉讼、仲裁；

（10）中国证监会以及中国基金业协会规定的影响投资者合法权益的其他重大信息。

【著作者注：上述信息披露的内容是对私募基金信息披露最基本的要求，也就是说是必须的信息披露事项，公司还可以根据自身情况增加信息披露的内容范围在章程中予以规定】

第十九章　担保

第六十九条　公司担保

公司不得以任何形式向他人担保，公司不得以公司财产为他人担保。

他人，是指除公司以外的任何自然人、法人。

【著作者注：这一条属于公司自治性条款，《公司法》原文规定"公司向其他企业投资或者为他人提供担保，依照公司章程的规定"，所以公司章程可以否定担保，也可以允许担保，当公司允许公司对外担保的应当由董事会或者股东会、股东大会决议并对决议的程序做出规定，也可以对担保的总额及单项担保的限额进行规定。但当公司允许担保的时候决议程序并不是完全自制的，要符合法律的最基本要求，例如公司为股东或者实际控制人提供担保的，该股东或者实际控制人支配的股东不得参加表决，表决必须由出席会议的其他股东所持表决权的过半数通过。

公司型基金的设立目的是投资，其融资行为已于公司设立时以股东出资的形式完成，所以在一般情况下公司无须再进行融资。即便公司因投资需要再进行融资时公司只需要以自身为主体进行融资即可，无对他人担保的需要，所以严格限制公司担保，有利于保护股东的权利和控制风险】

第二十章　借款与负债

第七十条　借款

公司因对外投资，在自由资金不足时，可以对外借款。

公司借款应由董事会提出，经股东会三分之二表决通过。

公司借款和其他负债的总和不得超过公司净资产的100%。

公司不得以债权人身份出借公司资金。

【著作者注：公司型基金以投资为其唯一经营范围，原则上公司是以自有资金进行投资即可。但基于投资领域的杠杆投资方式，公司可对外进行借款以实现资金杠杆，最大的获取投资的利益。但往往利益最大化的取得伴随的是风险的最大化，所以公司型基金有必要对自身借款予以控制以实现风险的基础性控制，这既需要严格的决策，亦需要对总体借款规模予以明确】

第二十一章　公司的终止、解散及清算

第七十一条　公司解散事由

以下事由产生，公司解散：

（1）公司章程规定的营业期限届满或者公司章程规定的其他解散事由出现；

（2）股东会决议解散；

（3）因公司合并或者分立需要解散；

（4）依法被吊销营业执照、责令关闭或者被撤销；

（5）人民法院依照公司法规定予以解散。

第七十二条　公司经营管理发生严重困难，继续存续会使股东利益受到重大损失，通过其他途径不能解决的，持有公司全部股东表决权百分之十以上的股东，可以请求人民法院解散公司。

第七十三条　公司因章程第七十一条第（一）项、第（二）项、第（四）项、第（五）项规定而解散的，应当在解散事由出现之日起十五日内成立清算组，开始清算。

清算组由股东组成，公司的法人股东应当指定专门人员参加清算组工作。

第七十四条　清算组在清算期间行使下列职权：

（1）清理公司财产，分别编制资产负债表和财产清单；

（2）通知、公告债权人；

（3）处理与清算有关的公司未了结的业务；

（4）清缴所欠税款以及清算过程中产生的税款；

（5）清理债权、债务；

（6）处理公司清偿债务后的剩余财产；

（7）代表公司参与民事诉讼活动。

第七十五条　清算组应当自成立之日起十日内通知债权人，并于六十日内在报纸上公告。在申报债权期间，清算组不得对债权人进行清偿。

第七十六条　清算组在清理公司财产、编制资产负债表和财产清单后，应当制定清算方案，并报股东会或者人民法院确认。

【著作者注：公司解散的事由之一是被法院裁定解散，在非法院裁定而解散的情况下因为公司未及时组建清算组，债权人可以请求人民法院予以清算，在这种情况下清算组应当向人民法院报送清算方案予以确认】

公司财产在分别支付清算费用、职工的工资、社会保险费用和法定补偿金，缴纳所欠税款，清偿公司债务后的剩余财产后公司按照股东的出资比例分配。

清算期间，公司存续，不开展与清算无关的经营活动。

第七十七条　清算组在清理公司财产、编制资产负债表和财产清单后，发现公司财产不足清偿债务的，应当依法向人民法院申请宣告破产。

公司经人民法院裁定宣告破产后，清算组应当将清算事务移交给人民法院。

第七十八条　公司清算结束后，清算组应当制作清算报告，报股东会或者人民法院确认，并报送公司登记机关，申请注销公司登记，公告终止。

第七十九条　清算组成员应当忠于职守，依法履行清算义务。

清算组成员不得利用职权收受贿赂或者其他非法收入，不得侵占公司财产。

清算组成员因故意或者重大过失给公司或者债权人造成损失的，应当承担赔偿责任。

第八十条　公司被依法宣告破产的，依照破产法律实施破产清算。

第二十二章　章程的修订

第八十一条　章程的事由

以下事由产生，公司应当修改公司章程：

（1）公司的名称和住所；

（2）公司的经营范围；

（3）公司的注册资本；

（4）公司法定代表人；

（5）公司存续时间；

（6）股东的姓名或者名称及住所；

（7）入股、退股；

（8）投资的条件、范围、方式和程序；

(9) 股东的权利和义务；

(10) 股东的出资方式和出资额；

(11) 股东转让、股权继承的条件；

(12) 公司增加或减少注册资本；

(13) 公司担保条件及程序；

(14) 公司借款条件及程序

(15) 分配利润和分担风险的办法；

(16) 公司的机构及其生产办法、职权、任期和议事规则；

(17) 公司的解散事由与清算办法。

第二十三章　其他事项

第八十二条　一致性规定

公司章程内容与股东之间的出资协议或其他文件内容相冲突的，以章程为准。

公司章程有多个版本且内容相冲突的，以在中国基金业协会备案的版本为准。

【著作者注：公司章程是公司股东、董事、监事及高级管理人员行为的根本依据，但实践当中常常发生公司仍有一份出资协议的情形，出资协议的价值更多的是解决公司章程中未进行规定的事宜或对公司章程的相关内容做出细化性的解释，但有时也会出现出资协议与公司章程内容相矛盾的情形。在司法实践当中往往会根据签订时间等因素综合考量效力的优先性，而这种考量在私募基金中很有可能会给投资人带来风险，或某些基金以投资协议的约定来逃避监管，所以为了保护投资者的利益就要在章程中规定章程优先于投资协议以防范上述风险的产生。另外公司型基金的章程应当在中国基金业协会备案，公司章程修改后应及时更新备案，工商机关登记的现行公司章程以及日后变更后的公司章程与中国基金业协会登记的章程不一致的以基金业协会登记的章程为准，这就要求公司在变更章程内容后应及时备案保持章程的一致性】

第八十三条　基金份额信息备份

公司应当按照基金业协会的要求向基金业协会进行基金份额的备份。

第八十四条　报送披露信息

全体股东同意私募基金管理人或其他信息披露义务人应当按照中国基金业协会的规定对报送披露信息并备份。

股东（签字盖章）：

年　　月　　日

三、范本：合伙型基金合同——合伙协议

有限合伙协议

本《有限合伙协议》（以下简称本协议）由（ ）（"普通合伙人"）与本协议附件一所列明之（ ）（"有限合伙人"）于（ ）年（ ）月（ ）日共同订立并签署。下文中普通合伙人和有限合伙人合称为"各方"。

鉴于各方均有意根据《合伙企业法》（如下文所定义）、相关法律法规的规定以及本协议所约定之条款和条件，发起设立一家有限合伙企业从事投资业务，各方达成如下协议。

释　义

在本协议中，除非上下文另有说明，下列词语分别具有下述列明的含义：

1. 被投资公司：指有限合伙企业以直接或间接方式对其进行了投资并持有其股权或债权的公司。

2. 工作日：指中国法定节假日、休息日之外的日期。

3. 工商变更登记：指有限合伙企业发生变更应办理的工商变更登记手续以及任何前置审批、备案、会商程序（如有）。

4. 关联人：指就任何人而言，是指被该人控制、控制该人或与该人一起受他人共同控制的任何自然人、公司、商业企业、合伙企业、联合企业或其他商业实体。为避免歧义，控制是指对被控制方持有50%及以上的股权或通过其他方式能实质性控制被控制方之经营决策。

5. 管理费：指作为普通合伙人向有限合伙企业提供合伙事务管理及其他服务的对价，而由有限合伙企业向普通合伙人支付的报酬。

6. 《合伙企业法》：指《中华人民共和国合伙企业法》。

7. 合伙人：指普通合伙人和有限合伙人。

8. 流动性投资：指存放银行、购买国债、购买货币市场基金或其他购买期限不超过一年的固定收益类理财产品。

9. 普通合伙人、执行事务合伙人：指在本协议订立时有限合伙企业唯一的普通合伙人、执行事务合伙人，即（ ）。

10. 人、人士：指任何自然人、合伙企业、公司等法律或经济实体。

11. 认缴出资额：指某个合伙人承诺向有限合伙企业缴付的、并为普通合伙人所接受的现金出资金额。

12. 实缴出资额：指某个合伙人实际向有限合伙企业缴付的现金出资金额。

13. 实缴出资总额：指全体合伙人实际向有限合伙企业缴付的现金出资总金额。

14. 守约合伙人：指不存在违反本协议约定之记录的合伙人。

15. 托管人：指受有限合伙企业委托，对有限合伙企业的全部资产进行托管的商业银行。

16. 托管账户：指有限合伙企业在托管人处开立的账户。

17. 违约合伙人：指未按照本协议约定履行出资义务及/或其他义务的合伙人。

18. 项目投资：指有限合伙企业对被投资公司进行的股权/债权投资和/或符合法律规定及本协议约定的其他投资。

19. 项目退出：指有限合伙企业退出对某个被投资公司的全部或部分投资。

20. 有限合伙企业：指本协议全体合伙人根据《合伙企业法》共同设立的有限合伙企业。

21. 有限合伙人：指有限合伙企业合伙人登记册中所列的有限合伙企业的有限合伙人。

22. 有限合伙费用：指根据本协议第六条应由有限合伙企业自身承担的开支。

23. 财产份额：指合伙人在有限合伙企业中享有的财产份额。

24. 总认缴出资额：指全体合伙人承诺向有限合伙企业缴付的、并为普通合伙人所接受的现金出资总金额。

25. 原始投资成本：是指有限合伙企业对特定被投资公司的实际投资金额，即相关投资协议及其修正案（如有）载明的金额。

第一章 有限合伙企业的设立

一、设立依据：全体合伙人同意根据《合伙企业法》及本协议约定，共同设立一家有限合伙企业。

二、有限合伙企业名称：有限合伙企业的名称为"（ ）合伙企业（有限合伙）"，下文简称为有限合伙企业。

三、主要经营场所

1. 有限合伙企业的主要经营场所为（ ）市（ ）。

2. 普通合伙人可视有限合伙企业的经营需要自行决定变更有限合伙企业的主要经营场所，但应书面通知全体合伙人，并办理相应的工商变更登记手续。普通合伙人依本条获得

第四章 基金合同条款法律风险解析

授权自行签署及/或代表有限合伙人签署相关法律文件并办理工商变更登记手续。法律或政府主管部门要求有限合伙人必须亲自签署工商变更登记相关法律文件的，有限合伙人应无条件按普通合伙人的指示签署工商变更登记所需法律文件。

四、合伙目的和经营范围

1. 有限合伙企业全体合伙人设立有限合伙企业的目的为从事（股权投资和/或符合法律规定及本协议约定的其他投资），为全体合伙人获取良好的投资回报。

2. 有限合伙企业的经营范围如下：（从事对未上市企业的投资，对上市公司非公开发行股票的投资及相关咨询服务）。

五、合伙人

1. 本有限合伙企业合伙人共（　　）人，其中普通合伙人（　　）人，有限合伙人（　　）人。

2. 有限合伙企业之普通合伙人为（　　）公司，其经营场所为（　　）市（　　）。

3. 有限合伙企业之有限合伙人的名称及住所见附件一所示。普通合伙人应在其经营场所置备合伙人登记册，登记各合伙人名称、住所、认缴出资额、实缴出资额及普通合伙人认为必要的其他信息。

4. 如在有限合伙企业合伙期限内，合伙人登记册中相关信息发生变化，普通合伙人应根据上述信息的变化随时更新合伙人登记册。如有限合伙人发生变化，附件一应作相应修改，并办理相应的工商变更登记手续。普通合伙人依本条获得授权自行签署及/或代表有限合伙人签署相关法律文件并办理工商变更登记手续。法律或政府主管部门要求有限合伙人必须亲自签署工商变更登记相关法律文件的，有限合伙人应无条件按普通合伙人的指示签署工商变更登记所需法律文件。

5. 全体合伙人确认，当普通合伙人依据本协议的规定变更合伙人登记册并通知全体合伙人的，全体合伙人之间的权利、义务、权益、责任等均以合伙人登记册为准，任何合伙人均不得以工商变更登记进程对抗合伙人登记册的效力。

6. 有限合伙企业的有限合伙人最多为（　　）名。

六、合伙期限

1. 有限合伙企业自营业执照签发之日起成立，合伙期限为（　　）年。

2. 各合伙人确认，有限合伙企业的存续期为（　　）年，成立之日起一年内为投资期。

第二章　出资方式、出资额及出资期限

七、出资方式

所有合伙人之出资方式均为人民币现金出资。

八、认缴出资额

1. 全体合伙人对有限合伙企业的总认缴出资额为人民币（　　）万元。

2. 各有限合伙人的认缴出资额及占总认缴出资额的比例如附件一所示。

九、出资缴付

1. 各合伙人的出资在正式签署本合伙协议后，根据普通合伙人签发的缴付出资通知书按照其认缴出资额的比例一次性缴付。

2. 出资

（1）本协议签订后，普通合伙人应向全体合伙人发出缴付出资通知书，该缴付出资通知书应至少提前（三日）发出，列明该合伙人的出资应缴付金额和出资付款日。各合伙人应于出资付款日或之前，将缴付出资通知书上载明其应缴付的出资全额支付至普通合伙人指定的账户。

（2）全体合伙人在此不可撤销的确认并同意，如任何有限合伙人未在出资付款日或之前缴清全部出资，应就逾期缴付的金额按照每日（千分之一）的比例向有限合伙企业支付逾期出资利息，直至其将应缴金额缴齐。若任何有限合伙人逾期达（十日）仍未缴清全部出资及逾期出资利息的，该有限合伙人即被强制退伙，强制退伙生效日为普通合伙人按照本合伙协议约定向其签发强制退伙决定书之日。全体合伙人在此不可撤销地授权，当发生前述情形时，由普通合伙人向该违约有限合伙人签发强制退伙决定书并通知全体合伙人。因上述原因被强制退伙的有限合伙人应向有限合伙企业支付违约金，违约金数额为其认缴出资额的（百分之一）。该等逾期出资利息和违约金计入有限合伙企业的收入。

（3）在有限合伙人因上述原因被强制退伙的情形下，普通合伙人有权自行决定由其他守约合伙人（普通合伙人自行选择一位或多位守约合伙人）或新的有限合伙人履行该违约合伙人的出资承诺，或者决定相应缩减有限合伙企业的总认缴出资额。普通合伙人应相应变更合伙人登记册上的相关信息并通知全体合伙人。普通合伙人依本条获得授权自行签署及/或代表有限合伙人签署相关法律文件并办理工商变更登记手续。法律或政府主管部门要求有限合伙人必须亲自签署工商变更登记相关法律文件的，有限合伙人应无条件按普通合伙人的指示签署工商变更登记所需法律文件。

（4）全体合伙人在此不可撤销的确认，发生上述情形后，合伙人名单、各合伙人认缴出资额、总认缴出资额、出资比例等均以合伙人登记册上的记载为准，工商变更登记手续的办理情况不影响合伙人登记册的效力，尤其是不影响强制退伙的效力，被强制退伙的有限合伙人自强制退伙生效日（即首期出资付款日之次日）即丧失合伙人的一切权利，并承担本协议项下的违约责任,任何合伙人均不得以工商变更登记或其他任何事由主张强制退伙无效。

第三章 合伙人

十、有限合伙人

1. 有限合伙人以其认缴出资额为限对有限合伙企业的债务承担责任。

2. 有限合伙人不执行有限合伙企业的具体事务,不得对外代表有限合伙企业。任何有限合伙人均不得参与管理或控制有限合伙企业的投资业务及其他以有限合伙企业名义进行的活动、交易和业务,不得代表有限合伙企业签署文件,亦不得从事其他对有限合伙企业形成约束的行为。

3. 有限合伙人根据《合伙企业法》及本协议行使有限合伙人权利不应被视为有限合伙人参与管理或控制有限合伙企业的投资业务或其他活动,从而引致有限合伙人被认定为根据法律或其他规定需要对有限合伙企业之债务承担连带责任的普通合伙人。为避免歧义,前述行使权利的行为包括:

(1) 参与决定普通合伙人入伙、退伙;

(2) 对有限合伙企业的经营管理提出建议;

(3) 参与选择承办有限合伙企业审计业务的会计师事务所;

(4) 获取经审计的有限合伙企业财务会计报告;

(5) 对涉及自身利益的情况,查阅有限合伙企业财务会计账簿等财务资料;

(6) 在有限合伙企业中的利益受到侵害时,向有责任的合伙人主张权利或者提起诉讼;

(7) 普通合伙人怠于行使权利时,督促其行使权利或者为了有限合伙企业的利益以自己的名义提起诉讼;

(8) 依法为有限合伙企业提供担保。

4. 对于合伙人会议根据本协议通过决议的事项和/或普通合伙人根据本协议自行做出决议的事项和/或普通合伙人根据本协议获得授权自行办理工商变更登记的事项,有限合伙人应无条件按普通合伙人的指示签署相关法律文件。有限合伙人拒绝签署相关法律文件的,普通合伙人应向其发出催告通知。有限合伙人收到催告通知之日起(十日)内仍拒绝签署的,普通合伙人依本条款获得授权代表全体合伙人强制该有限合伙人退伙。全体合伙人确认合伙人会议根据本协议通过决议的事项自合伙人会议决议通过之日生效、普通合伙人根据本协议自行做出决定的事项自普通合伙人做出决定之日起生效,并对全体合伙人发生效力,不受工商变更登记手续办理进程的影响。

十一、普通合伙人

普通合伙人对于有限合伙企业的债务承担无限连带责任，依法行使权利履行义务。

十二、身份转换

除非法律另有规定或全体合伙人达成一致同意的书面决定，有限合伙人不能转变为普通合伙人，普通合伙人亦不能转变为有限合伙人。

第四章 合伙事务的执行

十三、合伙事务执行

1. 有限合伙企业的合伙事务由执行事务合伙人执行。

2. 有限合伙企业之执行事务合伙人应具备如下条件：

（1）系在中华人民共和国境内注册的机构；

（2）为有限合伙企业的普通合伙人。

3. 全体合伙人以签署本协议的方式一致同意选择普通合伙人（　）任有限合伙企业的执行事务合伙人。同时，同意（　）在合伙企业存续期间不可撤销地行使并承担执行事务合伙人的全部权利义务。

十四、执行事务合伙人的权限

执行事务合伙人拥有《合伙企业法》及本协议所规定的对于有限合伙企业事务的独占及排他的执行合伙事务的权利，包括但不限于：

（1）决策、执行有限合伙企业的投资及其他业务；

（2）管理、维持和处分有限合伙企业资产；

（3）聘任合伙人以外的人为有限合伙企业的经营管理提供服务；

（4）采取有限合伙企业维持合法存续和开展经营活动所必需的一切行动；

（5）开立、维持和撤销有限合伙企业的银行账户，开具支票和其他付款凭证；

（6）聘用专业人士、中介及顾问机构对有限合伙企业提供服务；

（7）订立和修改管理协议；

（8）订立和修改托管协议；

（9）批准有限合伙人转让财产份额；

（10）为有限合伙企业的利益决定提起诉讼或应诉，进行仲裁；与争议对方进行协商、和解等，以解决有限合伙企业与第三方的争议；

（11）根据法律规定处理有限合伙企业的涉税事项；

（12）代表有限合伙企业对外签署文件；

（13）变更有限合伙企业主要经营场所；

（14）变更其委派至有限合伙企业的代表；

（15）缩减有限合伙企业总认缴出资额；

（16）采取为实现合伙目的、维护或争取有限合伙企业合法权益所必需的其他行动；

（17）法律及本协议授予的其他职权。

十五、执行事务合伙人之行为对有限合伙企业的约束力

执行事务合伙人为执行合伙事务根据《合伙企业法》及本协议约定采取的全部行为，均对有限合伙企业具有约束力。

十六、执行事务合伙人委派的代表

执行事务合伙人在合伙企业存续期间不可撤销地执行合伙事务，并指定（　）为代表。执行事务合伙人应确保其委派的代表独立执行有限合伙企业的事务并遵守本协议约定。

十七、免责保证

各合伙人同意，执行事务合伙人及执行事务合伙人之关键人士、管理团队、雇员及执行事务合伙人聘请的代理人、顾问等人士为履行其对有限合伙企业的各项职责、处理有限合伙企业委托事项而产生的责任及义务均归属于有限合伙企业。如执行事务合伙人及上述人士因履行本协议约定职责或办理本协议约定受托事项招致索赔、诉讼、仲裁、调查或其他法律程序，有限合伙企业应补偿各该人士因此产生的损失和费用，除非有证据证明该等损失、费用以及相关的法律程序是由于各该人士的故意或重大过失所引起。

十八、全体有限合伙人通过在此签署本协议向执行事务合伙人进行一项不可撤销的特别授权，授权执行事务合伙人代表全体及任一有限合伙人在下列文件上签字：

1. 本协议的修正案或修改后的本协议。当修改内容为本协议规定的相关内容时，或依据本协议规定执行事务合伙人可自行决定并可能导致本协议进行修改的其他事项时，执行事务合伙人可直接代表有限合伙人签署；当修改内容为本协议规定的合伙人会议决议事项之相关内容时，执行事务合伙人凭合伙人会议决议即可代表有限合伙人签署。

2. 有限合伙企业所有的工商设立登记/工商变更登记文件。

3. 当执行事务合伙人担任有限合伙企业的清算人时，为执行有限合伙企业解散或清算相关事务而需签署的文件。

十九、如按本协议规定的条件和程序发生变更并需办理工商变更登记（包括但不限于合伙人被强制退伙、自动退伙、合伙人的财产份额发生转让、缩减有限合伙企业的总认缴

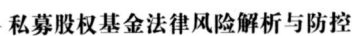

出资额等），该等变更事项自本协议规定的条件成就日或本协议规定的程序完成之日即对全体合伙人生效。执行事务合伙人应相应更新合伙人登记册上的相关信息，并尽快办理工商变更登记手续，且全体合伙人应配合执行事务合伙人办理工商变更登记手续。全体合伙人在此不可撤销地确认，发生上述情形后，合伙人名单、各合伙人认缴出资额、总认缴出资额、出资比例等均以合伙人登记册上的记载为准，工商变更登记手续的办理情况不影响上述变更的效力。全体合伙人进一步确认，退伙的有限合伙人自退伙生效日即丧失合伙人的一切权利，并承担本协议项下的违约责任，不得以工商变更登记或其他任何事由主张退伙无效；新入伙的合伙人入伙生效日即享有有限合伙人的权利和义务。

第五章 有限合伙企业费用

二十、有限合伙企业应承担与有限合伙企业之设立、运营、终止、解散、清算等相关的下列费用，包括但不限于：

（1）开办和募集费；

（2）有限合伙企业年度财务报表的审计费（包括提供审计服务发生的差旅费）；

（3）有限合伙企业之财务报表及报告费用，包括制作、印刷和发送成本；

（4）合伙人会议之会务费用；

（5）政府部门对有限合伙企业，或对有限合伙企业的收益或资产，或对有限合伙企业的交易或运作收取的税、费及其他费用；

（6）管理费；

（7）托管费；

（8）有限合伙企业法律顾问为有限合伙企业提供法律服务发生的律师费及相关差旅费；

（9）有限合伙企业诉讼费和仲裁费；

（10）其他未列入上述内容，但一般而言不应被归入普通合伙人日常运营费用之内的费用。

对于所有因对拟投资目标公司的投资、持有、运营、出售而发生的法律、审计、评估、财务顾问费用，普通合伙人应尽可能促使拟投资目标公司承担，不能由拟投资目标公司承担的，由普通合伙人承担。

二十一、开办募集费

开办募集费指有限合伙企业之组建、设立相关的合理费用，包括募集顾问费用、筹建费用、法律、财务等专业顾问咨询费用等。有限合伙企业成立后，应向普通合伙人支付相当于有限合伙企业总认缴出资额（1%）的开办募集费用。

第四章 基金合同条款法律风险解析

二十二、管理费

1. 有限合伙企业在其存续期间应按下列规定支付管理费：在有限合伙企业存续期内，有限合伙企业按管理费计算基数的2%/年向普通合伙人支付管理费；管理费计算基数为总认缴出资额，但当有限合伙企业有项目退出后，自下一个收费期间起，管理费计算基数调整为总认缴出资额扣减该收费期间起算之前已退出的项目投资的原始投资成本。为避免歧义，清算期间内不支付管理费。

2. 管理费每年分一期支付，每一年为一个收费期间。首个收费期间以有限合伙企业注册成立日为起点至当年（12月31日）所余实际天数计收（全年按365天计算），之后收费期间为（每年1月1日至12月31日），每个收费期间的应收管理费金额为（管理费计算基数×2.0%）。首个收费期间的管理费在有限合伙企业开立基本账户后（三个工作日）内收取，之后各收费期间的管理费于（每年1月的第1个工作日）向有限合伙企业收取。

3. 有限合伙企业发生的下列费用由管理费承担：

（1）管理团队的人事开支，包括工资、奖金和福利等费用；

（2）与有限合伙企业的管理相关的办公场所租金、物业管理费、水电费、通讯费、办公设施费用；

（3）普通合伙人在持有、运营、出售项目投资期间发生的差旅费；

（4）有限合伙企业的其他日常运营经费。

普通合伙人可在应收管理费的额度内指示有限合伙企业直接支出该等费用，并以之抵扣应付普通合伙人的管理费。

二十三、托管费

1. 有限合伙企业应委托一家信誉卓著的商业银行（"托管人"）对有限合伙企业账户内的全部现金实施托管。有限合伙企业成立之时，各方同意托管人由普通合伙人与有限合伙人协商确定。

2. 有限合伙企业发生任何资金支出时，均应遵守与托管人之间的托管协议的规定。

托管费以有限合伙企业与托管人签订的《托管协议》为准。

第六章 投资业务

二十四、投资目标

有限合伙企业的投资目标为对企业进行股权投资和/或符合法律规定及本协议约定的其他投资，从资本收益中为合伙人获取良好回报。

二十五、投资限制

1. 有限合伙企业不得主动投资于不动产或其他固定资产、动产、二级市场公开交易股票、开放或封闭式基金等。但是以下情形除外：

（1）被投资公司上市后，有限合伙企业所持被投资公司股份的未转让部分及其配售部分的；

（2）对上市公司非公开发行股票的投资；

（3）经合伙人会议同意。

2. 经合伙人会议通过，有限合伙企业同意对（　）进行超过有限合伙企业总认缴出资额（50%）的投资。

3. 有限合伙企业的全部现金资产，包括但不限于待投资、待分配及费用备付的现金，除用于项目投资外，只能以流动性投资方式进行管理。

4. 未经全体合伙人一致通过，有限合伙企业合伙期限内不得对外提供担保或对外举债。

5. 有限合伙企业的投资期结束后，不应再投资于新的被投资企业，但是可以继续对已有的被投资企业进行后续投资及跟进投资。

第七章　合伙人会议

二十六、合伙人会议由普通合伙人召集并主持。合伙人会议讨论决定如下事项：

（1）听取普通合伙人的年度报告；

（2）审批批准普通合伙人提出的关于变更有限合伙企业的企业名称的议案；

（3）批准普通合伙人根据本协议提出的延长有限合伙企业存续期的议案；

（4）批准普通合伙人根据本协议提出的向合伙人进行非现金分配的议案；

（5）更换有限合伙企业托管银行；

（6）批准超过有限合伙总认缴出资额（50%以上）的投资事项；

（7）批准有限合伙人或普通合伙人与有限合伙企业的关联交易事项；

（8）除明确授权普通合伙人独立决定事项之相关内容外，本协议其他内容的修订；

（9）有限合伙企业的解散及清算事宜；

（10）法律、法规及本协议规定应当由合伙人会议决定的其他事项。

二十七、合伙人会议不应就有限合伙企业潜在的项目投资或其他与有限合伙企业事务执行有关的事项进行决议，并且有限合伙人不应通过合伙人会议对有限合伙企业的管理及其他活动施加控制。

二十八、首次合伙人会议应当在有限合伙企业成立之日起（三个月）内由普通合伙人召集并召开；普通合伙人应于每年度开始后（三个月）内组织召开一次年度合伙人会议，

第四章 基金合同条款法律风险解析

年度合伙人会议的主要内容是根据本协议普通合伙人所做的年度的年度报告。首次合伙人会议及年度合伙人会议召开前普通合伙人应提前（十日）书面通知全体合伙人，但全体合伙人可以书面方式放弃提前通知的权利，尽管有前述规定，合伙人参加会议即可视为其放弃任何关于提前通知的要求。

二十九、普通合伙人在经提前（五日）书面通知后，可召开临时合伙人会议。合计代表有限合伙企业实缴出资总额（三分之一及以上）的有限合伙人有权提议召开临时合伙人会议，提议人应向普通合伙人提交包括会议通知在内的完整提议。普通合伙人应在收到提议人提交的包括会议通知在内的完整提议后（五日）内发出召开临时合伙人会议的会议通知。

三十、合伙人会议可以采取现场会议、电话会议或通讯表决方式或以上方式相结合的方式进行，由会议召集人确定，并在会议通知中列明。合计持有实缴出资总额（二分之一及以上）的合伙人参与会议方为有效会议。合伙人为自然人的，应本人亲自参加会议，合伙人为法人或其他组织的，应由其授权代表持加盖合伙人公章的授权委托书亲自参加会议。合伙人会议以现场会议方式召开的，以合伙人到达会议现场为参加会议；以电话会议方式召开的，以合伙人拨入会议电话系统为参加会议；以通讯表决方式召开的，视为全体合伙人参加会议。

三十一、以现场会议方式召开会议的，参加会议的合伙人应现场签署表决票或决议；以电话会议方式或通讯表决方式召开合伙人会议的，参加会议的合伙人应签署书面表决票或决议，所有合伙人的投票意见以表决票或决议上签署的意见为准；但对于以电话会议方式或通讯表决方式进行表决的，如果普通合伙人认为必要，可以要求参加表决的合伙人对其签署的书面表决票进行公证或认证（如在境内由公证处公证，如在境外则由使馆或领馆认证，下同）。采取现场会议与电话会议或通讯表决方式相结合的方式召开合伙人会议的，对到现场参加会议的合伙人和未到现场参加会议的合伙人，分别适用前述规定。未到现场参加会议的合伙人的表决票最晚应当在合伙人会议召开的通知上载明的会议表决日后的（五日内）以书面形式提交给普通合伙人或普通合伙人指定的代表（如邮寄则以发出的邮戳日期为准），上述（五日内）合伙人未以书面形式进行提交或提交的表决票未按普通合伙人的要求进行公证或认证的，视为弃权，但如召开合伙人会议时合伙人在境外的，上述（五日）延长至（十日）。

三十二、合伙人会议之会议通知应当至少包括以下内容：
（1）会议的时间、地点；

179

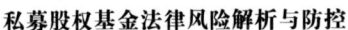

(2) 会议的召开方式；

(3) 会议议题；

(4) 表决所必需的会议材料；

(5) 联系人和联系方式。

三十三、合伙人会议讨论拟决议各事项时，由合计持有有限合伙企业实缴出资总额（三分之二及以上）的合伙人通过方可做出决议，但法律另有规定或本协议另有约定的除外。

第八章 分配与亏损分担

三十四、分配

1. 项目投资的现金收入包括但不限于股息、红利、被投资公司预分配现金、项目退出所得（包括转让对被投资公司投资的转让所得、被投资公司清算所得）或其他基于项目投资取得的收入，但需扣除有限合伙企业就该等收入应缴纳的税费（如有）。为避免歧义，在进行现金收入的分配时，应扣除预计费用。

2. 有限合伙企业经营期间取得的项目投资现金收入不得用于再投资。

3. 合伙企业出资全部缴纳后，在各合伙人均收回实缴出资额的前提下，如有限合伙企业的累计收益大于或等于有限合伙企业实缴出资总额年度回报率（8%），则全部收益中低于（8%）的部分由有限合伙人按实缴出资额比例分配；超出（8%的部分）由有限合伙人和普通合伙人共同分配，其中（70%）由有限合伙人按实缴出资额比例分配，（30%）分配给普通合伙人。如有限合伙企业的累计收益小于实缴出资总额年度回报率（8%），则全部收益由全体合伙人按实际出资比例分配。

4. 有限合伙企业取得的流动性投资现金收入，在合伙企业存续期间不进行分配，流动性投资的本金和收益均可按照本协议约定继续进行项目投资，合伙企业清算时按照本协议约定的分配原则进行分配。

三十五、非现金分配

1. 在有限合伙企业清算之前，普通合伙人应尽其最大努力将有限合伙企业的投资变现，避免以非现金方式进行分配；但如普通合伙人自行判断认为非现金分配更符合全体合伙人的利益，则普通合伙人可以提出，并经合伙人会议表决通过，以非现金方式进行分配。

2. 普通合伙人向合伙人进行非现金分配的，视同进行了现金分配。

3. 若有限合伙企业进行非现金分配，普通合伙人应负责协助各合伙人办理所分配资产的转让登记手续，并协助各合伙人根据相关法律、法规履行受让该等资产所涉及的信息披露义务。法律或政府主管部门要求有限合伙人必须为该转让登记亲自签署相关法律文件的，有限合伙人应无条件按普通合伙人的指示签署相关转让登记所需法律文件。接受非现金分配的合伙人亦可将其分配到的非现金资产委托普通合伙人按其指示进行处分，具体委托事宜由普通合伙人和相关的有限合伙人另行协商。

三十六、所得税

根据《合伙企业法》之规定，有限合伙企业并非所得税纳税主体，由各合伙人自行按相关规定申报缴纳所得税，如法律要求有限合伙企业代扣代缴，则有限合伙企业将根据法律规定进行代扣代缴。

三十七、亏损和债务承担

1. 有限合伙企业的亏损由合伙人按照实缴出资比例共同分担。

2. 有限合伙人以其认缴出资额为限对有限合伙企业的债务承担责任，普通合伙人对有限合伙企业的债务承担无限连带责任。

第九章　陈述和保证

三十八、有限合伙人在此承诺和保证：

1. 其已仔细阅读本协议并理解本协议内容之确切含义。

2. 其缴付至有限合伙企业的出资来源合法。

3. 如有限合伙人为机构，其签订本协议已按其内部程序做出有效决议并获得充分授权，代表其在本协议上签字的人为其合法有效的代表；签订本协议不会导致其违反其章程、对其具有法律约束效力的任何规定或其在其他协议项下的义务。

4. 其系为自己的利益持有有限合伙企业的财产份额，该等财产份额之上不存在委托、信托或代持关系，如有充分证据证明该等财产份额之上存在委托、信托或代持关系的，则普通合伙人可以自行要求该有限合伙人退伙或转让其份额；但有限合伙人事先明确披露并经普通合伙人接受的情况除外，在该等情形下，如明确披露并经普通合伙人接受的该等情况发生变化，则应事先征得普通合伙人同意。

三十九、普通合伙人在此承诺和保证：

1. 其已仔细阅读本协议并理解本协议内容之确切含义。

2. 其签订本协议已按其内部程序做出有效决议并获得充分授权，代表其在本协议上签字的人为其合法有效的代表；签订本协议不会导致其违反其章程、对其具有法律约束效力的任何规定或其在其他协议项下的义务。

3. 其系为自己的利益持有财产份额，该等权益之上不存在委托、信托或代持关系。

第十章 会计、报告及账户

四十、会计年度

有限合伙企业的会计年度为每年的公历 1 月 1 日至 12 月 31 日止,但首个会计年度为自有限合伙企业设立之日起至当年之 12 月 31 日止。

四十一、审计及财务报告

1. 普通合伙人应当在法定期间内维持符合有关法律规定的、反映有限合伙企业交易项目的会计账簿并编制会计报表。

2. 有限合伙企业应于每一会计年度结束之后,由有资质的独立审计机构对有限合伙企业的财务报表进行审计。

3. 半年度报告和年度报告,普通合伙人应:

(1) 于每年(8 月 15 日)前应向全体合伙人提交半年度报告,内容为半年度投资活动总结及半年度未经审计的财务报告;

(2) 于年度(3 个月内)应向全体合伙人提交年度报告,内容为上一年度投资活动总结及上一年度经审计的财务报告。

四十二、查阅财务账簿

有限合伙人有权在正常工作时间内的合理时限内亲自或委托代理人为了与其持有的财产份额相关的正当事项查阅及复印有限合伙企业的会计账簿,但应至少提前(10 个工作日)向普通合伙人递交书面通知。有限合伙人在行使本条项下权利时应遵守有限合伙企业/普通合伙人不时制定或更新的保密程序和规定。

第十一章 财产份额转让

四十三、有限合伙人转让其财产份额应严格遵守本协议的规定

1. 拟转让其持有的全部或部分财产份额的有限合伙人("转让方")应向普通合伙人提交转让申请。当以下条件全部满足时,该转让申请方为"有效申请":

(1) 财产份额转让不会导致有限合伙企业违反《合伙企业法》或其他有关法律法规的规定,或由于转让导致有限合伙企业的经营活动受到限制;

(2) 受让方已向普通合伙人提交关于其同意受本协议约束及将遵守本协议约定、承继转让方本协议项下全部义务的承诺函,以及普通合伙人认为适宜要求的其他文件、证件及信息;

(3) 受让方已书面承诺承担因财产份额转让引起的有限合伙企业及普通合伙人发生的所有费用。

2. 对于一项有效申请，普通合伙人有权自行做出同意或不同意的决定，且无须说明任何理由。

3. 根据本协议进行财产份额转让时，普通合伙人应相应变更合伙人登记册上的相关信息并通知全体合伙人。普通合伙人依本条获得全体合伙人和/或有限合伙企业授权，与受让方签署同意受让方受让上述财产份额的书面文件并办理相应工商变更登记手续。普通合伙人依本条获得授权自行签署及/或代表有限合伙人签署相关法律文件并办理工商变更登记手续。法律或政府主管部门要求有限合伙人必须亲自签署工商变更登记相关法律文件的，有限合伙人应无条件按普通合伙人的指示签署工商变更登记所需法律文件。全体合伙人在此不可撤销的确认，发生上述情形后，合伙人名单、各合伙人认缴出资额、总认缴出资额、出资比例等均以合伙人登记册上的记载为准，工商变更登记手续的办理不影响合伙人登记册的效力。

四十四、普通合伙人持有的财产份额转让

1. 普通合伙人不应以其他任何方式转让其持有的财产份额。如出现其被宣告破产、被吊销营业执照之特殊情况，确需转让其财产份额，且受让人承诺承担原普通合伙人之全部责任和义务，在经全体有限合伙人一致同意后方可转让，否则有限合伙企业进入清算程序。

2. 普通合伙人经合伙人会议批准可向其关联人转让财产份额，但前提是拟受让财产份额当时该关联人的总资产不少于普通合伙人的总资产。

四十五、财产份额质押

合伙人不得将其持有的财产份额进行质押。

第十二章　退伙

四十六、有限合伙人退伙

1. 有限合伙人可依据本协议约定转让其持有的财产份额从而退出有限合伙，除此之外，有限合伙人不得提出退伙或提前收回实缴出资额的要求。

2. 普通合伙人可根据本协议约定强制未按约定缴付出资的有限合伙人退伙。

3. 普通合伙人可根据本协议约定强制未按普通合伙人指示签署相关法律文件或未履行本协议下其他义务的有限合伙人退伙。

4. 有限合伙人发生下列情形时，当然退伙：

（1）个人丧失偿债能力；

（2）作为有限合伙人的法人或者其他组织依法被吊销营业执照、责令关闭、撤销或者被宣告破产；

（3）法律规定或者本协议约定有限合伙人必须具有相关资格而丧失该资格的；

（4）有限合伙人在有限合伙企业中的全部财产额被人民法院强制执行；

（5）发生根据《合伙企业法》规定被视为当然退伙的其他情形。

5. 退伙事由实际发生之日为退伙生效日。

6. 有限合伙人依上述规定被强制退伙或当然退伙时，有限合伙企业不应因此解散。普通合伙人有权自行决定由其他现有合伙人或新的有限合伙人承继该退伙人的财产份额，或相应缩减有限合伙企业的总认缴出资额。

7. 如普通合伙人决定由现有合伙人或新有限合伙人承继该退伙之有限合伙人的财产份额，由该退伙之有限合伙人（或其监护人、资产管理人）与现有合伙人或新有限合伙人自行协商承继方应支付的对价，并由双方自行结算。

8. 如普通合伙人决定相应缩减有限合伙企业的总认缴出资额的，有限合伙企业应向退伙之有限合伙人退还其享有的财产份额，具体金额由普通合伙人根据本协议确定。

9. 普通合伙人应在退伙生效日后（30日内）做出上述决定，并通知全体合伙人。

10. 如普通合伙人决定相应缩减有限合伙企业的总认缴出资额，应在通知发出日后（30日）内（"退伙付款日"）向退伙之有限合伙人退还财产份额。有限合伙企业退还财产份额由普通合伙人按以下公式计算确定：

应退还的金额＝退伙生效日有限合伙企业的净值×退伙之有限合伙人实缴出资额占有限合伙企业实缴出资总额比例

注：有限合伙企业已投资但尚未变现的项目净值按项目投资时的原始投资成本计算。

11. 若有限合伙企业的现金不足以向退伙之有限合伙人退还其财产份额的，则留待有限合伙企业有足够现金时再行退还。为此，有限合伙企业（应/无须）以应退的金额为基数向退伙之有限合伙人另行支付退伙付款日起至财产份额实际退还日期间的银行同期存款利息。

四十七、普通合伙人退伙

1. 普通合伙人在此承诺，除非本协议另有明确约定，在有限合伙企业按照本协议约定解散或清算之前，普通合伙人始终履行本协议项下的职责；在有限合伙企业解散或清算之前，不要求退伙，不转让其持有的财产份额；其自身亦不会采取任何行动主动解散或终止。

2. 普通合伙人发生下列情形时，当然退伙：

（1）依法被吊销营业执照、责令关闭、撤销，或者被宣告破产；

（2）普通合伙人在有限合伙企业中的全部财产份额被人民法院强制执行；

（3）《合伙企业法》规定的其他情形。

3. 普通合伙人依上述约定当然退伙时，除非有限合伙企业立即接纳了新的普通合伙人并任命其为有限合伙企业的执行事务合伙人，否则有限合伙企业进入清算程序。

第十三章　继承

四十八、作为有限合伙人的自然人死亡、被依法宣告死亡（以下简称死亡）时，经普通合伙人批准，其经公证的遗嘱中载明的财产份额的唯一继承人或受遗赠人（以下简称继承人），或法院判决或仲裁机构裁决确定的财产份额唯一继承人可以依法取得该死亡之有限合伙人在有限合伙企业中的资格。

四十九、自然人有限合伙人死亡之日起（180天内）仍无法根据上述原则确定该财产份额的唯一继承人，则该死亡之有限合伙人在死亡之日起（第180天）当然退伙，有限合伙企业并应按本协议之规定计算应退还财产份额之金额。该等金额应按继承比例支付给死亡之有限合伙人的继承人（以公证的遗嘱、法院或仲裁机构终审判决或裁定的继承比例为准），如继承比例无法确定，则该等金额存放于托管账户，待确定成为该死亡之有限合伙人的继承人或权利承受人（以公证的遗嘱、法院或仲裁机构终审判决或裁定为准）后再行支付，存放于托管账户期间发生的相关费用应自该等金额中扣除。如有限合伙企业解散之日，继承比例仍未确定，则该等金额将被提存，提存费用应自该等金额中直接扣收。

五十、有下列情形之一的，死亡自然人有限合伙人视为退伙，有限合伙企业应当向其继承人退还财产份额相应之金额：

（1）继承人不愿意成为有限合伙企业的有限合伙人；

（2）本协议约定或法律、法规、工商登记政策规定继承人不能成为有限合伙人的其他情形。

五十一、继承情形出现时普通合伙人以本条获得不可撤销授权，自行签署及/或代表有限合伙人签署相关法律文件为有限合伙企业办理工商及其他变更手续。法律或政府主管部门要求有限合伙人必须亲自签署工商变更登记相关法律文件的，有限合伙人应无条件按执行普通合伙人的指示签署工商变更登记所需法律文件。

第十四章　违约责任

五十二、合伙人违反本协议的，应当依法或依照本协议的约定承担相应的违约责任。

五十三、合伙人未能按照约定的期限出资的，按本协议约定承担责任。

五十四、由于一方违约，造成本协议不能履行或不能完全履行时，由违约方承担违约责任；如属多方违约，根据实际情况，由各方分别承担各自应负的违约责任。

第十五章　法律适用和争议解决

五十五、本协议适用中华人民共和国法律。

五十六、因本协议引起的及与本协议有关的一切争议，首先应由相关各方之间通过友好协商解决。如相关各方不能协商解决，则应提交（中国国际经济贸易仲裁委员会按该会当时有效的仲裁规则仲裁解决。仲裁裁决是终局的，对相关各方均有约束力。除非仲裁庭有裁决，仲裁费应由败诉一方负担）。

第十六章　解散和清算

五十七、当下列任何情形之一发生时，有限合伙企业应当解散：

（1）有限合伙企业合伙期限届满；

（2）合伙人已不具备法定人数满（三十日）；

（3）执行事务合伙人提议并经全体合伙人表决通过；

（4）有限合伙企业被吊销营业执照；

（5）有限合伙企业的全部项目投资均已退出；

（6）出现《合伙企业法》及本协议规定的其他解散原因。

五十八、清算

1. 如出现本协议约定的有限合伙企业应当解散事由时，有限合伙企业应当进行清算，清算完毕后，有限合伙企业正式解散。

2. 全体合伙人一致同意，清算人由普通合伙人担任，除非届时代表实缴出资总额（三分之二及以上的合伙人）另行决定由普通合伙人之外的人士担任。

3. 在确定清算人以后，所有有限合伙企业未变现的资产由清算人负责管理，但如清算人并非普通合伙人，则普通合伙人有义务帮助清算人对未变现资产进行变现，清算期内有限合伙企业不再向普通合伙人支付管理费。

4. 清算期应不超过一年。

五十九、清算清偿顺序

1. 有限合伙企业合伙清算时，有限合伙企业财产按下列顺序进行清偿及分配：

（1）支付清算费用；

（2）支付职工工资、社会保险费用和法定补偿金；

（3）缴纳所欠税款；

（4）清偿有限合伙企业的债务；

（5）根据本协议第九条规定的分配原则和程序在所有合伙人之间进行分配。

其中对第（1）至（3）项必须以现金形式进行清偿，如现金部分不足则应增加其他资产的变现。第（4）项应与债权人协商清偿方式。

2. 有限合伙企业财产不足以清偿有限合伙企业债务的，由普通合伙人向债权人承担无限连带清偿责任。

第十七章　其他

六十、不可抗力

1. "不可抗力"指在本协议签署后发生的、本协议签署时不能预见的、其发生与后果无法避免或克服的、妨碍任何一方全部或部分履约的所有事件。上述事件包括地震、台风、水灾、火灾、战争、国际或国内运输中断、政府或公共机构的行为（包括重大法律变更或政策调整）、流行病、民乱、罢工，以及一般国际商业惯例认作不可抗力的其他事件。一方单纯缺少资金非为不可抗力事件。

2. 如果发生不可抗力事件，影响一方履行其在本协议项下的义务，则在不可抗力造成的延误期内中止履行，而不视为违约。宣称发生不可抗力的一方应迅速书面通知另一方，并在其后的（十五日）内提供证明不可抗力发生及其持续的充分证据。

3. 如果发生不可抗力事件，各合伙人应立即互相协商，以找到公平的解决办法，并且应尽一切合理努力将不可抗力的后果减小到最低限度。

六十一、附件

本协议附件作为本协议不可分割的组成部分，与本协议具有同等法律效力。

六十二、全部协议

本协议构成合伙人之间的全部协议，取代此前所达成的所有关于有限合伙企业的约定、要约、承诺或备忘录等有关资金募集及设立的口头及书面的协议。

六十三、可分割性

如本协议的任何条款或该条款对任何人或情形适用时被认定无效，其余条款或该条款对其他人或情形适用时的有效性并不受影响。

六十四、保密

本协议各方均应对因协商、签署及执行本协议而了解的其他各方的商业秘密严格保密。有限合伙人并应对其通过季度报告、半年度报告、年度报告、查阅财务账簿及合伙人会议中所了解到的有限合伙企业经营信息承担严格保密。

六十五、本协议各方签署正本一式（　）份，各份具有同等法律效力。

六十六、本协议自附件一所列各方签署之日起生效。

普通合同人：

年　月　日

有限合伙人：

年　月　日

附件一《合伙人名册》

名称	有效证件号码	出资金额	出资比例	合伙人性质	签名
				普通合伙人	
				有限合伙人	

> 程序正义是内容正义的前提,我们要认认真真地走"形式"。

第五章 信息披露风险解析

信息披露义务人应当按照基金业协会的规定及基金合同、公司章程或者合伙协议(以下统称基金合同)约定向投资者进行信息披露。信息披露作为私募基金事中事后监管的关键环节,是私募基金管理人、基金托管人履行受托义务的重要职责。信息披露义务应当依照法律法规的规定方式、时间、频率、内容进行信息披露。信息披露的法律风险与基金募集、基金合同条款的法律风险有所差别,其主要体现为监管的法律风险而非民事责任的法律风险。因此,本章改变前文对基金募集法律风险和基金合同条款法律风险予以解析的方式,而是对信息披露义务人、信息披露渠道和形式、信息披露的内容、披露信息的复核、基金运营各阶段的披露义务及时间、信息披露的相关文件资料保管、信息披露与保密、违背信息披露要求的法律后果进行列表式整理,以帮助信息披露义务人对信息披露事务进行正确的管理,以防范监管风险。

第一节 信息披露义务

一、信息披露义务人

信息披露义务人具体包括哪些人,见表5-1。

表 5-1　信息披露义务人

序号	披露义务人
1	基金管理人
2	基金托管人
3	法律、行政法规、证监会和基金业协会规定的具有信息披露义务的法人和其他组织

二、信息披露渠道和形式

信息披露渠道和形式的具体内容，见表 5-2。

表 5-2　信息披露渠道和形式

披露渠道	募集阶段	招募说明书（推介材料）
	运作阶段	基金业协会指定的私募基金信息披露备份平台
披露形式	境内募集	1. 应当采用中文文本，语言应简明、易懂。 2. 同时采用外文文本的，信息披露义务人应当保证两种文本内容一致，发生歧义时以中文文本为准
	境外募集	未要求

三、信息披露的内容

信息披露的内容包括法定内容和约定内容两类。法定内容是法律法规规定必须披露的内容，约定内容是基金合同中在法定内容基础上增加的要求披露的内容，遗漏法定内容违法，遗漏约定内容违约。信息披露的法定内容是信息披露内容的最基本要求，也是披露义务人必须披露的事项，披露得不真实、披露得不准确、披露得不完整、违背禁止性规定都会给披露义务人带来监管法律风险（见表 5-3）。

表 5-3　信息披露的原则、内容与禁止事项

披露原则	真实、准确、完整
法定披露内容	1. 基金合同； 2. 招募说明书等宣传推介文件； 3. 基金销售协议中的主要权利义务条款（如有）； 4. 基金的投资情况； 5. 基金的资产负债情况；

续表

披露原则	真实、准确、完整
法定披露合同	6. 基金的投资收益分配情况； 7. 基金承担的费用和业绩报酬安排； 8. 可能存在的利益冲突； 9. 涉及私募基金管理业务、基金财产、基金托管业务的重大诉讼、仲裁； 10. 证监会及基金业协会规定的影响投资者合法权益的其他重大信息
披露禁止事项	1. 公开披露或者变相公开披露； 2. 虚假记载、误导性陈述或者重大遗漏； 3. 对投资业绩进行预测； 4. 违规承诺收益或者承担损失； 5. 诋毁其他基金管理人、基金托管人或者基金销售机构； 6. 登载任何自然人、法人或者其他组织的祝贺性、恭维性或推荐性的文字； 7. 采用不具有可比性、公平性、准确性、权威性的数据来源和方法进行业绩比较，任意使用"业绩最佳""规模最大"等相关措辞； 8. 法律、行政法规、证监会和基金业协会禁止的其他行为

四、披露信息的复核

在基金具有基金托管人的情况下，基金托管人除了拥有保管基金财产的义务之外，对基金管理人的重大行为进行复核也是履行基金托管的重要职责事项之一（见表 5-4）。

表 5-4 披露信息的复核事项和义务人

序号	复核事项	复核义务人
1	私募基金管理人编制的基金资产净值	基金托管人
2	基金份额净值	基金托管人
3	基金份额申购赎回价格	基金托管人
4	基金定期报告	基金托管人
5	定期更新的招募说明书	基金托管人
6	基金合同中约定的其他事项	基金托管人

五、基金运营各阶段的披露义务及时间

基金运营各阶段的披露义务及时间见表 5-5。

表 5-5 基金运营各阶段的披露义务及时间

运营阶段	披露渠道/方式	应披露内容	披露时间
募集阶段	招募说明书	1. 基金的基本信息； 2. 基金管理人基本信息； 3. 基金的投资信息； 4. 基金的募集期限； 5. 基金估值政策、程序和定价模式； 6. 基金合同的主要条款； 7. 基金的申购与赎回安排； 8. 基金管理人最近三年的诚信情况说明； 9. 其他事项	募集结束前
运营阶段（含投、管、退）	私募基金信息披露备份平台	1. 基金净值； 2. 主要财务指标； 3. 投资组合情况	每季度结束之日起 10 个工作日以内
		1. 报告期末基金净值和基金份额总额； 2. 基金的财务情况； 3. 基金投资运作情况和运用杠杆情况； 4. 投资者账户信息，包括实缴出资额、未缴出资额及报告期末所持有基金份额总额等； 5. 投资收益分配和损失承担情况； 6. 基金管理人取得的管理费和业绩报酬，包括计提基准、计提方式和支付方式； 7. 基金合同约定的其他信息	每年结束之日起 4 个月以内
		重大事项变更	基金合同约定时间或及时

六、信息披露的相关文件资料保管

信息披露的相关文件资料保管见表 5-6。

表 5-6 信息披露的相关文件资料保管

保管范围	保管期限	起始日	保管人		
信息披露的相关文件资料	不少于 10 年	清算终止之日	信息披露义务人		
			基金管理人	托管人	其他

七、信息披露与保密

信息披露与保密相关内容见表 5-7。

表 5-7 信息披露与保密（相关内容）

保密范围	保密义务人
私募基金非公开披露的全部信息、商业秘密、个人隐私等	信息披露义务人
	投资者
	其他相关机构
	基金业协会

第二节 不当信息披露的法律后果与责任

一、违背信息披露要求的法律后果

违背信息披露要求的法律后果见表 5-8。

表 5-8 违背信息披露要求的法律后果

序号	违法事项	法律后果	受罚主体
1	未在基金合同约定信息披露事项	责令改正	披露义务人
2	未通过指定的私募基金信息披露备份平台报送信息	1. 限期改正； 2. 逾期未改正的，视情节轻重对信息披露义务人及主要负责人采取谈话提醒、书面警示、要求参加强制培训、行业内谴责、加入黑名单等纪律处分	1. 信息披露义务人； 2. 主要负责人
3	披露内容欠缺法定必要事项		
4	披露信息不及时		
5	披露义务人信息披露事务管理不健全		
6	未指派专人负责信息披露事务		
7	信息披露资料保管不当		
8	公开披露或者变相公开披露	1. 对基金管理人采取公开谴责、暂停办理相关业务、撤销管理人登记或取消会员资格等纪律处分； 2. 对直接负责的主管人员和其他直接责任人员可采取要求参加强制培训、行业内谴责、加入黑名单、公开谴责、认为不适当人选、暂停或取消基金从业资格等纪律处分，并记入诚信档案。情节严重的，移交证监会处理	1. 基金管理人； 2. 直接负责的主管人员； 3. 其他直接责任人员
9	虚假记载、误导性陈述或者重大遗漏		
10	对投资业绩进行预测		
11	违规承诺收益或者承担损失		
12	采用不具有可比性、公平性、准确性、权威性的数据来源和方法进行业绩比较，任意使用"业绩最佳""规模最大"等相关措辞		
13	私募基金管理人在一年之内两次被采取谈话提醒、书面警示、要求限期改正等纪律处分的	可对其采取加入黑名单、公开谴责等纪律处分	基金管理人
14	私募基金管理人在两年之内两次被采取加入黑名单、公开谴责等纪律处分的	由基金业协会移交证监会处理	基金管理人
15	违反基金合同约定	依据约定的措施承担违约责任	披露义务人

二、信息披露过错与民事赔偿责任承担

目前，我国《证券投资基金法》《私募投资基金监督管理暂行办法》《私募投资基金信息披露管理办法》等关于私募股权投资基金的法律法规当中并没有对披露义务人违反披露义务、不当披露、欺诈披露（以下简称信息披露过错）需要承担民事赔偿责任的规定，而主要是负有信息披露义务的机构或责任人员应当承担监管处罚的责任。这与私募基金信息披露过错并不能直接导致投资者损失的特点是分不开的，这在一般人看来似乎很难理解，但这与以因果关系来判断侵权和赔偿的基本法律制度是吻合的。在司法实践中证明信息披露过错是如何导致投资者损失存在举证和证据采纳的困难，但这并不代表违法的披露义务人不需要承担民事赔偿责任。

笔者认为，封闭式私募股权投资基金的运营阶段不同，信息披露义务人的信息披露过错所产生民事赔偿责任也不同。在基金的募集阶段，如果信息披露过错较容易引起投资者的错误判断，则投资者损失与信息披露过错也较容易证明，因果关系也比较清晰，所以在这个阶段披露义务人承担民事赔偿责任的风险较容易发生；而在基金的管、投、退阶段，投资者已经完成了投资，信息披露过错与投资者损失之间的因果关系难以确定，披露义务人承担民事赔偿责任的情形不易发生。但对于开放式基金来说，如果投资者基于信息披露过错做出申购或赎回的决定而产生损失，则披露义务人仍然需要对投资者的损失承担民事赔偿责任。

> 如果一个梨子的外面烂掉了，削掉烂掉的部分还能吃；而若要是里边烂掉了，就只能扔掉了。

第六章　基金管理人内部管理

第一节　基金从业人员管理

一、从业资格管理

基金从业人员除了应当与基金管理人、基金托管人、募集机构等用人单位建立劳动合同关系，签订劳动合同外，从事私募基金业务的专业人员应当具备私募基金从业资格。具备以下条件之一的，可以认定为具有私募基金从业资格：

（1）通过基金业协会组织的私募基金从业资格考试；

（2）最近三年从事投资管理相关业务；

（3）基金业协会认定的其他情形。

从事私募股权投资基金业务的各类私募基金管理人，至少2名高管人员应当取得基金从业资格，其法定代表人或执行事务合伙人（委派代表）、合规或风控负责人应当取得基金从业资格。

二、高级管理人员从业资格

高级管理人员是指私募基金管理人的董事长、总经理、副总经理、执行事务合伙人（委派代表）、合规风控负责人及实际履行上述职务的其他人员。私募基金管理人的高级管理人员应当为最近三年没有重大失信记录，未被证监会采取市场禁入措施。高级管理人员和其他从业人员，不得担任公开募集基金的基金托管人或者其他基金管理人的任何职务。

另外，根据《基金管理公司投资管理人员管理指导意见》（证监会公告〔2009〕3号）中的规定："公司不得聘用从其他公司离任未满3个月的基金经理从事投资、研究、交易等相关业务。"根据该规定，基金经理变更就职的公募基金公司需要有3个月的"静默期"，基金业协会在其《私募基金登记备案相关问题解答（四）》中对这一"静默期"予以确认，私募基金管理人对于从公募基金管理公司离职转而在私募基金管理公司就职的基金经理同样实行3个月的"静默期"要求，在此期间私募基金管理人不得聘用。

三、投资管理人员

投资管理人员是指在公司负责基金投资、研究、交易的人员及实际履行相应职责的人员，包括公司投资决策委员会成员，公司分管投资、研究、交易业务的高级管理人员，公司投资、研究、交易部门的负责人，基金经理、基金经理助理，中国证监会规定的其他人员等。投资管理人员应当诚实守信、独立客观、专业审慎、勤勉尽责，遵守以下行为准则，履行相关义务。

（1）投资管理人员应当维护基金份额持有人的利益。在基金份额持有人的利益与公司、股东及与股东有关联关系的机构和个人等的利益发生冲突时，投资管理人员应当坚持基金份额持有人利益优先的原则。

（2）投资管理人员不得利用基金财产或利用管理基金份额之便向任何机构和个人进行利益输送，不得从事或者配合他人从事损害基金份额持有人利益的活动。

（3）投资管理人员应当严格遵守法律、行政法规、证监会及基金合同的规定，执行行业自律规范和公司各项规章制度。

（4）投资管理人员应当恪守职业道德，信守对基金份额持有人、监管机构和公司做出的承诺，不得从事与履行职责有利益冲突的活动。

（5）投资管理人员应当独立、客观地履行职责，在做出投资建议或者进行投资活动时，不受他人干预，在授权范围内就投资、研究等事项做出客观、公正的独立判断。

（6）投资管理人员应当公平对待不同基金份额持有人，公平对待基金份额持有人和其他资产委托人，不得在不同基金财产之间、基金财产和其他受托资产

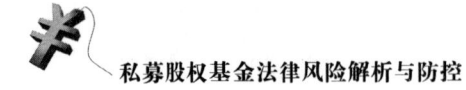

之间进行利益输送。

（7）投资管理人员应当树立长期、稳健、对基金份额持有人负责的理念，审慎签署并认真履行聘用合同。

（8）投资管理人员应当牢固树立合规意识和风险控制意识，强化投资风险管理，提高风险管理水平，审慎开展投资活动。

（9）投资管理人员应当加强学习，接受职业培训，熟悉与股权投资基金有关的政策法规及相关业务知识，不断提高专业技能。

四、募集业务人员

从事私募基金募集业务的人员应当具有基金从业资格，应当遵守法律、行政法规和基金业协会的自律规则，恪守职业道德和行为规范，应当参加后续执业培训。这里的募集业务人员既包括基金管理人自有的募集业务人员，也包括委托募集中被委托募集人内部的募集业务人员，均应当具备基金从业资格。

第二节 基金备案管理

一、备案时间

私募基金应当向基金业协会进行备案，私募基金管理人应当在私募基金募集完毕后20个工作日内，通过私募基金登记备案系统进行备案。

二、备案信息

私募基金登记备案应如实填报以下基本信息：

（1）主要投资方向及根据主要投资方向注明的基金类别。

（2）基金合同、公司章程或者合伙协议。资金募集过程中向投资者提供基金招募说明书的，应当报送基金招募说明书。以公司、合伙等企业形式设立的私募基金，还应当报送工商登记和营业执照正副本复印件。

（3）采取委托管理方式的，应当报送委托管理协议。委托托管机构托管基金财产的，还应当报送托管协议。

（4）基金业协会规定的其他信息。

三、备案登记与公示

私募基金备案材料完备且符合要求的，基金业协会应当自收齐备案材料之日起20个工作日内，通过网站公示私募基金基本情况的方式，为私募基金办结备案手续。网站公示的私募基金基本情况包括私募基金的名称、成立时间、备案时间、主要投资领域、基金管理人及基金托管人等基本信息。

四、已登记的私募基金管理人首次申请备案私募基金的流程

根据《关于进一步规范私募基金管理人登记若干事项的公告》要求，该公告发布之前已登记且尚未备案私募基金产品的私募基金管理人，应当在首次申请备案私募基金产品之前补提《私募基金管理人登记法律意见书》，待提交的法律意见书办理通过后，按照正常流程提交私募基金备案。

五、私募基金募集规模证明、实缴出资证明的备案要求

私募基金募集规模证明、实缴出资证明应为第三方机构出具的证明，包括基金托管人开具的资金到账证明、验资证明、银行回单、包含实缴信息的工商登记调档材料等出资证明文件。私募基金的募集资金不允许代付代缴。

六、无托管的私募基金的备案要求

除基金合同或合伙协议另有约定外，私募基金应当由基金托管人托管。若私募基金没有托管，请补充提交所有投资者签署的无托管确认书（"无托管确认书"中说明"本基金无托管"），或在"管理人认为需要说明的其他问题"里说明，合同中明确约定本产品无托管且保障私募基金财产安全的制度措施和纠纷解决机制的相关章节。

七、合伙企业、契约形式投资者的穿透审查

以合伙企业、契约等非法人形式，通过汇集多数投资者的资金直接或者间接

投资于私募基金的，请核实其是否在协会备案。如果已备案，请在"投资者明细"中填写产品编码；如果没有备案，根据《私募投资基金监督管理暂行办法》和《私募投资基金募集行为管理办法》相关规定，私募基金管理人或者私募基金销售机构应当穿透核查最终投资者是否为合格投资者，合并计算投资者人数，并在"投资者明细"中单独列表填报该合伙企业、契约型基金的投资者出资情况。

八、基金管理机构员工跟投

符合《私募投资基金监督管理暂行办法》第十三条第（三）项所列的私募基金投资者中包含私募基金管理人及其员工跟投且跟投金额不满足合格投资者标准的，应在私募基金登记备案系统"其他问题文件描述上传"中上传加盖私募基金管理人签章的员工在职证明和私募基金管理人与员工签署的劳务合同，或私募基金管理人为员工缴纳社保等相关证明劳务关系的文件。

第三节　基金财产管理

私募基金管理人管理、运用私募基金财产，应当恪尽职守，履行诚实信用、谨慎勤勉的义务。

一、募集结算专用账户

基金募集期间募集的资金应当归集至基金募集结算专用账户，在基金募集行为结束前，任何人不得私自动用。基金募集完毕后划转至基金财产资金账户或托管资金账户。

二、财产托管

根据基金合同和法律规定应当进行基金托管的，基金管理人应当将基金财产交托管人保管，基金托管人是依据基金运行中"管理与保管分开"的原则对基金管理人进行监督和对基金资产进行保管的机构。由基金托管人按照规定开设基金财产的资金账户，对所托管的不同基金财产分别设置账户，确保基金财产的完整与独立；保存基金托管业务活动的记录、账册、报表和其他相关资料；按照基金合同的约定，根据基金管理人的投资指令，及时办理清算、交割事宜。

三、基金专业化管理

同一私募基金管理人管理不同类别私募基金的，应当坚持专业化管理原则；管理可能导致利益输送或者利益冲突的不同私募基金的，应当建立防范利益输送和利益冲突的机制。

四、禁止侵害基金财产和利益

私募基金管理人、私募基金托管人、私募基金销售机构及其他私募服务机构及其从业人员从事私募基金业务，不得有以下行为：

（1）将其固有财产或者他人财产混同于基金财产从事投资活动。

（2）不公平地对待其管理的不同基金财产。

（3）利用基金财产或者职务之便，为本人或者投资者以外的人谋取利益，进行利益输送。

（4）侵占、挪用基金财产。

（5）泄露因职务便利获取的未公开信息，利用该信息从事或者明示、暗示他人从事相关的交易活动。

（6）从事损害基金财产和投资者利益的投资活动。

（7）玩忽职守，不按照规定履行职责。

（8）从事内幕交易、操纵交易价格及其他不正当交易活动。

（9）法律、行政法规和证监会规定禁止的其他行为。

五、基金财产的监督

基金份额持有人大会、公司型基金的公司股东会、合伙型合伙人会议仅仅对基金财产的管理、使用、收益、分配进行监督。

基金募集结算资金专用账户应当由监督机构负责实施有效监督，募集机构应当与监督机构签署账户监督协议，明确对私募基金募集结算资金专用账户的控制

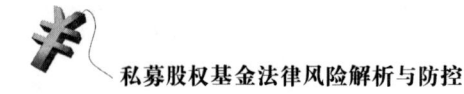

权、责任划分及保障资金划转安全的条款。监督机构应当按照法律法规和账户监督协议的约定,对募集结算资金专用账户实施有效监督,承担保障私募基金募集结算资金划转安全的连带责任。监督机构包括中国证券登记结算有限公司、取得基金销售业务资格的商业银行、证券公司、公募基金管理公司及协会规定的其他机构。监督机构和服务机构为同一机构的,应当做好内部风险防范。

六、基金财产独立

基金财产的债务由基金财产本身承担,基金份额持有人以其出资额为限对基金财产的债务承担责任。基金财产独立于基金管理人、基金托管人、基金服务机构的固有财产,基金管理人、基金托管人、基金服务机构不得将基金财产归入其固有财产。基金管理人、基金托管人因基金财产的管理、运用或者其他情形而取得的财产和收益,归入基金财产。基金管理人、基金托管人、基金服务机构因依法解散、被依法撤销或者被依法宣告破产等原因进行清算的,基金财产不属于其清算财产。基金财产的债权,不得与基金管理人、基金托管人、基金服务机构固有财产的债务相抵销;不得与不同基金财产的债权债务相互抵销。非因基金财产本身承担的债务,不得对基金财产强制执行。

基金销售结算资金、基金份额独立于基金销售机构、基金销售支付机构或者基金份额登记机构等基金服务机构的自有财产。基金销售机构、基金销售支付机构或者基金份额登记机构破产或者清算时,基金销售结算资金、基金份额不属于其破产财产或者清算财产。非因投资人本身的债务或者法律规定的其他情形,不得查封、冻结、扣划或者强制执行基金销售结算资金、基金份额。基金销售机构、基金销售支付机构、基金份额登记机构应当确保基金销售结算资金、基金份额的安全、独立,禁止任何单位或者个人以任何形式挪用基金销售结算资金、基金份额。

七、禁止不公平地对待其管理的不同基金财产

基金管理人从事私募基金业务,不得"不公平地对待其管理的不同基金财产"。根据《证券投资基金法》第二十一条第(二)项的规定"禁止不公平地对待其管理的不同基金财产",是指当基金管理人同时管理若干只基金时,基金管理人作为受托人,应当公平地对待其管理的每一只基金,对所管理的每一只基金

的基金份额持有人,都应履行诚实信用、谨慎勤勉、有效管理的义务,为所管理的各只基金的全体基金份额持有人的最大利益,管理基金财产。为一只基金的利益而损害另一只基金利益的行为,违背了受益人利益最大化原则,也违背了受托人义务,应当禁止这种行为。但笔者认为,虽然此规定的出发点很好但却缺乏操作性,不同基金如策略不同、投资时机不同,基金管理人在实践中很可能会区别对待,即便出现不公平对待事项也很难取证。

八、禁止利用基金财产或职务之便牟取利益

基金管理人从事私募基金业务,不得"利用基金财产或者职务之便,为本人或者投资者以外的人牟取利益,进行利益输送"。《证券投资基金法》第二十一条第(三)项规定禁止利用基金财产或者职务之便,为本人或者投资者以外的人牟取利益,此规定包含两层含义:一是基金管理人作为受托人,除依法取得管理费等报酬外,不得利用基金财产或者职务之便为自己牟取利益。二是基金管理人对投资者负有忠实义务,应当为基金份额持有人的利益最大化服务,不得利用基金财产或者职务之便为投资者以外的其他人牟取利益;否则,就违背了受托人义务,侵害了投资者权利。因为基金管理人的上述行为使得基金或基金受到损失的基金管理人应当承担赔偿责任。为切实保障私募基金投资者权益,私募基金管理人、托管人、销售机构及其他私募服务机构及其从业人员有必要参照适用。

第四节 基金信息报送与更新

一、季度更新事项

私募基金管理人应当在每季度结束之日起 10 个工作日内,更新所管理的私募股权投资基金等非证券类私募基金的相关信息,包括认缴规模、实缴规模、投资者数量、主要投资方向等。

二、年度更新事项

私募基金管理人应当于每年度结束之日起 20 个工作日内，更新私募基金管理人、股东或合伙人、高级管理人员及其他从业人员所管理的私募基金等基本信息。私募基金管理人应当于每年度 4 月底之前，通过私募基金登记备案系统填报经会计师事务所审计的年度财务报告。

受托管理享受国家财税政策扶持的创业投资基金的基金管理人，还应当报送所受托管理创业投资基金投资中小微企业情况及社会经济贡献情况等报告。

三、重大事项变更的报送与更新

私募基金管理人发生以下重大事项的，应当在 10 个工作日内向基金业协会报告：

（1）私募基金管理人的名称、高级管理人员发生变更。

（2）私募基金管理人的控股股东、实际控制人或者执行事务合伙人发生变更。

（3）私募基金管理人分立或者合并。

（4）私募基金管理人或高级管理人员存在重大违法违规行为。

（5）依法解散、被依法撤销或者被依法宣告破产。

（6）可能损害投资者利益的其他重大事项。

私募基金运行期间，发生以下重大事项的，私募基金管理人应当在 5 个工作日内向基金业协会报告：

（1）基金合同发生重大变化。

（2）投资者数量超过法律法规规定。

（3）基金发生清盘或清算。

（4）私募基金管理人、基金托管人发生变更。

（5）对基金持续运行、投资者利益、资产净值产生重大影响的其他事件。

四、未即时报送、更新的法律风险

未按时履行季度、年度和重大事项信息报送更新义务的，在私募基金管理人完成相应整改要求之前，基金业协会将暂停受理该机构的私募基金产品备案申请。私募基金管理人未按时履行季度、年度和重大事项信息报送更新义务累计达2次的，基金业协会将其列入异常机构名单，并通过私募基金管理人公示平台对外公示。一旦私募基金管理人作为异常机构公示，即使整改完毕，至少6个月后才能恢复正常机构公示状态。

已登记的私募基金管理人未按要求提交经审计的年度财务报告的，在私募基金管理人完成相应整改要求之前，基金业协会将暂停受理该机构的私募基金产品备案申请。新申请私募基金管理人登记的机构成立满一年但未提交经审计的年度财务报告的，中国基金业协会将不予登记。

第五节　内部控制管理

为防范和化解风险，保证各项业务的合法合规运作，实现经营目标，在充分考虑内外部环境的基础上，私募基金管理人应当对经营过程中的风险进行识别、评价和管理的制度安排、组织体系和控制措施建立相关内部管理制度。并结合自身的具体情况，明确内部控制职责，完善内部控制措施，强化内部控制保障，持续开展内部控制评价和监督。私募基金管理人最高权力机构对建立内部控制制度和维持其有效性承担最终责任，经营层对内部控制制度的有效执行承担责任。私募基金管理人应参照基金业协会发布的《私募投资基金管理人内部控制指引》等规定制定并上传相关制度，制度文件包括但不限于（视具体业务类型而定）运营风险控制制度、信息披露制度、机构内部交易记录制度、防范内部交易、利益冲突的投资交易制度、合格投资者风险揭示制度、合格投资者内部审核流程及相关制度、私募基金宣传推介、募集相关规范制度。若私募基金管理人现有组织架构和人员配置难以完全自主有效执行相关制度，该机构可考虑采购外包服务机构的服务，包括律师事务所、会计师事务所等的专业服务。基金业协会鼓励私募基金管理人结合自身经营实际情况，通过选择在协会备案的私募基金外包服务机构的专业外包服务，实现本机构风险管理和内部控制制度目标，降低运营成本，提升核心竞争力。根据《私募投资基金管理人内部控制指引》规定，基金管理

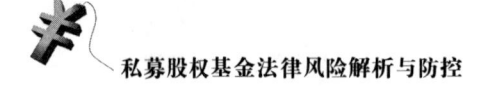

人内部控制管理要求如下。

一、内部控制管理目标

基金管理人进行内部控制管理的目标如下：

（1）保证遵守私募基金相关法律法规和自律规则。

（2）防范经营风险，确保经营业务的稳健运行。

（3）保障私募基金财产的安全、完整。

（4）确保私募基金、私募基金管理人财务和其他信息真实、准确、完整、及时。

二、内部控制原则

基金管理人建立和实施内部控制，应当遵循以下基本原则。

（1）全面性原则。内部控制应当符合法律、行政法规的规定和有关政府监管部门的监管要求，覆盖包括各项业务、各个部门和各级人员，并涵盖资金募集、投资研究、投资运作、运营保障和信息披露等主要环节。

（2）相互制约原则。组织结构应当权责分明、相互制约。

（3）执行有效原则。通过科学的内控手段和方法，建立合理的内控程序，维护内控制度的有效执行。

（4）独立性原则。各部门和岗位职责应当保持相对独立，基金财产、管理人固有财产、其他财产的运作应当分离。

（5）成本效益原则。以合理的成本控制达到最佳的内部控制效果，内部控制与私募基金管理人的管理规模和员工人数等方面相匹配，契合自身实际情况。

（6）适时性原则。私募基金管理人应当定期评价内部控制的有效性，并随着有关法律法规的调整和经营战略、方针、理念等内外部环境的变化同步适时修改或完善。

三、内部环境管理

基金管理人的内部控制环境并不一定要非常细化、具体，其重点是经营理念和内控文化、组织及治理机构、人力资源政策及人员制度等方面做出了适当性安排，有意识地在全公司内部营造合规经营的制度文化环境，培养从业人员的合规与风险意识。具体来说，内部环境管理包括经营理念和内控文化、治理结构、组织结构、人力资源政策和员工道德素质等。

首先，私募基金管理人应当在全机构树立合法合规经营的理念和风险控制优先的意识，培养从业人员的合规与风险意识，营造合规经营的制度文化环境，保证管理人及其从业人员诚实信用、勤勉尽责、恪尽职守。其次，私募基金管理人应当遵循专业化运营原则，主营业务清晰，不得兼营与私募基金管理无关或存在利益冲突的其他业务。私募基金募资设立的基础是基金投资人与管理人之间的信赖关系。在私募基金操作中，正是基于投资者的信赖，管理人直接掌控着大量的私募资金。管理人的特定身份，要求其须以投资人利益最大化为目标，专注地、忠实地履行管理义务，运用资金进行投资。再次，私募基金管理人应当健全治理结构，防范不正当关联交易、利益输送和内部人控制风险，保护投资者利益和自身合法权益。杜绝"老鼠仓"和内幕交易的发生。私募基金管理人组织结构应当体现职责明确、相互制约的原则，建立必要的防火墙制度与业务隔离制度，各部门有合理及明确的授权分工，操作相互独立。最后，私募基金管理人应当建立有效的人力资源管理制度，健全激励约束机制，确保工作人员具备与岗位要求相适应的职业操守和专业胜任能力。私募基金管理人应具备至少 2 名高级管理人员。私募基金管理人应当设置负责合规风控的高级管理人员。负责合规风控的高级管理人员，应当独立地履行对内部控制监督、检查、评价、报告和建议的职能，对因失职渎职导致内部控制失效造成重大损失的，应承担相关责任。

四、内部控制制度

私募基金管理人进行内部控制，要从业务流程控制、授权控制、募集控制、财产分离、防范利益冲突、投资控制、托管控制、外包控制、信息系统控制和会计系统控制等方面对内部控制制度进行规范。私募基金管理人应当及时识别、系统分析经营活动中与内部控制目标相关的风险，合理确定风险应对策略。根据风险评估结果，制定相应的控制制度。

（1）业务流程控制。私募基金管理人应当建立科学严谨的业务操作流程，利用部门分设、岗位分设、外包、托管等方式实现业务流程的控制。

(2) 授权控制。授权控制应当贯穿于私募基金管理人资金募集、投资研究、投资运作、运营保障和信息披露等主要环节的始终，建立健全授权标准和程序，确保授权制度的贯彻执行。

(3) 基金募集控制。私募基金分为管理人自行募集和委托募集两类，自募基金需要建立适当的内部控制机制以防范风险，切实保障募集结算资金安全；私募基金管理人应当建立合格投资者适当性制度。私募基金管理人委托募集的，应当委托获得中国证监会基金销售业务资格且成为中国证券投资基金业协会会员的机构募集私募基金，并制定募集机构遴选制度，切实保障募集结算资金安全；确保私募基金向合格投资者募集及不变相进行公募。

(4) 财产隔离控制。私募基金管理人应当建立完善的财产分离制度，私募基金财产与私募基金管理人固有财产之间、不同私募基金财产之间、私募基金财产和其他财产之间要实行独立运作，分别核算。

(5) 防止利益输送和利益冲突控制。私募基金管理人应建立健全相关机制，防范管理的各私募基金之间的利益输送和利益冲突，公平对待管理的各私募基金，保护投资者利益。

(6) 投资业务控制。私募基金管理人应当建立健全投资业务控制，保证投资决策严格按照法律法规规定，符合基金合同所规定的投资目标、投资范围、投资策略、投资组合和投资限制等要求。

(7) 基金财产安全控制。除基金合同另有约定外，私募基金应当由基金托管人托管，私募基金管理人应建立健全私募基金托管人遴选制度，切实保障资金安全。

基金合同约定私募基金不进行托管的，私募基金管理人应建立保障私募基金财产安全的制度措施和纠纷解决机制。

(8) 业务外包控制。私募基金管理人开展业务外包应制定相应的风险管理框架及制度。私募基金管理人根据审慎经营原则制订其业务外包实施规划，确定与其经营水平相适宜的外包活动范围。私募基金管理人应建立健全外包业务控制，并至少每年开展一次全面的外包业务风险评估。在开展业务外包的各个阶段，关注外包机构是否存在与外包服务相冲突的业务，以及外包机构是否采取有效的隔离措施。

（9）信息系统和会计系统。私募基金管理人自行承担信息技术和会计核算等职能的，应建立相应的信息系统和会计系统，保证信息技术和会计核算等的顺利运行。

针对有的私募基金管理人自建或者委托第三方提供计算机信息系统，本条规定了完成会计核算或估值等服务时的义务承担。

（10）信息披露控制。私募基金管理人应当建立健全信息披露控制，维护信息沟通渠道的畅通，保证向投资者、监管机构及基金业协会所披露信息的真实性、准确性、完整性和及时性，不存在虚假记载、误导性陈述或重大遗漏。信息披露事务管理制度至少应包括：信息披露义务人向投资者进行信息披露的内容、披露频度、披露方式、披露责任及信息披露渠道等事项；信息披露相关文件、资料的档案管理；信息披露管理部门、流程、渠道、应急预案及责任；未按规定披露信息的责任追究机制，对违反规定人员的处理措施。

（11）档案管理控制。私募基金管理人应当保存私募基金内部控制活动等方面的信息及相关资料，确保信息的完整、连续、准确和可追溯，保存期限自私募基金清算终止之日起不得少于10年；私募基金管理人、私募基金托管人及私募基金销售机构应当妥善保存私募基金投资决策、交易和投资者适当性管理等方面的记录及其他相关资料，保存期限自基金清算终止之日起不得少于10年；基金募集机构应当妥善保存投资者适当性管理及其他与私募基金募集业务相关的记录及其他相关资料，保存期限自基金清算终止之日起不得少于10年。

（12）第三方服务机构控制。私募基金管理人委托服务机构开展业务，应当制定相应的风险管理框架及制度，并根据审慎经营原则制订业务委托实施规划，确定与其经营水平相适宜的委托服务范围。私募基金管理人委托服务机构开展服务前，应当对服务机构开展尽职调查，了解其人员储备、业务隔离措施、软硬件设施、专业能力、诚信状况等情况；并与服务机构签订书面服务协议，明确双方的权利义务及违约责任。私募基金管理人应当对服务机构的运营能力和服务水平进行持续关注和定期评估。

（13）管理控制的内部监督。私募基金管理人应对内部控制制度的执行情况进行定期或不定期检查、监督及评价，排查内部控制制度是否存在缺陷及实施中是否存在问题，并及时予以改进，确保内部控制制度的有效执行。

第六节　内部控制不健全的法律风险

一、监管风险

基金业协会按照相关自律规则，对私募基金管理人的人员、内部控制、业务活动及信息披露等合规情况进行业务检查，业务检查可通过现场或非现场方式进行，私募基金管理人及相关人员应予以配合。

私募基金管理人未按本指引建立健全内部控制，或内部控制存在重大缺陷，导致违反相关法律法规及自律规则的，中国基金业协会可以视情节轻重对私募基金管理人及主要负责人采取书面警示、行业内通报批评、公开谴责等措施。

二、责任风险

内部控制不健全所带来的并非直接的责任风险，更多的是遭受监管机构处罚的自律性行政风险。然而若因内部控制制度不健全或未遵守内控制度而产生募集、管理、运营、投资风险和损失，则必然会引起民事责任风险的争议。当一个投资人将财产委托基金管理人进行投资，而基金管理人不健全或未按照内部控制制度要求而产生投资损失，其代理理财的行为则产生制度性明显瑕疵，投资人有权向管理人追究责任。基金管理人委托第三方机构提供私募基金服务的，私募基金管理人依法应当承担的责任不因委托而免除。服务机构在开展业务的过程中，因违法违规、违反服务协议、技术故障、操作错误等原因给基金财产造成的损失，应当由私募基金管理人先行承担赔偿责任。私募基金管理人再按照服务协议约定与服务机构进行责任分配与损失追偿。

第七章 基金管理人与服务机构

第一节 基金管理人

基金管理只能由基金管理人担任，基金管理人由依法设立的公司或者合伙企业担任，自然人不能成为基金管理人。未经登记任何单位或者个人不得使用"基金""基金管理"字样或者近似名称从事私募基金活动。基金管理机构被要求仅仅强制性的备案登记后方可从事基金管理业务，若未经备案很可能触犯非法吸收工作存款和非法经营等刑事犯罪的底线，这一点私募基金管理机构应当格外注意并做好备案登记工作，未经备案登记不得从事私募股权投资基金的管理业务。

未备案的私募股权投资基金管理机构尚不属于基金业协会的会员单位，自然基金业协会无法对其采取自律性处罚，但基金业协会作为私募基金的自律性组织享有向证监会、司法机关举报和建议的权利，且这也被法律认定为一项义务以启动必要的监管程序。对于未取得备案登记私募基金管理机构的股东、董事、高管，则存在被以非法吸收公众存款罪、非法经营罪追究刑事责任的风险和受到警告、行业内通报批评、公开谴责、取消从业资格、记入诚信档案等处罚措施。

我国的基金管理机构资格的取得是备案制而非核准制，在基金管理资格的取得上较为容易。若有参与基金管理的计划可以根据相关法律法规在工商登记机关注册一家公司或合伙企业，完成登记注册后向基金业协会申请备案，成为基金业协会的会员。对于有些地域的工商管理机关暂停办理"基金管理公司"的困难，可以考虑异地办理基金管理公司，基金管理公司的业务主要是募集和投资，而我国法律并不限制基金管理公司的异地募集或异地投资，另外对于受到限制的地域在做好前期尽职调查的基础上收购一家本地基金管理公司也是一种选择。公司型基金自聘管理团队管理基金资产的，该公司型基金应作为基金管理人并履行管理人登记手续，同时作为基金履行备案手续。

一、基金管理人登记的条件

设立私募基金管理机构和发行私募基金不设行政审批，允许各类发行主体在依法合规的基础上向累计不超过法律规定数量的投资者发行私募基金，私募基金管理人应当向基金业协会履行基金管理人登记手续并申请成为基金业协会会员。基金管理人应当具备以下条件：

（1）依法在中国境内设立并有效存续，境外设立的私募基金管理人不纳入登记范围。

（2）名称中是否含有"私募"等相关字样，含有"基金管理""投资管理""资产管理""股权投资""创业投资"等与私募基金管理人业务属性密切相关字样。

（3）经营范围符合国家相关法律法规的规定，含有"基金管理""投资管理""资产管理""股权投资""创业投资"等与私募基金管理人业务属性密切相关字样。

（4）主营业务为私募基金管理业务，不得兼营可能与私募投资基金业务存在冲突的业务、不得兼营与"投资管理"的买方业务存在冲突的业务（如民间借贷、民间融资、配资业务、小额理财、小额借贷、P2P/P2B、众筹、保理、担保、房地产开发、交易平台等）。

（5）虽然目前法律法规并未对基金管理人的注册资本金、实缴资本金、公司净资产等资产状况做出特别要求，但作为必要合理的机构运营条件，基金管理人应具有足够的资本金保证机构有效运转。

（6）具有开展私募基金管理业务所需的从业人员，高级管理人员应具有私募基金从业资格，高管岗位设置是否符合中国基金业协会的要求。

（7）固定的营业场所，营业场所具备运营的基本设施和条件。

（8）健全的风险管理和内部控制制度。

（9）未被列入全国企业信用信息公示系统的经营异常名录或严重违法企业

名录；未在"信用中国"网站上存在不良信用记录。

（10）其他法律法规规定的条件。

二、基金管理人登记申请材料与程序

私募基金管理人应当向基金业协会履行基金管理人登记手续并申请成为基金业协会会员。《私募投资基金监督管理暂行办法》第七条规定，私募基金管理向基金业协会申请登记，应当如实报送以下基本信息：

（1）工商登记和营业执照正副本复印件；

（2）公司章程或者合伙协议；

（3）主要股东或者合伙人名单；

（4）高级管理人员的基本信息；

（5）基金业协会规定的其他信息。

根据《私募投资基金管理人登记和基金备案办法》的规定，私募基金管理人申请登记还应当如实填报其他从业人员基本信息、管理基金的基本信息。

申请人在登记申请时登记申请材料不完备或不符合规定的私募基金管理人应当根据基金业协会的要求及时补正。申请登记期间，登记事项发生重大变化的，私募基金管理人应当及时告知基金业协会并变更申请登记内容。基金业协会可以采取约谈高级管理人员、现场检查、向中国证监会及其派出机构、相关专业协会征询意见等方式对私募基金管理人提供的登记申请材料进行核查。私募基金管理人提供的登记申请材料完备的，基金业协会应当自收齐登记材料之日起20个工作日内，以通过网站公示私募基金管理人基本情况的方式，为私募基金管理人办结登记手续。网站公示的私募基金管理人基本情况包括私募基金管理人的名称、成立时间、登记时间、住所、联系方式、主要负责人等基本信息及基本诚信信息。公示信息不构成对私募基金管理人投资管理能力、持续合规情况的认可，不作为基金资产安全的保证。经登记后的私募基金管理人依法解散、被依法撤销或者被依法宣告破产的，基金业协会应当及时注销基金管理人登记。

三、私募基金管理人登记对公司资本的要求

《私募投资基金管理人登记和基金备案办法》等相关法律法规并未要求申请

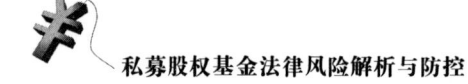

人应当具备特定金额以上的资本金才可登记。但作为必要合理的机构运营条件，申请人应根据自身运营情况和业务发展方向，确保有足够的资本金保证机构有效运转。相关资本金应覆盖一段时间内机构的合理人工薪酬、房屋租金等日常运营开支。律师事务所应当对私募基金管理人是否具备从事私募基金管理人所需的资本金、资本条件等进行尽职调查并出具专业法律意见。针对私募基金管理人的实收资本/实缴资本不足100万元或实收比例/实缴比例未达到注册资本/认缴资本的25%的情况，协会将在私募基金管理人公示信息中予以特别提示，并在私募基金管理人分类公示中予以公示。

四、私募基金管理人登记时机构需要的基本制度

私募基金管理人应参照协会发布的《私募投资基金管理人内部控制指引》《私募基金管理人登记法律意见书指引》等规定制定并上传相关制度，制度文件包括但不限于（视具体业务类型而定）运营风险控制制度、信息披露制度、机构内部交易记录制度、防范内部交易、利益冲突的投资交易制度、合格投资者风险揭示制度、合格投资者内部审核流程及相关制度、私募基金宣传推介、募集相关规范制度，以及适用于私募证券投资基金业务的公平交易制度、从业人员买卖证券申报制度等。

此外，法律意见书中律师事务所应根据公司实际情况对制度是否具备有效执行的现实基础和条件出具意见。例如，相关制度的建立是否与机构现有组织架构和人员配置相匹配，是否满足机构运营的实际需求等。若私募基金管理人现有组织架构和人员配置难以完全自主有效执行相关制度，该机构可考虑采购外包服务机构的服务，包括律师事务所、会计师事务所等的专业服务。协会鼓励私募基金管理人结合自身经营实际情况，通过选择在协会备案的私募基金外包服务机构的专业外包服务，实现本机构风险管理和内部控制制度目标，降低运营成本，提升核心竞争力。若存在上述情况，请在申请私募基金管理人登记时，同时提交外包服务协议或外包服务协议意向书。

五、注册地和实际经营场所不一致

申请人注册地和实际经营场所不在同一个行政区域的，不影响私募基金管理

人登记。但申请机构应对有关事项如实填报，律师事务所则需做好相关事实性陈述，说明管理人的经营地、注册地分别所在地点，是否确实在实际经营地经营等事项。

第二节 受托基金销售机构

除了在中国证券投资基金业协会办理私募基金管理人登记的机构可以自行募集其设立的私募基金外，在证监会注册取得基金销售业务资格并已成为基金业协会会员的机构（以下简称基金销售机构）可以受私募基金管理人的委托募集私募基金。其他任何机构和个人不得从事私募基金的募集活动。根据《证券投资基金销售管理办法》第八条规定，商业银行（含在华外资银行，下同）、证券公司、期货公司、保险机构、证券投资咨询机构、独立基金销售机构及中国证监会认定的其他机构在向工商注册登记所在地的中国证监会派出机构进行注册并取得相应资格后可以从事基金销售（基金募集）业务。

一、基金销售机构的综合性条件

根据《证券投资基金销售管理办法》的规定，商业银行、证券公司、期货公司、保险机构、证券投资咨询机构、独立基金销售机构及中国证监会认定的其他机构申请注册基金销售业务资格都应当具备综合性条件和根据其主体特点设定的特别条件，其中综合性条件包括：

（1）具有健全的治理结构、完善的内部控制和风险管理制度，并得到有效执行。

（2）财务状况良好，运作规范稳定。

（3）有与基金销售业务相适应的营业场所、安全防范设施和其他设施。

（4）有安全、高效的办理基金发售、申购和赎回等业务的技术设施，且符合中国证监会对基金销售业务信息管理平台的有关要求，基金销售业务的技术系统已与基金管理人、中国证券登记结算公司相应的技术系统进行了联网测试，测试结果符合国家规定的标准。

（5）制定了完善的资金清算流程，资金管理符合中国证监会对基金销售结算资金管理的有关要求。

（6）有评价基金投资人风险承受能力和基金产品风险等级的方法体系。

（7）制定了完善的业务流程、销售人员执业操守、应急处理措施等基金销售业务管理制度，符合证监会对基金销售机构内部控制的有关要求。

（8）有符合法律法规要求的反洗钱内部控制制度。

（9）中国证监会规定的其他条件。

申请机构除应当具备综合性条件外，不同类别的申请机构也有其特别的条件，同时满足综合性条件和特别条件。

二、商业银行应具备的特别条件

商业银行申请基金销售业务资格，除具备综合性条件外，还应当具备下列条件：

（1）有专门负责基金销售业务的部门。

（2）资本充足率符合国务院银行业监督管理机构的有关规定。

（3）最近3年内没有受到重大行政处罚或者刑事处罚。

（4）公司负责基金销售业务的部门取得基金从业资格的人员不低于该部门员工人数的1/2，负责基金销售业务的部门管理人员取得基金从业资格，熟悉基金销售业务，并具备从事基金业务2年以上或者在其他金融相关机构5年以上的工作经历；公司主要分支机构基金销售业务负责人均已取得基金从业资格。

（5）国有商业银行、股份制商业银行及邮政储蓄银行等取得基金从业资格人员不少于30人；城市商业银行、农村商业银行、在华外资法人银行等取得基金从业资格人员不少于20人。

三、证券公司应具备的特别条件

证券公司申请基金销售业务资格除具备综合性条件外，还应当具备下列条件：

（1）有专门负责基金销售业务的部门。

（2）净资本等财务风险监控指标符合证监会的有关规定。

（3）最近3年没有挪用客户资产等损害客户利益的行为。

（4）没有因违法违规行为正在被监管机构调查或者正处于整改期间，最近3年内没有受到重大行政处罚或者刑事处罚。

（5）没有发生已经影响或者可能影响公司正常运作的重大变更事项，或者诉讼、仲裁等其他重大事项。

（6）公司负责基金销售业务的部门取得基金从业资格的人员不低于该部门员工人数的1/2，负责基金销售业务的部门管理人员取得基金从业资格，熟悉基金销售业务，并具备从事基金业务2年以上或者在其他金融相关机构5年以上的工作经历；公司主要分支机构基金销售业务负责人均已取得基金从业资格。

（7）取得基金从业资格的人员不少于30人。

四、期货公司应具备的特别条件

期货公司申请基金销售业务资格除具备综合性条件外，还应当具备下列条件：

（1）有专门负责基金销售业务的部门。

（2）净资本等财务风险监控指标符合证监会的有关规定。

（3）最近3年没有挪用客户保证金等损害客户利益的行为。

（4）没有因违法违规行为正在被监管机构调查或者正处于整改期间，最近3年内没有受到重大行政处罚或者刑事处罚。

（5）没有发生已经影响或者可能影响公司正常运作的重大变更事项，或者诉讼、仲裁等其他重大事项。

（6）公司负责基金销售业务的部门取得基金从业资格的人员不低于该部门员工人数的1/2，负责基金销售业务的部门管理人员取得基金从业资格，熟悉基金销售业务，并具备从事基金业务2年以上或者在其他金融相关机构5年以上的工作经历；公司主要分支机构基金销售业务负责人均已取得基金从业资格。

（7）取得基金从业资格的人员不少于20人。

五、保险公司应具备的特别条件

保险机构是指在中华人民共和国境内经中国保险监督管理委员会批准设立的

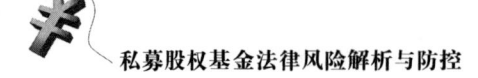

保险公司、保险经纪公司和保险代理公司。保险公司申请基金销售业务资格除具备综合性条件外，还应当具备下列条件：

（1）有专门负责基金销售业务的部门。

（2）注册资本不低于5亿元人民币。

（3）偿付能力充足率符合国务院保险业监督管理机构的有关规定。

（4）没有因违法违规行为正在被监管机构调查或者正处于整改期间，最近3年内没有受到重大行政处罚或者刑事处罚。

（5）没有发生已经影响或者可能影响公司正常运作的重大变更或者诉讼、仲裁等重大事项。

（6）公司负责基金销售业务的部门取得基金从业资格的人员不低于该部门员工人数的1/2，负责基金销售业务的部门管理人员取得基金从业资格，熟悉基金销售业务，并具备从事基金业务2年以上或者在其他金融相关机构5年以上的工作经历；公司主要分支机构基金销售业务负责人均已取得基金从业资格。

（7）取得基金从业资格的人员不少于30人。

六、保险经纪公司和保险代理公司应具备的特别条件

保险经纪公司和保险代理公司申请基金销售业务资格除具备综合性条件外，还应当具备下列条件：

（1）有专门负责基金销售业务的部门。

（2）注册资本不低于5000万元人民币，且必须为实缴货币资本。

（3）公司负责基金销售业务的高级管理人员已取得基金从业资格，熟悉基金销售业务，并具备从事基金业务2年以上或者在其他金融相关机构5年以上的工作经历。

（4）没有因违法违规行为正在被监管机构调查或者正处于整改期间，最近3年内没有受到重大行政处罚或者刑事处罚。

（5）没有发生已经影响或者可能影响公司正常运作的重大变更或者诉讼、仲裁等重大事项。

（6）公司负责基金销售业务的部门取得基金从业资格的人员不低于该部门员工人数的1/2，负责基金销售业务的部门管理人员取得基金从业资格，熟悉基

金销售业务，并具备从事基金业务 2 年以上或者在其他金融相关机构 5 年以上的工作经历；公司主要分支机构基金销售业务负责人均已取得基金从业资格。

（7）取得基金从业资格的人员不少于 10 人。

七、证券投资咨询机构应具备的特别条件

证券投资咨询机构申请基金销售业务资格除具备本办法综合性条件外，还应当具备下列条件：

（1）有专门负责基金销售业务的部门。

（2）注册资本不低于 2000 万元人民币，且必须为实缴货币资本。

（3）公司负责基金销售业务的高级管理人员已取得基金从业资格，熟悉基金销售业务，并具备从事基金业务 2 年以上或者在其他金融相关机构 5 年以上的工作经历。

（4）持续从事证券投资咨询业务 3 个以上完整会计年度。

（5）最近 3 年没有代理投资人从事证券买卖的行为。

（6）没有因违法违规行为正在被监管机构调查，或者正处于整改期间；最近 3 年内没有受到重大行政处罚或者刑事处罚。

（7）没有发生已经影响或者可能影响公司正常运作的重大变更事项，或者诉讼、仲裁等其他重大事项。

（8）公司负责基金销售业务的部门取得基金从业资格的人员不低于该部门员工人数的 1/2，负责基金销售业务的部门管理人员取得基金从业资格，熟悉基金销售业务，并具备从事基金业务 2 年以上或其他金融相关机构 5 年以上的工作经历；公司主要分支机构基金销售业务负责人均已取得基金从业资格。

（9）取得基金从业资格的人员不少于 10 人。

八、独立基金销售机构应具备的特别条件

独立基金销售机构可以专业从事基金及其他金融理财产品销售，其申请基金销售业务资格除具备综合性条件外，还应当具备下列条件：

（1）为依法设立的有限责任公司、合伙企业或者符合中国证监会规定的其他形式。

（2）有符合规定的经营范围。

（3）注册资本或者出资不低于2000万元人民币，且必须为实缴货币资本。

（4）有限责任公司股东或者合伙企业合伙人符合本办法规定。

（5）没有发生已经影响或者可能影响机构正常运作的重大变更事项，或者诉讼、仲裁等其他重大事项。

（6）高级管理人员已取得基金从业资格，熟悉基金销售业务，并具备从事基金业务2年以上或者在其他金融相关机构5年以上的工作经历。

（7）取得基金从业资格的人员不少于10人。

独立基金销售机构以有限责任公司形式设立的，其股东可以是企业法人或者自然人。

企业法人参股独立基金销售机构应当具备以下条件：

（1）持续经营3个以上完整会计年度，财务状况良好，运作规范稳定。

（2）最近3年没有受到刑事处罚。

（3）最近3年没有受到金融监管、行业监管、工商、税务等行政管理部门的行政处罚。

（4）最近3年在自律管理、商业银行等机构无不良记录。

（5）没有因违法违规行为正在被监管机构调查或者正处于整改期间。

自然人参股独立基金销售机构应当具备以下条件：

（1）有从事证券、基金或者其他金融业务10年以上或者证券、基金业务部门管理5年以上或者担任证券、基金行业高级管理人员3年以上的工作经历。

（2）最近3年没有受到刑事处罚。

（3）最近3年没有受到金融监管、行业监管、工商、税务等行政管理部门的行政处罚。

（4）在自律管理、商业银行等机构无不良记录。

（5）无到期未清偿的数额较大的债务。

（6）最近3年无其他重大不良诚信记录。

独立基金销售机构以合伙企业形式设立的，其合伙人应当具备以下条件：

（1）有从事证券、基金或者其他金融业务10年以上或者证券、基金业务部门管理5年以上或者担任证券、基金行业高级管理人员3年以上的工作经历。

（2）最近3年没有受到刑事处罚。

（3）最近3年没有受到金融监管、工商、税务等行政管理部门的行政处罚。

（4）在自律管理、商业银行等机构无不良记录。

（5）无到期未清偿的数额较大的债务。

（6）最近3年无其他重大不良诚信记录。

第三节　基金监督机构

一、基金监督机构的条件

根据《私募投资基金服务业务管理办法（试行）》规定可知："监督机构是指中国证券登记结算有限责任公司、取得基金销售业务资格的商业银行、证券公司、公募基金管理公司及协会规定的其他机构"。由此可见，除了中国证券登记结算有限责任公司之外，私募基金的监督机构所应具备的条件和资格取得的方式与基金销售机构一致，同样需要取得基金销售业务资格（见本章第二节）。

二、基金监督机构可否与募集机构为同一机构

根据《私募投资基金服务业务管理办法（试行）》第二十二条规定："监督机构和服务机构为同一机构的，应当做好内部风险防范。"第二条规定："私募基金管理人委托私募基金服务机构（以下简称服务机构），为私募基金提供基金募集、投资顾问、份额登记、估值核算、信息技术系统等服务业务，适用本办法。"通过这一规定，综合判断基金监督机构可以和基金募集机构为同一机构。

三、监督机构的连带责任

根据《私募投资基金服务业务管理办法（试行）》第二十二条规定，基金募集结算资金专用账户应当由监督机构负责实施有效监督，监督协议中应当明确监督机构保障投资者资金安全的连带责任条款。

第四节　基金托管机构

除基金合同另有约定外，私募基金应当由基金托管人托管。基金托管人应当符合以下要求：基金托管人应当由依法设立的商业银行或者其他金融机构担任，商业银行担任基金托管人的，由国务院证券监督管理机构会同国务院银行业监督管理机构核准；其他金融机构担任基金托管人的，由国务院证券监督管理机构核准。

一、托管人混业禁止

基金托管人与基金管理人不得为同一机构，不得相互出资或者持有股份。私募基金托管人不得被委托担任同一私募基金的服务机构，除该托管人能够将其托管职能和基金服务职能进行分离，恰当地识别、管理、监控潜在的利益冲突，并披露给投资者。

二、基金托管人条件

担任基金托管人应当具备以下条件：
（1）净资产和风险控制指标符合有关规定。
（2）设有专门的基金托管部门。
（3）取得基金从业资格的专职人员达到法定人数。
（4）有安全保管基金财产的条件。
（5）有安全高效的清算、交割系统。
（6）有符合要求的营业场所、安全防范设施和与基金托管业务有关的其他设施。
（7）有完善的内部稽核监控制度和风险控制制度。
（8）法律、行政法规规定的和经国务院批准的国务院证券监督管理机构、国务院银行业监督管理机构规定的其他条件。

三、基金托管人职责

基金托管人按照法律规定和基金合同的约定,履行受托职责,基金托管人应当履行下列法定职责:

(1)安全保管基金财产。

(2)按照规定开设基金财产的资金账户和证券账户。

(3)对所托管的不同基金财产分别设置账户,确保基金财产的完整与独立。

(4)保存基金托管业务活动的记录、账册、报表和其他相关资料。

(5)按照基金合同的约定,根据基金管理人的投资指令,及时办理清算、交割事宜。

(6)办理与基金托管业务活动有关的信息披露事项。

(7)对基金财务会计报告、中期和年度基金报告出具意见。

(8)复核、审查基金管理人计算的基金资产净值和基金份额申购、赎回价格。

(9)按照规定召集基金份额持有人大会。

(10)按照规定监督基金管理人的投资运作。

(11)国务院证券监督管理机构规定的其他职责。

四、基金托管人权利义务

基金托管人发现基金管理人的投资指令违反法律、行政法规和其他有关规定,或者违反基金合同约定的,应当拒绝执行,立即通知基金管理人,并及时向国务院证券监督管理机构报告。

基金托管人发现基金管理人依据交易程序已经生效的投资指令违反法律、行政法规和其他有关规定,或者违反基金合同约定的,应当立即通知基金管理人,并及时向国务院证券监督管理机构报告。

五、基金托管人职责终止

基金托管人基于基金托管合同和基金份额持有人的共同委托进行基金托管,有下列情形之一的,基金托管人职责终止:

(1)被依法取消基金托管资格。

（2）被基金份额持有人大会解任。

（3）依法解散、被依法撤销或者被依法宣告破产。

（4）基金合同约定的其他情形。

基金托管人职责终止的，基金份额持有人大会应当在 6 个月内选任新基金托管人；新基金托管人产生前，由国务院证券监督管理机构指定临时基金托管人。基金托管人职责终止的，应当妥善保管基金财产和基金托管业务资料，及时办理基金财产和基金托管业务的移交手续，新基金托管人或者临时基金托管人应当及时接收。按照规定聘请会计师事务所对基金财产进行审计，并将审计结果予以公告，同时报国务院证券监督管理机构备案。

六、基金托管人法律风险

基金托管人不再具备本法规定的条件，或者未能勤勉尽责，在履行本法规定的职责时存在重大失误的，国务院证券监督管理机构、国务院银行业监督管理机构应当责令其改正；逾期未改正，或者其行为严重影响所托管基金的稳健运行、损害基金份额持有人利益的，国务院证券监督管理机构、国务院银行业监督管理机构可以区别情形，对其采取下列措施：

（1）限制业务活动，责令暂停办理新的基金托管业务。

（2）责令更换负有责任的专门基金托管部门的高级管理人员。

国务院证券监督管理机构、国务院银行业监督管理机构对有下列情形之一的基金托管人，可以取消其基金托管资格：

（1）连续 3 年没有开展基金托管业务的。

（2）违反本法规定，情节严重的。

（3）法律、行政法规规定的其他情形。

第五节　基金服务机构

根据《私募投资基金服务业务管理办法（试行）》相关规定，私募基金管理人可以委托私募基金服务机构为私募基金提供基金募集、投资顾问、份额登记、估值核算、信息技术系统等服务业务，受委托私募基金服务机构的私募基金管理人应当委托在中国证券投资基金业协会完成登记并已成为协会会员的服务机构提供私募基金服务业务。私募基金管理人委托服务机构开展业务，应当制定相应的风险管理框架及制度，并根据审慎经营原则制订业务委托实施规划，确定与其经营水平相适宜的委托服务范围。私募基金管理人委托服务机构开展服务前，应当对服务机构开展尽职调查，了解其人员储备、业务隔离措施、软硬件设施、专业能力、诚信状况等情况；并与服务机构签订书面服务协议，明确双方的权利义务及违约责任。私募基金管理人应当对服务机构的运营能力和服务水平进行持续关注和定期评估。

一、基金服务机构的条件

《私募投资基金服务业务管理办法（试行）》第八条规定，申请开展私募基金份额登记服务、基金估值核算服务、信息技术系统服务的机构，应当具备下列条件：

（1）经营状况良好，其中开展私募基金份额登记服务和信息技术系统服务的机构实缴资本不低于人民币 5000 万元。

（2）公司治理结构完善，内部控制有效。

（3）经营运作规范，最近 3 年内无重大违法违规记录。

（4）组织架构完整，设有专门的服务业务团队和分管服务业务的高管，服务业务团队的设置能够保证业务运营的完整与独立，服务业务团队有满足营业需要的固定场所和安全防范措施。

（5）配备相应的软硬件设施，具备安全、独立、高效、稳定的业务技术系统，且所有系统已完成包括协会指定的中央数据交换平台在内的业务联网测试。

（6）负责私募基金服务业务的部门负责人、独立第三方服务机构的法定代表人等应当具备基金从业资格。所有从业人员应当自从事私募基金服务业务之日起 6 个月内具备基金从业资格，并参加后续执业培训。

（7）申请机构应当评估业务是否存在利益冲突并设置相应的防火墙制度。

（8）申请机构的信息技术系统应当符合法律法规、中国证监会及协会的规定及相关标准，建立网络隔离、安全防护与应急处理等风险管理制度和灾难备份系统。

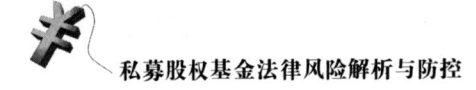

（9）申请开展信息技术服务的机构应当具有国家有关部门规定的资质条件或者取得相关资质认证，拥有同类应用服务经验，具有开展业务所有需要的人员、设备、技术、知识产权以及良好的安全运营记录等条件。

（10）协会规定的其他条件。

二、申请登记材料

《私募投资基金服务业务管理办法（试行）》第九条规定，申请登记的机构提交的材料包括但不限于：

（1）诚信及合法合规承诺函。

（2）内控管理制度、业务隔离措施以及应急处理方案。

（3）信息系统配备情况及系统运行测试报告。

（4）私募基金服务业务团队设置和岗位职责规定及包括分管领导、业务负责人、业务人员等在内的人员基本情况。

（5）与私募基金管理人签订的约定双方权利义务的服务协议或意向合作协议清单。

（6）涉及募集结算资金的，应当包括相关账户信息、募集销售结算资金安全保障机制的说明材料，以及协会指定的中央数据交换平台的测试报告等。

（7）法律意见书。

（8）开展私募基金服务业务的商业计划书。

（9）协会规定的其他材料。

三、禁止服务转包

《私募投资基金服务业务管理办法（试行）》第三条规定，服务机构不得将已承诺的私募基金服务业务转包或变相转包。

四、责任分担

《私募投资基金服务业务管理办法（试行）》第十九条规定，服务机构在开展业务的过程中，因违法违规、违反服务协议、技术故障、操作错误等原因给基金财产造成的损失，应当由私募基金管理人先行承担赔偿责任。私募基金管理人再按照服务协议约定与服务机构进行责任分配与损失追偿。

五、定期报告

《私募投资基金服务业务管理办法（试行）》第四十九条第一款规定，服务机构应当在每个季度结束之日起 15 个工作日内向协会报送服务业务情况表，每个年度结束之日起三个月内向协会报送运营情况报告。服务机构应当在每个年度结束之日起四个月内向协会报送审计报告。服务机构的注册资本、注册地址、法定代表人、分管基金服务业务的高级管理人员等重大信息发生变更的，应当自变更发生之日起 10 个工作日内向协会更新登记信息。

六、重大事项变更

《私募投资基金服务业务管理办法（试行）》第四十九条第二款规定，独立第三方服务机构通过一次或多次股权变更，整体构成变更持股 5% 以上股东或变更股东持股比例超过 5% 的，应当及时向协会报告；整体构成变更持股 20% 以上股东或变更股东持股比例超过 20%，或实际控制人发生变化的，应当自董事会或者股东（大）会做出决议之日起 10 个工作日内向协会提交重大信息变更申请。发生重大事件时，私募基金管理人、私募基金托管人、服务机构应当及时向协会报告。

七、档案管理

《私募投资基金服务业务管理办法（试行）》第十七条规定，服务机构应当建立健全档案管理制度，妥善保管服务所涉及的资料。服务机构提供份额登记服务的，登记数据保存期限自基金账户销户之日起不得少于 20 年。

第八章 基金股权投资方式

私募股权投资基金的投资对象包括买卖股票、股权、债券、期货、期权、基金份额及投资合同约定的其他投资标的，而以投资非上市公司的股权为核心。股权投资基金通过投资取得目标公司的股权并在一定时间出让以获取资本溢价，实现投资目的。

根据不同的分类方式股权投资有很多种，根据股权取得的方式不同，可以把股权投资分为普通股权受让和增资扩股；根据投资后私募基金持股比例及所取得的控制地位不同，可以把股权投资分为控股型投资、相对控股型投资和参股型投资；根据股权投资所支付的对价是货币、资产、股权等不同，可以把股权投资分为货币式投资和置换式投资；根据股权投资的资金来源不同，可以把股权投资分为自有投资和杠杆资金投资（杠杆收购）；根据投资后私募基金是否继承公司债务，可以把股权投资分为不继承债务的投资和承债式投资；根据投资目的不同，可以把股权投资分为财务性投资和战略性投资；根据投资发起人身份不同可以把股权投资分为管理层收购和一般股权投资，或分为外部投资收购和管理层投资收购；等等。

第一节 基金投资的进门形态

一、普通股权受让

私募基金通过股权转让的方式受让目标公司股权是最为常见的一种股权投资

方式，私募基金与目标公司股东股权签订《股权转让协议》，向出让股东支付交易价款而取得目标公司股权，私募基金以货币的方式购买目标公司股权实现股权投资的目的，最终通过溢价转让持有的股权而获得投资回报。在普通股权转让中并不要求投资人实际取得目标公司的控制权和管理权，更多的是通过对股东会、董事会的重大事项否决权来参与目标公司的决策。相对于杠杆投资来讲，普通股权受让所使用的资金系私募股权投资基金使用投资人自有资金；相对于股权置换来讲普通股权受让使用的货币资本而非股权资产；相对于承债式投资来讲，普通股权受让以目标公司存有净资产为要件；相对于战略性投资来讲，普通股权受让的目的仅仅是财务性投资。普通股权受让投资具有操作简便、结构清晰等特点，私募基金与目标公司达成股权转让协议变更工商登记即可，但普通股权转让存在诸多的局限性，比如投资规模会受到自有资金规模的限制，投资会产生税费，投资可能会使原来的股东因提前获得回报退出或者降低其经营积极性等。

普通股权转让投资的操作流程如下所示。

（1）准备阶段。基金管理人寻找、发现目标公司，与拟出让股权的目标公司股东沟通确定股权受让意向。

（2）融资安排。在股权受让意向确定后基金管理人安排购买股权所需要的资金，或者根据情况发起设立专项股权投资基金为股权受让做出资金安排。

（3）尽职调查。对目标公司展开法律、财务、经营等方面的尽职调查，充分了解目标公司的实际情况，对目标公司资产、收益及未来预期做出评估。

（4）签署股权转让协议并交纳股权出让金。私募基金管理人完成尽职调查和评估后做出投资决策，与出让股权的股东签订股权转让协议，按照协议的约定支付股权转让价款。《公司法》并不要求目标公司股权转让需要由股东会或董事会做出决议但其他股东应当享有优先购买权，所以在股权转让协议签订前需要目标公司其他股东放弃优先购买权。

（5）变更公司股权。按照股权转让协议的要求及时办理股权变更登记手续，修订公司章程。

二、增资扩股

增资扩股就是指目标公司针对与私募基金投资事宜，提前商定的投资计划安排，由目标公司发起，由私募基金认缴完成而成为目标公司新增股东、增加目标公司资本金的投资方式。私募基金增资扩股常常以溢价方式增资，私募基金将一部分款项作为股本金缴纳至目标公司，溢价股本金则计入公司资本公积金。

在很多情形下，简单的股权受让方式并不适宜私募基金向目标公司的投资，如那些高科技含量、高管理含量、高知识附加值、高经验含量（以下简称核心经营能力）的目标公司，未来的经营成败并非以基金的资本优势所决定。目标公司原股东的知识、管理能力、技术和经验等无形资产能够创造高额企业回报，这些目标公司轻资产、轻资本，相对于投资人的资本规模来讲，原有股东向目标公司出资的资本金真是凤毛麟角，如对于一个资产价值1000万元的目标公司，若私募基金想仅仅依靠500万元的资金获取目标公司50%的股权是绝对不现实的，在股权投资领域资本不会代表价值，而更具有价值的是目标公司的核心经营能力，往往私募基金的投资是在目标公司做了充分估值溢价后的投资。

与增资扩股相比，股权转让的高溢价会让出让方获得高额的回报，同时也需要缴纳不菲的税收，羊毛出在羊身上，私募基金成为最终的埋单人；另外，目标公司原股东实现了获利退出，目标公司的经营动力会大打折扣，这对投资后的私募基金是极为不利的，私募基金并不具有企业经营管理的能力。所以，增资扩股既可以摆脱税负的问题，又可以实现私募基金和目标公司原股东捆绑发展的目的，成为现阶段私募基金对目标公司投资的主流方式。

私募股权投资增资扩股的操作流程如下所示。

（1）与目标公司达成初步意向。通过沟通和谈判，私募基金与目标公司及股东达成初步合作意向，双方就目标公司的增资扩股、引入新的股东等事项进行深入谈判。达成初步合作意向是增资扩股的第一步，但并不意味着双方必须进行此次合作，只是说双方均有合作的意愿，希望将合作推进到下一个程序。

（2）融资安排。私募股权基金管理人根据实际需要和法律法规的规定募集资本设立基金或利用原有基金资本按照基金合同约定的投资范围准备资金。

（3）开展尽职调查工作，对目标公司的资产状况予以评估。私募股权投资基金根据实际情况自行或委托第三方对目标公司展开尽职调查工作，对公司资产、债权债务、财务情况、经营情况等进行尽职调查，评估公司财产价值。

（4）签订增资扩股协议。合作各方在经过充分商议后，结合目标公司资产和所议事项拟定并签署增资扩股协议。增资扩股协议应该界定公司增资前和增资后的注册资本、股本总额、股本结构和种类（优先股/普通股等）、每股金额等事项。对于以溢价方式进行增资扩股的，应当将溢价所得计入公司资本公积金。另外，根据《公司法》规定，在增资扩股协议签订前有限责任公司股东会要对增加公司资本做出决议，必须经代表2/3以上表决权的股东通过。尽管与私募股权投资基金洽谈的是目标公司的主要股东并达成增资扩股的一致性意愿，但仍需要目标公司股东会对此做出决议。

（5）缴纳资本。有限责任公司在增加注册资本时，股东认缴新增资本的出资，按照公司设立有限责任公司缴纳出资的有关规定执行。为增加注册资本，股份有限公司发行新股时，股东认购新股应当按照公司法设立股份有限公司缴纳股款的有关规定执行。

（6）变更登记。股东缴纳出资后，修改公司章程，履行相应的变更登记手续，依法向公司登记机关办理变更登记手续。

三、杠杆资金投资

在私募股权投资领域除了利用自有资金的一般性投资之外，常见的是杠杆投资，也有的称为杠杆收购。相对于投资人利用自有资金收购目标公司股权或增资扩股，杠杆投资主要依赖外部融资进行股权收购或增资，而外部融资的方式主要是借款或发行公司债券，目前杠杆收购是世界各地比较通行的一种股权投资方式，其特点在于投资方利用较小的资金取得更多的公司股权。杠杆投资的突出特点是投资方为了进行投资而大规模融资借贷去支付大部分的股权交易价款，通常为总投资额的70%甚至更高，同时收购方以目标公司资产及未来收益作为借贷抵押。

杠杆资金投资的投资主体一般是专业的投资人，而杠杆资金则来源于银行抵押借款、机构借款、发行债券及民间借贷，被收购的目标公司资产和未来现金流量作为偿还杠杆资金的来源。与寻求投资共同体不同，如果投资成功，杠杆资金不能分享公司资产升值所带来的股权溢价收益而仅仅有固定利息回报，当然杠杆资金也不必承担投资失败风险，在实际的操作中一般要先安排过桥资金作为短期借款完成收购，收购后使用目标公司资产或股权进行抵押获得杠杆融资用以偿还

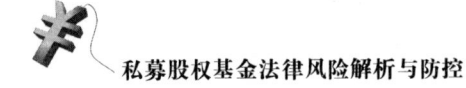

过桥资金，当然这种安排也可以通过如以基金财产进行抵押的方式进行。

杠杆资金投资的实施必须考虑到目标公司的债务偿还能力，采用这种大量举债的方式投资，必须要有足够的信心偿还债务和利息，杠杆资金投资的目标企业大都应当是具有较高而且稳定的现金流，或者是能够通过出售目标公司部分资产而获得短期资金，或通过关停目标公司部分不盈利业务和经过整顿后可以大大降低成本提高利润空间和现金流。因为杠杆投资需要通过借债抵押完成，因此目标公司本身的负债率要相对较低，以给杠杆融资留有空间。杠杆资金投资一般还要考虑管理层管理积极性的问题，考虑在投资后管理层配合投资人实现财务目标和现金流安排，所以杠杆资金投资一般要与管理层达成一致，适当地引入管理层持股的模式，这样将大大提高管理人员的经营积极性，加快现金回流和偿还巨额债务。但这与管理层收购有着根本的不同，更主要的是投资人发起而非管理层发起。杠杆投资发起者也可以是一家有潜力、有管理能力的中小型公司，在投资人的帮助下收购一家陷入困境的大公司，这种操作的结果是原来的大公司变成小公司的子公司，而小公司通过投资人的支持获得被大公司的绝对控股权。但无论怎样，杠杆资金投资都需要以投资人专业的能力为基础，要求从事这类投资的投资人都是专注于重组或扭亏企业的投资行家，因此他们有能力从事复杂的交易，并应付头痛的管理问题。

杠杆资金投资在20世纪80年代初期在美国开始盛行，当时公开市场发展迅猛，向借贷人敞开了方便之门，允许他们借贷数百万美元去购买那些本来是很勉强的项目，1988年是杠杆资金投资的发展巅峰时期，当年累计交易额已经达到了1880亿美元。这些通过大局借贷完成的交易行为必然会导致极大的风险，它们用高利率去吸引债权人而其背后却无支持力量，不具备充分的管理能力和企业整合能力，这一点与今天中国市场上的杠杆投资极其相似。尽管早期的杠杆资金投资市场通过巨额股东收益和提高运营效率创造了价值，但是到了80年代末期情况发生了恶化，最终演变成了灾难并以投资人的破产收场。灾难使得人们的投资趋于谨慎，1990年开始杠杆资金投资逐渐被市场摒弃，美国的投资人全面回归到一般性股权投资市场而不再冒进的使用资金杠杆。直到90年代中期随着养老基金、富有投资者、投资人的巨额资本流入股权投资领域，杠杆资金投资得以缓慢而冷静的恢复，杠杆资本以支持性资本提供者的友好形象而不再是冷酷的

"野蛮人"形象重新回到资本市场至今。

杠杆资金投资的操作流程大体可以分成五个阶段,分别为准备阶段、融资阶段、实质投资阶段、杠杆资金替换阶段、还款阶段。

(1) 准备阶段。私募股权基金管理人制订投资方案,与目标公司进行谈判,进行私募基金、过桥资金、杠杆资金的融资安排。

(2) 融资阶段。私募股权基金管理人在与目标公司达成初步意向后,募集资金,成立基金公司或合伙企业;以成立的基金公司或合伙企业为主体对外借入过桥资金。在一定的情况下,基金管理人引入目标公司的管理层作为一致行动人,目标公司按照约定比例出资或进入新设立的基金公司或合伙企业当中。

(3) 实质投资阶段。投资人以筹集到的资金购买目标公司股权。

(4) 杠杆资金替换阶段(若需要)。取得目标公司股权后接管目标公司管理权,以目标公司资产抵押或所购买的股权质押进行借款替换原有的抵押资产或质押的股权介入杠杆资金,以借入的杠杆资金偿还过桥资金本息。在有些情况下投资人直接引入杠杆资金,而不需使用过桥资金安排,无须再进行资金替换。

(5) 还款阶段。对目标企业进行整改,以增加现金流,按照约定分期、分批偿还借款本息,降低债务风险。

杠杆资金投资的最大风险在于出现金融危机、经济衰退、政策调整等宏观性因素,这会导致定期利息支付困难、技术性违约、全面清盘。此外,如果被收购经营管理不善、管理层与股东们动机不一致都会威胁杠杆收购的成功。所以杠杆投资所产生的高额杠杆回报所对应的是高风险概率,它虽然很美丽但并非任何投资人都可以使用,投资人要充分地考虑自身的管理能力、管理经验、资源整合能力、行业管理能力及市场风险等诸多因素,谨慎地使用杠杆进行投资。

四、承债式投资

从广义的《公司法》角度来说,目标公司股东的变化并不影响目标公司债权人向目标公司追偿债权的权利,无论目标公司的股东是谁,公司都应当对其债务承担偿还责任,所以从这个角度来说任何形式的收购都是承债的。而这里的承债式投资是股权投资和公司并购领域的一个专业性术语,是指投资人为了防止在其完成收购后目标公司所存在的债务或潜在债务给目标公司带来风险,以即将承担的或可能承担的目标公司债务作为股权交易对价的一部分或全部的收购方式。

在投资实务当中我们会经常看到一家目标公司经营状况良好，由于公司在某个经营阶段所出现的决策问题、市场问题产生了巨额的负债，公司虽然经营良好但经营收益大多用于支付债务的利息成本，无能力自行完成资本积累而处于破产的边缘，对于这类目标公司来讲选择承债式投资较为适宜，目标公司原有股东可以通过新投资人的加入而在短时间内获得资金支持以解决债务问题，而对于投资人来讲其也不必承担额外的投资资本，偿还债务与支付股权交易价款相抵销。另外，长期负债会降低目标公司的信用评级，随之而来的是目标公司融资能力的降低和融资成本的提高，投资人的介入有望改变这一局面。

投资人在实质投资前可以与目标公司的债权人展开磋商，有效的沟通可以降低债务偿还的比例和额度，也可以对债务偿还的期限予以延长，成本的节约就是利润的实现，这都是争取目标公司利益实现投资收益的手段。所以，私募基金管理人和投资人不一定永远将视野放到那些良性的、被社会追捧的明星企业当中，在那些债务累累、濒临绝境的企业当中也蕴含着丰富的投资机会，这在股权投资领域又被称为另类投资。投资人依靠丰富的经验和资源整合能力以承债方式投资高负债的目标公司而获取丰厚的回报。根据承债式投资的特点，笔者认为在投资结构设计当中一定要注意以下问题。

（1）交易双方应详细议定债权债务清单或/和债权债务数额作为承债式投资的核心。

（2）应明确偿债期限和偿债程序，包括明确主要债务的清偿期限及具体程序，也包括将诸如已过诉讼时效或无人主张的债权排除在偿债清单之外。

（3）在一定条件下要借助破产重整程序介入公司的投资当中来，充分化解债务问题。以朝华科技（000688，现更名为建新矿业）重整为例，在朝华科技的重整中，为了迅速实现重整，新投资人设立新公司，以新公司所有资产（包括承债式收购获得的原朝华科技的资产）承担朝华科技按重整计划减免后的债务。债权人按照剩余债权数额向新公司主张权利并恢复计息。而朝华科技在重整计划执行完毕后，对债权人不再承担清偿责任，从而根本性地解决债务风险。

（4）税收问题，根据《企业会计准则解释第5号》第六条规定，企业接受非控股股东（或非控股股东的子公司）直接或间接代为偿债、债务豁免或捐赠，非控股股东对企业的资本性投入应当将相关利得计入所有者权益（资本公积），而非收益，不需要缴纳所得税。

承债式投资的操作流程如下所示。

（1）准备阶段。股权基金投资基金管理人发现目标公司，了解目标公司的基本情况，与目标公司的主要股东或实际控制人接洽、沟通，确定投资意向。

（2）尽职调查。私募股权投资基金管理人确定投资意向后，安排专业人员对目标公司进行尽职调查，在这一部分应当增加调查目标公司的债务的真实性、全面性和有效性。

（3）确定债务。尽职调查结束，基金管理人与目标公司及股东共同确定公司债务，分列债务清单，作为承债式投资的依据。

（4）债权人谈判。债权人谈判阶段，基金管理人应与目标公司债权人进行接触，了解债务的真实性、合法性和有效性，与债权人进行沟通，协商债务偿还的额度和期限。

（5）签订股权转让协议。在符合基金投资标准的情况下，根据实际情况与目标公司签订股权转让协议，考虑到税收问题可以分批次地受让公司股权，以为非控股股东代为偿还公司负债留有空间，以代为偿还负债作为出资的方式，减免目标公司税费。

（6）股权登记。办理股权变更登记，修订公司章程。

（7）按照约定偿还债务。按照约定的期限、额度、方式等偿还公司债务。

（8）目标公司再融资。目标公司减轻负债后其信用评级提升，目标公司进行再融资以获取适当的、低成本的企业发展资金。

（9）破产重整。根据对目标公司的尽职调查和与债权人沟通的实际情况评估投资后所产生的债务风险，对于债务风险过大或债务偿还压力过大的情形与目标公司采取一致行动启动目标公司的破产程序，在破产重整阶段介入公司的重整事务当中来，以重整人身份与各方斡旋而进行投资。

承债式投资由于其自身特点，较容易发生纠纷，其主要纠纷情形如下。

情形一：出让人因公司陷入偿债困境而转让股权，引入投资人以期换得企业的新生。但因目标公司的债务不透明，投资人对目标公司债务情况缺乏信心，约定承债后方将剩余价款作为购买股权的对价支付给出让人，以便降低收购中的债务风险。此类安排对出让人的风险是，受让人在交割后夸大目标公司的债务负担而拒绝履行剩余价款支付义务。例如交易双方就目标公司的股权转让达成一致，股权转让价款8000万元，约定受让人直接向目标公司支付5000万元用于偿还目标公司债务，偿债后且无其他负债产生再向出让人支付3000万元。但股权出让后因投资人主张目标公司的债务数额远超预期5000万元。拒绝向出让人支付剩余3000万元。

反思因此类承债式收购所引起的纠纷，交易双方应在设计交易结构时注意以下几点：

（1）应详细议定债权债务清单或共同确定债权债务数额的机制。值得注意的是，仅仅约定如"双方将友好协商以确定偿债数额"的条款是不充分的，若想避免未来的纠纷，必须详细拟定协商不成时的替代机制，包括中立第三方的选任及双方相互配合的义务和不履行相应义务的法律后果。

（2）应明确偿债期限和偿债程序，包括明确主要债务的清偿期限及具体程序（如须经出让人确认），也包括将诸如已过诉讼时效或无人主张的债权排除在偿债清单之外。

情形二：出让人个人在出让股权之前已经为目标公司的债务提供了担保，通过承债式收购安排要求投资人及股权交易后的目标公司承担公司债务，但在目标公司交割后投资人拒绝或拖延履行公司债务，而出让人已经失去对目标公司的控制无法督促受让人或目标公司履行债务造成出让人担保责任风险。

在这种情况下，出让方与受让方签订股权转让协议时应当明确债务偿还的步骤和期限，并就受让方未及时偿还债务义务约定违约责任，如解除股权转让协议、支付违约金等。或者在股权转让过程中与目标公司债权人达成协议，出让人不再承担担保责任等。

情形三：目标公司（尤以老旧国企为典型）的资产有一定的价值但流动资金匮乏，须引入外部资金偿还劳动债权及企业的其他历史性负担等以便完成转让的步骤。在这样的交易安排中，劳动债权人和历史遗留问题权利人是否享有对目标公司直接的请求权也常常是争议的焦点。

劳动债权及企业的其他历史性负担在股权转让中加以明确。从受让方的角度来说要与出让人（常常是地方政府）达成"一揽子"的解决方案，在交易中向出让人支付用于偿债的款项，同时监管该款项的使用是行之有效的办法。

五、战略性投资

战略性投资和财务性投资一样，是基于投资人的投资目的而言的。在一般情况下，私募股权投资基金因为其设立的目的性较为明确，经营的周期性较短，更多的投资做财务性投资，因此财务投资人更青睐市场空间广阔、高成长性的项目。一般来说财务投资人比较注重短期利益，不会强调对公司的绝对控制权。但在投资市场领域也不乏有许多私募股权投资基金以战略投资方式进行投资布局或部分资产匹配为战略性投资，战略投资的直接目的是产业上下游建立联系，会更多考虑产业协同的因素。一般来说，战略投资者会长期持有项目甚至直接收购项目，同时要求对公司有很强的话语权，最终将通过业务协同获得目标公司更高业绩回报，未来选择退出或继续经营目标公司。

与财务性投资相比较，战略投资的优势在于投资更为稳定、风险更小，战略性投资并不急于退出投资，其更注重对目标公司的经营管理和目标公司在其战略性布局当中的协同效应，不注重短期利益而是长期利益；从对目标企业的管理来讲，战略性投资更注重对目标公司的控制力实时对目标公司管理，这样就能够有效地控制目标公司原有股东和管理层所发生的道德风险，使得投资更稳定、风险更小。从理论上来说，战略性投资在追求稳定和低风险的同时其投资回报率会低于财务性投资，战略性投资退出周期较长使得投资资本流动性降低，资本流动价值不能体现，减少投资人和投资人的收益。对于偏好稳定和低风险的私募基金战略性投资是一种好的选择，而对于偏好高收益高风险的私募基金来讲财务性投资则是最佳的选择。在私募基金管理人对投资人的风险评估和审核中也要注意这一点，将不同风险偏好的投资人匹配入不同的投资产品当中才是最好的资产管理。

战略性投资的界定仅仅是从投资目的上的界定，而投资的方式可以根据情况自行选择，可以是普通的股权转让方式，可以是增资扩股方式，可以是股权置换的方式，可以是自有资金投资，也可以使用杠杆资金进行投资等。

第二节　基金投资形式的延伸

一、股权置换

股权置换是指两家或两家以上的公司通过交换股权，来达到调整公司的股权比例、改善公司的股本结构、实现公司整合的一种方式。股权置换的目的为投资，股权置换的优势在于无须向对方支付现金，股权置换的结果则能够实现交叉持股建立置换各方相互控股的关系，并实现投资人向另一机构投资的目的。在实践当中股权置换的方式较为灵活，可以只进行单纯的股权交换，也可以同时涉及股权交换和现金、实物的双重、多重方式交易。就此划分，股权置换大体可分为以下模式。

(1) 单纯股权交换。单纯股权交换是指 A 公司与 B 公司之间发生股权交换，不涉及资产、现金的支付。单纯股权交换通常采取增资扩股的途径实现，即 A 公司增资扩股，B 公司的股东 C 以其持有的 B 公司的股权作为股权交易对价交换 A 公司新增的股份。从而，股东 C 成为 A 公司的股东，而 A 公司成为 B 公司的股东。单纯股权交换任何一方均不需要支付现金，从而有效降低了财务上的风险，保持货币的流动性。

(2) 股权交换加资产置换。股权交换加资产置换是指 A 公司与 B 公司之间发生股权交换，但同时又以资产作为股权支付的部分对价。例如 A 公司增发新股，B 公司的股东 C 以其持有的 B 公司的股权对 A 公司投资，取得 A 公司增发的新股，而 A 公司取得 B 公司相应股权，同时 B 公司也以其优质资产对 A 公司投资，B 公司也取得 A 公司增发的新股，A 公司相应取得 B 公司的优质资产，最终 B 公司、股东 C 取得 A 公司股权，A 公司取得 B 公司股权和 B 公司资产。这种方式的优点在于 A 公司不用支付现金即可获得优质资产扩大企业规模，而这部分优质资产可以迅速提高 A 公司的生产能力和资产规模，不支付现金降低了 A 公司财务风险保持资本流动性。

(3) 股权交换加现金交易。股权交换加现金交易的方式是指除相互交换股权外，还要支付一定数额的现金才能完成。例如 A 公司增发新股，B 公司的股东 C 以其持有的 B 公司的股权对 A 公司投资，取得 A 公司增发的新股，而 A 公司取得 B 公司相应的股权，但同时 B 公司以现金向 A 公司投资，取得 A 公司增发的部分新股，成为 A 公司的股东，最终 A 公司取得 B 公司股权，B 公司和股东 C 取得 A 公司股权。

（4）多项交易置换。多项交易置换的方式是指除相互交换股权外，还要支付一定数额的现金和资产才能完成。如 A 公司增发新股，B 公司的股东 C 以其持有的 B 公司的股权对 A 公司投资，同时以现金形式购买 A 公司部分增发新股而取得 A 公司增发的新股，A 公司取得 B 公司相应的股权；B 公司以现金向 A 公司投资，同时 B 公司以优良资产向 A 公司出资，取得 A 公司增发的部分新股，成为 A 公司的股东，最终 A 公司取得 B 公司股权，B 公司和股东 C 取得 A 公司股权。

上述股权置换的方式均符合公司法的相关规定，一方对另一方出资可以是货币，也可以是资产、股权等能够用货币价值衡量的权利，这里的资产可以是包括土地、厂房、机器设备等有形资产，也可以是股权、知识产权、非专利技术等无形资产，可以单纯约定股权交换的方式，也可以综合约定股权置换的方式，这完全依据交易双方自行约定。

二、管理层收购

管理层收购（MBO）是指公司的管理层成员对公司展开的收购行为，或者是虽然收购者来源于公司外部但公司的管理层成员对收购产生了直接的利益关系，从而引起公司所有权、控制权、剩余索取权、资产等变化，改变公司所有制结构，公司原来的经营管理者变成了公司的所有者。管理层一般是指公司董事、经理、高级管理人员，其在公司从业多年，对公司情况了解并熟知，掌握公司发展的大量技术、信息和资源，是公司发展的核心力量。

管理层收购分为以内部管理层发起和外部投资人发起内部管理层参与的两种方式。外部投资人引入公司管理层收购的目的主要在于利用管理层的优势更好地发展公司，发起人为专业投资人，管理层作为投资的一个要素加入投资人的行列中来。与其不同的是，内部管理层发起的收购则是由管理层主动发起，利用自有

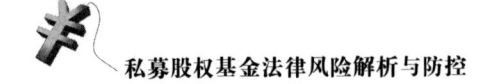

资金、杠杆资金（借贷）和/或专业投资人的资金共同收购目标公司，专业投资人在管理层发起的收购中往往是配合者，虽然出资比例可能大大高于管理层出资，但专业投资人的地位却是辅助性的，相较于股权投资人发起的投资，管理层占有公司更多的控制权。

管理层收购的目标公司一般为经营效果较差的公司，否则公司的现有股东出让意愿并不强烈，而公司经营效果的问题并非完全因产品、市场问题而导致。也就是说公司虽然仍具备广阔的市场条件，但公司决策和管理出现障碍无法使公司更好地发展，管理层收购则恰恰能解决这一问题，通过收购管理层成为公司股东以发展公司。这似乎有些矛盾，但公司经营管理问题莫不是管理层所导致的吗？"仆人"与"主人"的身份互换与主流价值规律不符，但这并不影响管理层更好地发挥其价值，公司管理的问题取决于决策者的决策和决策者对管理层的驾驭能力，而管理层成为股东则弥补了公司所有权与管理权裂痕的这一不足，股权投资基金作为财务投资人其并不以长期持有公司股权为目的，这符合了管理层引入投资人的初衷，两者互相合作，互相补充。

股权投资基金在参与管理层收购时，更多地要注重公司未来的发展方向及业务潜力，当然对管理层的管理能力的信任亦必不可少，股权投资基金以放弃对目标公司的控制权和主导权为代价而换取投资利润，这时要求管理层给予更高的资本回报，更短的退出周期才能符合投资人自身的利益。

三、政府和社会资本合作

相较于向目标公司投资的一般性股权投资，私募股权投资基金展开投资的另一种方式是直接与政府合作，这在业内被称为政府和社会资本合作（PPP），根据《国家发展改革委关于开展政府和社会资本合作的指导意见》的定义，政府和社会资本合作模式是指政府为增强公共产品和服务供给能力、提高供给效率，通过特许经营、购买服务、股权合作等方式，与社会资本建立的利益共享、风险分担及长期合作关系。这种模式又可以被称为公私合营模式，是公共基础设施领域的一种项目融资模式，在该模式下，鼓励私营企业、民营资本与政府进行合作，参与公共基础设施的建设，而私募股权投资基金作为民营资本的一个重要力量自然可以参与这样的投资与合作。

1. 投资合作的领域

政府和社会资本合作模式所投资的领域主要是在基础设施及公共服务领域，具体来说包括燃气、供电、供水、供热、污水及垃圾处理等市政设施，公路、铁路、机场、城市轨道交通等交通设施，医疗、旅游、教育培训、健康养老等公共服务项目，以及水利、资源环境和生态保护等项目，除此之外的其他领域并不适合这种模式，就目前政府的引导来看对于符合PPP投资领域的项目，要求优先考虑采用PPP模式，通过社会资本承担设计、建设、运营、维护基础设施的大部分工作，以"使用者付费"及必要的"政府付费"的方式使民营资本的投资者获得合理投资回报，政府部门负责基础设施及公共服务价格和质量监管，以保证公共利益。

2. 发起

对于政府和社会资本合作项目，政府或社会资本都可以发起，但以政府发起为主。

（1）政府发起。各地方政府建立政府和社会资本合作中心，由政府和社会资本合作中心负责向交通、住建、环保、能源、教育、医疗、体育健身和文化设施等行业主管部门征集潜在政府和社会资本合作项目，地方政府行业主管部门也可从国民经济和社会发展规划及行业专项规划中的新建、改建项目或存量公共资产中遴选潜在项目发起合作。

（2）社会资本发起。社会资本可以项目建议书的方式向政府和社会资本合作中心推荐潜在的政府和社会资本合作项目。

3. 操作模式的选择

政府与社会资本合作的具体合作模式根据投资收益的来源分为三种。

（1）经营性项目授予特许经营权。对于具有明确的收费基础，并且经营收费能够完全覆盖投资成本的项目，通过政府授予特许经营权，采用建设—运营—移交（BOT）、建设—拥有—运营—移交（BOOT）等模式进行，政府通过依法放开相关项目的建设、运营市场，积极推动自然垄断行业逐步实行特许经营。

（2）准经营性项目收取特许经营权加补贴或政府参股。对于经营收费不足以覆盖投资成本、需政府补贴部分资金或资源的项目，可通过政府授予特许经营权附加部分补贴或直接投资参股等措施，采用建设—运营—移交（BOT）、建设—

拥有—运营（BOO）等模式推进。建立投资、补贴与价格的协同机制，为投资者获得合理回报创造积极条件。

（3）非经营性项目政府购买服务。对于缺乏"使用者付费"基础、主要依靠"政府付费"回收投资成本的项目，可通过政府购买服务，采用建设—拥有—运营（BOO）、委托运营等市场化模式推进，合理确定购买内容。

4. 政府管理

政府与社会资本合作所涉及的领域均为基础设施及公共服务领域，在这一领域当中涉及广大公众的利益，一旦操作不当会给社会公众造成损害，同时基础设施及公共服务领域项目一般均为大型项目，其投资大、利益大，为防止操作者道德风险和公共利益风险的发生，政府方面要加强对项目的管理工作，其管理包括以下几个方面。

（1）项目储备。政府部门根据经济社会发展需要，按照项目合理布局、政府投资有效配置等原则，切实做好PPP项目的总体规划、综合平衡和储备管理。从准备建设的公共服务、基础设施项目中，及时筛选PPP模式的适用项目，按照PPP模式进行培育开发，建立PPP项目库于每月5日前将项目进展情况按月报送国家发展改革委。

（2）项目遴选。政府应组织、会同行业管理部门、项目实施机构，及时从项目储备库或社会资本提出申请的潜在项目中筛选条件成熟的建设项目，编制实施方案并提交联审机制审查，明确经济技术指标、经营服务标准、投资概算构成、投资回报方式、价格确定及调价方式、财政补贴及财政承诺等核心事项。

（3）伙伴选择。实施方案审查通过后，配合行业管理部门、项目实施机构，按照《招标投标法》《政府采购法》等法律法规，通过公开招标、邀请招标、竞争性谈判等多种方式，公平择优选择具有相应管理经验、专业能力、融资实力及信用状况良好的社会资本作为合作伙伴。

（4）合同管理。项目实施机构和社会资本应依法签订项目合同，明确服务标准、价格管理、回报方式、风险分担、信息披露、违约处罚、政府接管及评估论证等内容，项目合同参考《政府和社会资本合作项目通用合同指南（2014年版）》。

（5）绩效评价。项目实施过程中，政府应加强工程质量、运营标准的全程监督，确保公共产品和服务的质量、效率和延续性。鼓励推进第三方评价，对公共产品和服务的数量、质量及资金使用效率等方面进行综合评价，评价结果向社会公示，作为价费标准、财政补贴及合作期限等调整的参考依据。项目实施结束后，可对项目的成本效益、公众满意度、可持续性等进行后评价，评价结果作为完善PPP模式制度体系的参考依据。

（6）退出机制。政府和社会资本合作过程中，如遇不可抗力或违约事件导致项目提前终止时，项目实施机构要及时做好接管，保障项目设施持续运行，保证公共利益不受侵害。政府和社会资本合作期满后，要按照合同约定的移交形式、移交内容和移交标准，及时组织开展项目验收、资产交割等工作，妥善做好项目移交。依托各类产权、股权交易市场，为社会资本提供多元化、规范化、市场化的退出渠道。

5. 意义

当前，我国正在实施新型城镇化发展战略。城镇化是现代化的要求，也是稳增长、促改革、调结构、惠民生的重要抓手。立足国内实践，借鉴国际成功经验，推广运用政府和社会资本合作模式，是国家确定的重大经济改革任务，对于加快新型城镇化建设、提升国家治理能力、构建现代财政制度具有重要意义。

（1）推广运用政府和社会资本合作模式，是促进经济转型升级、支持新型城镇化建设的必然要求。政府通过PPP模式向社会资本开放基础设施和公共服务项目，可以拓宽城镇化建设融资渠道，形成多元化、可持续的资金投入机制，有利于整合社会资源，盘活社会存量资本，激发民间投资活力，拓展企业发展空间，提升经济增长动力，促进经济结构调整和转型升级。

（2）推广运用政府和社会资本合作模式，是加快转变政府职能、提升国家治理能力的一次体制机制变革。规范的政府和社会资本合作模式能够将政府的发展规划、市场监管、公共服务职能，与社会资本的管理效率、技术创新动力有机结合，减少政府对微观事务的过度参与，提高公共服务的效率与质量。政府和社会资本合作模式要求平等参与、公开透明，政府和社会资本按照合同办事，有利于简政放权，更好地实现政府职能转变，弘扬契约文化，体现现代国家治理理念。

（3）推广运用政府和社会资本合作模式，是深化财税体制改革、构建现代财政制度的重要内容。根据财税体制改革要求，现代财政制度的重要内容之一是建立跨年度预算平衡机制、实行中期财政规划管理、编制完整体现政府资产负债状况的综合财务报告等。政府和社会资本合作模式的实质是政府购买服务，要求从以往单一年度的预算收支管理，逐步转向强化中长期财政规划，这与深化财税体制改革的方向和目标高度一致。

> 信息的不对称是进行投资的最大风险。

第九章 尽职调查

私募股权基金资本投资进入非上市企业,客观上解决了企业融资的燃眉之急,其主观目的则是为了获取企业未来成长后的高额股权溢价。因此,其必然选择具有较好成长性、规范性,并且没有重大财务、法律问题的的企业进行投资。这就有必要对拟投资的企业的各个方面进行深入调查,即尽职调查。尽职调查又称谨慎性调查,是指投资人在与目标企业达成初步合作意向后,经协商一致,投资人对目标企业的经营风险、管理风险、法律风险和财务风险等有关事项进行的调查和了解的一系列活动,是投资人在投资前期进行的最主要的风险控制手段,尽职调查结果是私募股权投资人决定投资与否、制定投资策略、起草投资协议的重要依据。

尽职调查工作可以由投资人自行完成,但目前更多的投资人在进行尽职调查工作时除了对目标公司市场、经营、管理风险自行开展尽职调查工作以外,其对目标公司的法律、财务方面的尽职调查更愿意委托具有专业能力的律师事务所和会计师事务所进行,而律师事务所和会计师事务所所特有的专业、独立的身份更好地保证了尽职调查的客观性,帮助投资人防范风险。同时,成熟的律师事务所和会计师事务所根据其行业经验优势,常常会在尽职调查的基础上向投资人提供一些可行性风险控制建议,为投资人控制风险提供帮助。

第一节　尽职调查的原则

尽职调查应当客观、全面、及时、独立，以保证调查结果真实性、准确性。客观，就是要求调查者在尽职调查的过程中，应当充分尊重客观事实，不假想、不臆断，一切以事实为依据；全面，就是要求调查者在调查的过程中，调查范围全面，要对足以影响投资风险的各个方面和细节进行调查，不出现重大遗漏；及时，就是要求调查者在尽职调查的过程中，根据投资的实际需要及时展开工作并完成，不延迟、不耽搁；独立，就是要求调查者在进行尽职调查的过程中，以客观性为标准不受被调查对象的左右，不受其他中介机构的干预，不盲从、不迎合。

第二节　尽职调查的方式

尽职调查可以通过收集文件资料，与目标企业的股东、管理层和相关业务人员面谈，与相关方核实、实地考察等方式进行。一般来说，调查者应当根据被调查对象的行业特点、自身特点编制尽职调查清单，尽可能全面地收集相关文件资料，对于文件资料不详尽的或者没有文件资料佐证的，应与目标公司的股东、董事、管理人员及相关人员进行面谈，以进一步求证。对于涉及环保、社保、税务、土地、房产等方面的问题，还可以向当地的行政部门进行核实。除此之外，对于目标企业的厂房设备等较大价值的实物资产、办公场所可以进行必要的实地考察，以确认其真实存在并处于可适用状态。

第三节　尽职调查的内容和目的

尽职调查的内容非常广泛，概括来说包括以下四个方面。

一是企业经营状况和行业背景的调查。一般包括企业的行业背景、市场概况、技术及产品分析、经营范围、收入构成、竞争对手、市场份额、经营策略、研发策略、产品销售等。通过该项调查，了解企业在行业中的地位及其未来是否具有成长性和盈利性。

二是财务与会计的调查。一般包括企业历年的特别是近3年的财务审计报告和企业的财务会计内控制度。通过上述两个方面的调查，了解企业的真实利润情况和其财务管理情况。财务会计的专业性很强，需要有一定专业能力和实践经验的人员进行。

三是法律方面的调查。一般包括企业的历史沿革，土地和房产的取得，商标、专利和专有技术的权属情况，关联交易、同业竞争、企业独立性、对外担保、产品质量、环境保护、劳动安全、员工社会保障、募集资金投向、潜在或现实的诉讼、仲裁纠纷等。通过该项调查，确定企业的重大资产的权属，排除企业的重大法律风险，判断企业是否存在潜在的法律风险。应注重历史沿革的核查，防止企业出资不实和逃避税收的风险；应对企业有形资产和无形资产进行核查，防止资产和知识产权的法律风险；应对关联交易进行核查，防止虚报、转移利润的风险；应对上述其他问题进行核查，防止环境保护、特许经营权、劳动用工等方面的法律风险。

四是企业管理层及规范运作的调查。企业能否健康、良性发展，关键是企业的管理层是否规范运作。此项调查一般包括企业董事、监事、高级管理人员、核心技术人员的简历、上述人员的任职情况及稳定性、企业组织结构的设置及企业股东会（股东大会）、董事会、监事会的运作，另外还包括企业的章程、重大规章制度等。

私募基金管理人根据被投资目标企业的行业特点、企业自身特点应制定具体、详细的尽职调查清单开展尽职调查工作，依据科学的调查方法，明确调查的重点，开展调查工作。

第四节 尽职调查前的准备

调查者就目标企业的实际情况进行尽职调查，以向基金管理人出具尽职调查报告或结果，帮助基金管理人进行投资决策为目的。所以，调查者在开始调查前应当根据基金管理人的投资目的、方式、要求、时间等因素，结合调查者自身的经验水平，充分地对尽职调查工作进行准备。一般性尽职调查准备工作如下。

（1）确定尽职调查的原因，与基金管理人或项目负责人进行充分的沟通，确认基金投资的原因，这有助于调查者确定整体尽职调查工作的方向，寻找尽职调查的重点。

（2）确认投资的模式，向基金管理人了解投资计划所要采取的具体投资模式，如杠杆投资、普通股权投资、控股型投资等，这有助于调查者围绕投资模式可能发生的风险点合理确定尽职调查工作范围，最大限度降低和规避交易风险。

（3）确认投资基准日，调查者应当了解，与基金管理人和目标公司所确定的投资基准日，尽职调查的时间范围应以基准日为时间截点。该基准日通常也与业务尽职调查、财务尽职调查基准日相同，并作为股权投资确定交易价格的日期。

（4）确认调查范围，调查者应当在了基金管理人投资目的、投资模式后根据自己的法律知识和经验，帮助基金管理人判断目标公司的调查范围，对目标公司的关联公司及自然人予以锁定或分离，以免遗漏或不必要扩大调查的范围。

（5）组建尽职调查团队，调查者在接受调查委托后，应根据目标公司情况特点组建调查团队，体现调查团队的专业化、全面化结构。

（6）制作法律依据文件夹，调查者应当根据法律尽职调查所涉及的领域，被调查企业的内、外资性质，经营范围及本次投资交易等特性进行专项法律调研，并制作法律、法规依据的文件夹，供调查团队随时查阅。

（7）制作尽职调查清单，调查者应当根据尽职调查的目的、投资模式、调查范围、目标公司特点等既定因素范围，制作尽职调查清单。尽职调查清单的内容一般包括目标公司组织结构的基本法律文件、公司章程、重大资产、重大合同、税务、劳动人事管理、重大债权债务、诉讼、仲裁和行政处罚等基本内容。

尽职调查清单是尽职调查工作开展的主要参考，调查者应当要求目标公司准确填写尽职调查清单中的选项，并提供相关文件资料，要求目标公司对依据清单提交的全部资料的真实性、完整性、有效性负责并做出承诺，对于目标公司未依据清单要求提供相关文件资料的应要求其明确说明理由。

尽职调查清单制作完成后，目标公司依据尽职调查清单提交文件资料或做出相应说明后，调查者应当对相关文件、资料、说明进行审查，对于存在疑问的部分可再进行尽职调查清单的补充，要求目标公司补充提交资料或说明。

（8）制作访谈提纲。调查者为了更加准确和详细地了解目标公司的情况，实现调查目的，可以对目标公司的高级管理人员、实际控制人员及相关人员进行访谈，并在尽职调查的准备阶段制作相关访谈提纲。

（9）创建文档管理系统。调查者应当建立一个新的文件档案系统，并将获取的所有文件和资料存储至该系统。同时选定文件档案管理人，负责文件、资料的管理、保密管理、出借、归还等工作。

第五节　尽职调查的开展

一、目标公司基本情况调查

1. 基础性调查

通过对目标公司企业法人营业执照及其他设立公司证明文件、设立背景及企业介绍、法律限制行业类的批准文件、公司投资或合资协议、验资报告、公司章程等基础文件的调查，对目标公司基本情况予以掌握。调查者应当向被调查企业索要这些文件，并且进行独立性调查，独立性调查是指调查者调查不受目标公司所提交的材料和陈述的内容限制，通过亲自查访获取目标公司的相关信息，如根据需要赴工商、商务或其他相关审批机关，调取与被调查企业设立有关的备案文件，以便与被调查企业提供资料互相印证，证明相关资料的真实性、完整性，并以此作为相关事项尽职调查结果的依据。

调查者应当向目标公司索要企业法人营业执照及其他设立、经营公司基础性文件，并辅助以独立性调查进行印证，核实其真实性和完整性。调查者应当重点审查目标公司法人营业执照的真实性，企业名称的合法性和合规性，法定代表人资格的合法性，记载内容是否符合客观事实和有效期，目标公司原股东承诺认缴的注册资本是否已经实缴。

调查者应当调查目标公司股东的身份情况，要求股东提供证明其身份、背景、成立、存续的证明原件或复印件，并进行独立性调查，通过工商信息官方网站查询法人型股东的基本情况，核实其文件资料的真实性、完整性，通过与目标公司股东或法人型股东的负责人访谈的形式了解目标公司股东的情况和对拟进行的股权投资所持的态度，目的是发现目标公司股东在主观或客观上是否存在影响本次股权投资的障碍。如果股权涉及国有资产，其转让还需要根据相关法律、法规经上级有权批准机关或国有资产管理部门的批准，其转让需要经过产权交易所公开挂牌出售的程序；例如有些企业从工商登记上看是内资企业，但却存在名义投资人代替外国实际投资人代持股权的情况，这一行为涉嫌以合法形式规避我国对于外商投资监督管理法律法规的问题，股权投资交易存在风险。

2. 改制重组遗留性调查

向目标公司索要历次改制、重组、合并、分立等股权状况及组织结构变化的协议、批文等文件，并结合实际情况进行独立性调查，发现、查证在目标公司的历次变更过程中是否存在违法情况；是否经过了有权机关的审批（如需）；是否存在未彻底完成变更的情况，如股权未实际变更或股权转让款未实际支付等足以导致该等变更无效、可撤销或效力未定的情况。

3. 关联性公司调查

向目标公司索要目标公司的关联企业，包括母公司、子公司、分公司及合营公司或合资公司等公司的文件，包括该等企业或机构的营业执照、设立的批准文件、运作的组织章程及有关股东对重大事项所登记的其他协议等，必要时调查者应当对此进行独立性调查和对关联公司高级管理人员进行访谈。发现、查证关联企业与目标公司是否存在足以影响拟进行的股权投资的情形。例如：目标公司的控股或参股子公司基本情况；目标公司与其有合资合作关系的企业的关系；目标公司分公司的设立及运营情况等。特别要注意的是，目标公司与关联企业的关系是否存在对拟进行的股权投资是否存在不利影响等内容。

4. 法人治理结构调查

调查者应当请目标公司提供自成立之日起所有的公司章程（或有变化）、董事会会议纪要及决议、股东会会议纪要及决议，反映被调查企业股权、投资结构的全部记录等文件，必要时调查者应当进行独立性调查和对相关人员进行访谈。发现、查证、论证投资基金若根据目标公司目前的治理结构进行的股权投资，是否能够实现基金在目标公司中的治理权利和商业目的；目标公司的公司法人治理结构是否合理，是否正常运转；目标公司的股权变更、重大投资和资产处置等行为是否均符合公司内部治理要求等。

5. 对外投资调查

调查者应当请目标公司提供已经完成的对外投资情况说明，必要时应当进行独立性调查，和相关人员进行访谈。发现、查证目标公司的对外投资，并核实该对外投资是否在接受投资企业的工商登记中有相应反映。

调查者应当仔细甄别目标公司对外投资的合法性、投资性质，有时目标公司的对外投资并未形成长期投资权益而是以债权形式出现，虽然签订了对外投资合同，但投资合同中约定保底股权回购或保证收益条款等可以被视为借贷的条款，调查者需要仔细甄别，并做出风险提示。

6. 特殊资质及证明调查

调查者应当向目标公司索要已获得的和应获得的行业性生产经营许可、批准、备案、资质证明、海关登记证、税务登记证、外汇登记证、产品生产许可证、销售许可证等证明文件，必要时应当进行独立性调查，对关相关人员进行访谈，调查者应当对目标公司所涉行业的相关行业管理法律、法规进行全面、详细的法律调研，并请目标公司提供其已经获得行业主管机关、部门审批、备案的相关资料，根据目标公司的行业特点，审查被调查企业是否需要取得其从事营业范围的前置审批，或者其所从事的营业是否需要行业主管机关的审批、备案；对于外资企业还需要核查是否符合我国外商投资产业政策，是否需要中方控股或参股等，发现、查证文件的真实性、合法性、全面性、核发时间、有效期等。

二、目标公司财务状况调查

财务性调查一般由投资基金的财务调查团队或投资基金委托的会计师事务所团队进行调查,但法律尽职调查团队要注意与财务团队的衔接与配合,要从法律层面发现、查证目标公司财务制度的合法性和有效性等问题。

调查者应当向目标公司索要公司财务会计制度文件,询问目标公司相关人员是否有完整的财务会计制度及执行情况,注意要与财务尽职调查团队一同核查被调查企业的财务制度和具体执行情况。在调查过程中,调查者应当多与财务尽职调查团队进行沟通,及时发现财务会计制度及其实施中存在的问题。发现、查证是否存在完整的财务会计制度,财务会计制度是否能得到有效的执行,以及是否有专门人员负责财务收支、结算及审计工作,是否存在财务会计制度被架空的情况,财务审批流程是否健全等。

三、目标公司资产权属状态调查

尽职调查工作应当调查目标公司资产状况,包括但不限于:不动产、机器、设备等重大固定资产,流动资产及负债,无形资产等。

1. 不动产

目标公司目前所拥有或使用的全部场地(土地使用权)、厂房、办公场所等不动产;上述有关土地、厂房、办公场所的产权证明、登记证明、租用合同、不动产抵押及转让合同;如果没有上述合同、协议,可要求提供有关上述资产使用、租用的其他书面资料。

调查者应当向目标公司索要资产负债表,并详细审查目标公司所提供的土地使用权证书、房屋产权证书、不动产开发有关的相应批文和证件、不动产租赁合同、不动产抵押登记证等他项权利证明、不动产转让合同及目标公司提供的其他不动产所有权、使用权、担保物权及其处置、权利负担的相关资料。必要时,调查者应当进行独立性调查,对相关人员进行访谈,向不动产登记、转让、担保主管机关核实不动产权属状态。

不动产是目标公司的重大资产,通常价值较大,对于投资基金拟进行的投资交易,具有重大影响,调查者应当对其权属状态及是否存在权利瑕疵进行详细调查。对于目标公司出租和租入的不动产，应当详细调查租赁条件、租赁期限、剩余期限，以及租赁合同项下违约责任等内容，调查者应当结合不动产的产权、使用状态及拟进行的投资交易，针对不动产资产对于本次投资的影响，做出法律评估。有些投资，不涉及股权收购，而仅仅是资产收购，因此，对于不动产资产权利状态的法律尽职调查，显得尤为重要。如果目标公司涉及房地产开发等业务，则还应当根据开发的不同阶段，要求目标公司提供《国有土地使用证》《建设用地规划许可证》《建设工程规划许可证》《建筑工程施工许可证》《商品房预售许可证》等证件和许可文件。

2. 机器、设备等重大固定资产

调查者应当向目标公司索要资产负债表，并要求其提供机器、设备等固定资产清单、采购合同、资产评估报告、折旧或抵押情况等文件资料，必要时应当进行独立性调查。对相关人员进行访谈，向固定资产抵押主管机关和固定资产评估机构核实固定资产的权利状态和价值。

机器、设备等重大固定资产，对于生产型企业来说是重大事项，关系着企业的生产经营基础和投资基金拟进行投资交易的投资价值，应当是法律尽职调查的重点之一。调查者不仅应当请目标公司将固定资产登记造册并提供给调查者核查，还应当协同会计师事务所等财务尽职调查机构一起对固定资产进行清点。调查者应当对固定资产的法律状态进行确认，如采购手续是否完备，所有权是否属于目标公司，是否存在出租或融资租赁的情况，是否存在其他权利瑕疵等。另外，调查者应当协同固定资产评估单位，了解固定资产价值及折旧情况，对投资基金拟定的投资交易的影响进行评估。

3. 流动资产及负债

流动资产及负债包括资产负债表、利润表、现金流量表等财务报表或经审计的财务报告，以及任何银行贷款合同，借款合同，担保、抵押或质押合同。

调查者应当协同财务尽职调查人员一同要求调查目标公司提供资产负债表、利润表及现金流量表等财务报表，以及所对应的贷款合同，借款合同，担保、抵押或质押合同，并仔细审阅。必要时与目标公司财务主管人员进行访谈，核实流动资产及负债情况，与其财务尽职调查相互印证。调查者应当注意重点调查目标公司目前的债权、债务情况，对内、对外担保情况，特别是或有负债，未披露债

权、债务和担保情况。

除流动资产及负债调查外，承办律师有必要重点对目标公司债权、债务情况进行彻底调查，了解其是否存在怠于履行的债权及或有债务，以及债权、债务是否合法合规等内容。

4. 目标公司债权

调查者应当协同财务尽职调查人员一同要求目标公司提供有关目标公司的债权形成的相关文件，包括但不限于：贷款合同，借款合同，担保、抵押或质押合同，业务合同等，并仔细审阅。必要时应与目标公司财务主管人员进行访谈，核实债权情况。调查者应当注意重点调查目标公司债权的合法性；是否存在关联交易；债权总金额规模；债权已经偿还的情况；是否存在怠于主张债权的情况；债权是否存在超过诉讼时效或即将超过的情况；已经超过诉讼时效的债权是否具有时效中断事由等。

5. 目标公司债务

调查者应当协同财务尽职调查人员一同要求目标公司提供债务形成的相关文件，以及贷款合同，借款合同，担保、抵押或质押合同，业务合同等，并仔细审阅。必要时与目标公司相关人员进行访谈，核实负债情况。调查者应当重点调查目标公司债务的合法性；是否存在关联交易；债务总金额规模；债务已经偿还的情况；债务是否存在未及时履行的违约责任；债务是否存超过诉讼时效或即将超过诉讼时效的情况；已经超过诉讼时效的债务是否存在诉讼时效中断事由；特别要注意了解是否存在被调查企业因故意或过失未披露的或有负债等。

6. 对外担保情况

调查者应当协助财务尽职调查人员一同要求目标公司提供对外担保的相关文件，如保证、抵押或质押合同等材料，并仔细审阅。必要时要与目标公司财务主管人员进行访谈，核实负债情况。应当重点调查目标公司对外担保的合法性；是否已经履行了目标公司内部审批手续；是否存在关联交易；可能的对外承担担保责任的金额；如果不履行担保责任的后果和责任等。

7. 税务方面

尽职调查工作应当涵盖的税务方面，包括但不限于公司涉及的税种、税率、纳税情况（特别是欠款情况）的说明；相关税务或财政部门关于税收优惠、财务补贴、税收欠款的批文、通知或处罚文件等。

调查者应当与财务尽职调查机构一同核查目标公司涉税科目包括哪些，是否取得税务登记证，是否有完整的税务申报、代扣代缴和缴纳制度以及税务制度和具体执行情况。应当重点关注被调查企业是否有行之有效的税务申报、代扣代缴和缴纳制度，税务缴纳流程是否健全等。

四、目标公司劳动管理调查

尽职调查工作应当涵盖的劳动管理方面，包括但不限于在职员工基本情况，劳动合同，高管人员详细情况，员工社保、住房公积金的缴纳及劳动争议的情况等。

1. 在职员工基本情况

调查者应当向目标公司，特别是向其人力资源部门索取在职员工清单，了解在职员工基本情况，包括但不限于在职员工的类别、人数、职位、服务年限、工资、保险等情况。注意核查目标公司提供的员工基本情况是否与实际情况一致，对必要事项进行独立性调查，与相关人员进行访谈，查询社保登记信息，查询相关工资发放信息，重点注意在从事了拟定投资交易后，目标公司是否需要接收被调查企业全部员工，是否需要调整目标公司员工设置和岗位，如果需要调整人员，是否会对目标公司产生重大影响等内容。

2. 劳动合同

调查者应当向目标公司索取劳动合同及劳动合同模板，选择具有代表性的合同，重点审查劳动合同中有关工资薪金标准，奖金等福利、补贴内容，社会保险、住房公积金标准等是否与国家法律、法规等相关规定一致。如果劳动合同约定与国家法律、法规等相关规定不一致，则应当评估可能产生的法律风险和后果。

3. 高管人员详细情况

调查者应当索取目标公司高级管理人员详细情况，包括但不限于劳动合同、保密协议、竞业禁止或其他特别安排等。重点审查目标公司与高级管理人员签订的劳动合同及其他协议中的特别约定，包括但不限于保密、竞业禁止等条款，以

及是否存在股权激励等激励计划。并且，还应特别关注该等协议的履行情况，如是否按照协议约定支付竞业禁止补偿金，是否按照协议约定实施了股权激励计划，是否存在增加投资后目标公司负担或降低投资者权益的情形等。

4. 员工社保、住房公积金的缴纳

调查者应当向目标公司索取为员工缴纳社会保险及住房公积金等情况资料、证明，并与相应的劳动合同核对是否一致，并且还应与当地缴纳社会保险和公积金的法定标准进行比较。重点审查被调查企业是否低于法定标准或劳动合同的约定给员工缴纳社会保险和住房公积金，是否存在不缴、少缴或缴纳期限不足等情况，如果存在此等情况，承办律师需要评估可能给目标公司的违法、违约损失的影响。

5. 劳动争议的情况

调查者应当了解、索取目标公司是否与员工间发生过或已经发生但尚未了结的劳动争议、劳动仲裁或诉讼。重点审查目标公司是否存在与员工之间的劳动争议，争议所涉员工范围，可能涉及的赔偿、补偿金额，是否已经进入劳动仲裁或诉讼，劳动仲裁裁决能否得到执行，正在劳动仲裁、诉讼的案件可能的结果，这些劳动争议是否会增加投资后目标公司负担或降低投资者权益的情形。

五、目标公司业务状况调查

目标公司的业务情况，通常调查以下内容：目标公司的业务范围、客户范围、供应商范围、主营业务及其运营情况、是否存在其他辅营业务、是否取得各项业务的运营资质等。

1. 业务范围

调查者应当就目标公司现行的《营业执照》载明的业务范围与工商机关备案的现行有效的《公司章程》上记载的经营范围、目标公司正在实际从事的业务范围、目标公司的业务合同进行核对印证，确认目标公司的登记经营范围与实际经营范围的一致性，确认其实际经营内容不存在法律所禁止、限制经营的情形。

2. 客户范围

调查者应当根据目标公司提供的客户名单，确认其客户的范围。对于不便于提供书面资料或客户名单属于敏感商业秘密需要有限披露的，调查者要与目标公司签署保密协议，或与目标公司业务、公关或财务等高级管理人员、主管人员进行访谈，核实客户范围及数量情况。应当注意对于服务类目标公司而言客户群是重要的业务来源，通常也是基金投资的出发点和目的，因此调查者有必要对客户范围和数量进行详尽的了解，尽量掌握完整、准确的客户范围及数量，这有助于基金管理人做出正确、全面的投资决策。当然，有的目标公司将客户名单视为本企业的商业秘密，采取了保密措施，调查者可以采取与目标公司签订保密协议等方式，力求全面掌握客户范围，如果目标公司坚持有限披露客户范围的，调查者应当及时与基金沟通，由基金决定是否可以同意目标公司做有限披露。同时，调查者还可以通过与目标公司高级管理人员进行访谈的形式，进一步了解目标公司客户范围及数量情况。对于目标公司的重要客户，调查者可以采取询证函的方式向客户进行核实，要注意对重要客户的多项核查，例如合同比对、财务账目比对、银行汇款、仓库记录比对等。

3. 供应商范围

调查者应当根据目标公司提供的供应商名单，确认目标公司的供应商范围，对于不便于提供书面资料或供应商名单属于敏感商业秘密需要有限披露的，调查者应与目标公司高级管理人员进行访谈，核实供应商范围及数量情况。对于生产类、服务类目标公司而言，供应商是重要的上游企业，同时也会直接影响目标公司生产、定价及未来业务的发展。因此，调查者务必要对供应商范围和数量进行详尽的了解，有助于基金管理人做出正确的投资决策。当然，有的目标公司将供应商名单视为本企业的商业秘密，采取了保密措施。调查者可以采取与目标公司签订保密协议等方式，力求全面掌握供应商范围。如果目标公司坚持有限披露供应商范围的，则调查者应当及时与基金管理人沟通，由基金管理人决定是否同意目标公司做有限披露。同时，调查者还可以通过与目标公司高级管理人员进行访谈的形式进一步目标公司供应商范围及数量情况。

4. 主营业务及其运营情况

调查者应当向目标公司了解主营业务及其运营情况，要求目标公司提供主营业务及运营情况的资料和说明，要求目标公司讲解主营业务的运营流程，必要时，要求观摩被目标公司主营业务的办理流程。对于生产制造型企业和服务型企业，其主营业务都有一套比较完整的生产、制造和服务流程，调查者应当根据目标公司的主营业务情况，进行实地调查，了解主营业务的开展流程和情况，对其商业运营增长感性认识，留意实际运营与目标公司提供的业务、运营流程书面文件和口头介绍的不同和矛盾，并认真评估目标公司主营业务运营对于基金拟进行的投资的影响。

5. 是否存在其他辅营业务

调查者应当向目标公司了解其主营业务以外的其他业务，如有其他业务，须进一步调查其业务比重与主营业务的关系，调查者可以通过目标公司的辅营业务合同了解该等业务的情况。调查者应当重点审查辅营业务的合法性；辅营业务是否影响主营业务的开展。如果存在影响主营业务开展的情形，则调查者可根据情况建议基金管理人在进行投资前要求目标公司将辅营业务剥离或停止。了解辅营业务在总业务中的比例，了解辅营业务的持续性和偶然性，为基金管理人综合判断目标公司的经营能力提供帮助。

6. 是否取得各项业务的运营资质

调查者应当向目标公司了解，对应每一项业务，是否取得了法律、法规要求的运营资质，调查者对于所了解的目标公司的业务种类应当通过第三方途径了解业务是否被法律所禁止或受到限制。必要时，可以通过向目标公司高级管理人员访谈的方式，了解相关情况。调查者应当重点审查被调查企业各项业务的运营资质。如果缺少相关资质而继续从事的，承办律师应当提醒其法律后果。

六、目标公司重大合同调查

尽职调查工作应当涵盖的将要履行、正在履行或虽已履行但可能存在潜在纠纷的所有重大商务及业务合同，包括但不限于重大或长期供应或采购合同、长期代理或销售协议、建设工程施工合同或建设开发合同、对外合作或服务协议、特许经营协议或委托经营协议、资产转让协议、金额较大或合同条款特殊的协议等。

1. 重大或长期供应或采购合同

调查者应当向目标公司，特别是目标公司供应采购部门索取该类合同，并详细审阅。通常调查者可以根据与基金管理人的协商确认要求目标公司提供涉及哪些大类产品的采购合同，或单笔采购金额超过一定数额的采购合同。调查者应当依据财务尽职调查机构的财务调查结果，印证该重大供应、采购合同的真实性，是否确实发生，了解该等重大供应、采购合同的履行情况如何，是否可能存在履行障碍或违约可能，该等重大供应和采购合同所涉及的供应商是否单一，目标公司是否对其有严重的依赖等。

2. 长期代理或销售协议

调查者应当向目标公司索取该类合同，并详细审阅。通常长期代理或销售协议会涉及目标公司的主营业务，也是目标公司业务和收入的主要来源。调查者应该重点审查长期代理或销售协议的有效性、有效期、违约责任以及该等合同的实际履行情况，是否存在履行障碍或违约可能。该等长期代理或销售协议所涉及的上下游厂商是否单一，目标公司是否对其有严重的依赖。对于某些目标公司而言，基金从事拟定的投资其实就是看中了目标公司与其上下游企业之间具有长期代理或销售关系，这是目标公司具有商业价值的核心要素，因此调查者应当仔细核查这些合同的相对方是否有单方解约权，是否能够比较容易地解除该长期代理或销售关系，这一点对于基金投资来讲尤为重要。

3. 对外合作或服务协议

调查者应当向目标公司索取该类合同，并详细审阅。调查者应当结合实地调查情况，并与财务尽职调查机构一起，审查该等合同的签署、履行情况。对于服务类企业而言，服务协议是经常会使用到的，适用于其主营业务的协议，也是业务收入的保障。调查者应当重点调查对外合作或服务协议内容、期限、目标公司是否有资格签订该合同及其对拟从事投资交易的影响。

4. 资产转让协议

调查者应当向目标公司索取该类合同，并结合目标公司提供的资产负债表详细审阅，调查者应当结合实地调查情况，并与财务尽职调查机构一起，审查该等合同的签署、履行情况。应当重点审查资产转让是否经目标公司内部有权机构批准，该协议是否得到有效履行，资产的所有权是否彻底转让，资产上是否存在抵押、质押或其他权利负担，转让资产的转让款是否已经付清，是否存在其他违约情况，以及该资产转让对拟从事投资交易的影响等内容。

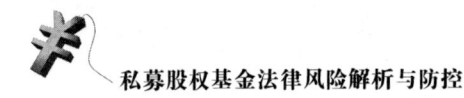

5. 金额较大的协议或合同条款特殊的协议

调查者应当事先与基金管理人沟通，确定"金额较大"的范围，如核查交易额在"100万元人民币"以上合同等。"合同条款特殊"一般是指合同条款超越常规地有利于一方或不利于一方，或者一方提供的是"格式条款"。调查者应当向目标公司索取该类合同，并结合被调查企业提供的资产负债表详细审阅。调查者应当结合实地调查情况，并与财务尽职调查机构一起，审查该等合同的签署、履行情况。应当重点审查较大金额的协议是否经目标公司内部有权机构批准，该协议是否得到有效履行，"格式条款"是否违法的限制或剥夺了一方的合法权利，合同价款是否已经付清，是否存在其他违约情况，以及该协议对拟从事投资交易的影响等。

七、目标公司环保方面调查

一般性尽职调查工作应当涵盖的环保方面，包括但不限于项目环保批复、是否有已经发生或潜在环保事件、是否受环保部门的处罚或通知等。调查者应当向目标公司索要环境保护方面的申请与批复（如有），如环境评估报告、环境影响评价报告等。应当通过实地调查，审查是否存在发生环境保护事件的风险，是否目标公司已经受到过环境保护部门的处罚或整改通知等。必要时，调查者需要进行独立性调查，赴当地环境保护部门、机关了解情况。对于某些工业企业而言，环境保护是与企业的粗放型发展相矛盾的问题，调查者应当重点审查被调查企业是否存在环境保护不达标或者潜在隐患，或者已经给周围环境造成一定程度的污染和影响，审查目标公司是否已经受到过环境保护部门的处罚或整改通知以及走访环境保护部门，客观地了解目标公司在环境保护方面存在的问题和隐患。

八、目标公司的特许经营协议或委托经营协议

调查者应当向目标公司索取该类合同，并详细审阅。调查者应当结合实地调查的方式，与财务尽职调查机构一起，审查该等合同的签署、履行情况。特许经营协议和委托经营协议是以输出经营模式和提供经营服务为主的协议，调查者应当重点审查根据该等协议，目标公司与协议相对方所形成的业务和法律关系，是

否涉及联合定价、限制市场竞争等垄断情形或者在委托经营协议项下形成的关联交易等的定价是否公允等。

九、目标公司在建设工程调查

调查者应当向目标公司索取该类合同详细审阅并对在建工程进行实地考察。建设工程施工合同或建设开发合同，因其动用的资金量大，一般涉及目标公司主营业务，通常都属于重大合同。调查者应当结合实地调查情况，与财务尽职调查机构一起，审查该等合同的签署、履行情况。调查者应当重点审查建设工程施工合同或建设开发合同签订前，目标公司是否有资格签订该合同，是否具备建设开发和签订该等合同的资质，这直接影响该等合同的效力。调查者还应当审查该等合同在履行过程中，目标公司的风险是否处于可控制的范围内，如建筑工程计价方式，是否会导致竣工结算时目标公司发生未能预测的高支出。调查者还应当审查目标公司在签订该等合同时，是否存在另一份"阴合同"或"阳合同"，而双方实际履行的是"阴合同"，这些行为均对于基金拟从事的股权交易及交易后的目标公司存在不确定的商业和法律风险。

十、目标公司外汇管理调查

一般性尽职调查需要对目标公司是否属于外商投资企业或者从事境外投资和贸易业务进行调查，了解目标公司是否需要领取《外汇登记证》，《外汇登记证》是否在有效期内，以及跨境投资或贸易性往来的外汇结汇是否合法。调查者应当询问目标公司是否有涉外业务，是否有《外汇登记证》，核查其真实性和有效期。必要时，应当独立调查向当地外汇管理局进行核实。调查者应当重点关注被调查企业是否需要取得《外汇登记证》，《外汇登记证》是否在有效期内，跨境投资或贸易的结汇程序是否合法等。

十一、目标公司海关审批调查

一般性法律尽职调查对于经营中需要从事进出口业务的目标公司，应当核查其报关、清关手续是否完备，是否按照海关监管部门的要求履行了缴纳关税和进出口检验检疫手续等。调查者应当询问目标公司是否有进出口贸易业务，审核报关与清关文件和关税缴纳文件。必要时，可以与进出口海关进行核实。调查者应当重点关注被调查企业是否履行了进出口的海关申报手续，是否存在偷漏或变相偷漏关税的现象，特别是海外直购或直邮等业务是否合法等。

十二、目标公司无形资产调查

无形资产包括专利、专有技术、商标、软件、版权等知识产权等。调查者应当向目标公司索取其拥有、使用的专利、商标、著作权和其他知识产权证明文件；目标公司正在研制的可能获得知识产权的智力成果报告；目标公司正在申请的知识产权清单；目标公司获准许可使用的知识产权及相关许可协议；目标公司其他目前所涉及或使用技术的来源证明；所有上述知识产权方面侵权及侵权纠纷解决的情况资料。调查者应当要求被调查企业提供专利、专有技术、商标、软件、版权等知识产权证书或证明文件。另外，调查者还应当要求目标公司提供能够证明无形资产的授权使用和被授权使用情况的书面文件、合同等。必要时调查者应当进行独立性调查和对目标公司相关人员进行访谈，向无形资产主管机关和无形资产评估机构核实无形资产的权利状态、是否存在质押，以及核实无形资产的价值。调查者应当重点关注被调查企业是否存在无形资产；无形资产的权利取得方式是否合法；无形资产价值；无形资产的授权和被授权情况；无形资产的权利保护期是否已经超过；是否依法续展；是否在无形资产上设置了质押的担保或其他权利负担；是否对非专利的专有技术采取了保密措施等。

十三、法律责任风险调查

一般性尽职调查工作应当涵盖的法律责任，包括但不限于是否存在任何已发生但未了结或潜在（可预见）的诉讼、仲裁、行政处罚、其他争议或纠纷（需提供相关文件）。

调查者应当询问目标公司是否存在已发生但未了结或潜在（可预见）的诉讼、仲裁、行政处罚、其他争议或纠纷，向目标公司索要相关文件资料并仔细阅读，对于已经了解的争议和纠纷应当审查目标公司对争议纠纷结果的履行情况。必要时调查者需要与上述案件的承办律师和行政处罚机关进行沟通，了解案件进展和可能的后果，调查者应当重点关注目标公司所涉及的仲裁、诉讼或行政处罚是偶发事件，还是由于目标公司的机构性、体制性或制度性缺陷造成的，并相应评估可能造成的损失。如果是因为机构性、体制性或制度性缺陷造成的，应当向基金管理人提出避免发生此类争议的合理化建议。

第六节 独立性调查的网络平台

调查者在对目标公司进行独立性调查时，可以采取直接与相关人士、企业进行访谈、查询、询证的方式进行，也可以通过向工商、土地、房产、矿产等行政机构和法院、检察院等司法机构的查询进行。而目前随着我国越来越重视信用体系的建设，调查者也可以通过网络平台这一简易化模式进行。相关平台详见表9-1。

表9-1 独立性调查的网络平台

序号	网站名称	网址	功能介绍
企业基本信息查询平台			
1	国家企业信用信息公示系统	http://gsxt.saic.gov.cn/	可查询全国范围内的企业公司注册登记、许可审批、年度报告、行政处罚、抽查结果、经营异常状态等信息
2	全国组织机构代码管理中心	http://www.nacao.org.cn/	除企业外，还可以查询依法登记的机关、事业单位、社会组织（社会团体、民办非企业单位和基金会），以及有工商营业执照、注册名称和字号、固定经营场所并开立银行账号的个体工商户等各类法人机构及其分支机构的基本信息
3	企查查	手机App	在查询企业基本信息的基础上，便于查询企业关联关系、投资情况、诉讼等情况
4	天眼查	手机App	在查询企业基本信息的基础上，便于查询企业关联关系、投资情况、诉讼等情况

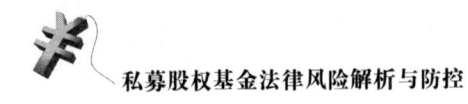

续表

序号	网站名称	网址	功能介绍
财产和资质查询平台			
1	国家工商行政管理总局商标局	sbj.saic.gov.cn/	按商标号、商标、申请人名称等方式，查询某一商标的有关信息
2	中华人民共和国国家知识产权局	www.sipo.gov.cn/	查询申请人、专利权利人等的案件基本信息、审查信息、公布公告信息
3	中国版权保护中心	apply.ccopyright.com.cn	查询计算机软件登记、作品著作权登记、著作权转让和专有许可合同登记与备案、质押合同登记等信息
4	中华人民共和国国土资源部	www.mlr.gov.cn/	查询全国范围内土地抵押、转让、招拍挂等信息
5	中国土地市场网	www.landchina.com/	查询全国范围内的供地计划、出让公告、大企业购地情况等
6	中华人民共和国住房和城乡建设部	www.mohurd.gov.cn	建筑业资质查询（包括设计、勘察、造价、监理、建筑、房产开发）
7	工业和信息化部ICP/IP地址/域名信息备案管理系统	www.miitbeian.gov.cn	查询网站名称、域名、网站首页网址、备案/许可号、网站IP地址、主办单位等信息
8	国家食品药品监督管理总局	www.sda.gov.cn	可查询食品、药品、化妆品、医疗器械、医疗广告、互联网药品等注册信息
9	中国质量认证中心	www.cqc.com.cn	查询产品认证证书、质量体系认证证书等
10	人民法院诉讼资产网	www.rmfysszc.gov.cn	全国范围司法拍卖信息

续表

序号	网站名称	网址	功能介绍
涉诉、信用情况查询平台
1	中国裁判文书网	wenshu.court.gov.cn	查询全国范围内已发生法律效力的判决书、裁定书、决定书（不全面）
2	全国法院被执行人信息查询系统	zhixing.court.gov.cn	查询全国被执行人被执行信息
3	中国执行信息公开网	shixin.court.gov.cn	查询全国失信被执行人信息
4	中华人民共和国最高人民法院网	rmfygg.court.gov.cn	查询全国范围内法院发出的诉讼公告等信息
5	"无诉"等	手机App	查询相关判决文书
行政许可、行政处罚、行业监管、信息咨询类查询平台
1	中国证券监督管理委员会	www.csrc.gov.cn	查询证券行业行政许可、行政处罚
2	中国银行业监督管理委员会	www.cbrc.gov.cn	查询银行业行政许可、行政处罚
3	中国保险业监督管理委员会	www.circ.gov.cn	查询保险行业行政许可、行政处罚
4	巨潮资讯网	www.cninfo.com.cn	查询国内深沪多家上市公司公告信息和市场数据
5	上海证券交易所	www.sse.com.cn	查询上海交易所上市等上市公司公告信息和市场数据
6	深圳证券交易所	www.szse.cn	查询深圳交易所上市等上市公司公告信息和市场数据
7	全国中小企业股份转让系统	www.neeq.com.cn	查询新三板公司信息、数据

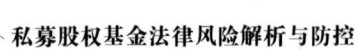

续表

序号	网站名称	网址	功能介绍
	行政许可、行政处罚、行业监管、信息咨询类查询平台		
8	中国证券投资基金业协会	www.amac.org.cn	查询私募基金管理人及私募基金等备案信息、资管计划等
9	地方股权交易中心或产权交易中心网站	www.tjsoc.com	查询在该股权交易系统挂牌企业的信息
	银行征信查询平台		
1	中国人民银行征信中心	www.pbccrc.org.cn	查询以银行信贷信息、社保、公积金、环保、欠税、民事裁决与执行等公共信息
2	中登网	www.zhongdengwang.org.cn	可查询企业应收账款质押、转让登记信息

第七节 尽职调查报告

调查者在进行了全面、客观的尽职调查之后，应出具详尽的调查报告提交给基金管理人。尽职调查报告应客观、全面地反映目标公司的状况，对每一项判断的做出都应当有明确且可靠的依据，尽职调查报告思路要清晰，应就发现的问题进行法律性判断，并就相关的法律瑕疵给予合法性建议。

尽职调查报告应重点阐述法律问题和法律风险，特别是对法律风险的提示。法律风险的提示除说明目标公司本身的问题导致的风险外，有时也应对法律、政策变化导致的风险进行说明。例如，在国家对某类行业进行严厉调控并不断出台新规的情况下（如房地产行业），对该类企业的投资就应提示其谨慎。又如，由于国家对外资进入的控制，对外国私募股权投资基金面临的法律、政策风险也应结合当时的情况给予风险提示。在私募股权投资的退出方面，也应考虑法律、政策变化的风险是否可能导致退出成本的增加等。

> 谁都能把钱投出去,而要获利并退出,则需要从业者的专业能力。

第十章 基金投资与风险

第一节 投资的法律问题与风险

一、投资协议不能缔结的风险

股权投资是个复杂而谨慎的过程,在股权投资协议签订前投资人往往要对目标公司进行详尽的尽职调查,与目标公司及其股东展开多轮的谈判和磋商,一些项目在此基础上顺利签订了股权投资协议,而也有很多项目最终未完成股权投资的协议签订(未缔结),投资人需要考虑投资协议不能缔结所产生的风险。根据《合同法》第四十二条规定"当事人在订立合同过程中假借订立合同,恶意进行磋商;故意隐瞒与订立合同有关的重要事实或者提供虚假情况;有其他违背诚实信用原则的行为"等情形而未能缔结合同,给对方造成损失的应当承担损害赔偿责任。

投资人既要防止自身走进责任的旋涡,又要考虑在对方存在上述情形时对自身权利的保护问题,有效的方法之一就是投资人与目标股东可以在这个投资协议签订前的准备过程签订《投资意向书》《投资框架协议》《备忘录》等方式明确双方在这个阶段的基本权利和义务。

二、股权代持人与实际股东之间的关系

股权投资过程中常常遇到目标公司实际股东与经工商登记机关登记股东不一致的情形,也就是我们所说的股权代持。根据《关于适用〈中华人民共和国公司法〉若干问题的规定(三)》(以下简称《公司法司法解释(三)》)第二十五条规定，有限责任公司的实际出资人与名义出资人订立合同，约定由实际出资人出资并享有投资权益，以名义出资人为名义股东，如无《合同法》第五十二条规定的情形，人民法院应当认定该合同有效。

投资人投资目标公司时如遇到类似问题，第一步应当要求名义股东和实际股东共同签署投资协议，或要求名义股东与实际股东就目标公司股权归属问题达成一致（协议）；第二步要求目标公司就投资人投资进行决议时在决议内容中要求其他股东对这一问题达成一致；第三步要求实际股东就其向目标公司出资出具相关出资证明等，以防止名义股东与实际股东间的权属纠纷影响投资人投资的权益。

三、"娃娃股东"的民事行为能力

2010年8月16日，向日葵、万讯自控、顺网科技、中航电测四家创业板新股公开发行申购，其中位于浙江绍兴的向日葵发行价16.80元/股，刷新了公司所在地浙江省绍兴市没有创业板公司的纪录。而另一条被公众关注的纪录也产生于这家公司——一名年龄仅6岁的"娃娃股东"出现在公司73名自然人名单之中，并顺利进入"百万富豪"行列。

签订合同的当事人应具备相应的民事行为能力，股权投资的实践当中常常发生股权出让人、目标公司股东系"娃娃股东"的情况，在这种情况下，基金管理人就应当注意，"娃娃股东"因未成年其处置资产的民事行为能力受到限制，处置不当会导致合同效力待定或无效的风险。在签订相关投资合同时，"娃娃股东"需要由其法定代理人代为履行职责签署投资协议文件。根据《合同法》第四十七条规定，限制民事行为能力人订立的合同，经法定代理人追认后，该合同有效。合同相对人可以催告法定代理人在一个月内予以追认，法定代理人未做表示的，视为拒绝追认。根据即将在2017年10月1日实施的《民法通则》规定，"娃娃股东"应当为限制民事行为能力人和无民事行为能力人，并按照法律规定的方式实施民事法律行为（见表10-1）。

表 10－1 民事行为能力一览表

	完全民事行为能力人	限制民事行为能力人	无民事行为能力人
年龄标准	十八周岁以上的自然人	八周岁以上的未成年人	不满八周岁的未成年人
	十六周岁以上的未成年人，以自己的劳动收入为主要生活来源的		
行为实施	独立实施民事行为	1. 由其法定代理人代理或者经法定代理人同意、追认； 2. 可以独立实施纯获利益的民事法律行为或者与其年龄、智力相适应的民事法律行为	由其法定代理人代理实施民事法律行为

四、投资合同的成立和生效风险

根据《合同法》的规定，当事人采用合同书形式订立合同的，自双方当事人签字或者盖章时合同成立，依法成立的合同自成立时生效（法律、行政法规规定应当办理批准、登记等手续生效的依照其规定），这是合同法的一般性规定。

很多企业在合同管理中为了防止企业公章、合同专用章被滥用造成的企业风险，在对外所形成的合同文本中约定"本合同自双方盖章并法定代表人签字之日起生效"，这一约定是非常值得各个企业借鉴的，可以有效地控制公司对外合同的管理风险问题，投资人也可以考虑这个方式。同时，投资人也应当在签订合同时注意这个问题，仔细甄别合同生效的形式要件是盖章、签字、盖章和签字、盖章或签字的表述，以免因为疏忽导致合同效力不明而产生风险。

另外，《合同法》规定了合同的附条件和附期限，"附生效条件的合同，自条件成就时生效。附解除条件的合同，自条件成就时失效""附生效期限的合同，自期限届至时生效。附终止期限的合同，自期限届满时失效"。这个规定对于投资协议来说也是非常实用的，例如投资人可以与目标公司约定在尽职调查后目标公司满足"何种条件"投资协议生效，目标公司达到"何种条件"时投资协议失效等，对投资风险予以控制。

五、泄露商业秘密的风险

无论投资协议最终是否成立、生效、终止，保护合同相对方商业秘密是一个基本的商业道德也是法律的最基本要求。根据《合同法》第四十三条的规定，当事人在订立合同过程中知悉的商业秘密，无论合同是否成立，不得泄露或者不正当地使用。泄露或者不正当地使用该商业秘密给对方造成损失的，应当承担损害赔偿责任。《合同法》第九十二条规定，合同的权利义务终止后当事人应当遵循诚实信用原则，根据交易习惯履行通知、协助、保密等义务。商业秘密的保护是必需的，无论是否签订保密协议都应当遵守，而商业秘密的范围和应当采取的保护措施则是界定这一法律问题的关键，投资人在签署正式的投资协议前应当考虑与目标公司就此部分进行约定，一是要保护目标公司的商业秘密，二是这种自我设定义务的行为更能使目标公司敞开心扉，使得投资人对目标公司的了解和调查更加全面。投资行为对于投资人来说也是一种商业秘密，不正当的泄露可能会导致投资人的成本增加。商业秘密的保护可以在投资协议或投资意向书中进一步约定，也可以根据情况在投资接洽阶段开始就予以保护签订专门的《保密协议》。

根据《中华人民共和国反不正当竞争法》的规定，商业秘密是指不为公众所知悉、能为权利人带来经济利益，具有实用性并经权利人采取保密措施的技术信息和经营信息。根据这个条款的规定商业秘密的构成需要同时满足四个要件，一是秘密性（不为公众所知悉），二是利益性（能为权利人带来经济利益），三是实用性，四是已经采取保密措施。投资人在商业秘密的保护方面应当注意上述特性，以免产生风险。

六、投资合同无效、撤销的风险

合同无效或被撤销的后果是比较严重的，会产生回归于原始状态的结构，也就是说要返回到合同签订前的原始状态，收到的投资款项应当返还，取得的股权应当退还，合同无效的情形下并不对收益予以保护，表现形式一般有以下三种。

（1）返还财产。返还财产是在合同被依法裁定无效或被撤销后，双方当事人在合同履行过程中都享有的请求对方返还自己投入的财产权，而接受的一方则依法负有返还的义务，要求返还的权利和应返还的义务，是指双方均应恢复合同履行前的状况而绝不是指未履行合同的损失。

（2）赔偿损失。赔偿损失是指合同被依法裁定无效或者被撤销后，合同双方当事人在合同履行过程中所遭受的损失。赔偿损失有两种情况：一种是在负有返还义务的一方不能返还财产的情况下，通过赔偿损失的方法恢复合同履行前的原状；另一种是合同被裁定无效或被撤销后双方所受的损失，按责任大小承担赔偿的比例。

（3）行政处罚。合同在无效的情况下，可能产生追缴财产，被课以行政罚款等处分。如果订立合同的双方当事人是出于恶意串通，以损害国家、集体、社会公共利益或第三人利益为目的，因此而取得的财产属非法所得。非法所得应依法追缴，并课以相应的行政处罚，情节严重，触犯刑律的，应追究刑事责任。

根据《合同法》第五十二条的规定，有下列情形之一的合同无效：

（1）一方以欺诈、胁迫的手段订立合同，损害国家利益；

（2）恶意串通，损害国家、集体或者第三人利益；

（3）以合法形式掩盖非法目的；

（4）损害社会公共利益；

（5）违反法律、行政法规的强制性规定。

根据《合同法》第五十四条的规定，下列合同当事人一方有权请求人民法院或者仲裁机构变更或者撤销：

（1）因重大误解订立的；

（2）在订立合同时显失公平的。

一方以欺诈、胁迫的手段或者乘人之危，使对方在违背真实意思的情况下订立的合同，受损害方有权请求人民法院或者仲裁机构变更或者撤销。

七、投资合同履行的抗辩权

一份合同的履行对于双方当事人来说总有个先与后的问题，也有在签订合同后因为对对方逐步的了解而产生信赖降低的问题，股权投资协议也是一样。要么是投资人先支付价款，要么是先办理股权登记手续，要么是投资人一次性支付投资款项，要么是在投资人成为公司股东的一定期限内支付投资款项，要么是公司相关权力交接在投资协议达成或股权变更后进行，要么是在股权价款支付完毕后交接等。投资人和目标公司为保护自身的权益免受损害，在投资合同中常常签署附加条款约定在条件成就时履行合同义务，有效地掌握和利用《合同法》关于抗辩权的法律规则是投资人维护自身权益的途径之一。根据《合同法》的规定，合同履行的抗辩权分为三类，分别为不安抗辩权、同时履行抗辩权和先履行抗辩权。

1. 不安抗辩权

《合同法》第六十八条规定，应当先履行债务的当事人有确切证据证明对方有下列情形之一的，可以中止履行：

（1）经营状况严重恶化；

（2）转移财产、抽逃资金，以逃避债务；

（3）丧失商业信誉；

（4）有丧失或者可能丧失履行债务能力的其他情形。

当事人没有确切证据中止履行的，应当承担违约责任。

2. 同时履行抗辩权

《合同法》第六十六条规定，当事人互负债务没有先后履行顺序的，应当同时履行。一方在对方履行之前有权拒绝其履行要求，一方在对方履行债务不符合约定时有权拒绝其相应的履行要求。

3. 先履行抗辩权

《合同法》第六十七条规定，当事人互负债务有先后履行顺序，先履行一方未履行的，后履行一方有权拒绝其履行要求。先履行一方履行债务不符合约定的，后履行一方有权拒绝其相应的履行要求。

合同的履行抗辩权是法律规定的一项制度，在处理合同双方纠纷时起到重要作用。但一项股权投资却是复杂的、长期的，在非必要的情况下合同双方对所遇到的问题仍应当本着谅解、合作、协商的原则予以处理，以免产生合作的隔阂。

八、投资协议的解除

合同解除是指在合同有效成立以后，当解除的条件具备时，因当事人一方或双方的意思表示，使合同自始或仅向将来消灭的行为，投资协议同样适用这一规则。合同解除分为约定解除、单方解除权解除和法定解除。约定解除是指合同当事人经协商一致而解除合同的情形；单方解除权解除是指当事人在合同中约定合同某一方在一定条件下享有单方解除合同的权利，无须其他方同意，当解除合同的条件成就时，解除权人行使解除权解除合同；法定解除是指合同满足了解除条件，根据解除条件规定的情形解除权人行使解除权而解除合同，根据《合同法》第九十四条规定，法定解除的条件包括以下情形：

（1）因不可抗力致使不能实现合同目的；

（2）在履行期限届满之前，当事人一方明确表示或者以自己的行为表明不履行主要债务；

（3）当事人一方迟延履行主要债务，经催告后在合理期限内仍未履行；

（4）当事人一方迟延履行债务或者有其他违约行为致使不能实现合同目的；

（5）法律规定的其他情形。

需要注意的是，除了约定解除外，单方解除权解除和法定解除并非当然解除，还需要解除权人行使解除权方可解除合同。解除权应当在法定或约定的时间行使，到期未行使解除权消失，解除权的行使以通知的方式进行，合同自通知到达对方时解除。合同解除后（解除通知到达）对方享有在约定的异议期间提出异议的权利，在约定的异议期限届满不提出异议丧失诉讼权利，没有约定异议期间在解除合同通知到达之日起三个月内不向人民法院起诉的丧失诉讼权利。

九、投资协议的违约责任

私募基金的投资基于投资协议这一合同文件而进行，并对投资融资双方发生法律效力，股权投资协议的履行无非投、管、退三个层面。所谓投，就是如何进入目标公司，以什么对价进入、对价如何支付、股权如何取得、股权何时取得；所谓管，就是对目标公司的股东会、董事会、监事会及日常管理（尤其是财务和资产管理）是否渗入、如何渗入、渗入什么程度；所谓退，就是在投资成功时，或者是目标公司发生经营困难或者无法存续时，如何退出。而公司章程仅仅是公

司内部管理性的文件，不能将上述全部问题考虑得面面俱到，这就要由投资协议去约定、执行，不能履行或拒绝履行就要承担违约责任。一般理解上认为合同违约的责任就是违约后要按照合同支付违约金或赔偿损失，这种理解是不全面的，根据《合同法》第一百零七条规定，当事人一方不履行合同义务或者履行合同义务不符合约定的，应当承担继续履行、采取补救措施或者赔偿损失等违约责任。这是法定的违约责任形式不能豁免，当合同具备履行条件的情况下继续履行是违约方首先要承担的义务，其次才是赔偿损失或支付违约金，而且并不因为继续履行合同而豁免违约方赔偿损失或支付违约金的责任。损失赔偿额应当相当于因违约所造成的损失，包括合同履行后可以获得的利益，但不得超过违反合同一方订立合同时预见到或者应当预见到的因违反合同可能造成的损失。根据《合同法》第一百一十四条第一款规定，当事人可以约定一方违约时应当根据违约情况向对方支付一定数额的违约金，也可以约定因违约产生的损失赔偿额的计算方法。

十、目标公司的经营范围

《公司法》第十二条规定，公司的经营范围由公司章程规定，并依法登记。公司可以修改公司章程，改变经营范围，但是应当办理变更登记。公司的经营范围中属于法律、行政法规规定须经批准的项目，应当依法经过批准。根据国家工商总局《国务院关于取消和调整一批行政审批项目等事项的决定》（国发〔2015〕11号）、《国务院关于取消和调整一批行政审批项目等事项的决定》（国发〔2014〕50号）等文件资料经作者编辑应当依法经过批准的经验范围如下，投资人在投资初期应注重对下述经营范围的审批事项予以审查，以免因未批准、批准的经营期限过期、超出批准范围经营等风险的发生。另外，在我国政府简政放权的大背景下，部分经营范围可能会在今后予以取消、调整，请及时关注国务院、国家工商总局的相关法规、规章的变化。

需特别审批的经营范围见表10-2。

表 10-2 需特别审批的经营范围一览表

序号	项目名称	设定依据	审批阶段
1	价格评估机构资质认定	《价格评估机构资质认定管理办法》	后置审批
2	食盐定点生产、碘盐加工企业许可	《食盐专营办法》《食盐加碘消除碘缺乏危害管理条例》	后置审批
3	电子认证服务许可	《中华人民共和国电子签名法》	后置审批
4	电信业务经营许可	《中华人民共和国电信条例》	后置审批
5	外商投资经营电信业务审批	《外商投资电信企业管理规定》《电信业务经营许可管理办法》（工业和信息化部令第5号）	后置审批
6	第一类监控化学品生产许可	《中华人民共和国监控化学品管理条例》	后置审批
7	第二类、第三类监控化学品和第四类监控化学品中含磷、硫、氟的特定有机化学品生产特别许可	《中华人民共和国监控化学品管理条例》	后置审批
8	民用爆炸物品生产许可	《民用爆炸物品安全管理条例》	前置审批
9	开办农药生产企业审批	《农药管理条例》	后置审批
10	保安培训许可证核发	《保安服务管理条例》	后置审批
11	保安服务许可证核发	《保安服务管理条例》	前置审批
12	爆破作业单位许可证核发	《民用爆炸物品安全管理条例》	前置审批
13	民用枪支（弹药）制造许可	《中华人民共和国枪支管理法》	前置审批
14	民用枪支（弹药）配售许可	《中华人民共和国枪支管理法》	前置审批
15	制造、销售弩或营业性射击场开设弩射项目审批	《公安部、国家工商行政管理局关于加强弩管理的通知》	前置审批
16	公章（机构）刻制业特种行业许可证核发	《国务院对确需保留的行政审批项目设定行政许可的决定》	后置审批
17	旅馆业特种行业许可证核发	《旅馆业治安管理办法》	后置审批
18	因私出入境中介服务机构资格认定（境外就业、留学除外）	《国务院关于加强出入境中介活动管理的通知》	后置审批

续表

序号	项目名称	设定依据	审批阶段
19	典当业特种行业许可证核发	《典当管理办法》	后置审批
20	养老机构设立许可	《中华人民共和国老年人权益保障法》	后置审批
21	会计师事务所及其分支机构设立审批	《中华人民共和国注册会计师法》	后置审批
22	中介机构从事会计代理记账业务审批	《中华人民共和国会计法》	后置审批
23	会计师事务所从事证券、期货相关业务资格审批	《中华人民共和国证券法》	后置审批
24	资产评估机构从事证券服务业务资格审批	《中华人民共和国证券法》	后置审批
25	设立中外合资（合作）职业中介机构许可	《中华人民共和国就业促进法》	后置审批
26	设立职业中介机构许可	《中华人民共和国就业促进法》《就业服务与就业管理规定》	后置审批
27	设立人才中介服务机构及其业务范围审批	《人才市场管理规定》《中外合资人才中介机构管理暂行规定》	后置审批
28	中外合作职业技能培训机构设立审批	《中华人民共和国中外合作办学条例》《中外合作职业技能培训办学管理办法》	后置审批
29	煤炭开采审批	《矿产资源开采登记管理办法》《国务院办公厅关于进一步做好关闭整顿小煤矿和煤矿安全生产工作的通知》《关于规范勘查许可证采矿许可证权限有关问题的通知》	后置审批

续表

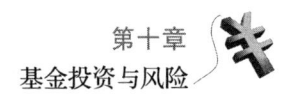

序号	项目名称	设定依据	审批阶段
30	危险废物经营许可	《中华人民共和国固体废物污染环境防治法》《危险废物经营许可证管理办法》	后置审批
31	拆船厂设置环境影响报告书审批	《防止拆船污染环境管理条例》	后置审批
32	民用核安全设备设计、制造、安装和无损检验单位许可证核发	《民用核安全设备监督管理条例》	后置审批
33	废弃电器电子产品处理许可	《废弃电器电子产品回收处理管理条例》	后置审批
34	从事城市生活垃圾经营性清扫、收集、运输、处理服务审批	《城市生活垃圾管理办法》	后置审批
35	燃气经营许可证核发	《城镇燃气管理条例》	后置审批
36	港口经营许可	《中华人民共和国港口法》	后置审批
37	国际海上运输业务及海运辅助业务经营审批	《中华人民共和国国际海运条例》	后置审批
38	国际船舶管理业务经营审批	《中华人民共和国国际海运条例》	后置审批
39	国内水路运输、水路运输业务经营审批	《国内水路运输管理条例》	后置审批
40	经营港口理货业务许可	《中华人民共和国港口法》《港口经营管理规定》	后置审批
41	从事国际道路运输审批	《中华人民共和国道路运输条例》	后置审批
42	出租汽车经营资格证核发	《出租汽车经营服务管理规定》	后置审批
43	道路运输站（场）经营业务许可证核发	《中华人民共和国道路运输条例》	后置审批
44	机动车维修经营业务许可证核发	《中华人民共和国道路运输条例》	后置审批
45	机动车驾驶员培训业务许可证核发	《中华人民共和国道路运输条例》	后置审批

续表

序号	项目名称	设定依据	审批阶段
46	道路客运经营许可证核发	《中华人民共和国道路运输条例》	后置审批
47	道路货运经营许可证核发	《中华人民共和国道路运输条例》	后置审批
48	从事内地与台湾、港澳间海上运输业务许可	《国务院对确需保留的行政审批项目设定行政许可的决定》	后置审批
49	设立引航及验船机构审批	《中华人民共和国船舶和海上设施检验条例》《船舶引航管理规定》《中华人民共和国海事行政许可条件规定》	后置审批
50	从事海洋船舶船员服务业务审批	《中华人民共和国船员条例》	后置审批
51	农作物种子、草种、食用菌菌种经营许可证核发	《中华人民共和国种子法》	前置审批
52	种畜禽、蜂、蚕种生产经营许可证核发	《中华人民共和国畜牧法》	后置审批
53	兽药生产许可证核发	《兽药管理条例》	后置审批
54	兽药经营许可证核发	《兽药管理条例》	后置审批
55	拖拉机驾驶培训学校、驾驶培训班资格认定	《中华人民共和国道路交通安全法》	后置审批
56	从事动物诊疗机构设立许可	《中华人民共和国动物防疫法》	后置审批
57	兴办动物饲养场（养殖小区）和隔离场所，动物屠宰加工场所，以及动物和动物产品无害化处理场所审批	《中华人民共和国动物防疫法》	后置审批
58	农业机械维修技术合格证书核发	《农业机械安全监督管理条例》	后置审批
59	国家重点保护水生野生动物驯养繁殖许可证核发	《中华人民共和国野生动物保护法》《中华人民共和国水生野生动物保护实施条例》	后置审批

第十章 基金投资与风险

续表

序号	项目名称	设定依据	审批阶段
60	设立饲料添加剂、添加剂预混合饲料生产企业审批	《饲料和饲料添加剂管理条例》	后置审批
61	生猪定点屠宰证书核发	《生猪屠宰管理条例》	后置审批
62	转基因农作物种子生产许可证核发	《农业转基因生物安全管理条例》	后置审批
63	石油成品油批发经营资格审批	《成品油市场管理办法》	后置审批
64	石油成品油零售经营资格审批	《成品油市场管理办法》	后置审批
65	鲜茧收购资格认定	《国务院办公厅转发国家经贸委关于深化蚕茧流通体制改革意见的通知》	后置审批
66	外商投资企业设立及变更审批	《中华人民共和国中外合资经营企业法》《中华人民共和国中外合作经营企业法》《中华人民共和国中外合资经营企业法实施条例》	前置审批
67	直销企业及其分支机构设立和变更审批	《直销管理条例》	后置审批
68	拍卖企业设立许可	《中华人民共和国拍卖法》	后置审批
69	对外劳务合作经营资格核准	《对外劳务合作管理条例》	后置审批
70	设立旧机动车鉴定评估机构审批	《国务院对确需保留的行政审批项目设定行政许可的决定》	后置审批
71	中外合资经营、中外合作经营的演出经纪机构设立审批	《营业性演出管理条例》	后置审批
72	港、澳投资者在内地投资设立合资、合作、独资经营的演出经纪机构审批	《营业性演出管理条例》	后置审批

续表

序号	项目名称	设定依据	审批阶段
73	台湾地区投资者在内地投资设立合资、合作经营的演出经纪机构审批	《营业性演出管理条例》	后置审批
74	设立内资演出经纪机构审批	《营业性演出管理条例》	后置审批
75	设立内资文艺表演团体审批	《营业性演出管理条例》	后置审批
76	设立经营性互联网文化单位审批	《国务院对确需保留的行政审批项目设定行政许可的决定》（国务院令412号）	后置审批
77	港、澳服务提供者在内地设立内地方控股合资演出团体审批	《内地与香港关于建立更紧密经贸关系的安排》（CEPA）补充协议九	后置审批
78	中外合资经营、中外合作经营的演出场所经营单位设立审批	《营业性演出管理条例》	后置审批
79	港、澳投资者在内地投资设立合资、合作、独资经营的演出场所经营单位审批	《营业性演出管理条例》	后置审批
80	台湾地区投资者在内地投资设立合资、合作经营的演出场所经营单位审批	《营业性演出管理条例》	后置审批
81	设立中外合资、合作经营的娱乐场所审批	《娱乐场所管理条例》	后置审批
82	设立内资娱乐场所审批	《娱乐场所管理条例》	后置审批
83	设立互联网上网服务营业场所经营单位审批	《互联网上网服务营业场所管理条例》	后置审批
84	港、澳服务提供者在内地设立互联网上网服务营业场所审批	《内地与香港关于建立更紧密经贸关系的安排》补充协议九	后置审批

续表

序号	项目名称	设定依据	审批阶段
85	公共场所卫生许可（不含公园、体育场馆、公共交通工具卫生许可）	《公共场所卫生管理条例》	后置审批
86	营利性医疗机构设置审批	《医疗机构管理条例》	后置审批
87	饮用水供水单位卫生许可	《中华人民共和国传染病防治法》	后置审批
88	消毒产品生产企业（一次性使用医疗用品的生产企业除外）卫生许可	《中华人民共和国传染病防治法》《消毒管理办法》	后置审批
89	设立经营个人征信业务的征信机构审批	《征信业管理条例》	前置审批
90	经营流通人民币审批	《中华人民共和国人民币管理条例》	后置审批
91	装帧流通人民币审批	《中华人民共和国人民币管理条例》《经营、装帧流通人民币管理办法》	后置审批
92	免税商店设立审批	《中华人民共和国海关法》	后置审批
93	口岸卫生许可证核发	《中华人民共和国国境卫生检疫法实施细则》	后置审批
94	进出口商品检验鉴定业务的检验许可	《中华人民共和国进出口商品检验法》	后置审批
95	制造、修理计量器具许可证核发	《中华人民共和国计量法》	后置审批
96	设立认证机构审批	《中华人民共和国认证认可条例》	后置审批
97	特种设备生产单位许可	《中华人民共和国特种设备安全法》	后置审批
98	特种设备检验检测机构核准	《中华人民共和国特种设备安全法》	后置审批
99	印刷业经营者兼营包装装潢和其他印刷品印刷经营活动审批	《印刷业管理条例》	后置审批
100	设立从事包装装潢印刷品和其他印刷品印刷经营活动的企业审批	《印刷业管理条例》	后置审批

续表

序号	项目名称	设定依据	审批阶段
101	设立中外合资、合作印刷企业和外商独资包装装潢印刷企业审批	《国务院关于第三批取消和调整行政审批项目的决定》（国发〔2004〕16号）附件3	前置审批
102	设立从事出版物印刷经营活动的企业审批	《印刷业管理条例》	前置审批
103	电子出版物制作单位设立审批	《音像制品管理条例》	后置审批
104	电子出版物复制单位设立审批	《音像制品管理条例》	后置审批
105	音像制作单位设立审批	《音像制品管理条例》	后置审批
106	音像复制单位设立审批	《音像制品管理条例》	后置审批
107	设立可录光盘生产企业审批	《关于公布就复制管理行政审批项目调整后加强光盘复制管理有关问题》	后置审批
108	从事出版物批发业务许可	《出版管理条例》	后置审批
109	从事出版物零售业务许可	《出版管理条例》	后置审批
110	设立出版物进口经营单位审批	《出版管理条例》	前置审批
111	设立出版单位审批	《出版管理条例》	前置审批
112	广播电视节目制作经营单位设立审批	《广播电视管理条例》	后置审批
113	设立电视剧制作单位审批	《广播电视管理条例》	后置审批
114	卫星电视广播地面接收设施安装许可审批	《卫星电视广播地面接收设施管理规定》《关于进一步加强卫星电视广播地面接收设施管理的意见》	前置审批
115	电影发行单位设立、变更业务范围或者兼并、合并、分立审批	《电影管理条例》	后置审批
116	电影放映单位设立、变更业务范围或者兼并、合并、分立审批	《电影管理条例》	后置审批

续表

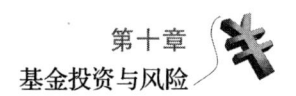

序号	项目名称	设定依据	审批阶段
117	电影制片单位设立、变更、终止审批	《电影管理条例》	后置审批
118	电影制片单位以外的单位独立从事电影摄制业务审批	《电影管理条例》	后置审批
119	举办健身气功活动及设立站点审批	《健身气功管理办法》	后置审批
120	经营高危险性体育项目许可	《全民健身条例》	后置审批
121	新建、改建、扩建生产、储存危险化学品（包括使用长输管道输送危险化学品）建设项目安全条件审查	《危险化学品安全管理条例》	前置审批
122	危险化学品经营许可	《危险化学品安全管理条例》	前置审批
123	烟花爆竹生产企业安全生产许可	《烟花爆竹安全管理条例》	前置审批
124	烟花爆竹批发许可	《烟花爆竹安全管理条例》	后置审批
125	烟花爆竹零售许可	《烟花爆竹安全管理条例》	后置审批
126	生产、经营第一类中的非药品类易制毒化学品审批	《易制毒化学品管理条例》	后置审批
127	互联网药品交易服务企业审批	《互联网药品交易服务审批暂行规定》	后置审批
128	药品生产许可	《中华人民共和国药品管理法》	后置审批
129	药品经营许可	《中华人民共和国药品管理法》	后置审批
130	食品生产许可	《中华人民共和国食品安全法》	后置审批
131	食品流通许可	《中华人民共和国食品安全法》	后置审批
132	餐饮服务许可	《中华人民共和国食品安全法》	后置审批
133	药品、医疗器械互联网信息服务审批	《互联网信息服务管理办法》	后置审批

续表

序号	项目名称	设定依据	审批阶段
134	化妆品生产企业卫生许可	《化妆品卫生监督条例》《中华人民共和国工业产品生产许可证管理条例》	后置审批
135	涉外统计调查机构资格认定	《中华人民共和国统计法》《中华人民共和国统计法实施细则》《涉外调查管理办法》	后置审批
136	涉外社会调查项目审批	《中华人民共和国统计法》《涉外调查管理办法》（国家统计局令第7号）	后置审批
137	在林区经营（含加工）木材审批	《中华人民共和国森林法实施条例》	后置审批
138	林木种子（含园林绿化草种）经营许可证核发	《中华人民共和国种子法》	前置审批
139	国家重点保护陆生野生动物驯养繁殖许可证核发	《中华人民共和国陆生野生动物保护实施条例》	后置审批
140	出售、收购国家二级保护野生植物审批	《中华人民共和国野生植物保护条例》	后置审批
141	旅行社经营出境旅游业务资格审批	《旅行社条例》	后置审批
142	外商投资旅行社业务许可	《旅行社条例》	后置审批
143	旅行社业务经营许可证核发	《旅行社条例》	后置审批
144	旅行社经营边境游资格审批	《边境旅游暂行管理办法》	后置审批
145	外资银行营业性机构及其分支机构设立、变更、终止以及业务范围审批	《中华人民共和国银行业监督管理法》《中华人民共和国外资银行管理条例》	前置审批

续表

序号	项目名称	设定依据	审批阶段
146	中资银行业金融机构及其分支机构设立、变更、终止以及业务范围审批	《中华人民共和国银行业监督管理法》《中华人民共和国商业银行法》	前置审批
147	非银行金融机构（分支机构）设立、变更、终止以及业务范围审批	《中华人民共和国银行业监督管理法》《金融资产管理公司条例》	前置审批
148	外资银行代表处设立、变更及终止审批	《中华人民共和国银行业监督管理法》《中华人民共和国外资银行管理条例》	前置审批
149	投资咨询机构、财务顾问机构、资信评级机构从事证券服务业务审批	《中华人民共和国证券法》	后置审批
150	证券公司设立审批	《中华人民共和国证券法》	前置审批
151	期货公司设立审批	《期货交易管理条例》	后置审批
152	公募基金管理公司设立审批	《中华人民共和国证券投资基金法》	后置审批
153	设立期货专门结算机构审批	《期货交易管理条例》	前置审批
154	设立期货交易场所审批	《期货交易管理条例》	前置审批
155	证券交易所设立审核、证券登记结算机构设立和解散审批	《中华人民共和国证券法》	前置审批
156	证券金融公司设立审批	《证券公司监督管理条例》	后置审批
157	外国证券类机构设立驻华代表机构核准	《国务院关于管理外国企业常驻代表机构的暂行规定》	前置审批
158	设立保险公估机构审批	《保险公估机构监管规定》	后置审批
159	保险资产管理公司及其分支机构设立和终止（解散、破产和分支机构撤销）审批	《国务院对确需保留的行政审批项目设定行政许可的决定》	后置审批

续表

序号	项目名称	设定依据	审批阶段
160	专属自保组织和相互保险组织设立、合并、分立、变更、解散审批	《保险公司管理规定》	前置审批
161	保险集团公司及保险控股公司设立、合并、分立、变更、解散审批	《保险公司管理规定》	后置审批
162	保险代理机构、保险经纪机构设立审批	《中华人民共和国保险法》	后置审批
163	保险公司及其分支机构设立和保险公司终止（解散、破产）审批	《中华人民共和国保险法》	前置审批
164	粮食收购资格认定	《粮食流通管理条例》《国务院关于进一步深化粮食流通体制改革的意见》	后置审批
165	电力业务许可证核发	《中华人民共和国电力法》《电力监管条例》	后置审批
166	承装（修、试）电力设施许可证核发	《电力供应与使用条例》《承装（修、试）电力设施许可证管理办法》	后置审批
167	烟草专卖生产企业许可证核发	《中华人民共和国烟草专卖法》	前置审批
168	烟草专卖批发企业许可证核发	《中华人民共和国烟草专卖法》	前置审批
169	设立烟叶收购站（点）审批	《中华人民共和国烟草专卖法》《中华人民共和国烟草专卖法实施条例》	后置审批
170	烟草专卖零售许可证核发	《中华人民共和国烟草专卖法》	后置审批
171	从事测绘活动的单位资质认定	《中华人民共和国测绘法》	后置审批
72	铁路运输企业准入许可	《国务院对确需保留的行政审批项目设定行政许可的决定》	后置审批
173	通用航空企业经营许可	《中华人民共和国民用航空法》	前置审批

续表

序号	项目名称	设定依据	审批阶段
174	民用航空器（发动机、螺旋桨）生产许可	《中华人民共和国民用航空法》	前置审批
175	民用航空器维修单位维修许可	《中华人民共和国民用航空法》	后置审批
176	公共航空运输企业经营许可	《中华人民共和国民用航空法》	后置审批
177	经营邮政通信业务审批	《国务院对确需保留的行政审批项目设定行政许可的决定》	后置审批
178	快递业务经营许可	《中华人民共和国邮政法》	前置审批
179	拍卖企业经营文物拍卖许可	《中华人民共和国文物保护法》	后置审批
180	文物商店设立审批	《中华人民共和国文物保护法》	后置审批
181	银行、农村信用社、兑换机构等结汇、售汇业务市场准入、退出审批	《中华人民共和国外汇管理条例》	后置审批
182	保险、证券公司等非银行金融机构外汇业务市场准入、退出审批	《中华人民共和国外汇管理条例》	后置审批
183	非金融机构经营结汇、售汇业务审批	《中华人民共和国外汇管理条例》	后置审批
184	融资性担保机构的设立与变更审批	《融资性担保公司管理暂行办法》	前置审批
185	新建棉花加工企业审批	《棉花质量监督管理条例》《棉花加工资格认定和市场管理暂行办法》	后置审批
186	城镇集体所有制企业设立、合并、分立、停业、迁移或者主要登记事项变更审批	《中华人民共和国城镇集体所有制企业条例》	后置审批

十一、公司负债和对外担保

公司负债和对外担保是影响股东权益的重大事项之一，然而《公司法》并未就此事项的决策权力、表决形式做出明确的规定。投资人在对目标公司进行投资时应当予以考虑并与目标公司进行约定将此事项列入公司章程当中，同时，应注重公司经营管理权的自主行使问题，在进行约定时可以根据负债、担保的数额划分不同的标准，公司总经理、董事会、股东会（股东大会）根据不同标准行使权力，防止公司负债、担保给公司造成风险。根据《公司法》第十六条规定，公司向其他企业投资或者为他人提供担保，依照公司章程的规定，由董事会或者股东会、股东大会决议；公司章程对投资或者担保的总额及单项投资或者担保的数额有限额规定的，不得超过规定的限额。公司为公司股东或者实际控制人提供担保的，必须经股东会或者股东大会决议。前款规定的股东或者受前款规定的实际控制人支配的股东，不得参加前款规定事项的表决。该项表决由出席会议的其他股东所持表决权的过半数通过。

十二、股东权利滥用

根据《公司法》第二十条规定，公司股东应当遵守法律、行政法规和公司章程，依法行使股东权利，不得滥用股东权利损害公司或者其他股东的利益；不得滥用公司法人独立地位和股东有限责任损害公司债权人的利益。公司股东滥用股东权利给公司或者其他股东造成损失的，应当依法承担赔偿责任。公司股东滥用公司法人独立地位和股东有限责任，逃避债务，严重损害公司债权人利益的，应当对公司债务承担连带责任。股东在行使权利时，一是要遵守法律有关权利行使的规定；二是要依照法律规定的程序行使。股东行使权利不得损害公司和其他股东的利益。例如，《公司法》规定，股东在涉及公司为其担保事项进行表决时应当回避，如果股东违反这一规定强行参与表决则构成滥用股东权利；又如，《公司法》规定，有限责任公司股东有查账权，但前提是股东应当有正当的理由，如果股东为个人经营的目的以查账为由窃取公司商业秘密则构成股东滥用权利；再如，《公司章程》规定，公司出售重大资产需股东大会特别决议通过，公司的控股股东无视章程的规定不经法定程序强令公司经营管理层出售该资产，也构成股东权利的滥用。对股东滥用权利的行为给公司和其他股东造成损失的，滥用权利的股东应承担赔偿责任。

十三、关联交易

关联交易在市场经济条件下广为存在，但它与市场经济的基本原则却不相吻合。按市场经济原则，一切企业之间的交易都应该在市场竞争的原则下进行，而在关联交易中由于交易双方存在各种各样的关联关系，有利益上的牵扯，交易并不是在完全公开竞争的条件下进行的。关联交易客观上可能给企业带来有利或不利的影响，从有利的方面讲，交易双方因存在关联关系，可以节约大量商业谈判等方面的交易成本，并可运用行政的力量保证商业合同的优先执行，从而提高交易效率；从不利的方面讲，由于关联交易方可以运用行政力量撮合交易的进行，从而有可能使交易的价格、方式等在非竞争的条件下出现不公正情况，形成对股东或债权人权益的侵犯。全面规范关联方及关联交易的信息披露非常有必要，根据《公司法》第二十一条规定，公司的控股股东、实际控制人、董事、监事、高级管理人员不得利用其关联关系损害公司利益。由此可以看出，法律并不禁止关联交易，但不允许关联交易损害公司利益。关联交易的形式有很多种，而常见的关联交易如下：投资者在投资时及投资后应当注重目标公司的关联交易情况，及时了解关联交易的动态，并尽量在投资协议中约定关联交易的决策、监督制度，制度的制定应当考虑关联方回避制度的设计，以保护自身的合法权益。

关联交易的类型一般包括：

（1）购买或销售商品；

（2）提供或接受劳务；

（3）购买公司资产；

（4）担保；

（5）提供资金；

（6）租赁；

（7）代理；

（8）研究与开发转移；

（9）许可协议；

（10）代表企业或由企业代表另一方进行债务结算；

（11）关键管理人薪酬。

十四、股东会与股东大会比较

就股东会这个问题，在有限责任公司被称为"股东会"，而在股份有限公司被称为"股东大会"。有限责任公司的股东会和股份有限公司的股东大会是公司的最高权力机构，公司的经营决策由股东会（股东大会）做出并赋予董事予以执行实施。所以对于一项股权投资来讲，投资人了解和熟练地掌握和运用股东会（股东大会）制度是投资必不可少的技术性手段，以下就以比较分析的形式从股东会与股东大会组成、职权、会议召开的时间、会议召集、会议召开、会议主持、表决形式、决议的生效等方面向读者介绍两者的制度安排与不同。帮助投资人做出正确的制度安排，具体见表10-3。

表10-3 有限责任公司股东会与股份有限公司股东大会对照分析表

	有限责任公司	股份有限公司
组 成	全体股东	全体股东
职 权	（1）决定公司的经营方针和投资计划； （2）选举和更换非由职工代表担任的董事、监事，决定有关董事、监事的报酬事项； （3）审议批准董事会的报告； （4）审议批准监事会或者监事的报告； （5）审议批准公司的年度财务预算方案、决算方案； （6）审议批准公司的利润分配方案和弥补亏损方案； （7）对公司增加或者减少注册资本做出决议； （8）对发行公司债券做出决议； （9）对公司合并、分立、解散、清算或者变更公司形式做出决议； （10）修改公司章程； （11）公司章程规定的其他职权	同有限责任公司

续表

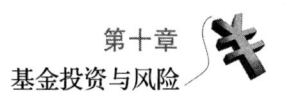

	有限责任公司	股份有限公司
书面决议	股东会职权事项股东以书面形式一致表示同意的,可以不召开股东会会议,直接做出决定,并由全体股东在决定文件上签名、盖章	未规定
定期会议	定期会议应当依照公司章程的规定按时召开	股东大会应当每年召开一次年会
临时会议	代表1/10以上表决权的股东,1/3以上的董事,监事会或者不设监事会的公司的监事提议召开临时会议的,应当召开临时会议	有下列情形之一的,应当在两个月内召开临时股东大会: (1) 董事人数不足本法规定人数或者公司章程所定人数的2/3时; (2) 公司未弥补的亏损达实收股本总额1/3时; (3) 单独或者合计持有公司10%以上股份的股东请求时; (4) 董事会认为必要时; (5) 监事会提议召开时; (6) 公司章程规定的其他情形
召集人	正常情况下:由董事会召集,不设董事会的由执行董事召集。 非正常状态下:董事会或者执行董事不能履行或者不履行召集股东会会议职责的由监事会或者不设监事会的公司的监事召集或主持;监事会或者监事不召集的,代表1/10以上表决权的股东可以自行召集或主持	正常情况下:由董事会召集。 非正常情况下: (1) 董事会不能履行或者不履行召集股东大会会议职责的,监事会应当及时召集和主持; (2) 监事会不召集和主持的,连续90日以上单独或者合计持有公司10%以上股份的股东可以自行召集和主持

续表

	有限责任公司	股份有限公司
召开时间	(1) 召开股东会会议应当于会议召开 15 日前通知全体股东； (2) 公司章程另有规定或者全体股东另有约定的除外	(1) 召开股东大会会议应当于会议召开 20 日前通知各股东； (2) 临时股东大会应当于会议召开 15 日前通知各股东； (3) 发行无记名股票的应当于会议召开 30 日前公告
召集通知内容	未规定	会议召开的时间、地点和审议的事项
临时提案权	未规定	单独或者合计持有公司 3% 以上股份的股东，可以在股东大会召开 10 日前提出临时提案并书面提交董事会；董事会应当在收到提案后 2 日内通知其他股东，并将该临时提案提交股东大会审议。临时提案的内容应当属于股东大会职权范围，并有明确议题和具体决议事项
决议禁止	未规定	股东大会不得对召集通知中未列明和不符合规定的临时提案做出决议
主持人	正常情况下： (1) 股东会会议由董事长主持，不设董事会的由执行董事主持； (2) 董事长不能履行职务或者不履行职务的由副董事长主持； (3) 副董事长不能履行职务或者不履行职务的由半数以上董事共同推举一名董事主持	正常情况下：董事长主持

续表

	有限责任公司	股份有限公司
主持人	非正常情况下： （1）董事会或者执行董事不能履行或者不履行召集股东会会议职责的，由监事会或者不设监事会的公司的监事召集和主持； （2）监事会或者监事不召集和主持的，代表1/10以上表决权的股东可以自行召集和主持	非正常情况下： （1）董事长不能履行职务或者不履行职务的，由副董事长主持； （2）副董事长不能履行职务或者不履行职务的，由半数以上董事共同推举一名董事主持
表决方式	股东会会议由股东按照出资比例行使表决权； 但是公司章程另有规定的除外	股东出席股东大会会议，所持每一股份有一表决权。 但是公司持有的本公司股份没有表决权
一般事项表决	未规定	股东大会做出决议，必须经出席会议的股东所持表决权过半数通过
重大事项表决	股东会会议做出修改公司章程、增加或者减少注册资本的决议，以及公司合并、分立、解散或者变更公司形式的决议，必须经代表2/3以上表决权的股东通过	股东大会做出修改公司章程、增加或者减少注册资本的决议，以及公司合并、分立、解散或者变更公司形式的决议，必须经出席会议的股东所持表决权的2/3以上通过
		公司转让、受让重大资产或者对外提供担保等事项必须经股东大会作出决议的，董事会应当及时召集股东大会会议，由股东大会就上述事项进行表决

续表

	有限责任公司	股份有限公司
选举累计投票	未规定	股东大会选举董事、监事，可以依照公司章程的规定或者股东大会的决议，实行累积投票制。累积投票制是指股东大会选举董事或者监事时，每一股份拥有与应选董事或者监事人数相同的表决权，股东拥有的表决权可以集中使用

十五、公司董事会

董事会由全体股东选举的董事组成，是公司的执行机构，负责公司或企业和业务经营活动的指挥与管理，对公司股东会或企业股东大会负责并报告工作，是公司上承决策下接公司日常管理重要机构具有重要的地位，对于一家股东人数较多的有限公司来说其作用更为突出。从公司结构治理角度来讲，董事会的核心问题是董事会的独立性问题，独立性相对于股东而独立和相对管理层成员而独立，保持董事会独立性可以确保董事会在为利益相关者（股东）的最佳利益行动时保持足够的客观性，独立性在确保董事会能够行使其监督或管理的首要责任方面起着关键的作用，而不是过分参与企业的日常管理工作。

有限责任公司董事会与股份有限公司董事会对照一览表见表10-4。

表10-4 有限责任公司董事会与股份有限公司董事会对照一览表

	有限责任公司	股份有限公司
成员	3~13人，由股东会选举产生股东人数较少或者规模较小的有限责任公司，可以设一名执行董事，不设董事会。两个以上的国有企业或者两个以上的其他国有投资主体投资设立的有限责任公司，其董事会成员中应当有公司职工代表，职工代表由公司职工通过职工代表大会、职工大会或者其他形式民主选举产生	成员为5~19人，董事会成员中可以有公司职工代表

续表

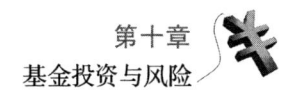

	有限责任公司	股份有限公司
任期	董事任期由公司章程规定，但每届任期不得超过三年。董事任期届满，连选可以连任。董事任期届满未及时改选，或者董事在任期内辞职导致董事会成员低于法定人数的，在改选出的董事就任前，原董事仍应当依照法律、行政法规和公司章程的规定，履行董事职务	同有限责任公司
职权	(1) 召集股东会会议，并向股东会报告工作； (2) 执行股东会的决议； (3) 决定公司的经营计划和投资方案； (4) 制订公司的年度财务预算方案、决算方案； (5) 制订公司的利润分配方案和弥补亏损方案； (6) 制订公司增加或者减少注册资本及发行公司债券的方案； (7) 制订公司合并、分立、解散或者变更公司形式的方案； (8) 决定公司内部管理机构的设置； (9) 决定聘任或者解聘公司经理及其报酬事项，并根据经理的提名决定聘任或者解聘公司副经理、财务负责人及其报酬事项； (10) 制定公司的基本管理制度； (11) 公司章程规定的其他职权。 执行董事的职权由公司章程规定	同有限责任公司

续表

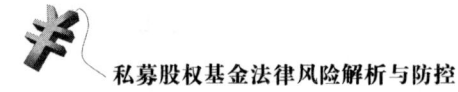

	有限责任公司	股份有限公司
董事长产生办法	董事长、副董事长的产生办法由公司章程规定	董事会设董事长一人,可以设副董事长。董事长和副董事长由董事会以全体董事的过半数选举产生
召集人	董事会会议由董事长召集和主持; 董事长不能履行职务或者不履行职务的,由副董事长召集和主持; 副董事长不能履行职务或者不履行职务的,由半数以上董事共同推举一名董事召集和主持	董事长召集和主持董事会会议,检查董事会决议的实施情况。副董事长协助董事长工作; 董事长不能履行职务或者不履行职务的,由副董事长履行职务; 副董事长不能履行职务或者不履行职务的,由半数以上董事共同推举一名董事履行职务
主持人	董事会会议由董事长召集和主持; 董事长不能履行职务或者不履行职务的,由副董事长召集和主持; 副董事长不能履行职务或者不履行职务的,由半数以上董事共同推举一名董事召集和主持	董事长召集和主持董事会会议,检查董事会决议的实施情况。副董事长协助董事长工作; 董事长不能履行职务或者不履行职务的,由副董事长履行职务; 副董事长不能履行职务或者不履行职务的,由半数以上董事共同推举一名董事履行职务
召开次数	未规定	董事会每年度至少召开两次会议
召集时间	未规定	每次会议应当于会议召开10日前通知全体董事和监事

续表

	有限责任公司	股份有限公司
临时会议	未规定	代表 1/10 以上表决权的股东、1/3 以上董事或者监事会，可以提议召开董事会临时会议。董事长应当自接到提议后 10 日内，召集和主持董事会会议。 董事会召开临时会议，可以另定召集董事会的通知方式和通知时限
参会人数	未规定，由公司章程规定	董事会会议应有过半数的董事出席方可举行
表决方式	董事会决议的表决，实行一人一票	董事会决议的表决，实行一人一票
决议通过	议事方式和表决程序，除本法有规定的外，由公司章程规定	董事会做出决议，必须经全体董事的过半数通过
禁止借款	未规定	公司不得直接或者通过子公司向董事、监事、高级管理人员提供借款
报酬披露	未规定	公司应当定期向股东披露董事、监事、高级管理人员从公司获得报酬的情况

十六、股东会、董事会、经理权力划分

在股权投资中投资人和目标公司创始股东经常会将各自对公司的控制权通过投资协议或章程的形式固定下来。在这个过程中有一个重要的问题，就是如何搭建权力结构才既能符合各方对公司管控诉求，又能保证公司正常高效经营，内部组织架构和职责的划分必不可少。笔者总结了《公司法》关于股东会、董事会、经理（管理层）的职责划分以帮助投资人正确地理解三者各自的权力范围，以期能对股权投资业务中的法律操作有所指引，具体见表10-5。

表10-5 股东会、董事会、管理层权利划分对比

股东会	董事会	经理（管理层）
(1) 决定公司的经营方针和投资计划； (2) 选举和更换非由职工代表担任的董事、监事，决定有关董事、监事的报酬事项； (3) 审议批准董事会的报告； (4) 审议批准监事会或者监事的报告； (5) 审议批准公司的年度财务预算方案、决算方案； (6) 审议批准公司的利润分配方案和弥补亏损方案； (7) 对公司增加或者减少注册资本做出决议； (8) 对发行公司债券做出决议； (9) 对公司合并、分立、解散、清算或者变更公司形式做出决议； (10) 修改公司章程； (11) 公司章程规定的其他职权	(1) 召集股东会会议，并向股东会报告工作； (2) 执行股东会的决议； (3) 决定公司的经营计划和投资方案； (4) 制订公司的年度财务预算方案、决算方案； (5) 制订公司的利润分配方案和弥补亏损方案； (6) 制订公司增加或者减少注册资本以及发行公司债券的方案； (7) 制订公司合并、分立、解散或者变更公司形式的方案； (8) 决定公司内部管理机构的设置； (9) 决定聘任或者解聘公司经理及其报酬事项，并根据经理的提名决定聘任或者解聘公司副经理、财务负责人及其报酬事项； (10) 制定公司的基本管理制度； (11) 公司章程规定的其他职权	(1) 主持公司的生产经营管理工作，组织实施董事会决议； (2) 组织实施公司年度经营计划和投资方案； (3) 拟订公司内部管理机构设置方案； (4) 拟定公司的基本管理制度； (5) 制定公司的具体规章； (6) 提请聘任或者解聘公司副经理、财务负责人； (7) 决定聘任或者解聘除应由董事会决定聘任或者解聘以外的负责管理人员； (8) 董事会授予的其他职权。公司章程对经理职权另有规定，从其规定

十七、股东会、董事会决议无效

《公司法》第二十二条第一款规定，公司股东会或者股东大会、董事会的决议内容违反法律、行政法规的无效。例如，公司股东会决议为逃避公司债务而过度分配公司利润、剥夺小股东分红权、知情权、优先购买权等情形，该决议内容

违法而导致无效。根据《关于适用〈中华人民共和国公司法〉若干问题的规定（四）》[以下简称《公司法司法解释（四）》]第六条规定，股东会或者股东大会、董事会决议存在下列情形之一的，应当认定无效：

（1）股东滥用股东权利通过决议损害公司或者其他股东的利益；

（2）决议过度分配利润、进行重大不当关联交易等导致公司债权人的利益受到损害；

（3）决议内容违反法律、行政法规强制性规定的其他情形。

公司根据股东会或者股东大会、董事会决议已办理变更登记的，人民法院宣告该决议无效或者撤销该决议后，公司应当向公司登记机关申请撤销变更登记。

十八、股东会、董事会决议可撤销

《公司法》第二十二条第二款规定，股东会或者股东大会、董事会的会议召集程序、表决方式违反法律、行政法规或者公司章程，或者决议内容违反公司章程的，股东可以自决议做出之日起60日内，请求人民法院撤销。根据《公司法司法解释（四）》相关内容可知，"召集程序"和"表决方式"包括股东会或者股东大会、董事会会议的通知、股权登记、提案和议程的确定、主持、投票、计票、表决结果的宣布、决议的形成、会议记录及签署等事项。

需要特别说明的是，如果股东、董事或相关权利人认为股东会、董事会决议存在上述情况，请求予以撤销的，首先必须向法院提起撤销之诉，由法院以判决的形式予以撤销，其他任何机构都无撤销权；其次必须在相关决议做出之日起60日内提起撤销之诉，超出该期限其撤销的请求将不受法律保护，而且该60日期限为不变期限，不因任何事由而中止、中断或者延长。

十九、股东会、董事会未形成有效决议

如果公司股东会、董事会未通知相关股东、董事召开，而股东、董事得知股东会、董事会已经做出的决议时已经超过60天应如何处理呢？有的观点认为，应当属于程序问题是可撤销的，所以股东、董事丧失了诉讼权利；有的观点则认为，股东会、董事会召开缺少必要的成员（应当通知而未通知）其内容做出的本身是违法的应当属于无效，不受60天的约束。在《公司法司法解释（四）》

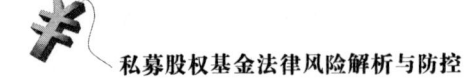

出台之前这类问题司法实践中是按照无效予以处理的，虽然这是对权力人的保护，但不得不说其对法律规定适用还存在一些争议。

案例：股东会未通知股东而被认定无效

上海××公司（以下简称公司）于2008年11月26日召开临时股东会会议，就公司某诉讼处理与代理事宜形成股东会决议，并经全体与会股东签字。股东陈××因未收到此次股东会会议通知，未能参加会议。事后，陈××得知此次会议的相关情况，对此提出了异议，并于2009年2月向上海××区法院提起诉讼，请求法院确认该股东会决议无效。

审理结果：

一审法院认为：本案中陈××以未收到股东会会议通知为由主张2008年11月26日做出的临时股东会决议无效，而依据相关法律规定，只有决议的内容违反法律、行政法规才能视为无效。显然，公司于2008年11月26日做出的临时股东会决议内容，并不违反法律及行政法规，故该决议不存在无效的情形。陈××提出的未收到股东会会议通知的理由，系可撤销问题，但其未在该决议做出的60日内向人民法院提出，故亦不能主张该决议的撤销，故陈××的诉讼请求，无事实和法律依据，难以支持。综上，判决驳回陈××的诉讼请求。

一审判决做出后，陈××不服，向上海市第一中级人民法院（以下简称二审法院）提起上诉。

二审法院认为：《公司法》明确规定，公司召开股东会应当通知股东。在本案中，公司仅在系争股东会决议中就通知事项做了记载，在其没有提供其他证据且相关股东提出异议的情况下，该记载只能认定为公司的一方陈述，无法证明其已通知了陈××。在未通知股东参会的情况下，公司召开临时股东会并做出股东会决议，该行为与诸如提前通知不足法定期间、表决方式未按章程约定等股东会召集、表决过程中的一般程序瑕疵明显不同。其后果并非影响股东表决权的行使，而是从根本上剥夺了股东行使表决权的机会和可能，同时也使受侵害股东因不知晓股东会决议的存在而无法及时主张权利救济。据此，公司未通知股东即召开股东会做出决议的行为，系对公司法强制性规定的违反，亦系对股东基本权利的严重侵害，应直接以否定方式而非以是否可撤销来评判。因此，判决：撤销一审判决；公司 2008 年 11 月 26 日做出的股东会决议无效。

《公司法司法解释（四）》出台后这类问题得到了解决，规定了股东会、董事会"未形成有效决议"的情形，《公司法司法解释（四）》第五条规定，公司召开股东会或者股东大会、董事会并做出决议，但是有证据证明存在下列情形之一属于未形成有效决议：

（1）出席会议的人数或者股东所持表决权不符合公司章程的规定；

（2）决议通过比例不符合公司法或者公司章程的规定；

（3）决议上的部分签名系伪造，且被伪造签名的股东或者董事不予认可；

（4）决议内容超越股东会或者股东大会、董事会的职权。

二十、董事、监事、高级管理人员资格禁止

公司董事、监事、高级管理人员是公司的重要经营管理人员，其能力和品质的高低直接影响到公司的经营管理。《公司法》第一百四十六条规定，有下列情形之一的不得担任公司的董事、监事、高级管理人员：

（1）无民事行为能力或者限制民事行为能力；

（2）因贪污、贿赂、侵占财产、挪用财产或者破坏社会主义市场经济秩序，被判处刑罚，执行期满未逾五年，或者因犯罪被剥夺政治权利，执行期满未逾五年；

（3）担任破产清算公司、企业的董事或者厂长、经理，对该公司、企业的破产负有个人责任的，自该公司、企业破产清算完结之日起未逾三年；

（4）担任因违法而被吊销营业执照、责令关闭的公司、企业的法定代表人，并负有个人责任的，自该公司、企业被吊销营业执照之日起未逾三年；

（5）个人所负数额较大的债务到期未清偿。

公司违反规定选举、委派董事、监事或者聘任高级管理人员的，该选举、委派或者聘任无效，而董事、监事身份的无效将直接导致董事会、监事会决议的效力存在问题，给公司的经营决策带来重大隐患。《公司法》要求董事、监事、高级管理人员在任职期间出现"无民事行为能力或者限制民事行为能力"情形的，公司应当解除其职务，但并未要求任职期间出现"个人所负数额较大的债务到期未清偿"情形需要解除职务，可以在下一次董事、监事、高级管理人员任免时予以落实。

二十一、股东知情权

知情权是公司股东的一项基本权利,也是法律赋予股东的固有权利而不被剥夺,根据有限责任公司和股份有限公司的不同,其股东的行使方式、权利范围和限制也不同,具体见表10-6。

表10-6　股东知情权的行使权限及范围

	有限责任公司	股份有限公司
行使方式	查阅、复制	查阅
权力范围	公司章程 股东会会议记录 董事会会议决议 监事会会议决议 财务会计报告	公司章程 股东大会会议记录 董事会会议决议 监事会会议决议 财务会计报告
	公司会计账簿	股东名册、公司债券存根
权力限制	股东要求查阅公司会计账簿的,应当向公司提出书面请求,并说明目的。 公司有合理根据认为股东查阅会计账簿有不正当目的,可能损害公司合法利益的,可以拒绝提供查阅,并应当自股东提出书面请求之日起15日内书面答复股东并说明理由。 公司拒绝提供查阅的,股东可以请求人民法院要求公司提供查阅	
	不得拒绝事由	可以拒绝事由
	(1) 股东出资存在瑕疵; (2) 公司章程限制股东查阅、复制公司文件材料; (3) 股东间协议约定限制股东查阅、复制公司文件材料	(1) 股东自营或者为他人经营与公司主营业务有实质性竞争关系的业务; (2) 股东为了向第三人通报得知的事实以获取利益; (3) 在过去的两年内,股东曾通过查阅、复制公司文件材料,向第三人通报得知的事实以获取利益; (4) 能够证明股东以妨碍公司业务开展、损害公司利益或者股东共同利益为目的的其他事实

第十章 基金投资与风险

二十二、股权转让

《公司法》未就股份有限公司的股权转让做出限制性的规定，一般股份有限公司股权转让除应遵守股份有限公司最高人数限制外可在股东之间或向股东以外的人自由转让，上市公司股东转让股权应遵守《证券法》的相关规定，如限售期、持有5%公告等。

根据《公司法》第七十一条规定，有限责任公司的股东之间相互转让其全部或者部分股权，不受限制。股东向股东以外的人转让股权，应当经其他股东过半数同意。股东应就其股权转让事项书面通知其他股东征求同意，其他股东自接到书面通知之日起满30日未答复的，视为同意转让。其他股东半数以上不同意转让的，不同意的股东应当购买该转让的股权；不购买的，视为同意转让。股东向股东以外的人转让股权经股东同意后在同等条件下其他股东有优先购买权。两个以上股东主张行使优先购买权的，协商确定各自的购买比例；协商不成的按照转让时各自的出资比例行使优先购买权。有限责任公司的股东之间相互转让其全部或者部分股权，其他股东不享有优先购买的，有限责任公司的股东向股东以外的人转让股权，其他股东不享有购买部分股权的优先权。当然优先权的问题可以在公司章程中进行不同于公司法的规定，公司章程另有规定的按照公司章程规定执行，投资人在这一点上应当格外注意。

《公司法司法解释（四）》第二十五条就"股东转让股权时通知其他股东的内容和形式"做出规定，有限责任公司的股东向股东以外的人转让股权，书面通知其他股东，通知中已经包括受让人的姓名或名称、转让股权的类型、数量、价格、履行期限及方式等股权转让合同主要内容的，其他股东在收到通知后，应当在公司章程规定的行使期间内主张优先购买；公司章程没有规定或者规定不明的，按照下列情形确定：

（1）通知中载明行使期间的，以该期间为准；

（2）通知中未载明行使期间，或者载明的行使期间短于通知送达之日起30日的，为30日。

其他股东没有在前款规定的行使期间内主张优先购买的，或者主张优先购买，但是不符合公司法和司法解释规定的同等条件的，视为同意转让并放弃优先

303

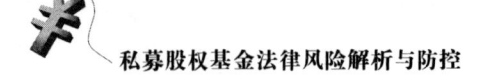

购买权。

《公司法司法解释（四）》第二十七条规定，有限责任公司的股东向股东以外的人转让股权，有下列损害其他股东优先购买权的情形之一，其他股东请求确认转让合同无效的，应予支持：

（1）未履行公司法和司法解释规定的程序订立股权转让合同；

（2）其他股东放弃优先购买权后，股东采取减少转让价款等方式实质改变公司法和司法解释规定的同等条件向股东以外的人转让股权；

（3）股东与股东以外的人恶意串通，采取虚报高价等方式违反公司法和司法解释规定的同等条件，导致其他股东放弃优先购买权，但是双方的实际交易条件低于书面通知的条件。

转让合同被认定无效后，其他股东可以请求按照实际交易条件购买该股。

二十三、公司控制权

传统观点认为谁拥有公司更多的股份，谁就具有了控制公司更强的能力。然而一系列事实证明，将拥有公司的股份数量直接与控制权能力画等号是大错特错的。现代公司治理案例证明，拥有公司更多的股份数量并不一定完全能够控制公司，不同的公司规模、公司形式会演变出不同的公司结构，只有掌握了公司控制权的这个特点，对公司控制权进行"量体裁衣"式的结构治理，才能有效掌控公司。笔者认为公司控制权根据公司规模和股东数量进行划分，大体分为股东绝对控制权、股东相对控制权、管理层控制权三类。同时，由于我国公司特有的法定代表人制度和公章管理使用习惯这一特点，法定代表人控制权、公章控制权成为一项独特的控制权。

1. 股东绝对控制权

绝对控制权是最为初始意义上的控制权，股东因持有超过公司 2/3 以上（67%）股份而在股东会表决时占有绝对多数，而实质控制公司股东会。控股股东通过股东会控制董事会，通过董事会而控制公司管理层，从而在决策、执行、管理中进行绝对性控制。

绝对控制权一般存在于规模较小的有限责任公司当中，或存在于控股股东具有绝对的经济实力能够持有 67% 以上股份的股份有限公司当中，然而在现代以合作、整合的新公司形态下，此类股权结构相对减少。

2. 股东相对控制权

相对控制权又称相对控股权，是指公司股东因持有较多股份而在公司股东会表决、董事会成员选举中占有较多表决权而对公司决策、执行、管理产生较大影响而享有相对优势地位以控制公司的权利。

相对控制权发生于有限责任公司股东人数较多或股份有限公司当中，因相对控制权人持有较多公司股份（一般在30%～67%）并成为公司最大股东，与其他股东合并表决很容易达到过半数或67%以上。同时，由于其持有的股份数较大，在其否决或弃权的情况下股东会决议难以做出，从而相对控制公司的决策、执行、管理。相对控制权股东一旦和其他股东达成"联合行动人"便能够绝对控制公司的运营。

3. 管理层控制权

在股东人数较多的普通股份有限公司和上市公司当中，因公司股东人数庞大，股权极其分散，公司市值巨大，单一股东或部分股东主体难以形成绝对优势，甚至难以形成相对优势，在这种情况之下，公司股东会（股东大会）形成有效表决，公司意志的形成完全依赖公司董事会做出。而这类公司恰恰由于股东多、股权分散，股东无法直接指派董事会成员，董事会成员多由更了解、更熟悉、更为股东带来效益的公司管理层成员组成（往往亦是公司股东），这样管理层便通过控制董事会以控制公司。管理层控制权的形成因多种因素发生，一种是因为历史原因，随着公司不断扩大，原有股东股权不断被稀释，逐渐丧失控制能力，公司依赖公司董事会运行，如万科。另一种是公司原创始股东在股权融资过程中提前做出顶层架构设计（公司结构治理），在出让股权或增资时与后来投资人达成协议，通过协议安排要求投资人一致行动，或保留多数董事会席位从而控制公司。例如，马云在1999年创办了阿里巴巴，他和其他阿里巴巴高管及投资者组成了一个强大的团体，那就是"阿里巴巴合伙人"。阿里巴巴的招股书显示，阿里巴巴合伙人将拥有独家提名多数董事会成员的权利，但董事提名候选人，必须在一年一度的股东大会上获得大部分票数的支持，方可成为董事会成员。根据马云、蔡崇信、软银和雅虎达成的投票协议，在未来的股东会上，软银和雅虎要赞同阿里巴巴合伙人提名的董事候选人。

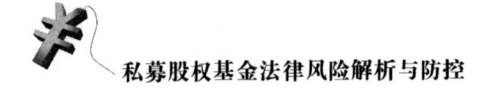

4. 中国特色公司实际控股权（法定代表人和公章）

在中国的法律框架下，法定代表人通常由公司董事长或总经理担任，法定代表人在法律规定的职权范围内，直接代表公司对外行使职权，法定代表人的职务行为构成公司的行为，相应法律后果由公司承担。

另外一个具有中国特色的制度是公章，公章刻制经由公安机关备案，商务实践中大家也特别注重公章的法律效力，盖公章是公司意志的体现，除非能证明公章并非公司加盖，否则盖有公章的法律文件能够直接约束公司。也就是说，公司法定代表人在合同上代表公司签字，或者公司公章加盖在合同上，公司通常就要受到合同的约束。在这种情况下不论公司法定代表人是否能够控制公司，但其特殊的身份将决定其代表公司意志，产生控制公司对外代表公司的法律效力；公章亦如此。

二十四、一票否决权

一般情况下，虽然私募基金在向目标公司投资时的投资额度相对较大且该投资成为目标公司在一定时期内的主要经营资金来源，但因为私募基金在投资时目标公司已经进行了充分的估值和溢价，私募基金往往是以小股东的身份进入目标公司的，私募基金在股东会的持股和董事会席位较少，按照《公司法》的规定，私募基金并不具备公司决策的实质性话语权和表决权，对公司运营的控制力有限，因此作为公司小股东的私募基金往往更关注公司的未来发展方向、公司的资产、创始人股权状态、公司的核心成员四个重要问题。换言之，公司进入错误的业务领域，投资过于激进，创始人退出，管理层薪酬太过丰厚等都将损害公司价值和私募基金的利益。《公司法》并不支持小股东在上述所有问题上拥有决定权，而这种决定权的争取对大股东也并不合理，但在某些情况下应该允许小股东拥有否决权以保障小股东的利益。

笔者遇到过这样一个例子，××基金投资了一家公司，投资后公司创始团队仍控股公司，公司发展得不错，投资人也很欣赏创始人团队。当该公司发展到相当规模后遇到一个上市公司提出收购的机会，上市公司向创始团队提出了一个"可观"的收购价格，创始人仅把自己手中的控股权高价卖给了上市公司，投资人没有"一票否决权"，也没有财力阻止上市公司的收购，投资人的少数股权却没有一起卖。上市公司取得了创业公司的控股权实现了报表合并却没有积极性发展壮大这家公司，公司经营状况每况愈下，投资人手中的少数股权就难以变现，结果相当尴尬。

还有一个例子，××基金投资了一家A公司并作为小股东，投资时投资协议约定了"在小股东退出前大股东B不得转让其持有的A公司股权，转让股权时投资人享有一票否决权"，但大股东B也是一家公司，其实际控制人绕开了这个协议悄悄地将其持有的B公司全部股权出让给C公司，C公司成为A公司的实际控制人，A公司因为失去核心股东和团队逐渐丧失市场竞争力，而投资人却无可奈何。

一票否决权通常体现为股东投资协议中的保护性条款，主要是出于保障自己作为小股东的利益和控制公司风险的需要，通过行使反向的决定权，投资人可以在一些与自身利益息息相关的事项上掌握一定的主动权；同时保证风险投资人将诸多重大事项的决策权掌握在手中使公司在既定的轨道上开展业务。

对于私募基金一票否决权，其有"利"的一面，也有"弊"的一面。有一些投资人出于对股权和控制权被摊薄的担忧，以帮助公司建立未来融资估值参照为名义，向公司提供一小笔资金获得公司较小的股权，却索要与持股比例严重不符的权利，如对未来融资计划的否决权及与未来投资者同权，这就将他们置于与大股东和未来投资者利益的对立面，未来投资者由于投入大笔资金通常拒绝和前一轮投资者同权，大股东被"一票否决权"所约束错失难得的再融资和行业整合的机会，这种结果对投资人、大股东、目标公司都是不利的。一个好的股权投资应当是投资人与公司创始股东两方在彼此坦诚而且对风险有充分认识和理解基础上的公平交易，双方应该尽可能在权利、义务、价格、风险、时间等方面达成一致。对于"一票否决权"的使用来说需要谨慎、合理、科学，如可以将"一票否决权条款"设置附加条件，若公司业务达到一定的目标公司有权收回小股东对于未来融资计划的否决权等。

二十五、公司货币出资比例与财产形式

《公司法》于1993年12月29日通过并颁布，而后在1999年、2004年、2005年多次修正，2013年做了多次修订，股东非货币财产出资的范围和货币财

产出资的比例也发生了多次调整，私募基金在投资历史时间较长的目标公司时应注意目标公司原始出资财产形式和货币财产比例的问题，审查其是否符合当时法律的规定以免因目标公司出资瑕疵给私募基金带来风险。表10-7为笔者经总结的各个时期公司货币财产出资比例和出资财产形式的相关要求。

表10-7 历年《公司法》对出资形式的要求

	现行（2014年）	2005年	2004年	1999年	1993年
货币出资比例	未限制	货币出资额不低于注册资本的30%		工业产权、非专利技术不超过注册资本的20%；国家对采用高新技术成果有特别规定的除外	
法定出资财产	1. 货币； 2. 实物； 3. 知识产权； 4. 土地使用权； 5. 可以用货币估价并可以依法转让的非货币； 6. 财产			1. 货币； 2. 实物； 3. 工业产权； 4. 非专利技术； 5. 土地使用权	
不允许出资的财产	1. 劳务； 2. 信用； 3. 自然人姓名； 4. 商誉； 5. 特许经营权； 6. 设定担保的财产			除上述5种方式外不允许其他方式出资	

二十六、协助抽逃出资的连带责任

股东抽逃出资，公司或者其他股东有权要求抽逃资金的股东向公司返还出资本息，要求协助抽逃出资的其他股东、董事、高级管理人员或者实际控制人对此承担连带责任。公司债权人可以要求抽逃出资的股东在抽逃出资本息范围内对公司债务不能清偿的部分承担补充赔偿责任，要求协助抽逃出资的其他股东、董事、高级管理人员或者实际控制人对此承担连带责任。可以看出，在抽逃资金问题上，协助抽逃资金的其他股东、董事和公司高管几乎要承担抽逃资金股东同等责任，其风险很大，投资人在向目标公司投资后一定要注意这个问题。根据《公司法司法解释（三）》第十二条规定，公司、股东或者公司债权人以相关股东符合下列情形之一且损害公司权益的行为属于抽逃资金：

（1）制作虚假财务会计报表虚增利润进行分配；

（2）通过虚构债权债务关系将其出资转出；

（3）利用关联交易将出资转出；

（4）其他未经法定程序将出资抽回的行为。

二十七、股权受让人对出让人不实出资的连带责任

《公司法司法解释（三）》第十八条规定，有限责任公司的股东未履行或者未全面履行出资义务即转让股权，受让人对此知道或者应当知道，公司请求该股东履行出资义务、受让人对此承担连带责任的，人民法院应予支持；公司债权人依照本规定第十三条第二款向该股东提起诉讼，同时请求前述受让人对此承担连带责任的，人民法院应予支持。

受让人根据前款规定承担责任后，向该未履行或者未全面履行出资义务的股东追偿的，人民法院应予支持。但是，当事人另有约定的除外。

案例：不实出资的连带责任

成都王者风范酒销售有限公司（以下简称王者风范公司）在2003年9月设立时的名称为四川六百岁古酒销售有限公司。2004年10月20日更为现名。注册资本为1000万元。2004年8月30日，光迪实业公司将其所有的位于新津县邓双镇新桥村十一组、双槐村三组的国有土地使用权转让给四川成都三旺集团有限公司。2005年10月20日，魏素一将川AAN777的梅赛德斯奔驰汽车一辆转让给杜东浩。2010年6月28日，魏素一将位于成都市金牛区金沙路88号的房屋转让给刘西成。2004年12月20日，光迪实业公司将其持有的王者风范公司45%的股份转让给田国强，魏素一将其持有的15%的股份转让给阎立伟。光迪印务公司将其持有的10%的股份转让给陈善刚。魏昌辉将其持有的12%的股份转让给田国强。刘玉先将其持有的18%的股份以150万元转让给陈善刚、30万元给田国强。王者风范公司经多次转让，现股东为田国强、戴碧根。

王者风范公司于 2006 年分两笔向成都市商业银行高新支行（以下简称商行高新支行）借款 300 万元和 200 万元，由小企业担保公司提供担保。贷款到期后，王者风范公司未能按期偿还借款，小企业担保公司按与商行高新支行签订的《保证合同》共计代偿 2 792 651.53 元。之后，王者风范公司仅归还 15 万元。2009 年 6 月 25 日，小企业担保公司向成都市青羊区人民法院提起诉讼，成都市青羊区人民法院（2009）青羊民初字第 3410 号、第 3406 号民事判决确认。

宣判后，魏素一不服，向法院提起上诉。认为原审判决严重违反法定程序。原审未予追加股权受让人田国强、戴碧根属遗漏了必须参加诉讼的被告，程序严重违法。

四川省成都市中级人民判决：关于光迪实业公司、魏素一是否履行出资义务的问题，原审法院认为，根据王者风范公司的章程及工商注册登记材料显示，光迪实业公司以其所有的位于新津县邓双镇新桥村十一组、双槐村三组的国有土地使用权作价 450 万元作为出资，魏素一以其所有的川 AAN777 的梅赛德斯奔驰汽车一辆和成都市金牛区金沙路 88 号的房屋作价 150 万元作为出资。根据 1994 年 7 月 1 日施行的《公司法》第二十五条的规定，以实物、工业产权、非专利技术或者土地使用权出资的，应当依法办理其财产权的转移手续，而光迪实业公司和魏素一未将其出资的国有土地使用权和房屋、车辆办理财产转移手续至王者风范公司，并将出资的国有土地使用权和房屋、汽车转移他人，光迪实业公司和魏素一未实际履行出资义务。同时，根据最高人民法院《公司法司法解释（三）》第十三条第二款关于"公司债权人请求未履行或者未全面履行出资义务的股东在未出资本息范围内对公司债务不能清偿的部分承担补充赔偿责任的，人民法院应予支持；未履行或者未全面履行出资义务的股东已经承担上述责任，其他债权人提出相同请求的，人民法院不予支持"的规定，光迪实业公司和魏素一未履行出资义务，应当在未出资范围内对王者风范公司的债务承担补充赔偿责任，即光迪实业公司应当在 450 万元范围内承担王者风范公司对小企业担保公司不能清偿的债务的补充赔偿责任，魏素一应当在 150 万元范围内承担王者风范公司对小企业担保公司不能清偿的债务的补充赔偿责任。此外，根据《公司法司法解释（三）》第十四条第三款关于"股东在公司设立时未履行或者未全面履行出资义务，依照本条第一款或者第二款提起诉讼的原告，请求公司的发起人与被告股东承担连带责任的，人民法院应予支持；公司的发起人承担责任后，可以向被告股东追偿"的规定，光迪印务公司、刘玉先、魏昌辉作为王者风范公司的发起人，应当对光迪实业公司、魏素一的补充赔偿责任承担连带责任，其承担责任后有权向光迪实业公司、魏素一追偿。

四川省高级人民法院判决：关于王者风范公司的股权受让人是否是必须参加诉讼的当事人的问题。根据规定，在受让股东明知转让股东存在出资不实即将股权转让的情形下，债权人可以选择请求受让股东一并承担责任，该条实质上赋予了即使受让股东明知转让股东出资不实即转让股权，债权人也具有选择是否由其对转让股东的责任承担连带责任的权利。本案中，在小企业担保公司选择向出资不实的转让股东光迪公司、魏素一主张权利的情形下，原审未依职权追加受让股东并不违反法定程序，魏素一的该项上诉理由不能成立，应不予支持。

二十八、股权转让后未办理变更登记原股东再转让股权

股权投资时既应当考虑自己购买的股权不被第二次出让，及时办理股权变更手续；同样应当防止购买二次转让的股权。根据《公司法司法解释（三）》第二十七条的规定，股权转让后尚未向公司登记机关办理变更登记，原股东将仍登记于其名下的股权转让、质押或者以其他方式处分，受让股东以其对于股权享有实际权利为由，请求认定处分股权行为无效的，人民法院可以参照《物权法》第一百零六条的规定处理。

原股东处分股权造成受让股东损失，受让股东请求原股东承担赔偿责任、对于未及时办理变更登记有过错的董事、高级管理人员或者实际控制人承担相应责任的，人民法院应予支持；受让股东对于未及时办理变更登记也有过错的，可以适当减轻上述董事、高级管理人员或者实际控制人的责任。

《物权法》第一百零六条规定，无处分权人将不动产或者动产转让给受让人的，所有权人有权追回；除法律另有规定外，符合下列情形的，受让人取得该不动产或者动产的所有权：

（1）受让人受让该不动产或者动产时是善意的；

（2）以合理的价格转让；

（3）转让的不动产或者动产依照法律规定应当登记的已经登记，不需要登

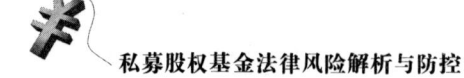

记的已经交付给受让人。

受让人依照前款规定取得不动产或者动产的所有权的,原所有权人有权向无处分权人请求赔偿损失。

当事人善意取得其他物权的,参照前两款规定。

二十九、股权投资与担保

股权投资作为投资方式的一种,因目标公司经营的不可预期性使得股权投资具有很高的风险性,所以股权投资本身并不存在所谓的"担保"问题,即不能担保。但为了降低投资风险,投资人往往与目标公司原始股东约定"对赌条款",若目标公司未达到对赌条款要求的经营目标等特殊目的,对赌条款生效并予以启动,这时则可能会发生目标公司原始股东是否能够依照约定履行对赌条款(如回购投资人持有的目标公司股权,向投资人支付股权回购价款),为了防止原始股东在回购时转移财产、不具备回购能力而产生的回购风险,投资协议可以就对赌条款的回购支付约定担保。笔者处理的一项具体的股权投资纠纷中,投资人以抵押原始股东房产的方式对对赌条款设定担保,有效地保护了投资人的权益。另外,对于投资协议所约定的违约金支付问题也可以加入担保条款以保证违约金的支付。

三十、投资履约担保注意担保人范围

投资人在向目标公司投资过程中,为保证对赌条款或违约金条款的执行要求目标公司原始股东提供担保,除了抵押和质押外以,保证人保证方式进行担保也是一种常见的方式,所以投资人应当了解哪些人是不能作为保证人进行担保的,以免发生担保无效的情形。

根据《担保法》的规定,不能作为保证人的主体如下:

(1) 国家机关不得为保证人,但经国务院批准为使用外国政府或者国际经济组织贷款进行转贷的除外。

(2) 学校、幼儿园、医院等以公益为目的的事业单位、社会团体不得为保证人。

(3) 企业法人的分支机构、职能部门不得为保证人。企业法人的分支机构有法人书面授权的，可以在授权范围内提供保证。

三十一、担保条款的关键性内容

实践当中很多合同中仅仅约定了"保证人承担担保责任"或"保证人承担提供连带担保责任"，但这并不符合法律的要求，一旦出现纠纷担保权利人在使用担保条款维护自己权益的时候就会发现很多的不足，因为约定的不清晰权利难以保障。担保合同或担保条款应当至少包括担保的数额、担保的期限、担保的范围三项要素，而根据抵押、质押、保证形式的不同，对其内容的基本要求也不一致，具体见表10-8。

表10-8 各类担保合同中必备条款

抵押	质押	保证
1. 被担保的主债权种类、数额； 2. 债务人履行债务的期限； 3. 抵押物的名称、数量、质量、状况、所在地、所有权权属或者使用权权属； 4. 抵押担保的范围	1. 被担保的主债权种类、数额； 2. 债务人履行债务的期限； 3. 质物的名称、数量、质量、状况； 4. 质押担保的范围； 5. 质物移交的时间	1. 被保证的主债权种类、数额； 2. 债务人履行债务的期限； 3. 保证的方式； 4. 保证担保的范围； 5. 保证的期间

第二节 股权投资的特别事项

一、投资标的界定

投资标的界定包括对目标公司的界定和交易股权的界定两个方面，股权投资首先要对目标公司进行界定，在投资方完成对目标公司尽职调查后，将会发现目标公司存在各种各样的问题，投资人将会基于目标公司未来发展、投资人利益保护及资本运作的考虑，提出目标公司的重组方案，并和目标公司及其原股东沟通后达成共识。目标公司重组包括业务、资产、负债、机构、人员等方面的内容。

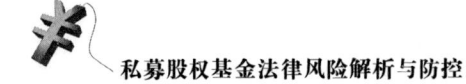

重组涉及内容较多、需要时间较长，对于投资人而言，最好是完成重组后再投资，但在大多数情况下，完成重组后再投资并不可行。因此，投资协议签署前，至少应形成投资合约各方认可的重组方案，并在投资协议中予以明确并在日后执行。

1. 业务界定和重组

目标公司的业务需要进行界定和重组，确保重组后目标公司的业务独立于关联企业，且能集中有限的资源发展具有发展潜力的业务。基于发展考虑，从目标公司中剥离没有价值的业务。考察关联企业的业务，考虑是否将关联企业的业务重组进入目标公司。如果存在以下两种情形，目标公司应将关联企业的该业务重组进入目标公司：目标公司和关联企业经常发生金额较大的关联交易；关联企业提供的服务或产品是目标公司业务的重要组成部分，目标公司对关联企业的服务或产品具有依赖性。

考察关联企业的业务，将关联企业与目标企业具有同业竞争关系的业务，重组进入目标企业，对于同业竞争的界定，不仅仅应以细分行业、细分产品、细分客户、细分区域等界定同业竞争，生产、技术、研发、设备、渠道、客户、供应商等因素都要进行综合考虑。

另外，注意要求目标公司股东和公司高管做出不竞争的承诺和保证。

2. 资产界定和重组

根据业务界定和重组，将与业务相关的资产界定或重组进入目标公司，其中包括房产、土地、无形资产（专利、商标、实用新型、非专利技术等）、关联公司的股权、机器设备等，重组完成后目标公司将拥有独立于其他关联企业、与业务相对应的、完整的供产销经营系统。

另外，目标公司资产中也存在一些与业务不相关的闲置资产，该部分资产也应考虑是自行处置予以分离，还是与随业务重组进入的其他资产进行置换。

目标公司账面有些资产可能已经毁损或无使用价值，这部分资产应及时做计提减值准备或坏账，以便对后续的业绩产生不良影响。

目标公司账面还有一些关联方占用的资产，如应收账款、固定资产、商标等，应出具方案加以处理。

3. 债务重组界定和重组

列示目标公司的债务清单，并出具其中部分债务的重组方案。有些情况下投资方在目标公司进行投资之前已经形成了对目标公司的债权，对于这部分债权投资方可考虑以增加目标公司注册资本的方式将债权转化为对目标公司的股权，当然若条件允许的话，对于目标公司的其他关联方对目标公司的债权也可以这种方式进行债务的重组以减轻目标公司的负债，增强目标公司的现金流量。若债权转化为股权不符合投资方和目标公司的需要则可以对此部分债权债务保留，确定还款期限和利息标准，这一点往往可以在投资方实际投资之前与债权人达成协议的方式进行。

投资方应当注意，对于目标公司发生的为关联方的负债或担保，在投资协议的谈判中应当予以确定关联方的还款计划、还款时间即担保解除的事项，在一定条件下要考虑对此部分负债和担保的剥离，并在投资协议中予以明确。

4. 管理体系和人力资源界定和重组

投资协议的谈判、起草及签署应当考虑在投资人对目标公司投资、重组后公司的业务体系，梳理目标公司的业务流程和相应的管理体系，形成目标公司管理系的调整方案。目标公司管理体系的调整方案，需要做到以下几点，以确保目标公司管理体系的独立性，保护投资人的利益：

（1）目标公司内部应拥有独立于关联企业的、与业务流程相适应的管理机构，且这些机构能够独立行使职权。

（2）目标公司应拥有独立于关联企业的财务核算体系、财务管理制度、银行账户。

（3）独立进行纳税申报和税收缴纳，独立做出财务决策等。

投资方应当根据目标公司日后的实际经营特点，考虑目标公司各个岗位的设置和配备情况，对于目标公司日后不需要或重大调整的岗位，应考虑在投资前或投资后与相关人员解除劳动合同或调整工作岗位并就此做出合理、合法的财务安排。同时，目标公司的管理机构各个岗位配备的人员，应独立于关联企业，非经投资方同意不得在关联企业中兼职和领取报酬，以保持相关人员的独立性。对于需要兼职的应在协议中予以安排并确定权利和义务。

二、交易股权的界定

交易股权是指投资方通过股权投资方式所获得的股权。该股权所对应的权利义务受到投资人拟占目标公司股权比例、目标公司后续股权融资、目标公司股权激励、目标公司后续增资计划、目标公司原有股东尤其是目标公司的创始股东出让股权等多种因素影响，所以投资人在对目标公司投资之初就要考虑这些问题并进行约定，以保证投资目的的实现和自身利益。

股权比例是指交易双方基于目前目标公司股权状态进行的交易安排，相对比较简单，双方直接进行约定即可。

对于后续股权融资，目标公司一般会以增资方式进行，投资人应当考虑后续融资的股权价格对目前投资的影响，一般会约定不得低于目前目标公司的估值范围进行融资以保持投资人投资的价值；同时，投资人应当考虑目标公司后续融资对现有股权比例的稀释问题，与目标公司及现股东进行协商约定防止稀释条款或有限认购增资的权利，以保持对目标公司股权比例的恒定，当然也并非所有投资人都有这样的要求，根据实际情况予以约定即可。

员工股权激励条款，对于这一点投资人应当考虑股权激励的范围及股权激励时股权的来源、是否被稀释的问题，并在投资协议中予以确定。若有必要，对于股权激励实施的方案及方法应予以原则性的约定以保持投资人的投资目的实现，激励方案包括股权激励的股权比例、股权价格和兑付的方法，而兑付方法又包括兑付条件、兑付时间、取得方式、转让方式等内容。

目标公司原有股东尤其是目标公司的创始股东出让股权，在一定程度上投资人对目标公司的投资是对目标公司原有股东尤其是创始股东的认可和信任，所以投资人在对目标公司的投资时一定要考虑创始股东的股权转让问题，通常的做法是对创始股东的股权转让、质押做出一定的限制以防止创始股东与目标公司的分离而降低或丧失目标公司的经营能力，若目标公司创始股东以公司、合伙企业形式持股，还应当考虑其通过对该公司、合伙企业股权或合伙份额的转让实现其与目标公司分离的目的并予以限制。

三、投资估值和价款的支付

在私募股权运作模式中，对于私募股权投资人而言，目标公司价值评估在整个投资过程中非常关键，是投资的起点，直接关系到整个投资过程的成败与否。投资过程中，目标公司及其股东在商业计划书中往往有美好的盈利前景描述，私募投资人在盲目追求利益等急迫心理作用下，目标公司的价值通常被高估，从而导致投资的收益率下降。因此，在签订投资协议的初期私募机构面临的首要问题是如何对目标公司进行有效的价值评估，对拟投资企业的盈利能力及风险水平进行合理、正确的评估，从而实现投资收益的最大化，并控制投资风险。目前，实践中常用的目标公司估值方法主要有相对估值法、贴现现金流法、成本法、清算价值法和经济增加值法，而用得最多、最普遍的方法为相对估值法和贴现现金流法。

相对估值法主要用于初创期和成长早期的目标公司，这类目标公司存在一个普遍的特点，即未来业绩不确定性较大。此类方法适用于风险投资领域。

贴现现金流法是通过预测目标公司未来的现金流，把目标公司未来特定期间内的预期现金流量还原为当前现值，主要用于成长期和成熟期阶段项目企业，这类企业的普遍特点是现金流稳定、未来可预测性较高。贴现现金流法的基础是现值原则，即在考虑资金的时间成本和风险的前提下，将预期时点的现金流量按既定的贴现率，统一折算为现值，再加总求得目标公司价值。在使用贴现现金流法时，首先要对现金流做出合理的预测，在评估中要全面考虑影响目标公司未来获利能力的各种因素，客观、公正地对未来现金流做出合理预测；其次是选择合适的折现率，折现率的选择主要是根据评估人员对目标公司未来风险的判断，由于目标公司经营的不确定性，因此对未来收益风险的判断至关重要，当目标公司未来收益的风险较高时，折现率较高，当未来收益的风险较低时，折现率较低。股权投资协议中的对赌条款的设计正是基于这一点的考虑。此类方法适用于本书论述的股权投资（PE）。

四、估值的调整——对赌

前文已述及，对目标公司的估值多采用贴现现金流法，这种方法适用于股权类投资。但是该方法也有一定的不足之处,并不能绝对准确地对目标公司估值,例如该方法的估值是在假定条件下产生的,若假定条件并没有实现,那么估值就会是错误的。而这种错误对于基金投资人和目标公司来讲则是不公平的,需要在投资协议中对于假定条件的发生与否而导致的估值变化进行约定,即估值的调整。

估值调整又称"对赌协议",是私募股权投资中常见的协议安排。其表现为:如果该协定中约定的条件(通常为业绩或利润增长目标)得以实现,则投资方需要向目标公司或原有股东转让部分股权或其他权益,以弥补其因目标公司估值过低而承受的损失;如果目标公司未达到协议约定的条件,则目标公司或原股东需要向投资方做出相应的补偿,以弥补目标公司因估值过高而导致投资方支付的额外投资成本。估值调整条款通过对估值调整权利义务的设置,帮助投资方控制和锁定投资风险,及时解决了目标公司资金短缺的难题,并有效约束和激励目标公司改善经营管理,从而提升盈利能力和价值,因此成为股权投资过程中最具效率的协议及制度性安排。

估值调整机制所依据的标准有多种,一般为财务绩效、上市时间、市场目标、企业行为四类。而私募股权投资中的估值调整,通常会采取股权补偿形式、现金补偿形式,或者二者结合的方式。

1. 以现金补偿的方式调整

现金补偿的调整方式就是当投资人投资后,目标公司未能完成约定的业绩、利润、市场占有率等目标时,目标公司或原股东按照事先约定的标准向投资人支付一定金额的现金;反之,若投资人投资后,目标公司超额完成约定目标的,则由投资人支付一定金额给目标公司或原股东,这一调整机制在国内投资人中被广泛运用。

2009—2012年,投资人苏州工业园区海富投资有限公司(以下简称海富公司)与目标公司甘肃世恒有色资源再利用有限公司(以下简称世恒公司)、香港迪亚有限公司(以下简称迪亚公司)、陆波因投资协议中的对赌条款之争先后诉至兰州市中级人民法院、甘肃省高级人民法院和最高人民法院,历经一审、二审及再审程序,历时3年,2012年11月最高人民法院做出再审判决。一审、二审法院认定对赌条款无效引起投资界广泛争议,该案被称为"全国首例对赌条款无效案";最高人民法院经提审再审该案,对投资协议中"对赌条款"的投资效力问题做出最终判决。

2. 回购请求权调整

如果在约定的期限内，目标公司的业绩达不到约定的要求或不能实现上市、挂牌或被并购目标，私募投资人有权要求目标公司原股东以约定的价格购买其持有的目标公司股权，以实现退出。也有私募投资人与目标公司之间签署该条款，因触发回购义务时将涉及减少目标公司注册资本，而对目标公司债权人利益产生影响，此条款的效力问题在司法实践中存在争议和不确定性，作者不建议采用。

3. 公积金转增股本调整

我国《公司法》规定，公司的公积金由法定公积金、任意公积金和资本公积金组成。其中，法定公积金与任意公积金均来源于公司当年税后利润，资本公积金则来源于溢价发行股份和国务院财政部门规定列入资本公积金的其他收入。公司的公积金用于弥补亏损、扩大公司生产经营或转增公司资本，但是，资本公积金不得用于弥补亏损，法定公积金转为资本时，所留存的该项公积金不得少于转增前公司注册资本的25%。因此，以公积金转增注册资本为我国公司法所允许。股权调整可以通过约定在一定条件达成或未达成的情况下以资本公积金转增股本的方式实现私募投资人和公司原有股东之间的权益平衡。

4. 股权转让调整

股权转让调整是目前我国司法实践中被普遍支持和认可的一种模式，以股东间各自持有被投资公司股权的变化为估值调整结果。协议内容往往是如果融资方实现了预定的财务目标，投资方将让与特定数量的股权给融资企业的股东；而如果融资方没有实现目标，则投资方可以从融资企业的股东处以较低的代价甚至是无偿获取特定数量的股权。

5. 债转股调整

根据国家工商行政管理总局在2011年11月23日发布的第五十七号令《公司债权转股权登记管理办法》（以下简称《管理办法》）第二条的规定，我国的债权转股权制度是指债权人以其依法享有的对我国境内设立的股份有限公司或有限责任公司的债权，转为公司股权，增加公司注册资本的行为。在"估值调整条款"中，债转股步骤如下：①投资方先将投资的资金借给融资公司，二者形成债权债务关系；②在约定指标履行期间届满时，根据确定下来的公司价值，将投资资金转换为投资方股权。这个方法避免了前期协议双方对于估值的争议，待公司价值确定下来后再确定投资方股权比例，省去了前期估值花费的成本和后期调整估值时股权变动的烦琐。但是，在我国，估值调整适用债转股制度有明显的局限性。

案例：对赌协议第一案

2007年11月1日前，甘肃众星铸业有限公司（以下简称众星公司）、海富公司、迪亚公司、陆波共同签订一份《甘肃众星绊业有限公司增资协议书》（以下简称《增资协议书》），《增资协议书》约定：众星公司注册资本为384万美元，迪亚公司占投资的100%。各方同意海富公司以现金2000万元人民币对众星公司进行增资，占众星公司增资后注册资本的3.85%，迪亚公司的96.15%。依据协议内容，迪亚公司与海富公司签订合营企业合同及修订公司章程，并于合营企业合同及修订后的章程批准之日起10日内一次性将认缴的增资款汇入众星公司指定的账户。合营企业合同及修订后的章程，在报经政府主管部门批准后生效。海富公司在履行出资义务时，陆波承诺于2007年12月31日之前将四川省峨边县五渡牛岗铅锋矿过户至众星公司名下。募集的资金主要用于以下项目：①收购甘肃省境内的一个年产能大于1.5万吨的特冶炼厂；②开发四川省峨边县牛岗矿山；③500万元用于循环冶炼技术研究。第七条特别约定第一项：本协议签订后，众星公司应尽快成立"公司改制上市工作小组"；着手筹备安排公司改制上市的前期准备工作，工作小组成员由股东代表和主要经营管理人员组成。协议各方应在条件具备时将公司改组成规范的股份有限公司，并争取在境内证券交易所发行上市。《增资协议书》第二项业绩目标约定：众星公司2008年净利润不低于3000万元人民币。如果众星公司2008年实际净利润完不成3000万元，海富公司有权要求众星公司予以补偿，如果众星公司未能履行补偿义务，海富公司有权要求迪亚公司履行补偿义务。补偿金额 =（1 - 2008年实际净利润/3000万元）× 本次投资金额。第四项股权回购约定：如果至2010年10月20日，由于众星公司的原因造成无法完成上市，则海富公司有权在任意时刻要求迪亚公司回购届时海富公司持有之众星公司的全部股权，迪亚公司应自收到海富公司书面通知之日起 180 日内按以下约定回购金额向海富公司一次性支付全部价款。若自 2008 年 1 月 1 日起，众星公司的净资产年化收益率超过 10%，则迪亚公司回购金额为海富公司所持众星公司股份对应的所有者权益账面价值；若自 2008 年 1 月 1 日起，众星公司的净资产年化收益率低于 10%，则迪亚公司回购金额为（海富公司的原始投资金额－补偿金额）×（1＋10%×投资天数/360）。此外，还规定了信息披露约定、违约责任等，以及约定该协议自各方授权代表签字并加盖了公章，与协议文首注明之签署日期生效。协议未做规定或约定不详之事宜，应参照经修改后的众星公司章程及股东间的投资合同（若有）办理。

2007 年 11 月 1 日，海富公司、迪亚公司签订《中外合资经营甘肃众星锌业有限公司合同》（以下简称《合资经营合同》），《合资经营合同》约定：众星公司增资扩股将注册资本增加至 399.38 万美元，海富公司决定受让部分股权，将众星公司由外资企业变更为中外合资经营企业。在合资公司的设立部分约定，合资各方以其各自认缴的合资公司注册资本出资额或者提供的合资条件为限对合资公司承担责任。海富公司出资 15.38 万美元，占注册资本的 3.85%；迪亚公司出资 384 万美元，占注册资本的 96.15%。海富公司应于本合同生效后 10 日内一次性向合资公司缴付人民币 2000 万元，超过其认缴的合资公司注册资本的部分，计入合资公司资本公积金。在第六十八条、第六十九条关于合资公司利润分配部分约定：合资公司依法缴纳所得税和提取各项基金后的利润，按合资方各持股比例进行分配。合资公司上一个会计年度亏损未弥补前不得分配利润。上一个会计年度未分配的利润，可并入本会计年度利润分配。还规定了合资公司合资期限、解散和清算事宜。还特别约定：合资公司完成变更后，应尽快成立"公司改制上市工作小组"，着手筹备安排公司改制上市的前期准备工作，工作小组成员由股东代表和主要经营管理人员组成。合资公司应在条件具备时改组成立为股份有限公司，并争取在境内证券交易所发行上市。如果至 2010 年 10 月 20 日，由于合资公司自身的原因造成无法完成上市，则海富公司有权在任意时刻要求迪亚公司回购届时海富公司持有的合资公司的全部股权。合同于审批机关批准之日起生效。《中外合资经营甘肃众星锌业有限公司章程》（以下简称《公司章程》）第六十二条、第六十三条与《合资经营合同》第六十八条、第六十九条内容相同。

后海富公司约于 2007 年 11 月 2 日缴存众星公司银行账户人民币 2000 万元，其中新增注册资本 114.7717 万元，资本公积金 1885.2283 万元。2008 年 2 月 29 日，甘肃省商务厅甘商外资字〔2008〕79 号文件《关于甘肃众星锌业有限公司增资及股权变更的批复》同意增资及股权变更，并批准"投资双方于 2007 年 11 月 1 日签订的增资协议、合资企业合营合同和章程从即日起生效"。随后，众星公司依据该批复办理了相应的工商变更登记。2009 年 6 月，众星公司依据该批复办理了相应的工商变更登记。2009 年 6 月，众星公司经甘肃省商务厅批准，到工商部门办理了名称及经营范围变更登记手续，名称变更为甘肃世恒有色资源再利用有限公司（为便于阅读下文仍使用"众星公司"）。另据工商年检报告登记记载，众星公司 2008 年度生产经营利润总额 26 858.13 元，净利润 26 858.13 元。

纠纷：因 2008 年众星公司年度净利润仅为人民币 26 858.13 元，低于"人民币 3000 万元"保证，触发投资协议的对赌条款，众星公司及迪亚公司拒不履行补偿及回购承诺，2009 年 12 月海富公司提起诉讼。

争议焦点：对赌条款的效力；如果有效，众星公司、迪亚公司、陆波如何承担责任。

各级法院判决及观点：

一审法院认为，《增资协议书》系双方真实意思表示，但第七条第（二）项内容即众星公司 2008 年实际净利润完不成 3000 万元，海富公司有权要求众星公司补偿的约定，不符合《中华人民共和国中外合资经营企业法》第八条关于企业利润根据合营各方注册资本的比例进行分配的规定，同时，该条规定与《公司章程》的有关条款不一致，也损害公司利益及公司债权人的利益，不符合《公司法》第二十条第（一）项的规定。因此，根据《合同法》第五十二条第（五）项的规定，该条由众星公司对海富公司承担补偿责任的约定违反了法律、行政法规的强制性规定，该约定无效，故海富公司依据该条款要求众星公司承担补偿责任的诉请，依法不能支持。由于海富公司要求众星公司承担补偿责任的约定无效，因此，海富公司要求众星公司承担补偿责任失去了前提依据。同时，《增资协议书》第七条第（二）项内容与《合资经营合同》中相关约定内容不一致，依据《中华人民共和国中外合资经营企业法实施条例》第十条第二款的规定，应以《合资经营合同》内容为准,故海富公司要求迪亚公司承担补偿责任的依据不足,依法不予支持。陆波虽是众星公司的法定代表人,但其在众星公司的行为代表的是公司行为利益,并且《增资协议书》第七条第(二)项内容中,并没有关于由陆波个人承担补偿义务的约定,故海富公司要求陆波个人承担补偿责任的诉请无合同及法律依据,依法应予驳回。至于陆波未按照承诺在2007年12月31日之前将四川省峨边县五渡牛岗铅锌矿过户至众星公司名下,涉及对众星公司及其股东的违约问题,不能成为本案陆波承担补偿责任的理由。一审法院驳回海富公司的全部诉讼请求。

二审法院认为,当事人争议的焦点为《增资协议书》对赌条款是否具有法律效力。本案中,海富公司与众星公司、迪亚公司、陆波四方签订的协议书虽名为《增资协议书》,但综观该协议书全部内容,海富公司支付2000万元的目的并非仅享有众星公司3.85%的股权,期望众星公司经股份制改造并成功上市后,获取增值的股权价值才是其缔结协议书并出资的核心目的。基于上述投资目的,海富公司等四方当事人在《增资协议书》第七条第(二)项就业绩目标进行了约定,即"世恒公司2008年净利润低于3000万元,海富公司有权要求众星公司予以补偿,如果众星公司未能履行补偿义务,海富公司有权要求迪亚公司履行补偿义务。补偿金额=(1-2008年实际净利润/3000万元)×本次投资金额"。四方当事人就众星公司2008年净利润不低于3000万元人民币的约定,仅是对目标企业盈利能力提出要求,并未涉及具体分配事宜;且约定利润如实现,众星公司及其股东均能依据《公司法》《合资经营合同》《公司章程》等相关规定获得各自相应的收益,也有助于债权人利益的实现,故并不违反法律规定。而四方当事人就众星公司2008年实际净利润完不成3000万元,海富公司有权要求众星公司及迪亚公司以一定方式予以补偿的约定,则违反了投资领域风险共担的原则,使得海富公司作为投资者不论众星公司经营业绩如何,均能取得约定收益而不承担任何风险。参照《最高人民法院〈关于审理联营合同纠纷案件若干问题的解答〉》第四条第(二)项关于"企业法人、事业法人作为联营一方向联营体投资,但不参加共同经营,也不承担联营的风险责任,不论盈亏均按期收回本息,或者按期收取固定利润的,是明为联营,实为借贷,违反了有关金融法规,应当确认合同无效"之规定,《增资协议书》第七条第(二)项部分该约定内容,因违反《合同法》第五十二条第（五）项之规定应认定无效。海富公司除已计入众星公司注册资本的 114.771 万元外，其余 1885.2283 万元资金性质应属名为投资，实为借贷。虽然众星公司与迪亚公司的补偿承诺亦归于无效，但海富公司基于对其承诺的合理依赖而缔约，故众星公司、迪亚公司对无效的法律后果应负主要过错责任。根据《合同法》第五十八条之规定，众星公司与迪亚公司应共同返还海富公司 1885.2283 万元及占用期间的利息，因海富公司对于无效的法律后果亦有一定过错，如按同期银行贷款利率支付利息不能体现其应承担的过错责任，故众星公司与迪亚公司应按同期银行定期存款利率计付利息。因陆波个人并未就《增资协议书》第七条第（二）项所涉补偿问题向海富公司做出过承诺，且其是否于 2007 年 12 月 31 日之前将四川省峨边县五渡牛岗铅锋矿过户至众星公司名下与本案不属同一法律关系，故海富公司要求陆波承担补偿责任的诉请无事实及法律依据，依法不予支持。关于众星公司、迪亚公司、陆波在答辩中称《增资协议书》已被之后由海富公司与迪亚公司签订的《合资经营合同》取代，《增资协议书》第七条第（二）项对各方已不具有法律约束力的主张。因《增资协议书》与《合资经营合同》缔约主体不同，各自约定的权利义务也不一致，且 2008 年 2 月 29 日，在甘肃省商务厅甘商外资字〔2008〕79 号《关于甘肃众星锌业有限公司增资及股权变更的批复》中第二条中明确载明："投资双方 2001 年 11 月 1 日签订的增资协议、合资企业合营合同和章程从即日起生效"。故其抗辩主张不予支持。二审法院认为一审判决认定部分事实不清，导致部分适用法律不当，应予纠正。判决：（1）撤销兰州市中级人民法院（2010）兰法民三初字第 71 号民事判决；（2）众星公司、迪亚公司于判决生效后 30 日内共同返还海富公司 1885.2283 万元及利息（自 2007 年 11 月 3 日起至付清之日止按照中国人民银行同期银行定期存款利率计算）。

最高法院认为，2009 年 12 月，海富公司向一审法院提起诉讼时的诉讼请求是请求判令众星公司、迪亚公司、陆波向其支付协议补偿款 1998.2095 万元并承担本案诉讼费用及其他费用，没有请求返还投资款。因此二审判决判令众星公司、迪亚公司共同返还投资款及利息超出了海富公司的诉讼请求，是错误的。海富公司作为企业法人，向众星公司投资后与迪亚公司合资经营，故众星公司为合资企业。众星公司、海富公司、迪亚公司、陆波在《增资协议书》中约定，如果众星公司实际净利润低于 3000 万元，则海富公司有权从众星公司处获得补偿，并约定了计算公式。这一约定使得海富公司的投资可以取得相对固定的收益，该收益脱离了众星公司的经营业绩，损害了公司利益和公司债权人利益，一审法院、二审法院根据《公司法》第二十条和《中华人民共和国中外合资经营企业法》第八条的规定认定《增资协议书》中的这部分条款无效是正确的。但二审法院认定海富公司 1885.2283 万元的投资名为联营实为借贷，并判决众星公司和迪亚公司向海富公司返还该笔投资款，没有法律依据，本院予以纠正。《增资协议书》中并无由陆波对海富公司进行补偿的约定，海富公司请求陆波进行补偿，没有合同依据。此外，海富公司称陆波涉嫌犯罪，没有证据证明，本院对该主张亦不予支持。但是，在《增资协议书》中，迪亚公司对于海富公司的补偿承诺并不损害公司及公司债权人的利益，不违反法律法规的禁止性规定，是当事人的真实意思表示，是有效的。迪亚公司对海富公司承诺了众星公司 2008 年的净利润目标并约定了补偿金额的计算方法。在众星公司 2008 年的利润未达到约定目标的情况下，迪亚公司应当依约对海富公司进行补偿。迪亚公司对海富公司请求的补偿金额及计算方法没有提出异议，本院予以确认。根据海富公司的诉讼请求及本案《增资协议书》中部分条款无效的事实，判决迪亚公司向海富公司支付协议补偿款 1998.2095 万元。

  本案争议焦点为对赌条款（估值调整条款）的法律效力问题，一审法院认为投资人与目标公司之间约定的对赌条款损害目标公司利益及目标公司债权人的利益考虑，认定对赌条款无效，基于原《增资协议书》与后签订的《合营经营协议书》的不一致认定了投资人与目标公司原股东之间的约定无效；二审法院改变了一审法院的判决，同样认定了对赌条款无效，但其理由在于对赌条款的约定违反了投资领域风险共担的原则，使投资人不论目标公司经营业绩如何，均能获得约定收益而不承担任何风险，名为投资、实为借贷，计入股本金的投资部分不予返还，未计入目标公司股本金而计入资本公积金的部分为借贷，应当返还；最高院终审认为投资人与目标公司的对赌损害债权人利益无效，但投资人与目标公司原股东之间的对赌不损害第三人利益应认定有效，且因《增资协议书》与《合营经营协议书》的签署目的、范围不一致不存在相互抵触的问题，故认定了投资人与目标公司原股东的对赌效力，原股东应按约定履行对赌条款，补偿投资人损失。

五、投资的先决性条件

在签署投资协议时，目标公司及原股东可能还存在一些未决事项，或者可能发生变化的因素。为保护股权投资人的利益，一般会在投资协议中约定要求相关方落实相关事项或对可变因素进行一定的控制，构成实施投资的先决条件，包括但不限于：

（1）与本次投资有关的法律文件均已经签署并生效。

（2）目标公司已经获得所有必要的内部（如股东会、董事会）、第三方和政府（如需）批准或授权；全体股东知悉其在投资协议中的权利义务及变化且无异议，同意放弃相关优先权利。

（3）股权投资人已经完成关于目标公司业务、财务及法律的尽职调查，且本次交易符合法律政策、交易惯例，符合目标公司及原股东做出的陈述和承诺，以及股权投资人的其他合理要求，尽职调查发现的问题得到有效解决或妥善处理。

六、承诺与保证

对于尽职调查中难以取得客观证据的事项，或者在投资协议签署之日至投资完成之日（过渡期）可能发生的妨碍交易或有损股权投资人利益的情形，一般会在投资协议中约定由目标公司及其原股东做出承诺与保证，包括但不限于：

（1）目标公司及原股东为依法成立和有效存续的公司法人或拥有合法身份的自然人，具有完全的民事行为能力，具备开展其业务所需的所有必要批准、执照和许可。

（2）各方签署、履行投资协议，不会违反任何法律法规和行业准则，不会违反公司章程，亦不会违反目标公司已签署的任何法律文件的约束。

（3）过渡期内，原股东不得转让其所持有的目标公司股权或在其上设置质押等权利负担。

（4）过渡期内，目标公司不得进行利润分配或利用资本公积金转增股本；目标公司的任何资产不得发生设立抵押、质押、留置、司法冻结或其他权利负担；标的公司未以任何方式直接或者间接地处置资产，也没有发生重大债务；标的公司的经营或财务状况等方面未发生重大不利变化。

（5）目标公司及原股东已向投资方充分、详尽、及时地披露或提供与本次交易有关的必要信息和资料，所提供的资料均是真实、有效的，没有重大遗漏、误导和虚构；原股东承担投资交割前未披露的或有税收、负债或者其他债务；

（6）投资协议中所做的声明、保证及承诺在投资协议签订之日及以后均为真实、准确、完整。

七、目标公司治理

投资方可以与原股东就投资后目标公司治理的原则和措施进行约定，以规范或约束标的目标公司及股东的行为，如董事、监事、高级管理人员的提名权，股东（大）会、董事会的权限和议事规则，分配红利的方式，投资人知情权的保护，禁止同业竞争，限制关联交易，关键人士的竞业限制等。比如做如下约定。

（1）一票否决权条款。即股权投资人指派一名或多名人员担任目标公司董事或监事，有些情况下还会指派财务负责人，对于大额资金的使用和分配、公司股权或组织架构变动等重大事项享有一票否决权，保证投资资金的合理使用和投资后目标公司的规范运行。

（2）优先分红权条款。《公司法》第三十四条规定："股东按照实缴的出资比例分取红利……但是，全体股东约定不按照出资比例分取红利或者不按照出资比例优先认缴出资的除外。"第一百六十六条规定："公司弥补亏损和提取公积金后所余税后利润……股份有限公司按照股东持有的股份比例分配，但股份有限公司章程规定不按持股比例分配的除外。"因此，股东之间可以约定不按持股比例分配红利，股权投资人可以和目标公司约定分红比例高于或低于其持股比例。

（3）信息披露条款。为实现股权投资人作为目标公司小股东或作为不参与目标公司经营管理股东的知情权，除对知情权进行约定外，有必要细化知情权行使的条款即信息披露条款一般会在投资协议中约定信息披露条款，如标的公司定期向投资方提供财务报表或审计报告、重大事项及时通知投资方等。

八、股权反稀释

为防止目标公司在后续融资中稀释投资人的持股比例或股权价格，一般会在投资协议中约定反稀释条款，反稀释条款包括反稀释持股比例条款和反稀释股权价格条款等。

（1）反稀释持股比例条款，又称为优先认购权条款。投资协议应当约定自投资协议签署后至目标公司上市或挂牌之前（或约定某一阶段），目标公司以增加注册资本方式引进新投资者，应在召开相关股东（大）会会议之前通知本轮股权投资人，并具体说明新增发股权的数量、价格及拟认购方，本轮投资人有权按其在标的公司的持股比例按同等条件优先认购相应份额的股权。当然在这项内容中，投资人也可以根据实际情况与目标公司原股东约定一票否决权以保持对目标公司的持股比例，但这种否决约定要慎重使用，以免影响目标公司的发展，最终损害投资人的利益。

（2）反稀释股权价格条款。投资协议签署后至目标公司上市或挂牌之前（或约定某一阶段），目标公司以任何方式引进新投资者，应确保新投资者的投资价格不得低于本轮投资价格。如果目标公司以低于本轮价格进行新的股权融资，则本轮投资方有权要求原股东补足差额或无偿向其转让部分公司股权，以使股权投资人的投资价格与新投资价格一致，保持投资价值。当然这种约定可以在实际情况发生时进行商议，但在投资协议中予以约定是必需的。

九、出售权

股权投资人的投资目的是获利无可厚非，但任何投资都会存在风险，股权投资也不例外。投资人在投资时应当考虑到这一风险并对风险予以管理和控制，出售条款的设计就是为了应对这一点。股权投资人为了在目标公司投资价值减少或丧失投资价值的情况下实现退出，投资协议中也应当约定出售股权的保护性条款，包括但不限于以下两方面内容。

（1）随售权/共同出售权。如果标的公司原股东拟将其全部或部分股权直接或间接地出让给任何第三方，则股权投资人有权在同等条件下，优先于原股东或者按其与原股东之间的持股比例，将其持有的相应数量的股权售出给拟购买待售股权的第三方。

（2）拖售权/强制出售权。如果在约定的期限内，目标公司的业绩达不到约定的要求或不能实现上市、挂牌或被并购目标，或者触发其他约定条件，股权投资人有权强制目标公司的原股东按照股权投资人与第三方达成的转让价格和条件，和股权投资人共同向第三方转让股份。在这种情况下投资人考虑的是"批量"出让目标公司股权要比单独出让股权更有市场优势，从条款的核心目的来说，该条款也是一种对赌条款，目标公司原股东承担一定的风险。

十、清算优先权

和出售权条款一样，清算优先权条款的设计仍然是着眼于对目标公司投资失败时的退出问题，相比较而言，这是对最恶劣情形下的考虑，即公司因经营不善而导致解散、未实现投资目的而解散、达到公司章程规定的条件而解散、破产解散等情形下的退出问题。如果目标公司在发生解散事由前，投资人未能及时退出，可以依照清算优先权条款减少自身的损失。《公司法》第一百八十六条第二款规定："公司财产在分别支付清算费用、职工的工资、社会保险费用和法定补偿金，缴纳所欠税款，清偿公司债务后的剩余财产，有限责任公司按照股东的出资比例分配，股份有限公司按照股东持有的股份比例分配。"可见，公司解散时对财产的分配规定了一定的顺序，公司清算分配剩余财产不可违反这一强制性的规定；同时，我国现行法律要求股东应当按照其出资比例或股权比例分配剩余资产，不允许股东超出出资比例分取清算剩余财产。但并没有规定公司清算情况下公司股东之间相互补偿问题，所以清算优先权条款其实质应当是清算补偿条款。例如，投资协议中可以约定，发生清算事件时，目标公司按照相关法律及公司章程的规定依法支付相关费用、清偿债务、按出资比例向股东分配剩余财产后，如果投资方分得的财产低于其在目标公司的累计实际投资金额，目标公司的原股东应当予以补足；也可以约定溢价补足，溢价部分用于弥补资金成本或基础收益。

> 一般来说，私募股权投资退出方式主要有上市发行（IPO）、挂牌转让（新三板）、股权转让、并购、管理层回购等。

第十一章 投资的退出

第一节 境内 IPO

IPO（首次公开发行股票）是股权投资最理想的和使用最多的退出方式，通过这种方式一般能取得最大的收益。IPO 是指非上市公司通过证券监管机构的审核后在证券市场公开出售其股份给公众投资者，IPO 包括境内 IPO 和境外 IPO。通过 IPO 退出能够使得私募股权投资基金获得更便捷的退出，更好的收益，所得到的回报率更高，这也是为什么首次公开上市成为首选的原因，同时成功 IPO 既能为私募股权投资基金和目标公司赢得信誉、提高知名度，又能帮助基金管理人和目标公司拓宽融资的渠道以得到更多的资金支持。

非上市公司在境内上市需要满足的条件很多，如必须是股份有限公司，公司股本总额要求达到一定的规模，公司成立时间最低期限，上市成功后的股份出售受锁定期限制。在我国境内首次公开上市退出的主要市场有主板市场、中小板市场和创业板市场，每个市场对企业的上市有不同的规定，最严格的是主板市场，对公司的股本总额要求比较高，对盈利能力要求比较强，财务状况要比较好的公司。中小板市场和创业板市场上市的要求比主板市场低得多，而私募股权投资基金所投资的公司主要是中小企业，这些中小企业要达到主板市场上市的条件会比较难，因此现在私募股权投资基金投资的目标公司主要的退出市场集中在中小板市场和创业板市场。

一、目前我国多层次资本市场的结构

我国多层次资本市场目前主要由交易所市场（上海证券交易所、深圳证券交

易所）、新三板（全国中小企业股份转让系统）、四板市场（区域股权交易中心）等构成，每个市场都各自扮演着其重要角色。现有的多层次资本市场已经能够基本满足不同类型的企业在不同发展阶段的融资需求。

沪深交易所作为场内交易市场，与新三板市场和四板市场具有显著区别，其主要区别见表11-1。

表11-1　沪深交易所与新三板市场和四板市场的区别

项目	沪深交易所	新三板市场	四板市场
场所性质	全国性证券交易所	全国性证券交易所	地方股权交易中心
设立方式	国务院批准	国务院批准	省级地方政府批准
监管机构	证监会	证监会	省级地方政府
挂牌/上市制度	保荐制度	主办券商制度	推荐挂牌制度
交易制度	竞价交易	做市转让、协议转让	协议转让
督导制度	主板（中小板）：上市当年剩余时间及其后两个完整会计年度；创业板：上市当年剩余时间及其后三个完整会计年度	主办券商持续督导	
融资方式	首次公开发行、公开或定向增发、配股	定向增发	定向增发
公司类型	上市公司	非上市的公众公司	非上市的非公众公司

二、境内IPO的基本条件

境内IPO的基本条件见表11-2。

表 11-2 境内 IPO 的基本条件

上市类型 项目	主板	中小板	创业板
针对对象	较大型、基础较好的实力雄厚企业	流通股本规模较小的企业	暂时无法在主板上市的创业型企业，中小企业和高新技术企业
经营时间	连续经营满 3 年		连续经营满 3 年
财务要求	最近 3 个会计年度；净利润为正且累计超过 3000 万元 最近 3 个会计年度现金流量累计超过 5000 万元或营业收入累计超过 3 亿元 最近一期末不存在未弥补亏损 最近一期无形资产占净资产比例不高于 20%		满足一个即可： 1. 最近 2 年连续盈利，最近 2 年净利润累计超过 1000 万元且持续增长； 2. 最近一年盈利，且净利润不少于 500 万元，最近一年营业收入不少于 5000 万元，最近 2 年营业收入增长率不低于 30% 最近一期末不存在未弥补亏损 最近一期末无形资产占净资产的比例不高于 20%
资产要求			最近一期末净资产不少于 2000 万元
股本要求	发行前总股本不少于 3000 万股 发行后总股本不少于 5000 万股		发行后总股本不少于 3000 万股
公司管理	最近 3 年，主营业务和公司董事、高管无重大变动，未变更实际控制人 公司独立董事占董事会席位至少 1/3 董事会下设战略、审计和薪酬委员会，各委员会至少指定一名独立董事担任委员		最近 2 年，主营业务和董事、高管无重大变动，未变更实际控制人
保荐期	3 年		2 年

三、境内 IPO 退出的优势

（1）投资者能获得较高的收益。在退出的几种方式中，首次公开上市退出所得到的回报率是最高的，内地上市民企的平均市盈率为 60.41。

（2）能为投资者和企业赢得信誉、提高知名度，帮助企业拓宽融资的渠道以得到更多的资金支持。公司上市的要求比较高，需要提前一两年做很多准备工作，相应的业绩和资本要求等指标都得达到上市标准，这些准备过程中企业会向市场公开一些信息，这样也为企业打出了广告提高了知名度，待企业上市后，投资者能够以满意的价格出售股权，证券市场也为企业将来的发展提供持续的资金支持。

四、境内 IPO 退出的劣势

（1）企业和投资者都将面对较大的不确定性。《公司法》和上交所、深交所的上市规则中对股东的股份交易都有一年的锁定期，资本市场风云多变，受到国际资本市场和国内宏观政策等多方面因素的影响，投资者在这一年的锁定期后能否满载而归是需要承受一定的风险的。

（2）退出成本高。在申请上市的过程中，手续较为烦琐，需要通过会计师事务所、律师事务所、证券公司等中介机构，这些中间环节花费时间长，支付给这些机构的费用都比较高。

（3）监管变得越来越严格，要通过 IPO 来退出变得比较难。基于上面对在中国本土上市的条件、优缺点的分析，适合在中国本土上市的企业一般是大型企业，并且企业不是急于寻求发展资金，能够接受长时间的审核过程。鉴于主板推出了中小企业板块，如果投资人能等待中小企业排队审核的话，在国内上市是较好的退出选择。

五、上市受限制的行业

《首次公开发行股票并上市管理办法》明确规定，发行人的生产经营须符合法律、行政法规和公司章程的规定，并符合国家产业政策。

下列行业（或业务）将受到限制。

（1）国家发改委最新发布的《产业结构调整指导目录》中限制类、淘汰类的行业及国家专项宏观政策调控的行业。

政府核准的投资项目目录
(2016年版)

一、农业水利

农业：涉及开荒的项目由省级政府核准。

水利工程：涉及跨界河流、跨省（自治区、直辖市）水资源配置调整的重大水利项目由国务院投资主管部门核准，其中库容10亿立方米及以上或者涉及移民1万人及以上的水库项目由国务院核准。其余项目由地方政府核准。

二、能源

水电站：在跨界河流、跨省（自治区、直辖市）河流上建设的单站总装机容量50万千瓦及以上项目由国务院投资主管部门核准，其中单站总装机容量300万千瓦及以上或涉及移民1万人及以上的项目由国务院核准。其余项目由地方政府核准。

抽水蓄能电站：由省级政府按照国家制定的相关规划核准。

火电站（含自备电站）：由省级政府核准，其中燃煤燃气火电项目应在国家依据总量控制制定的建设规划内核准。

热电站（含自备电站）：由地方政府核准，其中抽凝式燃煤热电项目由省级政府在国家依据总量控制制定的建设规划内核准。

风电站：由地方政府在国家依据总量控制制订的建设规划及年度开发指导规模内核准。

核电站：由国务院核准。

电网工程：涉及跨境、跨省（自治区、直辖市）输电的±500千伏及以上直流项目，涉及跨境、跨省（自治区、直辖市）输电的500千伏、750千伏、1000千伏交流项目，由国务院投资主管部门核准，其中±800千伏及以上直流项目和1000千伏交流项目报国务院备案；不涉及跨境、跨省（自治区、直辖市）输电的±500千伏及以上直流项目和500千伏、750千伏、1000千伏交流项目由省级政府按照国家制订的相关规划核准，其余项目由地方政府按照国家制订的相关规划核准。

煤矿：国家规划矿区内新增年生产能力120万吨及以上煤炭开发项目由国务院行业管理部门核准，其中新增年生产能力500万吨及以上的项目由国务院投资主管部门核准并报国务院备案；国家规划矿区内的其余煤炭开发项目和一般煤炭开发项目由省级政府核准。国家规定禁止建设或列入淘汰退出范围的项目，不得核准。

煤制燃料：年产超过20亿立方米的煤制天然气项目、年产超过100万吨的煤制油项目，由国务院投资主管部门核准。

液化石油气接收、存储设施（不含油气田、炼油厂的配套项目）：由地方政府核准。

进口液化天然气接收、储运设施：新建（含异地扩建）项目由国务院行业管理部门核准，其中新建接收储运能力300万吨及以上的项目由国务院投资主管部门核准并报国务院备案。其余项目由省级政府核准。

输油管网（不含油田集输管网）：跨境、跨省（自治区、直辖市）干线管网项目由国务院投资主管部门核准，其中跨境项目报国务院备案。其余项目由地方政府核准。

输气管网（不含油气田集输管网）：跨境、跨省（自治区、直辖市）干线管网项目由国务院投资主管部门核准，其中跨境项目报国务院备案。其余项目由地方政府核准。

炼油：新建炼油及扩建一次炼油项目由省级政府按照国家批准的相关规划核准。未列入国家批准的相关规划的新建炼油及扩建一次炼油项目，禁止建设。

变性燃料乙醇：由省级政府核准。

三、交通运输

新建（含增建）铁路：列入国家批准的相关规划中的项目，中国铁路总公司为主出资的由其自行决定并报国务院投资主管部门备案，其他企业投资的由省级政府核准；地方城际铁路项目由省级政府按照国家批准的相关规划核准，并报国务院投资主管部门备案；其余项目由省级政府核准。

公路：国家高速公路网和普通国道网项目由省级政府按照国家批准的相关规划核准，地方高速公路项目由省级政府核准，其余项目由地方政府核准。

独立公（铁）路桥梁、隧道：跨境项目由国务院投资主管部门核准并报国务院备案。国家批准的相关规划中的项目，中国铁路总公司为主出资的由其自行决定并报国务院投资主管部门备案，其他企业投资的由省级政府核准；其余独立铁路桥梁、隧道及跨10万吨级及以上航道海域、跨大江大河（现状或规划为一级及以上通航段）的独立公路桥梁、隧道项目，由省级政府核准，其中跨长江干线航道的项目应符合国家批准的相关规划。其余项目由地方政府核准。

煤炭、矿石、油气专用泊位：由省级政府按国家批准的相关规划核准。

集装箱专用码头：由省级政府按国家批准的相关规划核准。

内河航运：跨省（自治区、直辖市）高等级航道的千吨级及以上航电枢纽项目由省级政府按国家批准的相关规划核准，其余项目由地方政府核准。

民航：新建运输机场项目由国务院、中央军委核准，新建通用机场项目、扩建军民合用机场（增建跑道除外）项目由省级政府核准。

四、信息产业

电信：国际通信基础设施项目由国务院投资主管部门核准；国内干线传输网（含广播电视网）以及其他涉及信息安全的电信基础设施项目，由国务院行业管理部门核准。

五、原材料

稀土、铁矿、有色矿山开发：由省级政府核准。

石化：新建乙烯、对二甲苯（PX）、二苯基甲烷二异氰酸酯（MDI）项目由省级政府按照国家批准的石化产业规划布局方案核准。未列入国家批准的相关规划的新建乙烯、对二甲苯、二苯基甲烷二异氰酸酯项目，禁止建设。

煤化工：新建煤制烯烃、新建煤制对二甲苯项目，由省级政府按照国家批准的相关规划核准。新建年产超过100万吨的煤制甲醇项目，由省级政府核准。其余项目禁止建设。

稀土：稀土冶炼分离项目、稀土深加工项目由省级政府核准。

黄金：采选矿项目由省级政府核准。

六、机械制造

汽车：按照国务院批准的《汽车产业发展政策》执行。其中，新建中外合资轿车生产企业项目，由国务院核准；新建纯电动乘用车生产企业（含现有汽车企业跨类生产纯电动乘用车）项目，由国务院投资主管部门核准；其余项目由省级政府核准。

七、轻工

烟草：卷烟、烟用二醋酸纤维素及丝束项目由国务院行业管理部门核准。

八、高新技术

民用航空航天：干线支线飞机、6吨/9座及以上通用飞机和3吨及以上直升机制造、民用卫星制造、民用遥感卫星地面站建设项目，由国务院投资主管部门核准；6吨/9座以下通用飞机和3吨以下直升机制造项目由省级政府核准。

九、城建

城市快速轨道交通项目：由省级政府按照国家批准的相关规划核准。

城市道路桥梁、隧道：跨10万吨级及以上航道海域、跨大江大河（现状或规划为一级及以上通航段）的项目由省级政府核准。

其他城建项目：由地方政府自行确定实行核准或者备案。

十、社会事业

主题公园：特大型项目由国务院核准，其余项目由省级政府核准。

旅游：国家级风景名胜区、国家自然保护区、全国重点文物保护单位区域内总投资5000万元及以上旅游开发和资源保护项目，世界自然和文化遗产保护区内总投资3000万元及以上项目，由省级政府核准。

其他社会事业项目：按照隶属关系由国务院行业管理部门、地方政府自行确定实行核准或者备案。

十一、外商投资

《外商投资产业指导目录》中总投资（含增资）3亿美元及以上限制类项目，由国务院投资主管部门核准，其中总投资（含增资）20亿美元及以上项目报国务院备案。《外商投资产业指导目录》中总投资（含增资）3亿美元以下限制类项目，由省级政府核准。

前款规定之外的属于本目录第一至十条所列项目，按照本目录第一至十条的规定执行。

十二、境外投资

涉及敏感国家和地区、敏感行业的项目，由国务院投资主管部门核准。

前款规定之外的中央管理企业投资项目和地方企业投资3亿美元及以上项目报国务院投资主管部门备案。

（2）有些行业虽不受限制，但法律、政策对相关业务有特别制约的也将受到限制，如国家风景名胜区的门票经营业务、报纸杂志等媒体采编业务、有保密要求导致不能履行信息披露义务最低标准的业务等。

对于特殊行业，在审核实践中通常会从以下几个方面判断：

（1）企业经营模式的规范性、合法性；

(2) 募集资金用途的合理性；

(3) 所属行业技术标准的成熟度；

(4) 所属行业监管制度的完备性；

(5) 市场的接受程度；

(6) 对加快经济增长方式转变、经济结构战略性调整的推动作用；

(7) 所属行业上市与公众利益的契合度。

六、上市大致需要承担的费用

从目前实际发生的发行上市费用情况看，我国境内发行上市的总成本一般为融资金额的6%~8%，境外为8%~15%。

境内上市具体收费标准见表11-3（仅供参考）。

表11-3 境内上市收费标准

项目	费用名称	收费标准
改制设立	财务顾问/辅导费用	参照行业标准由双方协商确定，一般在50万~100万元，中位数为60万元
发行	保荐费用	参照行业标准由双方协商确定，一般在200万~400万元，中位数为250万元
发行	承销费用	参照行业标准由双方协商确定，一般占承销额的6%~8%，中位数为2000万元
发行	会计师费用	参照行业标准由双方协商确定，一般在200万~500万元，中位数为300万元
发行	律师费用	参照行业标准由双方协商确定，一般在150万~400万元，中位数为200万元
发行	评估费用	参照行业标准由双方协商确定，一般在10万~40万元，中位数为20万元
发行	路演、信息披露费用	参照相关标准确定，按实际发生列支

续表

项目	费用名称	收费标准
上市	股票登记费	按所登记的股份面值收取，5亿股（含）以下为1‰，超过5亿股的部分，费率为0.1‰，金额超过300万元以上部分免收
	上市初费/年费	上交所：对2015年8月1日到2018年7月31日上市，总股本4亿股（含）以下的上市公司，暂免其在此期间的上市初费；从2016年1月1日到2018年12月31日，暂免总股本4亿股（含）以下的上市公司上市年费。 深交所：根据股本规模，中小板上市初费从15万～35万元，上市年费从5万～15万元；创业板相应减半征收

注：以上费用项目中，占主体部分的保荐费用、承销费用、会计师费用、律师费用和评估费用可在股票发行溢价中扣除。另外，如果地方政府为鼓励和支持企业改制上市提供相关资助的，企业上市所需费用也会相应减少。

七、上市过程中和目标公司合作的机构

企业改制上市是一项系统工程，需要企业与相关机构共同努力，主要涉及的机构有如下几家。

（1）中介机构：主要包括保荐机构（有保荐业务资格的证券公司）、会计师事务所及律师事务所。

保荐机构是最重要的中介机构，是企业改制上市过程中的总设计师、各中介机构的总协调人、文件制作的总编撰。保荐机构应当严格履行法定职责，遵守业务规则和行业规范，对发行人的申请文件和信息披露资料进行审慎核查，督导发行人规范运行，对其他中介机构出具的专业意见进行核查，对发行人是否具备持续盈利能力、是否符合法定发行条件做出专业判断，并确保发行人的申请文件和招股说明书等信息披露资料真实、准确、完整、及时。

具备证券从业资格的会计师事务所协助企业完善财务管理、会计核算和内控制度，就改制上市过程中的财务、税务问题提供专业意见，协助申报材料制作，出具审计报告和验资报告等。

律师事务所负责解决改制上市过程中的有关法律问题，协助企业准备报批所需的各项法律文件，出具法律意见书和律师工作报告等。

会计师事务所、律师事务所等证券服务机构及人员，必须严格履行法定职责，遵照本行业的业务标准和执业规范，对发行人的相关业务资料进行核查验证，确保所出具的相关专业文件真实、准确、完整、及时。

（2）证券监管机构：主要包括证监会、各地证监局。

证监会主要负责拟订在境内发行股票并上市的规则、实施细则，审核在境内首次公开发行股票的申请文件并监管其发行上市活动。

各地证监局是证监会的派出机构，主要承担对企业改制上市辅导验收、依法查处辖区内监管范围的违法违规案件、办理证券期货信访事项、联合有关部门依法打击辖区非法证券期货活动等职责。

（3）地方政府：主要包括地方政府、行政职能部门及当地金融办。

在上市过程中，企业需地方政府及相关部门协调解决的问题主要有：①股权形成的合法性认定；②各种无重大违法行为的证明及认定；③土地相关审批、国有股划转的协调等。在证监会审核时，省级人民政府还需对是否同意发行人发行股票出具意见。地方政府一般通过当地金融办等机构对企业上市工作进行归口管理，协调处理企业上市相关问题，推动企业顺利申报材料。

另外，沪深证券交易所承担企业改制上市培育、组织董秘与独董培训、上市后续监管等职责，在推动企业上市方面也发挥着重要作用。

八、IPO 与重组上市区别

企业除了可以通过 IPO 实现上市外，还可以通过重组方式实现上市（市场上又称"借壳"）。需注意的是，创业板公司不能作为重组上市标的，金融创投类企业目前不允许通过重组方式实现上市。

根据现行《上市公司重大资产重组管理办法》，重组上市在发行条件和审核要求上等同于 IPO。IPO 较重组上市优势在于股权稀释比例较低、上市操作过程明确。重组上市较 IPO 优势在于审核周期相对较短。另外，重组上市对重组方要求门槛更高，重组方只有具备相当的盈利能力，才能取得上市公司控制权。

IPO 与重组上市的主要区别如表 11-4 所示。

表 11-4　IPO 与重组上市的主要区别

项目	IPO	重组上市
操作模式	通过股份制改造设立股份公司；以股份公司为主体向监管部门申请发行股票并成为上市公司	新资产注入上市公司，并触发重组上市
融资效果	上市同时募集资金	重组上市不允许配套募集资金
上市成本	承销费及其他中介机构费用；历史问题规范成本（税收等）	财务顾问费及其他中介机构费用；历史问题规范成本（税收等）；壳公司取得成本
主体资格及存续期	依法设立且合法存续的股份有限公司；股份公司持续经营时间在3年以上，但经国务院批准的除外（创业板无国务院批准除外的规定）；有限责任公司按原账面净资产值折股整体变更的可连续计算	注入资产需为有限责任公司或股份有限公司，持续经营时间应当在3年以上；若注入资产为多家公司股权，需要每家公司均符合重组上市条件，且在同一控制下持续经营三年以上；若注入资产为多家公司股权，可以选择一家符合借壳条件的主体进行架构调整，视重组情况判定运营期限要求
股份锁定	一般为12个月，控股股东或实际控制人为36个月	上市公司原控股股东、实际控制人及其关联方锁定期为交易完成后的36个月；资产方的其他股东锁定期为24个月

九、上市前股权激励

企业通过改制完善法人治理结构，引入现代化管理手段，使企业实现长期健康发展，股权激励是实现这些目标的有效手段。企业可以在股改时根据需要，统筹安排员工股权激励。股权激励的对象范围主要有管理层、业务技术骨干及员工三种。通过股权激励，将所有者与经营者的利益联系到一起，形成利益共同体。

拟上市公司实施员工持股，一般由自然人直接持股、通过设立有限责任公司间接持股、通过合伙企业持股三种安排方式，不同方式各有需注意的不同法律问题。

（1）自然人直接持股。自然人直接持股是目前较为普遍的模式之一，员工以本人的名义、通过拟上市主体增资扩股或者以受让原股东股权的方式直接持有拟上市主体的股份或股权。需注意的是，拟上市主体在有限公司阶段，其股东人数合计不得超过 50 人；在股份有限公司阶段，其股东人数合计不得超过 200 人。

（2）通过设立有限责任公司间接持股。通过设立有限责任公司来安排员工间接持股的模式也较为普遍。通常做法是员工出资设立一个有限公司，通过受让原股东股权或对拟上市主体增资扩股，使该公司成为拟上市主体的股东。在这种模式下，通过持股公司转让限售股，所有股东需同步转让股权。该持股公司可以通过在公司章程中做出特殊规定，更方便地限制和管理员工股权变动、扩大或减少员工持股比例，而不影响拟上市主体的股权结构。若拟上市主体为中外合资企业，这种方式还可以规避中国自然人不能直接成为中外合资经营企业股东的限制。此外，核心员工通过持股公司间接持股的，拟上市主体的股东人数需要穿透计算，股东人数合计不能超过 200 人。

（3）通过合伙企业持股。拟上市企业也可以安排员工通过新设合伙企业进行持股。合伙企业做股东可以避免双重征税，但需要注意的是，通过合伙企业方式，也不能规避上市主体股东不能超过 200 人的人数限制，而且通过合伙企业转让限售股，所有合伙人只能同步转让股权。

实践中，拟上市企业针对不同员工的作用和特点，可以实行自然人直接持股和通过设立有限责任公司间接持股并存的模式，统筹考虑和安排。

十、外商投资企业改制上市需注意的问题

外商投资企业在中国境内首次公开发行股票，除需适用《公司法》《证券法》《首次公开发行股票并上市管理办法》等规定外，还需适用规范外资企业改制上市的相关特别规定，如《关于设立外商投资股份有限公司若干问题的暂行规定》《关于上市公司涉及外商投资有关问题的若干意见》等。外商投资企业境内上市目前没有法律和政策障碍，一般采取的方式是首先通过改制设立或整体变更为外商投资股份有限公司，然后在境内申请上市。

1995 年外经贸部发布的《关于设立外商投资股份有限公司若干问题的暂行规定》明确规定了外商投资企业改制为外商投资股份有限公司的条件，其中主要

条款包括：①发起设立外商投资股份有限公司，应当有2人以上200人以下为发起人，其中须有半数以上的发起人在中国境内有住所，并至少有一个发起人为外国股东；②注册资本最低限额为人民币3000万元，在股份公司设立批准证书签发之日起90日内，发起人应一次缴足其认购的股份；③已设立的中外合资经营企业、中外合作经营企业、外资企业等外商投资企业，须有最近连续3年的盈利记录，方可申请变更为外商投资股份有限公司；但其减免税等优惠期限，不再重新计算；④一般情况下，外商投资股份有限公司的中方发起人不得为自然人；但如中方自然人原属于境内内资公司的股东，因外国投资者并购境内公司的原因导致中方自然人成为中外合资经营企业的中方投资者的，该中方投资者的股东身份可以保留。

在2001年外经贸部和证监会联合发布的《关于上市公司涉及外商投资有关问题的若干意见》中，明确规定了外商投资企业上市发行股票的具体条件，除符合《公司法》等法律、法规及证监会的有关规定外，还应符合下列条件：①申请上市前三年均已通过外商投资企业联合年检；②经营范围符合《指导外商投资方向暂行规定》与《外商投资产业指导目录》的要求；③上市发行股票后，其外资股占总股本的比例不低于10%；④按规定需由中方控股（包括相对控股）或对中方持股比例有特殊规定的外商投资股份有限公司，上市后应按有关规定的要求继续保持中方控股地位或持股比例；⑤符合发行上市股票有关法规要求的其他条件。

十一、改制过程中资产业务重组应注意的问题

改制过程中，发行人对同一公司控制权人下相同、类似或相关业务进行重组，多是企业集团为实现主营业务整体发行上市、降低管理成本、发挥业务协同优势、提高企业规模经济效应而实施的市场行为。从资本市场角度看，发行人在发行上市前，对同一公司控制权人下与发行人相同、类似或者相关的业务进行重组整合，有利于避免同业竞争、减少关联交易、优化公司治理、确保规范运作，对于提高上市公司质量，发挥资本市场优化资源配置功能，保护投资者特别是中小投资者的合法权益，促进资本市场健康稳定发展具有积极作用。发行人报告期内存在对同一公司控制权人下相同、类似或相关业务进行重组的，应关注重组对

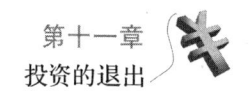

十二、上市前引进私募投资人注意事项

企业可以根据自身实际情况合理判断在上市前是否有必要引进私募投资人，但这并不是必备条件。

引进私募投资人的途径包括转让存量股份和增发新的股份，目前实践中以增发新股为主。

引进私募投资人的作用主要有以下三个方面：①募集一定数量的资金，解决企业的资金需求；②对于股权高度集中、股权结构不尽合理的企业，可以优化股权结构，提高公司治理水平；③私募投资人可以在不同方面为企业带来不同程度的增值服务，例如：产业投资者可给企业的原材料供应、产品销售等方面带来便利；财务投资者可对企业的资本运作有所帮助。

企业如果决定引进私募投资人，建议注意以下三点：①如果所引进的是企业所处行业上下游的产业投资者，且持股比例超过5%，并与公司有交易行为，则需对关联交易进行核查并充分披露；②如果引进的是财务投资者，企业应对自身有合理定位与估值，避免签署对赌协议；③对拟引进的私募投资人需做合理审慎的调查，避免被其夸大之言所迷惑。

十三、股改时公司净资产折股的纳税处理

有限责任公司整体变更成股份有限公司时，除注册资本外的资本公积、盈余公积及未分配利润转增股本，按以下不同情况区别纳税。

（1）个人所得税问题。根据《国家税务总局关于股份制企业转增股本和派发红股征免个人所得税的通知》（国税发〔1997〕第198号）规定，股份制企业用盈余公积金派发红股属于股息、红利性质的分配，对个人取得的红股数额，应作为个人所得征税；股份制企业用资本公积金转增股本不属于股息、红利性质的分配，对个人取得的转增股本数额，不作为个人所得，不征收个人所得税。

上述的"资本公积金"是指股份制企业股票溢价发行收入所形成的资本公积金。将此转增股本由个人取得的数额不作为应税所得征收个人所得税。而与此不相符合的其他资本公积金分配个人所得部分，应当依法征收个人所得税。（国

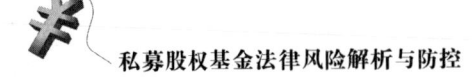

税函〔1998〕289号）

因目前未有法规明确有限责任公司是否属于股份制企业，实务中一般参照执行。

（2）企业所得税问题。有限责任公司以资本公积、盈余公积和未分配利润转增股本，在法人股东为居民企业的情况下，不需缴纳企业所得税。

《国家税务总局关于贯彻落实企业所得税法若干税收问题的通知》（国税函〔2010〕79号）第四条规定，被投资企业将股权（票）溢价所形成的资本公积转为股本的，不作为投资方企业的股息、红利收入，投资方企业也不得增加该项长期投资的计税基础。

十四、发行审核中监管部门主要关注的问题

根据近年来证监会发行监管部公布的反馈意见和发审委询问的主要问题，发行审核中监管部门主要关注财务、法律、信息披露等方面的问题，具体如下：

（1）财务方面的问题重点关注财务信息披露质量，包括财务状况是否正常、内部控制制度是否完善、会计处理是否合规、持续盈利能力是否存在重大不利变化等；

（2）法律方面的问题主要包括是否存在同业竞争和显失公允的关联交易、生产经营是否存在重大违法行为、股权是否清晰和是否存在权属纠纷、董事和高管有无重大变化、实际控制人是否发生变更、社会保险和住房公积金缴纳情况等；

（3）信息披露方面主要关注招股说明书等申请文件是否存在虚假记载、误导性陈述或重大遗漏，如引用数据是否权威、客观，业务模式、竞争地位等披露是否清晰，申请文件的内容是否存在前后矛盾，申请文件内容与发行人在发审委会议上陈述内容是否一致等。

十五、发行审核重点关注财务信息披露质量

财务信息是招股说明书的编制基础，也是证监会对发行人审核和信息披露质量抽查的重要内容。根据证监会《关于进一步提高首次公开发行股票公司财务信息披露质量有关问题的意见》（证监会公告〔2012〕14号）以及《关于首次公

开发行股票并上市公司招股说明书中与盈利能力相关的信息披露指引》（证监会公告〔2013〕46号）等有关要求，监管部门在审核发行人财务信息披露质量时着重要求发行人及保荐机构、会计师事务所做好以下方面。

（1）发行人应建立健全财务报告内部控制制度，规范财务会计核算体系，合理保证财务报告的可靠性、生产经营的合法性、营运的效率和效果；保荐机构、会计师事务所应关注销售客户的真实性，发行人是否存在与控股股东或实际控制人互相占用资金、利用员工账户或其他个人账户进行货款或其他与公司业务相关的款项往来等情况。

（2）发行人及保荐机构、会计师事务所应确保财务信息披露真实、准确、完整地反映公司的经营情况。发行人应在招股说明书相关章节对其经营情况、财务情况、行业趋势情况和市场竞争情况等进行充分披露，并做到财务信息披露和非财务信息披露相互衔接。

（3）发行人及保荐机构、会计师事务所应严格按照《企业会计准则》《上市公司信息披露管理办法》和证券交易所颁布的相关业务规则的有关规定进行关联方认定，充分披露关联方关系及其交易。

（4）发行人应结合实际经营情况、相关交易合同条款和《企业会计准则》有关规定制定并披露具体收入确认原则，并依据经济交易的实际情况，谨慎、合理地进行收入确认；保荐机构、会计师事务所应关注收入确认的真实性、合规性和毛利率分析的合理性。

（5）发行人应完善存货盘点制度，在会计期末对存货进行盘点，并将存货盘点结果做书面记录；保荐机构、会计师事务所应关注存货的真实性和存货跌价准备计提的充分性。

（6）发行人及保荐机构、会计师事务所应关注现金收付交易对发行人会计核算基础的不利影响。

（7）保荐机构和会计师事务所应核查发行人收入的真实性和准确性、成本与费用的准确性和完整性，关注发行人申报期内的盈利增长情况和异常交易、政府补助和税收优惠会计处理的合规性以及是否存在利用会计政策和会计估计变更影响利润、是否存在人为改变正常经营活动粉饰业绩情况等。

十六、避免同业竞争

同业竞争一般指发行人与控股股东、实际控制人及其控制的其他企业从事相同、相似业务的情况，双方构成或可能构成直接或间接的竞争关系。尽管《首次公开发行股票并上市管理办法》将独立性的规定改为信息披露要求，但审核实践中要求发行人与控股股东、实际控制人及其控制的其他企业间不得存在同业竞争的情形。

对是否存在同业竞争，发行审核主要是从同一业务或者相似业务的实质出发，遵循"实质重于形式"的原则，从业务性质、业务的客户对象、产品或劳务的可替代性、市场差别等方面判断，并充分考虑对公司及其发起人股东的客观影响，不局限于简单从经营范围上做出判断。原则上，以区域划分、产品结构、销售对象不同来认定不构成同业竞争的理由并不被接受。

如构成同业竞争的，除了控股股东及实际控制人做出今后不再进行同业竞争的书面承诺之外，发行人应在提出发行上市申请前采取（包括但不限于）以下措施加以解决：①收购竞争方拥有的竞争性业务，或者对竞争方进行吸收合并；②竞争方将竞争性业务作为出资投入企业，获得企业的股份；③竞争方将竞争性的业务转让给无关联的第三方；④发行人放弃与竞争方存在同业竞争的业务。

另外，审核实践中要求发行人不得使用募集资金解决同业竞争问题。

十七、关联交易

《首次公开发行股票并上市管理办法》规定，发行人应完整披露关联方关系并按重要性原则恰当披露关联交易，关联交易价格应当公允，不存在通过关联交易操纵利润的情形；发行人最近 1 个会计年度的营业收入或净利润不得对关联方存在重大依赖。

针对关联交易，发行审核中重点关注以下几方面。

（1）关联方的认定是否合规，披露是否完整，是否存在隐瞒关联方的情况。关注是否根据《公司法》《企业会计准则》《上市公司信息披露管理办法》以及证券交易所颁布的相关业务规则的规定准确、完整披露关联方及关联关系；关联关系的界定主要关注是否可能导致发行人利益转移，而不仅限于是否存在股权关系、人事关系、管理关系、商业利益关系等。

（2）关联交易的必要性、定价的公允性、决策程序的合规性。对于经常性关联交易，关注关联交易的内容、性质和价格公允性，对于涉及产供销、商标和专利等知识产权、生产经营场所等与发行人生产经营密切相关的关联交易，重点考察其资产的完整性及发行人独立面向市场经营的能力；对于偶发性关联交易，应关注其发生原因、价格是否公允、对当期经营成果的影响。关注关联交易的决策过程是否与公司章程相符，关联股东或董事在审议相关交易时是否回避，独立董事和监事会成员是否发表不同意见等。

（3）是否存在关联关系非关联化情况。关注发行人申报期内关联方注销及非关联化的情况；在非关联化后发行人与上述原关联方的后续交易情况、非关联化后相关资产、人员的去向等。

（4）发行人拟采取的减少关联交易的措施是否有效、可行。

十八、重大违法行为

《首次公开发行股票并上市管理办法》规定发行人不得有下列情形：①最近36个月内未经法定机关核准，擅自公开或者变相公开发行过证券；或者有关违法行为虽然发生在36个月前，但目前仍处于持续状态；②最近36个月内违反工商、税收、土地、环保、海关以及其他法律、行政法规，受到行政处罚，且情节严重；③最近36个月内曾向证监会提出发行申请，但报送的发行申请文件有虚假记载、误导性陈述或重大遗漏；或者不符合发行条件以欺骗手段骗取发行核准；或者以不正当手段干扰中国证监会及其发行审核委员会审核工作；或者伪造、变造发行人或其董事、监事、高级管理人员的签字、盖章；④本次报送的发行申请文件有虚假记载、误导性陈述或者重大遗漏；⑤涉嫌犯罪被司法机关立案侦查，尚未有明确结论意见；⑥严重损害投资者合法权益和社会公共利益的其他情形。

上述规定实际上要求申报期内发行人不得存在重大违法行为情形。所谓重大违法行为是指违反国家法律、行政法规，受到刑事处罚或行政处罚且情节严重的行为。原则上，凡被行政处罚的实施机关给予罚款以上行政处罚的，都视为重大违法行为。但行政处罚的实施机关依法认定该行为不属于重大违法行为，并能够依法做出合理说明的除外。这里的行政处罚主要是指财政、税务、审计、海关、工商等部门实施的，涉及发行人经营活动的行政处罚决定。被其他有权部门实施行政处罚的行为，涉及明显有违诚信，对发行人有重大影响的，也在此列。重大违法行为的起算点，对被处罚的法人违法行为从发生之日起计算，违法行为有连续或者继续状态的，从行为终了之日起计算；对被处罚的自然人以行政处罚决定做出之日起计算。

十九、企业上市流程

一般情况下，企业自筹划改制到完成发行上市总体上需要3年左右，主要包含重组改制、尽职调查与辅导、申请文件的制作与申报、发行审核、路演询价与定价及发行与挂牌上市等阶段。如果企业各方面基础较好，需要整改的工作较少，则发行上市所需时间可相应缩短。

重组改制	尽调与辅导	文件制作申报	发行审核	路演咨询定价	发行挂牌上市
相关方案的确定与报批；拟改制资产的审计评估；设立股份有限公司	尽职调查、问题诊断与整改；上市培训、辅导备案；辅导验收	中介机构制作申请文件；企业完成发行申报内部决策；券商向证监会报送申请材料	初审、征求升级政府意见；反馈意见答复、初审会；通过发审会并取得发行批文	向投资者路演推介；初步询价、累计投标询价、承销商与企业协商确定发行价格	网上、网下发行；股权托管、发行、挂牌上市；券商持续督导

二十、IPO的风险

在成熟市场，许多企业不肯轻易上市，是否上市是一项十分谨慎的决策；然而，在当今中国几乎没有不想上市的企业。这两类"上市观"差异巨大，动机不同，后果自然不同。在成熟的国外股市，许多家族企业或私营企业都是不肯轻易上市的。因为上市就意味着一个人或几个人拥有的企业将变成由许多人（包括中小投资者）共同拥有的企业。很显然，上市可能带给企业更加强大的资本实力，并可提升其他财务远景，也有利于企业对外进行并购；此外，股权多元化或许能带来民主治理、科学决策机制，尤其是能够极大地提升高管的报酬或年薪；当然，上市对公司而言，也有一种低成本广告效应。然而，企业上市也是有极高风险和代价的，比方，上市前的资产重组、财务顾问费用、保荐费用，这笔费用是不菲的，如果上市失败，前期努力和折腾也就全废，期间的"硬"支出就会打水漂；如果上市成功，IPO承销费用以及在证交所初次挂牌费用及持续挂牌年费也不是一笔小数，当然，对上市公司而言，更主要的上市压力、责任和义务则是来自上市后监管机构和社会公众投资者对公司的监管和监督，这才是最要命的。

（1）业绩增长风险。公司上市就会变成公众公司，它最先面对的是短期增长压力。因为人们对上市公司尤其是高成长型企业上市都有较高的成长预期。当上市公司的资本金猛然增加数倍后，如何在短期内产生巨大效益，并回馈投资者，这是有相当难度和压力的。

（2）商业秘密泄露风险。上市公司严格的信息披露制度直接挑战着商业秘密的极限，这是对上市公司的竞争力的巨大挑战。上市绝不只是简单的"圈钱"融资，更是一种社会责任和义务。

（3）公开化风险。再次，上市公司作为优秀企业的代表，作为公众公司，它对社会的直接影响以及自身社会形象的定位具有"放大"效应，公众公司可能随时要接受来自社会各方面"挑刺"般眼光的审视与指责。

（4）控制权风险。上市公司通常是由大股东（控股股东）对公司行使控制权。但因并购、恶意并购、小股东一致行为、委托集中股权等方式存在，可能带来公司实际控制权的转移或丧失的风险。另外，公司上市意味着股权被稀释，经营战略可能被更多人控制或改变，甚至控股权直接遭到易主威胁，尤其是过去独享的利润将被极大地"摊薄"。上市公司不仅小股东无法控制企业，即使是大股东，只要不是控股股东，也面临对公司无法控制的风险。

经营十分优秀的家族企业或私营企业，往往对上市十分保守、谨慎。因此，从逆向选择角度看，财务越是糟糕的企业，上市动机越强烈。当然，这类企业造假上市的冲动也可能会越强烈。这就要求监管机构有着火眼金睛一样的发审制度来识别、筛选。

（5）法律风险。上市公司作为企业中的特殊群体，其组织形态和运作模式及相关法律法规的要求比一般的企业更为严格，一旦违反法律规范，上市公司和高管层将面临赔偿、罚款、退市、高管层限制等处罚。因而，上市公司具有一些特有的法律风险。主要涉及企业信息披露风险、关联交易风险、股权管理风险、信用风险、入市退市风险、中介管理风险、上市公司控制权风险、同业竞争风险、股份回购风险等。

第二节　境外 IPO

除了选择境内上市，国内的许多企业选择境外上市，可供国内企业选择的海外创业板市场主要有中国香港、新加坡、美国、加拿大、澳大利亚等地，这些境外市场规模大小不同、特点不同。并不是交易所规模越大就越适合企业上市，要综合考虑上市地的上市经费以及上市条件，选择最适合市场才是企业管理层的明智之举，国内中小企业在选择境外创业板上市的时候，应该根据所属行业以及筹备上市项目对上市地点进行筛选斟酌，这样有利于企业上市后将优势最大化。

一、境外上市应综合考虑的因素

（1）从不同交易所的上市程序、上市规则、上市资格与上市费用方面考虑。就创业板来讲美国 NASDAQ（纳斯达克）交易所门槛较高，要求也比较复杂，其针对股东的净资产、总资产、总收益、持续经营收入、上市股票数、上市股票的市场价值、最高限价、拥有 100 股以上的股东人数、市场撮合者数量、经营历史以及公司管理等都有要求；中国香港地区的创业板门槛相对比较低，新加坡的上市门槛也不高，但是一家企业如果在香港地区上市需缴纳 1000 万元港币，在新加坡只要 600 万新加坡元，对一家中小上市企业而言成本和效率与企业发展息息相关，因此企业会对上市成本考虑得很清楚。

（2）从不同交易所的交易活跃度、投资人规模、市场容量、资金充沛程度和市盈率程度方面考虑。根据有关统计香港地区上市民企市盈率为22.61倍，美国纳斯达克上市民企为22.57倍，而新加坡上市民企为5.77倍。

（3）从上市公司自身产品市场、客户的地域分布考虑。对任何要上市的公司而言，其最自然的投资者群体应当是其产品的消费者，他们最知道公司的投资价值，其所居住的地方也是一个公司上市的理想所在地，比如"娃哈哈"饮料全国都有销售，中国股民对"娃哈哈"的投资价值的认识可能远比美国股民对其认识深，因为"娃哈哈"产品是美国股民所不知晓的，相比之下，"青岛啤酒"的市场在海内外都有，它既可在国内上市，也适合在国外上市。可见，以出口为主的民企最适合境外上市，以国内市场为主的民企更适合于本地上市。

（4）从上市公司与投资者之间信息沟通的通畅程度方面考虑。信息不对称程度越严重，不了解公司的股民愿为其股票支付的价格就越低，因为从信息，文化障碍讲，投资国外IPO及上市企业信息成本太高，"被骗"的可能性太大，对于正在考虑境外上市的民企而言，各国投资者的这种"偏爱本国股"的选择应当是必须考虑到的事实之一。

（5）从投资者对上市公司的文化认同方面考虑。投资者通常主要是在文化上更能认同上市公司的人，相同或相近的语言和文化有利于克服信息障碍，比如香港地区的股民对内地的企业比较感兴趣，像蒙牛等企业在香港地区上市后的成果有目共睹，在美国上市的中国公司其股票的投资者以华人为主，在新加坡的情况也类似，选择这些"华裔市场"上市，公司就不需花大量的成本来处理和克服文化上的障碍。

（6）从交易所的信息浑浊程度方面考虑。股市信息越浑，投资者越不能分辨公司好坏，于是股民们只好选择"是股即买"，愿意为任何股票支付的价格也基本相同，所以"坏公司"应偏向到浑浊交易所上市，而"好公司"应尽量到"清澈"的交易所上市，这样有利于两类公司都能找到自己的"最高"上市股价。

（7）从不同交易所的行业认同度方面考虑。比如美国交易所主攻中小企业，不挑剔行业，可以覆盖任何行业；伦敦交易所的投资者以机构投资者为主，所以更注重上市公司的质量，其中生物技术，电力，公用事业，科技公司等更易获得追捧；而一些采矿企业到多伦多交易所上市则可以获得更多的资源，因为多伦多交易所在采矿业等领域具有独特优势。

总之，国内中小企业在选择海外创业板上市的时候，应该根据企业自身特点、所属行业特点和上市费用、交易所门槛等在筹备上市时对上市地点进行筛选斟酌，正确的选择有利于企业上市后将效益最大化。

二、境外 IPO 主要市场介绍（美国、新加坡、中国香港）

1. 美国证券市场 IPO

美国拥有当今最大最成熟的资本市场，华尔街聚集了世界上绝大部分的游资和风险基金，股票总市值几乎占了全世界的一半，季度成交额更是占了全球的 60% 以上。若拟上市的公司净资产在 5000 万元人民币以上，或者年营业额达 2 亿元人民币并且净利润在 1500 万元以上，即可考虑在纳斯达克市场发行 IPO，更好的企业则可以到纽约证券交易所发行 IPO。美国证券市场的多层次多样化可以满足不同企业的融资要求，无论是大型的中国企业，还是中小民营企业美国上市都有适合它们位置，美国的资本市场多层次化的特点以及上市方式的多样性为不同的企业提供了不同的服务，使得各个层次的企业在美国上市都切实可行。例如美国场外交易市场——"柜台挂牌交易"，对企业没有任何要求和限制，只需要 3 个券商愿意为这只股票做市即可，企业可以先在场外交易市场买壳然后交易筹集到第一笔资金，等满足了纳斯达克的上市条件，便可申请升级到纳斯达克上市。美国证券市场的规模是中国香港、新加坡乃至世界任何一个金融市场所不能比拟的，企业能够更快融到资金，同时也能让投资者更快退出。美国股市极高的换手率，市盈率，并且拥有大量的游资和风险资金，加上股民崇尚冒险的投资意识等鲜明特点比较吸引中国企业。

很多中国企业不考虑在美国上市的主要原因是中美两国在地域、文化、语言以及法律方面存在着巨大的差异，企业在上市过程中会遇到不少这些方面的障碍，因此华尔街对大多数中国企业来说似乎显得有点遥远和陌生。除非是大型或者知名的中国企业，一般的中国企业在美国资本市场获得的认知度相比在中国香港或者新加坡来说是比较有限的，中国中小企业在美国可能会面临认知度不高、追捧较少的局面，但是随着"中国概念"在美国证券市场越来越清晰，这种局面近年来已经有所改观。上市费用相对较高也是美国市场的一个问题，如果直接选择在美国 IPO 费用在 1000 万~2000 万元人民币，甚至更高。

2. 新加坡证券市场 IPO

新加坡证券交易所（Singapore Exchange）（以下简称新交所）可追溯至 1930 年的新加坡经纪人协会，新交所采用了国际标准的披露标准和公司治理政策，为本地和海外投资者提供了管理良好的投资环境，经过几十年的发展新交所已经成为亚洲主要的证券交易所。新加坡政治经济基础稳定，商业和法规环境亲商，作为国际知名的基金管理中心新加坡管理的基金总额自 1992 年起就以超过 26% 的年增长率成长，在 2001 年底达到了 3000 亿新元，其超过 800 家的国际基金经理和分析员网络也为期望拥有广泛股东基础的上市公司提供了一个具有吸引力的投资者群体，特别是在动荡的市场环境下这些长线投资者将提供更稳定性的公司融资成长环境。另外，外国公司在新交所上市公司总市值中占了 40%，使新交所成为亚洲最具国际化的交易所和亚太地区首选的上市地。

申请新加坡上市相对境内上市而言时间较短、成功率更高。境内主板上市往往需要 2~3 年的时间，相反中国公司到新加坡上市由于上市程序相对简单，准备时间较短，符合条件的拟上市公司一般都能在 1 年内实现挂牌交易。这非常有利于中国企业及时把握国际证券市场上的商机，在较短时间内完成融资计划，为公司进一步发展获得必要的资金，上市准备时间的缩短也有利于拟上市企业控制上市的成本。在新加坡上市后再融资的灵活性强、难度低，相比国内上市企业的再融资成本相对较高。据有关统计目前证监会发审委对国内上市企业再融资申请的审批通过率仅为 50%，而新加坡市场再融资灵活，可随时进行增发，目前在新加坡市场相当一批中国公司通过增发或配股获得的后期融资额已经大大超过了企业首次公开发行获得的融资额。新加坡的税收和外汇制度不逊于百慕大和英属维尔京群岛（BVI），因此控股公司可直接设于新加坡，这减少了上市环节，节约了上市费用，如新加坡的税收政策规定"不赢利，则不交税，不审计报表"。新加坡政府已经和中国政府签订了避免双重赋税协议、投资保障协议、自由贸易协定，在有关政策的支持下大大降低了企业成本支出。

新加坡证券市场的劣势也是很明显的，相比美国而言新加坡证券市场的规模要小得多，企业在新加坡上市可能募集到的资金也就很有限，新加坡市场的市盈率、换手率等重要指标都比美国要低，这也让新加坡的竞争力大打折扣。适合在新加坡上市的企业应该是国内的一些中小民营企业，这些企业一般不希望等待审核，也不希望支付过高的上市费用。

3. 中国香港证券市场 IPO

中国香港是中国企业海外上市最先考虑的地方，也是中国企业海外上市最集中的地方，这得益于中国香港得天独厚的地理位置与金融地位，以及与内地的特殊关系。中国香港优越的地理位置，中国香港与中国大陆的深圳接壤，两地只有一线之隔，是海外市场中最接近中国的一个，在交通和交流上获得了不少的先机和优势。中国香港与中国大陆特殊的关系，中国香港虽然在 1997 年主权才回归中国，但港人无论在生活习性和社交礼节上都与内地中国居民差别不大，随着普通话在中国香港的普及，港人和内地居民在语言上的障碍也已经消除，因此从心理情结来说中国香港是最能为内地企业接受的海外市场。中国香港在亚洲乃至世界的金融地位也是吸引内地企业在其资本市场上市的重要筹码，虽然中国香港经济在 1998 年经济危机后持续低迷，但其金融业在亚洲乃至世界都一直扮演重要角色，中国香港的证券市场是世界十大市场之一。在中国香港实现上市融资的途径多样化，在中国香港上市除了传统的首次公开发行（IPO）之外还可以采用反向收购的方式获得上市资金。

与美国相比中国香港的证券市场规模要小很多，它的总市值大约只有美国纽约证券交易所的 1/30，是纳斯达克的 1/4，股票年成交额也是远远低于纽约证券交易所和纳斯达克，相比中国深沪两市加总之后的年成交额也低不少。中国香港证券市场的市盈率很低，大概只有 13 倍，而在纽约证券交易所市盈率一般可以达到 30 倍以上，在 NASDAQ 也有 20 倍以上。这意味着在中国香港上市相对美国来说在其他条件相同的情况下募集的资金要少很多。中国香港证券市场的换手率也很低，大约只有 55%，比 NASDAQ 300% 以上的换手率要低得多，同时也比纽约证券交易所的 70% 以上的换手率要低，这表明在中国香港上市后要进行股份退出相对来说要困难一些。

对于一些大型的国有或民营企业来说，若不想等待境内较长时间的排队审核流程到中国香港的主板 IPO 是不错的选择，对于中小民营企业来说虽然可以选择中国香港创业板或者买壳上市，但是募集到的资金会很有限，相比之下这些企业到美国上市会更有利一些。

综上所述，IPO 方式是资本退出的高收益渠道，并可为投资者们带来较高的名誉。但鉴于上市条件的要求和上市需要花费的成本较高，IPO 方式退出投资项目也越显现出困难。通过以上对中国大陆、美国、新加坡、中国香港 4 个资本市场的对比和企业上市条件的比较，大致展现了企业上市的基本轮廓和基本要求。通过这些比较不难看出，4 个资本市场各自有着优势和劣势：中国本土的上市费用比较低，但是需要等候审核的时间长；美国虽然相对费用较高，但上市的途径和方式多种多样适合不同需求的企业，并且融集的资金也相对要多；中国香港优势主要是地域和语言与中国接近可以先入为主，但资本规模难以和美国相比；新加坡上市成本较低，周期较短，但其融资规模有限。

第三节　新三板挂牌

主板市场和中小板被业界称为一板市场，创业板市场被称为二板市场，相对于一板市场和二板市场而言，业界人士将场外市场称为三板市场，三板市场的发展包括老三板市场和新三板市场两个阶段，老三板市场即 2001 年 7 月 16 日成立的"代办股份转让系统"，最早承接在 STAQ、NET 系统交易的两网公司和退市公司，2006 年新三板是在老三板的基础上产生的"中关村科技园区非上市股份公司进入代办转让系统"，称为"新三板"。2012 年，经国务院批准，决定扩大非上市股份公司股份转让试点，首批扩大试点新增上海张江高新技术产业开发区、武汉东湖新技术产业开发区和天津滨海高新区。2013 年 12 月 31 日起股转系统面向全国接收企业挂牌申请 2013 年 1 月 16 日，全国中小企业股份转让系统（俗称"新三板"）揭牌仪式在北京举行，从此新三板就成了众多投资人退出的渠道。不是说在新三板挂牌了，就直接退出了，在新三板挂牌，只是给企业退出提供了一个官方认可的企业交易渠道。新三板市场中的退出机制主要包括二级市场转让（包括协议、做市交易）、转板（政策落地不明朗）、被收购、IPO 几种主要方式。

一、新三板挂牌条件

《全国中小企业股份转让系统业务规则（试行）》第二章对于什么样的企业

可以到新三板挂牌做了明确的规定，该规定的门槛还是比较低的，甚至都没有盈利要求，亏损的企业都可以申请。公司组织形式应当为股份有限公司是申请到新三板去挂牌的前提，如果是有限责任公司必须先完成股份制改造，在此前提符合的情况下，拟挂牌新三板的公司需要要满足以下6个条件。

1. 依法设立且存续满两年。有限责任公司按原账面净资产值折股整体变更为股份有限公司的，存续时间可以从有限责任公司成立之日起计算

（1）不受股东性质的限制，有国有股东背景的，和外资背景的，都可以申请；

（2）已不限于高新技术企业，非高新技术企业也可以申请；

（3）公司设立的主体、程序必须合法、合规；

（4）公司股东的出资合法、合规，出资方式及比例应符合《公司法》相关规定；

（5）存续两年是指存续两个完整的会计年度；

（6）有限责任公司改制为股份有限公司的，不得改变历史成本计价原则，不应根据资产评估结果进行账务调整，应以改制基准日经审计的净资产额为依据折合为股份有限公司股本。

2. 业务明确，具有持续经营能力

（1）业务明确，是指公司能够明确、具体地阐述其经营的业务、产品或服务、用途及其商业模式等信息；

（2）公司可同时经营一种或多种业务，每种业务应具有相应的关键资源要素，该要素组成应具有投入、处理和产出能力，能够与商业合同、收入或成本费用等相匹配；

（3）持续经营能力，是指公司基于报告期内的生产经营状况，在可预见的将来，有能力按照既定目标持续经营下去。

3. 公司治理机制健全，合法规范经营

（1）公司治理机制健全，是指公司按规定建立股东大会、董事会、监事会和高级管理层（以下简称三会一层）组成的公司治理架构，制定相应的公司治理制度，并能证明有效运行，保护股东权益；

（2）合法合规经营，是指公司及其控股股东、实际控制人、董事、监事、

高级管理人员须依法开展经营活动，经营行为合法、合规，不存在重大违法违规行为；

（3）公司报告期内不应存在股东包括控股股东、实际控制人及其关联方占用公司资金、资产或其他资源的情形。如有，应在申请挂牌前予以归还或规范；

（4）公司应设有独立财务部门进行独立的财务会计核算，相关会计政策能如实反映企业财务状况、经营成果和现金流量。

4. 股权明晰，股票发行和转让行为合法合规

（1）股权明晰，是指公司的股权结构清晰，权属分明，真实确定，合法合规，股东特别是控股股东、实际控制人及其关联股东或实际支配的股东持有公司的股份不存在权属争议或潜在纠纷；

（2）股票发行和转让合法合规，是指公司的股票发行和转让依法履行必要内部决议、外部审批（如有）程序，股票转让须符合限售的规定；

（3）在区域股权市场及其他交易市场进行权益转让的公司，申请股票在全国股份转让系统挂牌前的发行和转让等行为应合法合规；

（4）公司的控股子公司或纳入合并报表的其他企业的发行和转让行为需符合规定。

5. 主办券商推荐并持续督导

（1）企业须经主办券商推荐，双方签署了《推荐挂牌并持续督导协议》；

（2）主办券商应完成尽职调查和内核程序，对公司是否符合挂牌条件发表独立意见，并出具推荐报告。

6. 全国股份转让系统公司要求的其他条件

二、新三板挂牌的优势

（1）挂牌速度较快。只要有主办券商推荐及督导，新三板一般挂牌周期为6个月。而主板、中小板等均需要2年甚至更长时间。

（2）企业价值发现。非新三板企业上市公司并购对价一般都在15倍以下，少数较好的行业高一些，而新三板公司被并购的对价是明显高于同行业非挂板公司的。做市商对于公司整体估值的提升更为明显，一方面，因为做市是要券商真金白银投资企业的，筛选非常严格，隐含了券商的声誉保证。另一方面，做市提

供了新三板所稀缺的流动性：想买就能买，想卖就能卖。而流动性毫无疑问也是有价格的。

（3）加快转板进程。可以通过新三板挂牌的全过程检验公司团队，检验中介机构服务水平，看看市场对公司的认知程度。新三板挂牌的企业在通往 IPO 的道路上，相对非挂牌企业，在审核力度上肯定会有所不同，尤其在审核下放给交易所之后。

（4）政府财政支持。为鼓励本地企业加入资本市场，加速发展本土经济，各地政府在企业挂牌资本市场都有一个相对较好的资金支持。

（5）挂牌成本低廉。相对于主板市场 IPO，新三板挂牌的主办券商、会计师、律师等在挂牌中所需的费用也是极其低廉的。

三、新三板挂牌的劣势

（1）流动性差，市场表现冷清。由于市场对投资设置了准入门槛，导致新三板市场的资金量相较主板要小得多。同时，挂牌企业在不断增多，形成了僧多粥少的局面。由此带来一系列连锁反应，首要的就是自身定位模糊不清，与主板和创业板市场相比，三板市场流动性较差；与纯 PE/VC 相比，估值要高出不少，投资成本过高。这又进一步导致外部资金难以进入，市场依靠仅有的存量资金，成为退出的障碍。新三板市场表现冷淡的背后，除了政策落地不达预期外，更深层次的原因在于市场定位混乱、新三板退出通道难以满足投资方和企业的需求。

（2）转板通道：基本无望成为退出渠道。在 2015 年，转板一度被认为是新三板退出机制的首选，因为在我国能够进入主板就意味着企业步入了新的境界，但是主板上市的严格审查、上市门槛以及审查效率使得绝大多数企业被隔绝。新三板如果能够获得一定程度上的绿色通道，将成为众多企业垂涎的红利。但是一方面，主板和创业板市场目前的火爆排队审查，却仅以每年平均 200 家上市公司的速度进行，消化存量待审企业是一个长期且持续的过程，新三板直接转板可能性不大；另一方面，三板官方也曾多次表态，新三板绝不是主板市场的附属，将优质企业孕育孵化后拱手让人，也不利于新三板独立自主的发展道路，故而新三板转板制度短时间内推出基本无望。

（3）被收购难度大。由于我国主板市场有一个 23 倍市盈率的规则，即新股定价市盈率高于 23 倍很难通过审查。而发行股份购买资产，在现实中也很少超过 20 倍市盈率购买。同时，新三板目前平均市盈率已经达到 30～40 倍，这就造成主板公司收购好一点的新三板企业，会面临一个大幅折价的问题，新三板企业是否能够容忍一个超低价被收购会给新三板的投资人带来困难，新三板中孕育着有被市场低估的好企业这一投资逻辑受到挑战。

四、适合在新三板挂牌的企业

新三板作为国家多层次资本市场的很重要的一部分，不管是政策还是市场都还处于陆续完善状态，新三板不像主板市场一样，有一个大家都认可的公允价格，而是主要采取协议转让和做市转让的形式，故而其目前的流动性较低，但若投资方想尽快实现退出，相对 IPO 来说，新三板可为正在寻求并购的企业提供诸多指导意见，或者在主板市场上经受 IPO 政策限定暂时难以上市的企业，也可以考虑挂牌新三板，随着做市商数量越来越多和交易制度新政策的落地，新三板的流动性将有望大大改善。

1. 初创期的高科技企业

高科技企业在成长过程中往往伴随着高风险，很多诸如生物医药、互联网、信息技术等行业的企业，初创期是不赚钱的，没有资金支持往往就夭折了，这类企业通过挂牌新三板，可以将公司置入到公共投资视野当中，通过向战略投资人、财务投资人定向增发的方式募集到公司所需要的资金，从而进一步打开公司的经营局面，实现盈利。

2. 具备一定盈利能力却有发展瓶颈的企业

企业经过初创期后，经历三五年的发展，有相对稳定的市场地位，具备一定的盈利能力，面临良好的市场机遇，企业的发展诉求非常强烈。这种诉求一方面源自资金，另一方面源自战略转型，而缺少融资抵押物和担保品成为企业高速发展道路上的"拦路虎"。这类企业挂牌新三板市场后，一方面可以通过定向增发股股票、发行私募债、优先股、可转债等融资手段募资实现规模化扩张，以扩大市场份额；另一方面可以利用新三板挂牌为契机，规范企业内部运作，履行公众公司信息披露义务，让公司迈向新的成长阶段。

3. 未来2～3年有上市计划的企业

新三板是经国务院批准，依据证券法设立的全国性证券交易场所，接受证监会的监管。公司挂牌后，能提前规范公司的财务、业务、公司治理等问题，在充分披露信息的基础上，择机进行IPO。另外，挂牌后公司成为公众公司，财务数据和经营状况更早暴露在媒体和公众面前，有利于公司树立阳光、透明的公众公司形象，给未来成功上市做准备。

4. 致力于开拓战略新兴产业的冒险型企业

这些企业一般从事的行业具有良好的发展前景，市场给予这类企业的关注度、市场预期都较高，投资人的参与热情也高，对企业的成长具有良好的激励作用。

5. 受IPO政策限定暂时难以上市的企业

相对主板和创业板市场，新三板的包容性更大，对于一些发展较为稳定，也具有较强的盈利能力，但由于行业属性等原因，如担保公司、城商行、小贷公司、PE管理机构等，受IPO政策限定暂时难以上市，但又希望借助资本市场的平台，需要提高产品品牌、影响力和知名度的企业，挂牌新三板可以谋求进一步发展的机会。

五、投资人通过新三板退出的方式

目前，新三板的转让方式有做市转让和协议转让两种，是投资人通过新三板市场退出的主流模式，协议转让是指在股转系统主持下，买卖双方通过洽谈协商，达成股权交易；而做市转让则是在买卖双方之间再添加一个居间者"做市商"。同时企业在新三板挂牌后仍可以上市公司并购退出、转板退出、企业回购退出。

1. 协议转让

协议转让即买卖双方以协议约定的价格向系统申报，最终达成交易。全国股份转让系统在协议转让上接受意向申报、定价申报和成交确认申报，简单概述为以下3种方式：

（1）意向申报，不具备成交功能，通过股转系统网站的投资者专区完成，只向市场发布，不参与撮合；

（2）定价申报，通俗些说就是投资者通过主办券商向市场申报买单或卖单，在此报送中，无须填写约定号，系统接收后自动分配约定号；

（3）成交确认申报，可以通俗理解为在市场上寻找买单或卖单，并对有意向的买单或卖单进行确认，正式买入或者卖出，在向系统申报时，必须填写有意向的买单或是卖单的约定号。

2. 做市转让

做市商实际上类似于批发商，从做市公司处获得库存股，然后当投资者需要买卖股票时，投资者间不直接成交，而是通过做市商作为对手方，只要是在报价区间就有成交义务。同时，做市商通常能够给企业带来公允的市场价格，在定增股份退出时也较为接近市场价格。

3. 上市公司并购退出

新三板企业被上市公司并购后，股票转换成上市公司股票，进而获得更大的流动性，并伴有股价上涨，投资者即可退出。

4. 转板退出

转板即证监会接受上市申请之后，先在股转系统暂停交易，待正式获得证监会新股发行核准之后，再从股转系统摘牌。只要通过证监会公开转让股份的审核就可以进入A股、创业板，从而投资者就可以通过转板退出。

5. 企业回购退出

新三板投资者在购买股权时与企业签订的回购协议，如果企业未在规定时间挂牌新三板，投资者可以要求企业按合同约定回购股权。

六、新三板挂牌企业IPO的主要流程和注意事项

目前，已有多家新三板挂牌企业通过IPO成功登陆证券交易所市场，还有不少挂牌企业正在积极筹备从新三板转到证券交易所市场。在直接转板机制尚未推出之前，新三板挂牌企业登陆证券交易所市场，还需要遵守首次公开发行并上市的审核流程。新三板挂牌企业IPO流程主要包括：①在公司内部决策决定IPO，

董事会和股东大会表决通过相关决议后要及时公告；②在向证监会提交申报材料并取得申请受理许可通知书后，公司应申请在新三板暂停转让；③在获得证监会核准发行后，应公告并申请终止在新三板挂牌。

新三板挂牌公司 IPO 需要注意的特殊问题主要有三点。

（1）做市商为国有控股证券公司的，应根据《财政部国资委证监会社保基金会关于印发〈境内证券市场转持部分国有股充实全国社会保障基金实施办法〉的通知》（财企〔2009〕94 号）规定，将首次公开发行时实际发行股份数量的 10% 的国有股转由社保基金会持有，国有股东持股数量少于应转持股份数量的，按实际持股数量转持。

（2）对于信托计划、契约型基金和资产管理计划等持股平台为拟上市公司股东的，在 IPO 审核过程中，可能会因存续期到期而造成股权变动，影响股权稳定性。因此拟上市公司引入该类平台股东时应在考虑股权清晰和稳定性的基础上审慎决策。

（3）股东人数超过 200 人的新三板公司在挂牌后，如通过公开转让导致股东人数超过 200 人的，并不违反相关禁止性规定，可以直接申请 IPO；如通过非公开发行导致股东人数超过 200 人，根据《非上市公众公司监督管理办法》，在进行非公开发行时应先获得证监会核准，其合规性已在非公开发行时经过审核，可以直接申请 IPO。

第四节　并购退出

案例：英联投资呷哺呷哺实现并购退出

1998 年，我国台湾地区企业家贺光启把已经在台湾风靡的吧台小火锅引进北京，成立了呷哺呷哺。1999 年 6 月第一家呷哺呷哺火锅店在北京西单明珠大厦开张，呷哺呷哺最开始为"呷哺快餐"。

2008 年 5 月 14 日，贺光启在开曼群岛注册成立呷哺呷哺餐饮管理（中国）控股有限公司（文中称"呷哺呷哺"），两天后紧接着成立全资附属公司呷哺香港。同年9月，呷哺香港全资成立呷哺北京，之后呷哺北京收购呷哺快餐几乎全部资产及业务运营，成为呷哺呷哺的主要中国营运附属公司。2010年6月，呷哺香港另外成立呷哺上海，主要经营华东业务。

2008年11月，呷哺呷哺接受了英联投资1.44亿元人民币的财务投资，贺光启将手中所持股份中的4.26万股以2.07亿元人民币的价格出售及转让予英联投资，交易总价3.51亿元人民币，当时约合5000万美元。交易完成后，英联投资持有呷哺呷哺53.13%的股份，掌握绝对控股权。这是英联已公开的投资项目中从未有过的。这项投资当时在业界引起哗然，如此大手笔且股权投资不仅在英联投资的项目中前所未有，也是当时国内股权投资界很少出现的案例。英联投资为全球新兴市场私募基金，是一家拥有超过55年投资经验的英国政府投资人——英联邦投资集团，2000年进入中国市场，其在中国投资的知名项目包括2009年11月和2010年8月在纽约证券交易所上市的七天连锁酒店和安博教育。

呷哺呷哺进入快速成长阶段，2009年成为中国餐饮百强企业之一；2010年进入上海市场，企业规模增长迅速；2011年在北京及周边、上海、沈阳等城市迅速扩张；2013年，呷哺呷哺总店铺数超过400家，成为全国大型连锁餐饮企业之一；即便在高端餐饮利润下滑的大背景下，呷哺呷哺净利润依然从2011年的7570万元增长至2013年的1.4亿元，复合年增长率也达到了36.4%。

2012年12月，因原有投资基金到期，投资人要求尽早赎回等原因，英联投资退出呷哺呷哺，将所持呷哺呷哺全部股份转让给泛大西洋资本集团，总价高达1.5亿美元，4年投资回报达到3倍。

泛大西洋资本集团（GA）是一家全球成长型股权投资基金公司，为成长型公司提供资金和战略支持，管理的资产规模高达180亿美元，并以少数或主要投资者的身份投资上市或非上市企业，每项投资金额介于7500万至4亿美元，平均每年投资10~12家企业。

一、并购

IPO虽然是私募股权投资最常见、最理想的退出方式之一，它能实现从私募股权市场到资本市场的飞跃与增值。IPO退出方式由未上市状态飞跃到资本市场通常会产生巨大的增值收益，同时作为资本市场的公众公司又能带来良好积极的

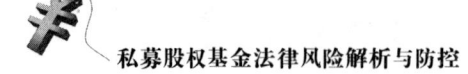

企业形象，因而 IPO 退出成为国内私募股权投资人瞄准的主要退出渠道。

但是 IPO 退出方式的实现不但受到目标公司自身条件的影响，也受到外界政策、环境、审核等诸多不确定因素的影响，并非任何一项投资都适合以 IPO 的方式退出。对于那些投资期固化、目标公司实力有限、目标公司行业受到限制等条件约束的目标公司，被并购往往是一项更好的退出方式。

2012 年下半年以后，资本市场行情下行。特别是随着 IPO 暂停发行，私募股权投资的主流退出渠道——IPO 退出渠道被封锁，众多的私募股权基金投资的项目面临退出无门的尴尬境地。2013 年以来，私募股权投资逐步形成了以 IPO 与并购退出并重，同时辅以场外市场退出、老股转让、回购退出等多渠道退出模式。2014 年年初 IPO 开闸并没有影响到这一趋势，可以预见未来 IPO 与并购退出将继续引领主流的退出方式，甚至并购退出的比重将越来越突出，成为一种必然的趋势。

并购退出是指受私募股权基金投资的目标公司选择以被收购或兼并的方式将自己出售给收购方的一种退出方式。并购退出的核心在于目标公司全部股权或控股权出让给收购方，从而实现目标公司原有股东全部或大部分退出，通俗来说就是目标公司更换实际控制人，这完全不同于 IPO。

私募股权投资的并购退出具有高度的市场化及灵活性，并购退出不像 IPO 退出有着严格的财务经营指标、烦琐的信息披露、复杂冗长不可预知的审批程序以及外部资本市场环境的不确定性所带来的消极影响。并购退出更多的是有意向的各方通过市场化的方式自行协商解决，因而具有高度的灵活性与可控性，这也是并购退出近年来逐步成为主流模式之一的重要原因。而且，相对于 IPO 退出模式，并购退出没有锁定期，不需要高额的保荐、承销等费用，私募投资者或原股东可以实现从目标企业的一次性完全退出，迅速收回投资，有助于私募股权资本加速循环。从投资回报的角度看，并购退出一般涉及出让目标公司控制权，收购方通过并购获取了协同效应，扩大了市场份额或扩展了产业链。因而，并购退出较一般的财务性投资与收购更具有超额溢价性，对于私募股权投资人及原股东来说都可以获得较为丰厚的回报。

二、并购退出方式的选择

私募股权投资并购退出不同于 IPO、新三板挂牌、股权转让等退出方式，其核心原因在于并购退出不但涉及股权的退出，更涉及目标公司控股权的让渡，而对于收购方来说这不仅仅是一种财务投资行为，更是一种战略投资行为。

私募股权投资并购退出要更多地考虑目标公司长远的发展问题、打通目标公司产业链上下游，或者扩大市场份额的横向并购等方面的重大问题。因而，私募股权投资的并购退出在模式选择上首先要考虑的是卖给谁的问题，购买者的战略思维是怎样的，目标公司在购买方的产业结构中的地位是怎样的，这更像一个家庭要出嫁女儿，要考虑其日后在婆家的生活和生存问题，只有那些符合标准的家庭才被列入并购者的行列。所以目标公司的原股东不但要考虑出让股权能卖一个好的价钱，也要卖给一个好的婆家。要考虑并购方的战略性思维是怎样的，目标公司在哪些方面能够契合并购方的战略定位或者对并购方有所补益，从而做到有的放矢。

以私募股权投资基金的并购退出在我国刚刚兴起不久，但这在成熟的私募股权国家早已经是重要的退出方式之一，其退出比例甚至高于 IPO，产业整合与资源优化是并购退出的重要优势，绝非其他方式可以比拟。私募股权基金应根据自身的需要、目标公司的实际情况、目标公司的原有股东情况等诸多因素考虑退出的具体方式选择，这不但关乎着退出的效益，还关乎着股权投资基金管理者的重大口碑和影响力，毕竟一个能继续更好发展的目标公司能够给私募基金管理者带来更多的投资机会和更多的接盘者，这从私募股权基金管理人长期的发展上不可不说是个战略性的考虑，只有那些自己赚钱也能够让后来者收益的基金管理者才能够在动荡的金融市场中长胜不衰。我国发展私募股权投资的并购退出在模式选择上可以有针对性地进行设计。具体来讲，有以下 3 种模式可以重点关注。

1. 针对并购基金的退出

国内并购基金是近年来适应企业并购重组形势而发展起来的一种专业投资基金，一般的运作模式是通过获取标的企业控股权，然后对目标企业进行一系列的业务、管理整合与重组，待其价值提升后再将所持标的企业股权出售而获得投资收益。并购基金是从事企业收购与改造的专业机构，对于并购的战略定位、产业与业务整合都有较为明晰的规划，私募股权投资并购退出的一个重要通道就是对接并购基金。并购基金与私募股权投资基金都是专业化的投资人，分别偏重的是战略投资与财务性投资，但资本运作方式与投资理念有相近的地方，私募股权投资人更能理解并购基金的投资盈利模式、产业链整合需求等方面因素，因而财务性私募股权基金在投资过程中，特别是在选择标的项目时就应考虑到并购基金的特质与喜好，以便将来通过对接并购基金方式实现退出。

2. 针对上市公司的并购退出

我国的资本市场经过20余年的发展，已经逐步壮大与成熟，目前上市公司已达到2000余家，股票市场市值达到20万亿元左右。因而，私募股权投资项目针对上市公司进行并购退出也越来越成为一个重要的方向。上市公司并购从自身发展角度看还具有很大的必要性与紧迫性。上市公司大多数是细分行业内的领先者，其业绩增长多年来已达到一个较稳定的状态。这个阶段如果仅仅想通过自身内部挖掘潜力继续实现高增长已不现实，比较好的方式是通过横向并购，迅速实现规模的扩大与业绩的外延式增长，这对支撑股价、提升上市公司形象也有重要意义。上市公司的纵向并购也具有重要战略意义，可以很快打通产业链上下游，突破上下游的瓶颈制约，实现产业协同效应。私募股权投资应紧密关注相关上市公司产业及战略规划动态，了解上市公司横向与纵向并购需求，有针对性地投资与管理目标项目。通过投资管理增值，使投资标的达到上市公司并购的要求，再适时出售给上市公司实现并购退出。上市公司借助资本市场可以通过增发股份或者现金收购，运用更为灵活的资本运作方式实现并购。

3. 针对产业集团的并购退出

一般来说，通过并购基金及上市公司并购退出其资本运作的色彩要浓一些，而通过产业集团并购退出其产业运作的色彩更浓一些。产业集团的并购更多的是关注产业布局、产业长期发展、产业链协同等重大问题，而不是简单地为了合并标的扩大规模、短期内业绩迅速增长等现实性问题。私募股权投资在选择产业集团并购退出方式时更多地应关注所投资项目本身的产业特质，比如标的项目符合产业集团的产业布局，有可能在其发展的初期或中期阶段就有收购价值，这一点与前面两种模式有所不同。产业集团这种差异化的并购定位思路也给并购退出提供了多样化的选择模式。同时，私募股权投资在选择项目时就应考虑到将来可能

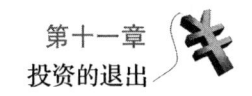

的各种并购退出模式，根据项目及产业特质具体灵活地设计好退出预案。

三、当前私募股权投资并购退出的困难与策略建议

私募股权投资的并购退出趋势虽然已比较明显，但目前总体还处于初步发展阶段，还面临着不少现实困难或障碍。首先，国内并购退出的理念还比较落后，企业主一般不大愿意出让企业控股权，与西方国家的企业家理念不同，西方国家的企业家培育企业很多就是为了将来增值后卖出企业。另外，国有企业出让控股权涉及比较烦琐的审批程序，对并购退出也形成了一定的阻力。其次，国内并购基金还处于发展初期阶段，规模与影响都还比较小，运作模式还不是很成熟，这对于针对并购基金的退出模式有一些影响。最后，国内缺乏专门的并购法律体系，并购融资的政策支持还比较薄弱，并购交易涉及金额巨大，很多时候都要动用金融杠杆，需要有一个健全的并购法律体系及金融政策支持。

当前阶段，为大力发展私募股权投资，并购退出还需要从以下3个方面积极推进。

（1）建立完善的并购法律体系。目前涉及并购的法规与条款不系统，而且大多是散落在其他不以并购法规为主的各类法规之内。为营造一个良好的并购环境，目前亟须建立一个独立与系统化的并购法律体系，从法律层面确立并购的地位，规范与指导并购交易程序，制定政策支持并购交易的有效推进，特别需要从法律层面明确与规范涉及国有企业产权的并购交易程序，推进其并购交易市场化。并购退出交易量通常较大，完全靠自有资金收购兼并既不现实也不符合企业有效财务运作准则。前几年出台的商业银行并购贷款政策总体来看门槛较高、条件较严苛，实际运行中大多数企业难以享受这些政策或者支持力度不大。因此，需要设立新的并购金融支持政策，以进一步放宽支持范围、扩大支持力度，同时在并购退出的税收安排上给予优惠政策。

（2）支持发展并购基金。并购基金是专业的战略性投资人，专门从事企业兼并收购及整合，是私募股权投资并购退出的专业通道，目前在国内还处于萌芽发展阶段。并购基金进一步的发展壮大还有不少瓶颈限制。在并购基金的募集设立方面需要简化审批手续，出台金融支持政策，允许基金债务性融资，同时探索构建多种并购基金模式。比如，针对国企并购的现实情况，可扶持设立政府引导

型并购基金,这有助于促成涉及当地国资企业的并购;在并购基金的投资方面,有针对性地制定相关产业并购指导目录,对并购基金特定行业并购提供有力政策支持;在并购基金的退出环节实施税收优惠政策,参照创业投资基金税收优惠政策,对并购基金应纳税所得额允许一定量的抵扣,同时制定优惠的税率。要大力扩展并购基金退出渠道:积极稳步推进 IPO 发行制度改革,让上市程序更加市场化,加大多层次资本市场体系建设,发展统一有序的场外交易市场,对场内退出市场形成有益补充。

(3) 深入推广并购理念,积极培养并购管理人才。如上文所述,我国企业在经营观念上还比较落后。随着经济增长方式转变、产业结构调整与升级加速,这些传统落后理念已严重阻碍相关产业的健康发展,同时给企业自身的经营也造成现实困难。观念的落后与缺乏企业并购管理人才是密不可分的,人才的缺乏是制约并购退出的另一个现实问题,也是大多数并购基金普遍存在的问题。当前阶段,需要大力推广宣传并购理念,在全社会形成鼓励企业兼并重组与优化整合的新风气。此外,要让整个社会意识到并购整合的意义,并依托政府多种方式大力培养企业并购专业人才。

四、并购退出的程序

对于持有目标公司股权的股权投资基金来说,一个完整的公司并购过程应该包括三大阶段:并购的准备阶段、并购的实施阶段、并购的整合阶段。

1. 并购的准备阶段

在并购的准备阶段,私募股权投资基金应当依据与目标公司及其原股东的投资协议、公司章程等法律文件的约定,对于并购达成初步的共识,寻找适合的并购方。

并购方的选择应在保障私募股权投资基金基本权利、股权出让自由权的基础上征求目标公司原股东的意见,充分考虑目标公司的可持续发展和效益最大化的可能,寻找适合目标公司产业布局,充分体现目标公司优势。

并购方筛选完成,确定并购方后,目标公司及私募股权投资基金应与并购方就并购事宜签署《并购框架协议》或《并购意向书》,约定双方基本权利和义务,《并购框架协议》或《并购意向书》中应当约定意向书的效力、排他协商条款（未经买方同意，卖方不得与第三方再行协商并购事项）、提供资料及信息条款（买方要求卖方进一步提供相关信息资料，卖方要求买方合理使用其所提供资料）、保密条款（并购的任何一方不得公开与并购事项相关的信息）、锁定条款（买方按照约定价格购买目标公司的部分股份、资产，以保证目标公司继续与收购公司谈判）、费用分担条款（并购成功或者不成功所引起的费用的分担方式）、终止条款（意向书失效的条件）等核心条款。

《并购意向书》签订后，并购方势必会对目标公司展开尽职调查工作，私募股权投资基金应当协助并购方开展尽职调查工作，提交相关文件资料，协助调查者向第三方查证的工作。尽职调查一般包括以下6个方面。

（1）目标公司的主体资格及获得的批准和授权情况。如目标公司的股东状况和目标公司是否具备合法的参与并购主体资格；目标公司是否具备从事营业执照所确立的特定行业或经营项目的特定资格；目标公司是否已经获得了本次并购所必需的批准与授权（公司制企业需要董事会或股东大会的批准，非公司制企业需要职工大会或上级主管部门的批准，如果并购一方为外商投资企业，还必须获得外经贸主管部门的批准）。

（2）目标公司的产权结构和内部组织结构。目标企业的性质可能是有限责任公司、股份有限公司、外商投资企业或者合伙制企业，不同性质的目标企业，对于并购方案的设计有着重要影响。

（3）目标公司重要的法律文件、重大合同。尤其要注意：目标公司及其所有附属机构、合作方的董事和经营管理者名单；与上列单位、人员签署的书面协议、备忘录、保证书等。

（4）目标公司的资产状况。包括动产、不动产、知识产权状况以及产权证明文件，特别要对大笔应收账款和应付账款进行说明。

（5）目标公司的人力资源状况。主要包括目标公司的主要管理人员的一般情况；目标公司的雇员福利政策；目标公司的工会情况；目标公司的劳资关系等。

（6）目标公司的法律纠纷以及潜在债务。

尽职调查过程中或尽职调查结束后，目标公司应当与并购方共同筹划并购程序及方式，避免并购风险的发生。对于股权投资基金来讲，应当重点考虑股权转让价款的支付、股权的交付周期、管理权的交付周期、交付期间内公司利润的合理分配、目标公司的持续经营、股权交易后的税收等相关问题，充分保障自身权益的同时实现并购目标，并以此作为后期并购协议谈判的基础。

2. 并购的实施阶段

并购的实施阶段由并购谈判、签订并购协议、履行三个环节组成。

并购交易谈判的焦点问题是并购的价格和并购条件，如前所述对于拟出让股权的股权投资基金来说，并购协议的核心在于自身权益的安全实现，股权转让价款的支付、股权的交付周期、管理权的交付周期、交付期间内公司利润的合理分配、目标公司的持续经营、股权交易后的税收等相关问题是应当重点考虑和争取的，但也应当考虑到并购方的实际需求并就此做出准备，如目标公司债权债务的解决、劳动人事的安排、公司技术及知识产权的延续等，并就此向并购方提出合理化建议。

在进行充分谈判后，并购双方签署并购协议，一份并购协议一般会包含以下几方面内容。

（1）并购价款和支付方式。

（2）陈述与保证条款。陈述与保证条款通常是并购合同中的最长条款，内容也极其烦琐。该条款目的主要是约束目标公司和出让方，也可以视为是目标公司和出让方对并购方的兜底性条款。目标公司及出让方应保证有关的陈述、公司文件、会计账册、营业与资产状况的报表与资料的真实性。

（3）并购协议中会规定的合同生效条件、交割条件和支付条件。并购合同经双方签字后，可能需要等待政府有关部门的核准，或者需要并购双方履行法律规定的一系列义务（如债务公告、信息披露等），或者收购方还需要作进一步审查后才最后确认，所以并购合同不一定马上发生预期的法律效力。并购双方往往会在并购协议中约定生效条件，当所附条件具备时，并购协议对双方当事人发生法律约束力。为了促成并购协议的生效，在并购合同中往往还需要约定在协议签订后、生效前双方应该履行的义务及其期限，比如，双方应该在约定期限内取得一切有权第三方的同意、授权、核准等。

（4）并购协议的履行条件。履行条件往往与并购对价的支付方式联系在一起，双方一般会约定当卖方履行何种义务后，买方支付多少比例的对价。

（5）资产交割后的步骤和程序。

（6）违约赔偿条款。

（7）税负、并购费用等其他条款。

履行并购合同指并购合同双方依照合同约定完成各自义务的行为，包括合同生效、产权交割、尾款支付完毕的。一个较为审慎的并购协议的履行期间一般分三个阶段：合同生效后，买方支付一定比例的对价；在约定的期限内卖方交割转让资产或股权，之后，买方再支付一定比例的对价；一般买方会要求在交割后的一定期限内支付最后一笔尾款，尾款支付结束后，并购合同才算真正履行结束。

3. 并购的整合阶段

一般情况下，对于出让目标公司股权的私募股权投资基金来说，完成股权交易，获取股权交易价款后，整个并购过程已经结束。但是对于部分出让目标公司股权及对并购方经营管理仍然有后续要求或者对并购整合有着明确具体要求的股权投资基金来讲，并购整合阶段也是一个非常重要的阶段。

并购的整合阶段主要包括财务整合、人力资源整合、资产整合、企业文化整合等方面事务。其中的主要法律事务包括以下几方面。

（1）目标公司遗留的重大合同处理。

（2）目标公司正在进行的诉讼、仲裁、调解、谈判的处理。

（3）目标公司内部治理结构整顿（包括目标公司董事会议事日程、会议记录与关联公司的法律关系协调等）。

（4）依法安置目标公司原有工作人员。

公司并购是风险很高的商业资产运作行为，操作得当可能会极大提升资产质量，提高企业的竞争力，带来经济收益，操作不当则会使当事人陷入泥潭而难以自拔。因此，公司在决定采取并购策略进行扩张之前，一定要经过审慎的判断和严密的论证；在并购的操作过程中，一定要仔细设计每一个并购阶段的操作步骤，将并购交易可能的风险控制在最低限度之内。

第五节　原股东或管理层回购

从严格意义上讲，回购并非仅仅是一个在股权投资基金退出时考虑的问题，从股权投资的一开始就要涉及这个问题并需要和目标公司的原股东进行充分的协商并达成一致意见，这种意见往往被看作对赌协议或对赌协议的一部分。私募股权投资基金应当考虑投资目的实现、投资目的不能实现和投资失败等多种可能性条件下的实施，予以协商、谈判、设计并明确签署到投资协议当中去。

当然也有一些回购发生在投资以后的退出阶段，原股东与私募股权投资基金达成协议，回购公司股权。这种情况下一般是目标公司经营状况良好，原股东对目标公司的未来更有信心而做出的判断，这种情况下私募股权投资基金的投资是成功的。

对于回购股权的价格，可能是溢价回购、平价回购或者是折价回购，作为一个专业投资股权的私募股权投资基金来讲要充分考虑各种回购的可能性，尽可能地设计公平合理的回购条款，保护自身必要利益，但过分的保护自身利益也会导致风险的发生，这一点尤为重要。就其实质来说，回购退出方式也属于并购的一种，只不过并购方是目标公司的原有股东，回购的最大优点是目标公司被完整地保存下来，原股东通过回购公司股权可以掌握更多的主动权和决策权，因此回购对目标公司更为有利。作为一种有生命力的退出制度，回购对一些创业型企业更具有吸引力。就近年的一些私募股权投资的投资情况来看，他们经常将回购作为选择性的退出机制之一。

在股权投资之初签订的回购协议又是一种对赌协议，非常容易发生纠纷，这一点股权投资基金一定要多注意，虽然对赌协议已经被法律所认可并保护，但争议并非股权投资的目的，其合理性也应当引起投资基金的重视。

案例：俏江南之争

2000年4月，女企业家张兰女士在北京国贸的高档写字楼里创办高端餐饮餐厅"俏江南"，川剧变脸脸谱为Logo的餐厅应运而生，也成为接下来十几年里高端餐饮的象征之一。时尚典雅的装修环境、经典尊崇的健康菜品、标准化的服务流程、现代后厨的管理理念、通达的原材料供应基地和渠道……每个经营要素的准备无不带有对传统餐饮革命性的创新,截至2007年,包括港澳中心首创店、恒基中心店、盈科中心店、东方广场店、东方银座店、上海正大广场店、上海时代广场店……"俏江南"在北京、上海、成都等最具有商业价值的区域已经开出了二十多家直营店,总营业面积五万多平方米,员工近4000名,每年有近350万人次的商务人士在"俏江南"用餐,由此,"俏江南"一举成为中国大陆餐饮行业具有强大影响力的餐饮集团。

2008年张兰出让了俏江南10.526%的股份,而获得鼎晖创投约2亿元人民币资金股权投资。按约10%的股权计算,鼎晖当时对俏江南的估值大约为20亿元,这在当时的餐饮类股权投资中可谓天价,鼎晖注资俏江南的未来市盈率达到15倍。而根据15倍的市盈率推算,俏江南2009年净利润需要达到1.3亿。而根据汪小菲的微博,俏江南每天接待约2万名客人。若按照人均消费150元计算,年销售额将近11亿元。根据WIND资讯,餐饮2010年的平均销售净利率为6.98%,照此推算,俏江南的年净利润大致为7678万元。这与1.3亿元仍然存在一定的差距。

投资俏江南时,由于估值较高,鼎晖在合同中加入了对自己极有利的一些保护性条款,如:因为非鼎晖方的原因,造成俏江南无法在2012年年底上市,或者俏江南的实际控制人变更,有权退出"俏江南"。而退出的方式由俏江南选——将股权转让给张兰或张兰认同的第三方,或者"通过法定程序减少注册资本及以减少股东数",这即是俗称的"回购"。也就是说张兰要想鼎晖同意减少股份,就必须开出鼎晖能接受的价格。

然而因为诸多原因鼎晖在投后与俏江南的蜜月期没有维持到一年,双方的摩擦就已出现,同时受国内政策性影响,俏江南受众空间大幅降低使其现在很难实现大规模复制,这直接影响了投资者的回报率。虽然鼎晖和俏江南在上市的准备路上都做出了努力,但A股上市之路并未成功,这使得鼎辉的投资骑虎难下,俏江南和张兰在与鼎辉的合作并没有得到预期的结果。

2013年8月,CVC即与俏江南签订了收购协议,按照协议约定,CVC完成收购后,持股82.7%,俏江南管理团队持有3.5%,张兰一方持剩余的13.8%,

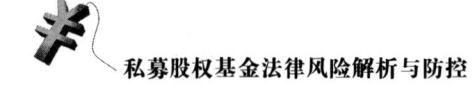

鼎晖及其协同投资人退出俏江南。

然而，当人们对俏江南获得国际资本CVC投资寄予厚望的时候，俏江南与CVC之间的合作纠纷不断，直至2015年3月6日香港法院应CVC的申请裁定冻结张兰的香港资产，双方对簿公堂。2015年6月，因CVC控制的公司有一笔约400万美元资金没有向银行偿还，直接导致了银行委派保华公司进入俏江南，接管俏江南，俏江南易手。2017年3月15日，俏江南因卫生和管理问题被媒体曝光，原来声名赫赫的俏江南再度雪上加霜，俏江南之路再度陷入扑朔迷离的尴尬境地。

俏江南出现现在的问题客观地讲和国家消费政策有着很大的关系，但股权投资方与企业原有股东、团队出现障碍却应归结为企业面临危机的主要原因，股权投资并不是单纯地把钱给了企业，也不是把钱给了企业你必须听我的那么简单，股权投资方具有资本的优势，企业原有股东、团队具有经营优势，股权投资方有国际视野，而企业原有股东团队则有地域文化。只有这些优势互补才是一个完美的投资。然而，这些看似简单的道理，在实践之中确实有着不小的困难。

第六节　清算退出

清算是为了了结现存的法律关系、清偿所有债务、处置其剩余资产，使公司主体资格消灭而进行的一个流程。清算是一种法律程序，公司注销时必须进行清算，未经清算就自行终止的行为是没有法律效力的，不受法律保护。在我国清算有两种途径：解散清算和破产清算。解散清算是企业因经营期满，或者因经营方面的其他原因致使企业不宜或者不能继续经营时，自愿或被迫宣告解散而进行的清算，主要受《公司法》调整。破产清算是指企业因严重亏损，资不抵债，被依法宣告破产而对企业所有的财产、债务进行审查清算的一种法律行为，主要受《破产法》调整。私募股权投资风险巨大，若投资的目标公司没有达到理想的预期，那么私募股权投资基金为了最大限度地减少损失可能会提前解散公司，公司因解散而进入清算程序，因此本书仅对解散清算予以解析。

一、公司解散的事由

《公司法》第十章规定的公司解散制度为私募股权投资基金以主动清算的方式退出目标公司提供了法律依据，根据清科中心公开的 2014 年全年中国私募股权基金市场的所有退出方式的统计资料可以看出，清算退出（有回报）占全部退出比例的 6.16%，清算退出并非主流的退出方式。笔者根据《公司法》第一百八十条、第一百八十二条规定，结合公司法理论，总结公司解散情形分为三类，分别为一般解散、强制解散、表决权 1/10 以上的股东要求解散。（见表 11-5）

表 11-5 公司解散的三种情形

一般解散	强制解散	股东诉讼解散
1. 公司章程规定的营业期限届满或者公司章程规定的其他解散事由出现； 2. 股东会或者股东大会决议解散； 3. 因公司合并或者分立需要解散	依法被吊销营业执照、责令关闭或者被撤销	公司经营管理发生严重困难，继续存续会使股东利益受到重大损失，通过其他途径不能解决的，持有公司全部股东表决权 10% 以上的股东，可以请求人民法院解散公司

由此可以看出，私募股权投资基金在对目标公司投资时坚持不低于目标公司 10% 以上的股权比例也是对解散退出权的主动保护。《公司法司法解释二》第一条规定单独或者合计持有公司全部股东表决权 10% 以上的股东提起解散公司诉讼的事由主要为以下 4 类。

（1）公司持续两年以上无法召开股东会或者股东大会，公司经营管理发生严重困难的；

（2）股东表决时无法达到法定或者公司章程规定的比例，持续两年以上不能做出有效的股东会或者股东大会决议，公司经营管理发生严重困难的；

（3）公司董事长期冲突，且无法通过股东会或者股东大会解决，公司经营管理发生严重困难的；

（4）经营管理发生其他严重困难，公司继续存续会使股东利益受到重大损失的情形。

股东以知情权、利润分配请求权等权益受到损害，或者公司亏损、财产不足以偿还全部债务，以及公司被吊销企业法人营业执照未进行清算等为由，提起解散公司诉讼的，人民法院不予受理。

二、清算组组成

组成清算组的方式有两种，一种是公司自行组成清算组，另一种是法院组成清算组。《公司法》第一百八十三条规定公司解散的（因公司合并或者分立需要解散除外）应当在解散事由出现之日起十五日内成立清算组开始清算。有限责任公司的清算组由股东组成，股份有限公司的清算组由董事或者股东大会确定的人员组成，公司逾期不成立清算组进行清算的债权人可以申请人民法院指定有关人员组成清算组进行清算，人民法院应当受理该申请并及时组织清算组进行清算，人民法院组成清算组的清算组成员可以从下列人员或者机构中产生。

（1）公司股东、董事、监事、高级管理人员；

（2）依法设立的律师事务所、会计师事务所、破产清算事务所等社会中介机构；

（3）依法设立的律师事务所、会计师事务所、破产清算事务所等社会中介机构中具备相关专业知识并取得执业资格的人员。

三、清算组的职权

（1）清理公司财产，分别编制资产负债表和财产清单；

（2）通知、公告债权人，清算组应当自成立之日起十日内通知债权人，并于六十日内在报纸上公告。

（3）处理与清算有关的公司未了结的业务；

（4）清缴所欠税款以及清算过程中产生的税款；

（5）清理债权、债务；

（6）处理公司清偿债务后的剩余财产；

（7）代表公司参与民事诉讼活动。

四、清算组成员的责任

（1）清算组成员应当忠于职守，依法履行清算义务；

（2）清算组成员不得利用职权收受贿赂或者其他非法收入，不得侵占公司财产；

（3）清算组成员因故意或者重大过失给公司或者债权人造成损失的，应当承担赔偿责任。

五、通知、公告债权人

清算组应当自成立之日起 10 日内书面通知已知债权人，并于 60 日内根据公司规模和营业地域范围在全国或者公司注册登记地省级有影响的报纸上进行公告。清算组未按照前款规定履行通知和公告义务，导致债权人未及时申报债权而未获清偿，债权人可以主张清算组成员对因此造成的损失承担赔偿责任。

六、债权申报

债权申报分为债权人应当自接到通知书之日起 30 日内，未接到通知书的自公告之日起 45 日内向清算组申报其债权。债权人申报债权应当说明债权的有关事项，并提供证明材料，清算组应当对债权进行登记。申报债权期间清算组不得对债权人进行清偿。

债权人在规定的期限内未申报债权，在公司清算程序终结前补充申报的，清算组应予登记。债权人补充申报的债权，可以在公司尚未分配财产中依法清偿。公司尚未分配财产不能全额清偿，债权人主张股东可以其在剩余财产分配中已经取得的财产予以清偿，但债权人因重大过错未在规定期限内申报债权的除外。

七、清算方案确认与执行

清算组在清理公司财产、编制资产负债表和财产清单后，应当制定清算方案，公司自行清算的清算方案应当报股东会或者股东大会决议确认，人民法院组织清算的清算方案应当报人民法院确认。未经确认的清算方案，清算组不得执行。执行未经确认的清算方案给公司或者债权人造成损失的，公司、股东或者债权人可以要求清算组成员承担赔偿责任。

公司清算时债权人对清算组核定的债权有异议的可以要求清算组重新核定，清算组不予重新核定或者债权人对重新核定的债权仍有异议，债权人可以以公司

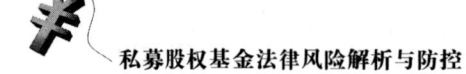

为被告向人民法院提起诉讼请求确认债权。

八、清偿顺序

公司财产在分别支付清算费用、职工的工资、社会保险费用和法定补偿金，缴纳所欠税款，清偿公司债务后的剩余财产，有限责任公司按照股东的出资比例分配，股份有限公司按照股东持有的股份比例分配。

九、清算期间的公司地位

清算期间公司存续，但不得开展与清算无关的经营活动。公司财产在未清偿清算费用、职工的工资、社会保险费用和法定补偿金，缴纳所欠税款，清偿公司债务前，不得分配给股东。

十、公司注销

公司清算结束后清算组应当制作清算报告，报股东会、股东大会或者人民法院确认，并报送公司登记机关，申请注销公司登记，公告公司终止。

十一、清偿不足转入破产程序

清算组在清理公司财产、编制资产负债表和财产清单后，发现公司财产不足清偿债务的应当依法向人民法院申请宣告破产。公司经人民法院裁定宣告破产后清算组应当将清算事务移交给人民法院，依照有关企业破产的法律实施破产清算。

债权人或者清算组以公司尚未分配财产和股东在剩余财产分配中已经取得的财产不能全额清偿补充申报的债权为由向人民法院提出破产清算申请的，人民法院不予受理。

十二、清算期间

人民法院组织清算的清算组应当自成立之日起六个月内清算完毕，因特殊情况无法在六个月内完成清算的，清算组应当向人民法院申请延长。